BRUNI PRASSKE
Küsse in der Moschee
Meine Reise durch den Iran

W0194632

Buch

Bruni Prasske landet mit gemischten Gefühlen auf dem Flugplatz von Teheran. Sechs Jahre sind vergangen, seit ihr Bestseller »Mögen deine Hände niemals schmerzen« erschienen ist, in dem sie über ihre ersten Reisen in den Iran und ihre verbotene Liebe zu einem Einheimischen berichtete. Steht ihr Namen auf der Liste der unerwünschten Personen der Einreisebehörde?

Freude, Neugier und Fragen brechen aus ihr heraus, als sie einen alten Freund endlich in die Arme schließen kann. Wie hat sich das Land unter dem ultrakonservativen Präsidenten Ahmadineshad verändert? Was bedeuten die Veränderungen für den Alltag der Menschen, insbesondere der Frauen?

Bruni Prasske reist mit offenen Sinnen durch einen Iran, der nur wenig gemein hat mit den Bildern, die wir aus den Medien kennen. Eingebunden in das tägliche Leben, mit dem Blick der aufmerksamen Beobachterin, die mutig genug ist, sich von einem widersprüchlichen Land berühren und verändern zu lassen. In ihrem neuen spannenden Reisebericht zeigt sie die Zerrissenheit des Landes, in dem rigide Sittenwächter und politische Willkür herrschen, das aber gleichzeitig geprägt ist vom unaufhaltsamen Wandel der letzten Jahre: Denn der Alltag bietet überraschende Freiräume, die etwa in der virtuellen Internetwelt und durch raffinierte Grenzüberschreitungen existieren. Auch die tief verwurzelte Volksfrömmigkeit hat wenig gemein mit dem religiösen Fanatismus fundamentaler Mullahs. Zudem begegnet Bruni Prasske eine orientalisch überbordende Fülle an Farben, Düften, Geräuschen und Gefühlen, die sie mit poetischer Sprache so anschaulich schildert, dass man nach der Lektüre am liebsten die Koffer packen und in den Iran reisen möchte …

Autorin

Bruni Prasske lebt und arbeitet in Hamburg. Nach dem Studium der Interkulturellen Pädagogik arbeitete sie als wissenschaftliche Assistentin und Sozialarbeiterin in Flüchtlingsunterkünften und engagierte sich bei Einwanderungsprojekten in den USA. Seit vielen Jahren ist sie eine neugierige Reisende – und hat eine besondere, sehr persönliche Beziehung zum Iran. Daraus entstand ihr viel beachteter Bestseller »Mögen deine Hände niemals schmerzen«. Nach zwei weiteren Sachbüchern entschloss sie sich, endlich erneut ein Buch über den Iran zu schreiben.

Bruni Prasske

Küsse in der Moschee

Meine Reise durch den Iran

blanvalet

FSC

Mix
Produktgruppe aus vorbildlich
bewirtschafteten Wäldern und
anderen kontrollierten Herkünften

Zert.-Nr. SGS-COC-1940
www.fsc.org
© 1996 Forest Stewardship Council

Verlagsgruppe Random House FSC-DEU-0100
Das für dieses Buch verwendete FSC-zertifizierte Papier
Holmen Book Cream
liefert Holmen Paper, Hallstavik, Schweden.

1. Auflage
Taschenbuchausgabe September 2008 bei Blanvalet,
einem Unternehmen der Verlagsgruppe
Random House GmbH, München.
Copyright © 2007 by Blanvalet Verlag
in der Verlagsgruppe Random House GmbH
Umschlaggestaltung: HildenDesign, München
Umschlagfoto: © javarman/Shutterstock
LW · Herstellung: Heidrun Nawrot
Satz: Buch-Werkstatt GmbH, Bad Aibling
Druck und Einband: GGP Media GmbH, Pößneck
Printed in Germany
ISBN 978-3-442-39000-9

www.blanvalet.de

Inhalt

Teil 1

≈≈≈≈≈

Teheran.
Uferlose Stadt

Bitte anschnallen!

Die Passagiere werden zügig abgefertigt, und viel zu schnell muss auch ich meinen Ausweis vorzeigen. Der Pass ist vor sechs Jahren ausgestellt worden und trägt noch keinen iranischen Stempel. Der Beamte könnte annehmen, es sei meine erste Einreise. Ich versuche mir einzureden, eine normale Touristin zu sein, die sich auf die Sehenswürdigkeiten des Landes freut. Zwar ist der Zeitpunkt für ein derartiges Vorhaben nicht der günstigste, aber immerhin weist mein Visum mich eindeutig als Reisende aus. Ein Blick über die Warteschlangen zeigt, dass keine weiteren Touristen aus Deutschland angekommen sind. Es wird schon nichts schiefgehen! Warum sollte sich die Islamische Republik für mein Buch interessieren? Es ist vor sechs Jahren erschienen, und dass es sich unter Exiliranern großer Beliebtheit erfreut, ist hier sicher nicht bekannt. Die Veröffentlichung und die Presseberichte sind Schnee von gestern, versuche ich mir einzureden.

In den letzten Wochen hatte ich mich mit einigen Irankennern beraten. Einhellig zerstreuten sie meine Bedenken und bestätigten, was ich tief im Innern fühlte: Mir wird nichts passieren! Alle anderen, ob deutsche oder iranische Freunde, Familienangehörige und Bekannte, rieten mir dringend von einer Reise ab. Selbst Farid und Farhad war nicht ganz wohl bei dem Gedanken, als ich sagte, ich wolle sie und ihr Land nach so vielen Jahren endlich wieder einmal besuchen. Aber derartige Bedenken kenne ich zur Genüge. Immer wenn ich in den Iran reisen möchte, scheint es triftige Gründe zu geben, es lieber nicht zu tun. Beim letzten Mal war es das so genannte Mykonosurteil, mit dem ein deutscher Richter den iranischen Geheimdienst als Drahtzieher eines Attentats in Berlin enttarnt hatte. Damals gab es antideutsche Demonstrationen und diplomatische Verwicklungen, die sogar zur Schließung der deutschen Botschaft geführt hatten. Nun ist es der Atomstreit, der mein Vorhaben zusätzlich erschwert und mir schlaflose Nächte bereitet. Wir haben den 27. April 2006, und morgen läuft ein Ultimatum des UNO-Sicherheitsrates ab, das den Iran zur Einstellung seiner Urananreicherung auffordert. Das Land und sein neuer Präsident stehen einmal mehr im Blickpunkt des Medieninteresses. Im Flugzeug hatte ich die aktuelle Ausgabe des »stern« gelesen. Das Magazin widmete seine Titelgeschichte dem *Land hinter dem Schleier* und bot mir eine bildreiche Einstimmung auf mein Reiseziel. Plötzlich muss ich an den deutschen Angler denken, der vor wenigen Monaten in Dubai urlaubte und mit seinem Boot in persische Hoheitsgewässer geraten war. Nach seiner illegalen Grenzüberschreitung war er verhaftet und kürzlich zu achtzehn Monaten Haft verurteilt worden. Seitdem sitzt er in iranischer Gefangenschaft. Die mysteriöse Geschichte regt meine negative Fantasie an: Vielleicht hat das Regime auch an einer deutschen Autorin Interesse! Womöglich nehmen sie deutsche Staatsbürger unter fadenscheinigen Gründen in Haft, um sie im Atomstreit als Faustpfand einzusetzen. Das erscheint mir plötzlich derart naheliegend, dass ich bereits eine Reihe diplomatischer Verwicklungen vor Augen habe. Schließlich bin ich Staatsbürgerin eines Landes, das im Atomstreit die gleiche ablehnende Haltung gegen die iranische Urananreicherung einnimmt wie der UNO-Sicherheitsrat und viele westliche Weltmächte. Nicht zuletzt hat Ahmadineschad mit der Verleugnung des Holocaust eine Position bezogen, die von deutscher Seite unter keinen Umständen akzeptiert werden kann.

Wortlos reiche ich dem Beamten meinen Pass. Er blättert einige Male durch das Dokument, tippt meine Daten in einen Computer und schaut mich an. Ob er meine Anspannung spürt? Ich hätte mein eigenes Buch noch einmal lesen sollen, schießt es mir durch den Kopf. Einige Passagen hatte ich seit der Veröffentlichung nicht mehr zur Hand genommen. Für meine Lesungen wähle ich nur Teilabschnitte des Textes. Wie direkt hatte ich mich gegen die Mullahs geäußert? Ganz sicher sind manche Formulierungen in ihren Augen beleidigend. Wenn Exiliraner mir applaudieren, dann doch nur, weil ich das herrschende Regime kritisiere! Und meine Liebesgeschichte? Hatte ich nicht in aller Deutlichkeit bestehende moralische Grenzen überschritten? Welch absurde Fragen ich mir plötzlich stelle!? Zum falschen Zeitpunkt! Viel zu spät! Ich hätte zu Hause bleiben sollen. Meine Freunde hatten Recht.

»Name of your hotel?«

Verdammt! Das hätte ich mir denken können! Wie heißen die teuren Teheraner Hotels, in denen üblicherweise die Ausländer logieren? Warum bin ich nicht vorbereitet!

»I don't know«, höre ich mich in beiläufigem Tonfall sagen.

Abwarten!? Oder lieber etwas sagen? Die ahnungslose Touristin spielen? Meine Persischkenntnisse behalte ich vorerst für mich. Er schaut mich immer noch fragend an.

»Entschuldigen Sie bitte, aber ich kenne den Namen des Hotels nicht. Ein Mitarbeiter einer Touristenagentur erwartet mich hier am Flughafen«, sage ich auf Englisch.

»Name of the hotel, please.«

Ich erinnere mich an den Namen einer Agentur, die mir vorsorglich ein Bekannter genannt hatte. Der Beamte scheint ungeduldig zu werden. Er blättert erneut in meinem Pass, greift dann zu einem Stift und malt ein Zeichen auf mein Visum. Dann reicht er mir den Pass zurück.

Ich atme tief durch. Es geht eine Treppe hoch. Alles sieht so aus, wie ich es in Erinnerung habe. Hier hatte Farhad damals gestanden, um mir beizustehen. Auch der angrenzende Bereich mit den Rollbändern ist unverändert. Schon tauchen die ersten Koffer auf. Jemand bietet mir auf Deutsch einen Gepäckwagen an und lächelt. Die meisten Passagiere sind mit ihren Mobiltelefonen beschäftigt. Manche wechseln ihre Chipkarten und rufen kurz darauf Begrüßungen in den Hörer. Überrascht beobachte ich die reibungslose Verbindung. Man hatte mir gesagt, es sei kompliziert und kostspielig, ein deutsches Gerät im Iran empfangsbereit zu schalten. Aber auf dem iranischen Telekommunikationssektor herrschen die gleichen rasanten Entwicklungen wie in Europa, wo gestrige Fakten heute schon ihre Gültigkeit verloren haben. Ich hatte mich eigentlich auf eine Reise ohne ständige Erreichbarkeit eingestellt. Nur heute Abend muss ich den Lieben daheim ganz dringend mitteilen, dass ich unbehelligt einreisen konnte. Eine der wartenden Frauen zieht einen Tschador über ihren Mantel. Der erste Tschador dieser Reise! Ich muss schmunzeln: Iran und der Tschador! Das ist ein Bild, das in den Köpfen der meisten Nichtiraner unabwendbar miteinander verwoben ist. Mir signalisiert das schwarze Tuch den endgültigen Startschuss zu einer besonderen Reise, und ich gebe mich der Vorfreude hin. Ich bin wieder da! Überraschend, fast ungeplant, aus einer Laune heraus, aus Reiselust und Fernweh, aus Neugier und Abenteuerlust. Ich will mich treiben lassen, dem Zufall Raum geben und nicht alle Telefonnummern wählen, die in meinem Notizbuch stehen. In diesem Land konnte ich mich bisher immer auf angenehme Überraschungen verlassen. Hier kann jede Begegnung eine neue Offenbarung bereithalten und jede noch so flüchtige Bekanntschaft der Beginn einer tiefen Nähe sein.

Bis auf meine erste Station bei Farid und Farhad gibt es keinen Reiseplan und keine Verabredungen. Nur zwei junge Frauen wissen von meiner Ankunft. Sahel in Teheran und Mahtab in Maschad. Wir sind uns nie begegnet, aber das Internet hat uns zusammengeführt.

Schon entdecke ich meine Taschen und schiebe meinen Wagen an das Rollband. Als ich mich nach unten beuge, rutscht mein Kopftuch herunter. Ich hatte den schmalen Schal nur leger umgelegt, die »Freiheit« bis an ihre Grenzen ausnutzend. Nun merke ich, dass ich das lässige Tragen erst noch üben muss. Auch mein Mantel ist nach Rücksprache mit Iranreisenden mindestens einen halben Meter kürzer als bei meinem letzten Aufenthalt und wirkt trotzdem übertrieben lang. Im Flugzeug habe ich die anderen Passagiere neugierig beäugt und musste feststellen, dass sich die Kleiderordnung noch mehr liberalisiert hat, als ich für möglich hielt. Selbst figurbetonte und extrem kurze, kaum mehr als den Schenkelansatz verbergende »Mäntel« sind offenbar erlaubt. Die vergangene Chatami-Ära lässt grüßen. Unbehelligt gehe ich an zwei Damen von der Zollkontrolle vorbei. Ein Iranexperte hatte mir versichert, dass Ausländer nicht kontrolliert werden. Die beiden tragen strenge Staatskleidung und lassen kaum eine Haarsträhne hervorblitzen. Ich grüße sie und nehme ihr Lächeln als Willkommensgruß. Nur noch wenige Schritte und das Abenteuer kann beginnen.

In der Menge der Wartenden sehe ich Farhad und Farid hinter der Absperrung stehen. Meine treuen Freunde recken ihre Hälse und entdecken mich erst, als ich den Sicherheitsbereich verlassen habe. Bei meinen vorangegangenen Einreisen war es immer Farhad, der mich in Empfang nahm. Beim ersten Mal, vor vierzehn Jahren, war er noch der fremde Bruder meines Freundes Farid. Nun stehen sie gemeinsam in der erwartungsvollen Menschenmenge und winken mir zu. Farhads Haar ist lichter geworden, und Farids Locken leuchten ergraut über seinem dunklen Gesicht. Seit wann trägt er einen Bart?

»Willkommen«, sagen sie wie aus einem Munde.

»Dass du es wirklich geschafft hast! Toll!«, sagt Farid mit Erleichterung in der Stimme.

Wir umarmen uns, und ich fühle die alte Vertrautheit. Auch wenn unser Kontakt sich in den letzten Jahren auf wenige Telefonate und Mails beschränkt hat und niemand an ein Wiedersehen im Iran gedacht hat, so weiß ich mich vom ersten Moment an gut aufgehoben.

»Seit wann trägst du einen Bart? Sieht übrigens gut aus. Gefällt mir.«

»Findest du? Die ganze Familie beschwert sich schon. Morgen früh muss er ab, sonst bekomme ich Ärger mit Nasrin. Meiner Frau wird es langsam peinlich, mit mir auf die Straße zu gehen. Ich habe ihn deinetwegen wachsen lassen.«

»Warum das denn?«

»Ehrlich gesagt, ich hätte nie gedacht, dass sie dich reinlassen.«

»Du willst mich auf den Arm nehmen.«

»Bei dem, was du geschrieben hast! Noch deutlicher hättest du dich über die Typen da oben kaum beschweren können. Dass sie dir überhaupt ein Visum gegeben haben, hat mich gewundert. Na ja, und dann dachte ich, das haben sie nur gemacht, um dich herzulocken. Ich hatte ein paar schlaflose Nächte.«

»Das tut mir wirklich leid, aber die haben hier doch ganz andere Probleme als das Buch einer deutschen Reisenden.«

»Dein Unternehmen war mir jedenfalls nicht ganz geheuer. Bin ich froh, dass alles geklappt hat.«

»Mit dem Bart und seiner Verkleidung sieht er aus wie einer von denen«, sagt Farhad auf Persisch und deutet auf das locker sitzende Jackett und die weite Hose seines Bruders.

»Und so wolltet ihr mich herausholen?«

»Wir hätten es zumindest versucht. Getarnt als Regierungsanhänger.«

»Du hattest schon immer die tollsten Ideen.«

Es ist bereits dunkel, als meine Koffer im Wagen landen. Der orangefarbene Alfa Romeo ist 1976 ins Land gekommen und in seiner neuen Heimat leider nicht als Rarität und Liebhaberstück umsorgt worden. Nur mit Mühe kann ich die Beifahrertür schließen.

»Bitte anschnallen«, sagt Farhad.

»Was ist denn mit dir los?«

»Auch im Iran wird versucht, gewisse Verkehrsregeln einzuführen.«

Der Mechanismus stammt aus der Anfangszeit der Gurtpflicht, als das automatische Auf- und Abrollen noch unbekannt war. Kaum haben wir den Parkplatz verlassen, werden wir auch schon vom einzigartigen Teheraner Verkehr geschluckt. Am Meydan-e Asadi, dem Monument der Freiheit, erschrecke ich vor den Wagenkolonnen, die von mehreren Seiten auf uns zurasen. Oder rasen wir auf sie zu? Im Lärm der Autohupen fühle ich mich gänzlich angekommen in dieser verwirrenden Metropole.

»Hat es hier schon immer so stark nach Abgasen gerochen?«

»Das kommt von unserem Wagen. Irgendetwas funktioniert mit dem Auspuff nicht. Mach das Fenster weiter auf und lass frische Luft herein.«

Doch was nun in meine Nase strömt, verschlägt mir erst recht das Atmen. Die Stadt erstickt in den Abgasen aus Hunderttausenden von schrottreifen Kraftfahrzeugen ohne Katalysator, gegen die auch der milde Frühlingswind mit seiner Frische wenig ausrichten kann. Irgendwie chauffiert Farhad uns in den Kreisverkehr und wechselt, unter lautstarker Mithilfe seiner Hupe, von einer der vielen inneren Spuren abrupt in einen Abzweig.

Seit einigen Jahren wohnen meine Freunde nicht mehr im wohlhabenden Norden Teherans, wo die Luft reiner, die Autos moderner, die Damen schicker und das Leben lebenswerter ist. Die angespannte Wirtschaftslage mit steigenden Preisen und der allgegenwärtigen Inflation hat den Lebensstandard meiner Freunde erheblich gesenkt. Sie können sich die teuren Mieten in den bevorzugten Wohnvierteln nicht mehr leisten und sind mit ihrem großen Familienanhang in eine der zahlreichen Vorstädte gezogen. Auf ihre neue Heimat bereiten sie mich mit wenig schmeichelhaften Worten vor. Die Stadt sei quasi aus dem Nichts entstanden. Sie waren damals die ersten Mieter in einem Wohnblock, so erklären sie mir, der in der Einöde stand. Inzwischen gibt es Hunderttausende von Bewohnern aus dem gesamten Iran, die in dem gesichtslosen Ort eine neue Heimat suchen. Aber ich bin nicht in den Iran gekommen, um einen Urlaub in angenehmer Atmosphäre zu verbringen, ich bin froh, bei meinen Freunden zu sein, ganz gleich wo sie wohnen.

Auf der Autobahn geht es ähnlich chaotisch zu wie im Stadtverkehr. Auf der Standspur rast ein Peykan an uns vorbei, dessen junger Fahrer damit beschäftigt ist, eine SMS in sein

Handy zu tippen. Aber mit einem »Alfa Romeo Giulia Nuova« kann man sich eine derartige Beleidigung natürlich nicht gefallen lassen, und so tritt Farhad das Gaspedal durch. Aber der gequälte Motor spielt nicht mit, und wir müssen uns geschlagen geben.

»Oh nein, nicht schon wieder!«, ruft er nach einer Weile. Der Wagen wird langsamer, und wir scheren auf die Standspur aus. »Wir haben einen platten Reifen.«

In mäßigem Tempo rollen wir weiter und müssen den reißenden Verkehrsfluss nur wenige Zentimeter neben uns vorbeirauschen lassen. Farhad macht keinerlei Anstalten zu halten. Ich bin noch immer mit meiner geglückten Einreise beschäftigt und verschwende keine Gedanken an das bedrohliche Chaos auf der Autobahn. Viele Autos rasen ohne Licht an uns vorbei, und nicht wenige Fahrer leben hier ganz offensichtlich ihre privaten Formel-Eins-Träume aus. Wenn uns Autobusse überholen, werden wir regelrecht durchgeschüttelt. Derweil strömen die Rauchschwaden eines Lkw durchs Fenster herein. Ein Blick in Farids Gesicht verrät mir, dass ihm unsere Lage überhaupt nicht gefällt.

»Einen Ersatzreifen haben wir nicht. Der ist auf der Hinfahrt draufgegangen. Wir haben wirklich Pech. Sonst läuft der Wagen wie geschmiert.«

»Wie weit ist es denn?«

»Dreißig Kilometer.«

»So weit? Und was machen wir nun?«

»Erst mal weiterfahren. Wir haben keine Wahl.«

Auf einem Parkplatz steht ein Polizeiwagen, doch der Beamte weiß auch keinen Rat. Mit unserem platten Reifen schaffen wir es noch einige Kilometer bis zu einer Abfahrt.

»Wäre ziemlich ärgerlich, wenn mir kurz nach der geglückten Einreise bei einem Verkehrsunfall was passiert.«

»Habe ich auch schon überlegt«, sagt Farid mit einem schiefen Grinsen.

Wenig später finden wir eine Werkstatt, die aus einem winzigen Raum mit ölverschmierter Grube besteht. Einen passenden Reifen gibt es dort nicht, aber der Mechaniker wird das Problem schon irgendwie lösen.

Stunden später kann ich endlich in Deutschland anrufen und meine Gastgeschenke aus der Tasche holen.

»Ich hoffe, du magst sie immer noch gern«, sage ich zu Farid und reiche ihm eine Dose Leberwurst.

»*Wow!* Nasrin, schau mal! Leberwurst. *Sosis Dschigar!*«, sagt er in einer deutsch-persischen Mischung, und plötzlich zeigt er das gleiche jugendliche Funkeln und das gleiche verschmitzte Lächeln wie der Student, den ich vor zwanzig Jahren an der Universität kennen gelernt habe.

»Danke! Das ist so toll! Wahnsinn! Dass du daran gedacht hast! Weißt du, wie lange ich keine deutsche Leberwurst mehr gegessen habe? Siehst du, mir läuft schon das Wasser im Mund zusammen! Ich kann nicht mehr warten. Nasrin, wo ist der Dosenöffner?«

Kaum ist die Wurst offen, da schnuppert Farid auch schon an dem aufsteigenden Aroma wie andere an einem edlen Parfüm.

»Hier ist noch ein anderer Leckerbissen. Es muss aber unter uns bleiben, dass sie bei dir gelandet ist. Die habe ich selber von einem Reisenden geschenkt bekommen.«

»Ich fasse es nicht!«

Aufmerksam liest er jedes einzelne Wort auf der Banderole und lässt es auf der Zunge zergehen.

»*Chorizo de Andalucia*. Die ist ja echt original.«

»Aus Sevilla.«

Als er an der spanischen Salami schnuppert, entdecke ich Tränen der Freude in seinen Augen. Spanien war immer sein großer Traum. Das Land, in dem er sich auch als flüchtiger Reisender heimisch gefühlt hat, oftmals heimischer als in Deutschland.

»*Chob*, gut«, sagt Farhad, »dann kümmere ich mich wohl besser um die passenden Getränke.«

Mit einem Nachbarn im Schlepptau und einer Plastiktüte

unterm Arm steht er wenig später wieder vor der Tür. Er schneidet einen merkwürdigen Aluminiumbeutel auf, in dem sich Wodka befinden soll. Die 320-ml-Verpackung trägt die appetitliche Aufschrift »Black Death – for Export« und stammt angeblich aus Russland. Farhad schneidet Limonenstücke, und die Männer trinken den Wodka pur und schieben ein Stückchen Chorizo hinterher. Der Nachbar trägt zur Vervollkommnung dieser lustigen Empfangsrunde ein Shirt mit der Aufschrift »Macho«. Die Frauen stöbern derweil in der Kosmetik- und Sonnenbrillenauswahl, die ich aus Deutschland für sie mitgebracht habe.

Als Nasrin den Tisch für das Abendessen deckt, haben sich bereits ein Dutzend Gäste eingefunden.

»Extra für dich. Heute morgen ganz frisch geerntet«, sagt sie und zeigt auf die Platte mit den frischen Kräutern. *Sabsi chordan*, darauf hatte ich mich schon lange gefreut. Die wohlschmeckende Kräutermischung darf auf keinem gut gedeckten Tisch fehlen.

»Wir sind alle dicker geworden, und du bist dünner geworden. Das ist gemein. Wie machst du das?«, sagt Mithra.

»Ich wiege fast genauso viel wie vorher. Wirklich.«

»Aber du siehst schlanker aus.«

»Das muss am Sport liegen. Ich bin inzwischen Marathonläuferin.«

Darüber wollen die versammelten Damen mehr hören. Sie plagen sich allesamt mit Gewichtsproblemen und fehlender Bewegung. In ihrer Siedlung hat kürzlich ein Sportstudio für Frauen eröffnet, und sie gehen seit zwei Wochen regelmäßig zum Training. Erste Erfolge seien bereits zu erkennen, sagen sie und berichten stolz von gemeinsamen Bauch- und Hüftumfangmessungen vor jeder Aerobic-Stunde. Ihre Trainerin führt ein strenges Protokoll über jeden Zentimeter. Das muss ich mir unbedingt anschauen.

Liebessehnsucht

Mit ihrer letzten Mail vor meiner Ankunft im Iran hatte Sahel ihre Telefonnummer geschickt. Vor mehr als zwei Jahren hatte sie über meine Website Kontakt zu mir aufgenommen. Damals war ich überrascht, eine deutschsprachige Nachricht aus dem Iran zu bekommen. Sie schrieb mir, dass sie in Isfahan »Deutsch als Fremdsprache« studiert habe und in Teheran für eine deutsche Firma als Übersetzerin arbeite. Ihre Heimat hat sie noch nie verlassen und ihre Fremdsprachenkenntnisse an der Universität erlernt. Von einem befreundeten Deutschen hatte sie mein Buch geschenkt bekommen und mir nach der Lektüre spontan geschrieben. Sie war erfreut über meinen Blick auf ihre Heimat und hatte sich sogar dafür bedankt. Sahel ist eine eifrige Mailschreiberin und schickt mir zu allen deutschen Feiertagen spezielle Grußkarten. Erst durch sie habe ich gelernt, dass es sogar Pfingstgrußkarten gibt. Zu ihrem Bedauern konnten wir uns nicht über ihre deutsche Lieblings-Soap »Bianca – Wege zum Glück« austauschen, von der sie keine Folge verpasst hat. Ich bin neugierig auf die junge Frau, die auf Fotos so zerbrechlich wirkt. Als ich ihre Mobilnummer wähle, habe ich sofort Anschluss.

»Sahel?«

»Bruni? *Saalaam!* Ich habe auf deinen Anruf gewartet. Wo bist du?«

Als ich mich noch darüber wundere, dass sie mich schon beim ersten Wort erkennt, bestürmt sie mich mit weiteren Fragen.

»Wann können wir uns sehen? Wo bist du? Wie geht es dir? Wann bist du angekommen? Wo wohnst du?«

Ich schlage ein Treffen am Park-e Lale in Teheran vor. Dort befindet sich auch das Teppichmuseum, das ich unbedingt besuchen möchte.

Es ist eine komplizierte und weite Anreise aus der Vorstadt bis ins Teheraner Zentrum, aber ich möchte trotzdem die öffentlichen Verkehrsmittel ausprobieren, über die sich hier alle nur mit Missfallen äußern. Nasrin wartet mit mir am Straßenrand, bis der richtige Bus zur Metrostation auftaucht. Für umgerechnet sieben Cent bekomme ich eine Fahrkarte und glaube zunächst, mich verhört zu haben. Die persischen Zahlen waren schon immer meine Schwäche, aber tatsächlich gibt der Fahrer mir auf meinen Hundert-Tuman-Schein einige Münzen heraus. Ich setze mich auf einen der hinteren Frauenplätze, die durch eine Stange vom vorderen Männerbereich abgetrennt sind. Die Fahrt soll ungefähr eine halbe Stunde dauern, hat Nasrin gesagt. Die Metrostation in Karadsch müsste ich eigentlich wiedererkennen, da wir gestern mit dem Wagen daran vorbeigefahren sind. Zur Sicherheit ruft sie dem Fahrer noch hinterher, dass er mich rechtzeitig rausschicken soll. Zum Abschied winkt sie mir aufmunternd zu. Bei Farid und Nasrin treffe ich mit meinen Unternehmungen auf großes Verständnis. Andere iranische Familien würden ihren Gast garantiert nicht unbegleitet in das unübersichtliche Verkehrschaos entlassen. Aber Farids Familie versteht, dass ich mich allein ins Getümmel stürzen möchte, und sie vertrauen darauf, dass ich auftretende Probleme schon irgendwie meistern werde. Mit den öffentlichen Bussen fahren vorwiegend Leute, die sich eines der ebenfalls günstigen Sammeltaxis nicht leisten können. Die Frauen auf den Nebensitzen schauen mich neugierig an, zwei junge Mädchen tuscheln, aber trauen sich nicht, mich anzusprechen. Auch von der Straße treffen mich überraschte Blicke. Einen derart ungewöhnlichen Fahrgast sieht man hier nicht alle Tage. Es wird höchste Zeit, mich wieder daran zu gewöhnen, als Ausländerin das Interesse der Einheimischen zu wecken. Es ist quasi unmöglich, nicht aufzufallen. Der Bus fährt durch die junge Stadt, die auf der Landkarte in meinem Reiseführer fehlt, obwohl sie mehrere hunderttausend Einwohner zählt. Bisher habe ich mich geografisch an Karadsch orientiert, doch von hier bis zu der Großstadt im Westen von Teheran sind es fast zwanzig Kilometer. Karadsch hat sich in den letzten Jahrzehnten von allen iranischen Städten am schnellsten vergrößert. Mit den neu entstandenen Städten Fardis, deren Name im übertragenen Sinne »Paradies« bedeutet, und Marlik wird es sicher eines Tages verschmelzen und sich schließlich mit der vierzehn Millionen Einwohner zählenden Metropole Teheran zu einer der größten Megacitys der Welt vereinen. Vor wenigen Jahren wurden hier noch Obstgärten und Felder bestellt, deren Früchte auf den Märkten der Hauptstadt angeboten wurden. Viele Häuser sind nur halb fertig und warten noch auf einen Außenverputz. Blanke Steine und Stahlträger, die aus nacktem Beton ragen, sowie unvollendete Obergeschosse bieten ein provisorisches und liebloses Bild. Das Fehlen jeglicher Begrünung wirkt auf meinen norddeutschen Blick wie ein Abbild an Trostlosigkeit. Weit und breit gibt es keinen Baum, keinen Strauch und keine Grünfläche. Der Wind wirbelt über den Baulücken lehmfarbenen Staub und Plastikfetzen auf. Es erscheint mir, als würde hier keine Stadtplanung existieren, zumindest keine, die auf die Bedürfnisse der Bewohner nach Freizeitflächen Rücksicht nimmt. Was geschieht mit dem Wissen der vielen Architekten und Stadtplaner des Iran, die sicher nicht weniger engagiert und ideenreich an ein Projekt herangehen würden als andernorts? Offenbar werden ihnen in dieser großen Trabantenstadt keine Möglichkeiten zur Entfaltung ihrer modernen Ideen geboten. In neueren iranischen Kinoproduktionen werden gern junge Architektinnen gezeigt, die mit einem Schutzhelm über ihrem Kopftuch auf Baustellen die Arbeiter anweisen. Von ihnen ist weit und breit nichts zu sehen. Nicht von ungefähr verbirgt sich hinter der imposantesten Baustelle dieses Stadtteils eine Moschee. An einem Kreisverkehr entsteht ein mächtiges Kuppelgebäude, vor dem Handwerker auf Gerüsten stehen und Bauteile einfügen. Der beeindruckende Rohbau ist gerahmt von zwei halb fertigen Minaretten.

Die Hauptstraße ist belebt, und unser Bus kämpft sich lautstark durch den morgendlichen Verkehr. Staunend beobachte ich einen wagemutigen Radfahrer, der über ausreichend Geschick und Gleichgültigkeit verfügt, um sich hier zu behaupten. Er hat einen Stapel frisches Fladenbrot auf den Gepäckträger geklemmt und hält mit einer Hand eine Blechkanne. Geschäfte reihen sich aneinander, Reklameschilder werben für internationale Produkte, und junge Mädchen in modischer Kleidung setzen bunte Akzente zwischen den vielen Frauen im schwarzen Tschador, die über den Gehweg huschen.

Die Metro von Karadsch nach Teheran, mit Anschluss an das innerstädtische Netz der Metropole, hat Ende der neunziger Jahre ihren Betrieb aufgenommen. In der großzügigen Bahnhofshalle folge ich den anderen Fahrgästen und bekomme mein Ticket für hundert Tuman, was umgerechnet zehn Cent ausmacht. Der Bahnsteig ist bereits mit Wartenden gefüllt. Für alleinreisende Frauen ist der vordere Wagen reserviert. Ich schlendere an den Pendlern vorbei und genieße die Wärme. Für mich sind es die ersten Sonnenstrahlen des Jahres. Der Frühling hatte sich in Deutschland Zeit gelassen, und so liegen fast sieben Monate ohne wärmende Sonne hinter mir. Wie gern würde ich meinen Mantel lüften und meine Beine den wohltuenden Strahlen aussetzen. Am Ende der gemischten Zone finde ich einen Sitzplatz und beobachte die Wartenden. Bei den meisten Fahrgästen handelt es sich um Jugendliche, und damit könnte die Menschenansammlung an dieser Station ein Abbild der iranischen Gesellschaft sein: Der Altersdurchschnitt liegt bei unter vierundzwanzig Jahren und gehört damit zu den niedrigsten der Welt. Siebzig Prozent der Iranerinnen und Iraner sind unter fünfundzwanzig Jahre alt. Es war Ayatollah Chomeini, der während des achtjährigen Krieges gegen den Irak, ab 1980, die Bevölkerung anregte, einen steten Nachwuchs von Gotteskriegern zu gewährleisten. Es kam zu einer wahren Bevölkerungsexplosion, mit der sich innerhalb eines Vierteljahrhunderts die Einwohnerzahl auf knapp siebzig Millionen Menschen verdoppelt hat.

Ein junges Paar weckt meine Neugier. Sie gehen Hand in Hand den Bahnsteig entlang, werfen sich verliebte Blicke zu, und niemand nimmt besondere Notiz von ihnen. Für einen kurzen Moment habe ich die Vorstellung, in Deutschland zu sein. Die junge Frau trägt einen engen weißen Mantel, der nur knapp über ihren Po reicht, verwaschene Jeans und ein raffiniert gebundenes Tuch, das ihre Haarpracht eher betont, als sie verdeckt. Eine modische Sonnenbrille unterstreicht ihre auffällige Erscheinung. Würde sie in dieser Kleidung an einem schönen Sommertag in Hamburg auf die U-Bahn warten, dann würde man sich allenfalls wundern, warum das Mädchen bei dieser Wärme einen Schal um Kopf und Hals gewunden hat. Ihr Partner hat sein langes Haar zu einem Zopf gebunden, trägt ein hellgrünes Shirt zu Jeans und Zehensandalen. Die beiden bieten mir bei meinem ersten Ausflug einen unerwarteten und schönen Anblick. Ja, es hat sich bei der Kleiderordnung und dem Miteinander der Geschlechter wirklich vieles verändert. Auch ich trage nur einen leichten Leinenmantel, den Nasrin mir geliehen hat, und einen langen schmalen Schal, der mir häufig in den Nacken rutscht. Aber wenn ich in die andere Richtung schaue und die wartenden Frauen beobachte, dann erscheinen sie wie eine Woge aus schwarzem Tuch, in der nur wenige Farbtupfer leuchten.

Während der Zug mit den doppelstöckigen Waggons – made in China – in den Bahnhof einläuft, trennt sich ein Jugendlicher von seiner Mutter und verschwindet im Pulk der wartenden Männer. Als der blau-weiße Koloss zum Stehen kommt, setzt ein Geschiebe ein, das mit dem Öffnen der Türen zu einem heftigen Drängeln wird. Noch bevor die ersten Fahrgäste einsteigen können, gibt es im angrenzenden Männerbereich regelrechte Handgreiflichkeiten. So etwas habe ich im Iran noch nie gesehen. Wo ist die sprichwörtliche Höflichkeit geblieben? Wo das freundliche »Befarmaid!« – »Ich bitte Sie!«, mit dem man anderen den Vortritt anbietet? Ich kann nicht fassen, was ich hier erlebe. Auch manche Frauen setzen ihre Ellenbogen ein, als ginge es um eine mehrtägige Zugreise, bei der man einen der wenigen Liegeplätze ergattern muss. Endlich bin auch ich ins Zuginnere geschoben worden und finde einen komfortablen Sitzplatz in einer Sechsergruppe. Die meisten jungen Frauen schlagen sofort ihre Bücher und Mappen auf und widmen sich dem Studium. Langsam setzt sich der Zug in Bewegung. In Fahrtrichtung sitzend, betrachte ich die gewaltigen Ausläufer des Alborz zu meiner Linken. Die ersten kahlen Hänge und schroffen Anstiege beginnen in wenigen Kilometern Entfernung und bilden den abrupten Übergang zur Gebirgskette mit ihren schneebedeckten Gipfeln. Der majestätische Damawand, ein seit Jahrhunderten erloschener Vulkan von über fünftausend Metern Höhe, thront im Nordosten der Hauptstadt. Sein imposantes Antlitz ist nur in den seltenen, klaren Morgenstunden zu entdecken. Zu meiner Rechten erstreckt sich die weite und fast vollständig zugebaute Ebene in Richtung Süden.

An dieser Strecke gibt es nur wenige Stationen, und als der Zug in einen brandneuen Bahnhof einläuft, steigen nur eine Handvoll Passagiere zu. Ich recke meinen Hals in alle Richtungen, um mich zu orientieren. Mein Schal rutscht herunter, aber ich beachte es nicht. Schließlich sind wir unter Frauen. Ein Mädchen widmet sich ihrem Make-up und zaubert eine erstaunliche Anzahl an Döschen, Tuben, Fläschchen, Bürsten und Pinseln aus ihrem Beutel hervor. Mit geübtem Handwerk verwandelt sie ihr blasses Gesicht in eine farbenfrohe orientalische Maske, die an ein aufwändiges Make-up für eine Silvesternacht erinnert. Die junge Frau ist kaum wiederzuerkennen. Zum Schluss tauscht sie noch ihren Mantel und das Kopftuch gegen gewagtere Varianten aus.

Erst nach einer Weile werden meine Sitznachbarinnen auf mich aufmerksam.

»*Schoma Charedji hastin?* Sind Sie Ausländerin?«

»*Bale.* Ja«.

»*As kodscha?* Von wo?«

»Aus Deutschland. Ich wohne in Hamburg.«

»Hamburg!?«

Plötzlich schauen mich alle Umsitzenden erwartungsvoll an, und ich ahne bereits, worauf ihr Interesse zielt.

»Ja, aus der Stadt, in der Mahdavikia Fußball spielt.«

»Haben Sie ihn schon mal gesehen? Er ist einer unserer besten Spieler.«

»Er ist wirklich sehr gut, besonders in den letzten Wochen. Vielleicht kann er mit dem HSV noch deutscher Meister werden.«

Die Frauen bedrängen mich mit Fragen nach dem großen Idol und der anstehenden Weltmeisterschaft. Als ich sie frage, ob sie auch davon gehört haben, dass der Spieler eine zweite Ehefrau haben soll, ist ihre Neugier nicht mehr zu bremsen. Das Gerücht hatte sich auch hier verbreitet, aber niemand wollte der absurden Geschichte Glauben schenken. Erst kürzlich hatte eine große deutsche Boulevardzeitung in ihrer Hamburgausgabe die Story über viele Tage auf ihrer Titelseite platziert und in diffamierender Weise den Fußballprofi als »Harem-Kicker« gebrandmarkt. Mit pikanten privaten Details, die in der Öffentlichkeit nichts verloren haben, sollte das Lesepublikum bei der Stange gehalten werden. Im Iran gibt es keine Klatschpresse, und so erspare ich meinen Zuhörerinnen die Einzelheiten über veröffentlichte Ultraschallfotos der schwangeren Geliebten und ihre angeblichen Morgengedanken unter der Dusche. Aber auch die entschärfte Version der Geschichte führt dazu, dass mich fünf Augenpaare gespannt anschauen und förmlich an meinen Lippen hängen. Wie gut, dass ich mir vorsorglich Autogrammkarten von Mahdavikia mit Originalunterschrift besorgen konnte, und wie schade, dass ich sie jetzt nicht dabei habe.

»Ich habe gehört, dass Ahmadineschad den Frauen erlauben will, ins Fußballstadion zu gehen«, teile ich eine Nachricht mit, die einige Tage vor meiner Abreise in den deutschen Medien auftauchte.

»Ja, das stimmt, aber inzwischen haben unsere geistlichen Führer entschieden, dass es nicht richtig wäre, wenn Frauen ins Asadi-Stadion gehen. Wir müssen weiterhin draußen bleiben. So ist das bei uns.«

Ich hatte bereits geplant, mein Visum zu verlängern, um das letzte Testspiel der iranischen Nationalmannschaft vor der Weltmeisterschaft gegen Bosnien-Herzegowina zu sehen. Dort tref-

fen spannenderweise die beiden HSV-Vereinskollegen Mahdavikia und Barbarez aufeinander.

Nach einer Weile stellen meine Sitznachbarinnen mir die üblichen Fragen nach meinen Sprachkenntnissen, den Gründen meiner Reise und was ich über ihr Land denke. Als die Endstation
näher kommt, ordnen die Frauen ihre Kopftücher oder Schals,
und auch ich versuche den besten Kompromiss zwischen gutsit-
zender Strenge und lässig-unpraktischer Drapierung zu finden.

»Ich kann mich nicht daran gewöhnen«, sage ich zu meiner
Sitznachbarin.

»Das ist auch besser so.«

»Warum tragen Sie die strenge schwarze Kleidung?«, frage ich
in die Runde.

»Wir sind Studentinnen. In der Universität müssen wir diese
Kleidung tragen. Es ist Pflicht.«

»*I hate scarfs* – Ich hasse Kopftücher«, sagt eine der Frauen
auf Englisch zu mir.

»*Like me*, genau wie ich. Sie sprechen sehr gut Englisch. Ich
habe gesehen, dass Ihre Aufzeichnungen in englischer Sprache
sind.«

»Ich studiere Informatik. Die besten Fachbücher sind alle in
Englisch«, sagt sie mit beeindruckend guter Aussprache. »Wohin
wollen Sie jetzt?«, fragt sie mich, als wir uns zum Aussteigen
bereitmachen.

»Ich steige um und nehme die Blaue Linie.«

»Kennen Sie den Weg?«

»Nein, aber auf dem Plan sieht es nicht sehr kompliziert aus.«

»Im Bahnhof herrscht ein einziges Chaos. Ich bringe Sie zum
richtigen Zug.«

»*Merci, cheyli mamnun*, Danke sehr.«

Das letzte Stück des Weges bis zum Park-e Lale gehe ich zu Fuß.
Für die meisten Teheraner ist es eine absurde Vorstellung, eine
Strecke von mehr als fünfhundert Metern zu Fuß zu gehen. Sie
würden selbstverständlich in eines der vorbeifahrenden Taxis

steigen. Für mich bieten die wenigen Häuserblocks die erste Gelegenheit, die Atmosphäre der Großstadt zu spüren.

Sobald ich dem Straßenrand näher komme, hupen die vorbeifahrenden Taxis, um auf sich aufmerksam zu machen. Die meisten sind nicht auf Anhieb als Taxi zu erkennen, weil es sich um Privatfahrzeuge handelt, deren Fahrer sich mit dem Chauffieren etwas dazuverdienen wollen. Meistens wählen sie eine bestimmte Route, die sie ständig auf- und abfahren. Teilabschnitte von zwei bis drei Kilometern kosten umgerechnet etwa dreißig bis fünfzig Cent.

Hier im Stadtzentrum gibt es zahlreiche Zeitungskioske mit einer erstaunlichen Auswahl an Magazinen, obwohl die Blütezeit der Presse in der Islamischen Republik leider der Vergangenheit angehört. Seit der Regierungszeit Chatamis, der eine Reformierung der Gesellschaft versprach und mit seinen Vorstellungen allzu häufig am erzkonservativen Wächterrat scheiterte, sind etwa hundert Publikationen verboten worden. Nicht wenige Journalisten reformfreundlicher Zeitungen sind im Gefängnis gelandet oder sogar verschleppt und ermordet worden. Ende der neunziger Jahre kam es zu regelrechten Hetzjagden auf die schreibende Zunft. Ein Medium für Veröffentlichungen finden viele Journalisten inzwischen im Internet.

Manche Zeitungen hängen in Lesehöhe an Leinen oder liegen stapelweise auf dem Boden. Im Vorbeigehen werfen Passanten einen Blick auf die Schlagzeilen. Jetzt, im Vorfeld der Fußballweltmeisterschaft, türmen sich mindestens ein halbes Dutzend Sportzeitungen auf dem Gehweg. Auf den Titelseiten sind iranische und internationale Fußballstars abgebildet. Auf einer Ausgabe entdecke ich Oliver Bierhoff. Leider kann ich die arabischen Buchstaben nur mühsam entziffern. Die Botschaft dieser Zeilen bleibt mir verwehrt. In diesem Teil Teherans werden auch die beiden englischsprachigen Zeitungen des Landes angeboten. Die regierungsnahe *Tehran Times* hat ein interessantes Foto auf der ersten Seite. Es zeigt die drei ersten Feuerwehrfrauen des Landes in voller Einsatzuniform, samt Kopftuch unter einem futuristisch anmutenden Schutzhelm. Die Bildunterschrift besagt, dass sie in Vierundzwanzig-Stunden-Schichten gemeinsam mit Männern ihren Dienst in Karadsch absolvieren. Auf der Titelseite der *Iran News* ist ein grausames Foto aus Bagdad nach einem Bombenanschlag zu sehen. Nirgends finde ich Berichte über die Reaktionen auf das verstrichene Ultimatum der Vereinten Nationen. Vielleicht ist es dafür noch zu früh, und das heikle Thema wird in der morgigen Ausgabe behandelt.

Schließlich entdecke ich auf der anderen Straßenseite den Park. Das Grün der Bäume lockt mich förmlich an. Schon nach einer halben Stunde in Teheran leide ich unter Atemproblemen und sehne mich nach frischer Luft. Der Versuch des Durchatmens ist mühsam und fühlt sich an wie Beschwerden, die ich vor Jahren als Raucherin hatte, wenn ich es in einer langen Nacht mit dem Konsum der Glimmstängel übertrieben hatte. Es ist ein Gefühl, als würde etwas auf der Lunge liegen und den Brustkorb daran hindern, sich beim Atmen mit der gewohnten Leichtigkeit zu heben.

Aber jetzt muss ich ganz tief Luft holen, denn auf mich wartet eine Mutprobe, die mich fürchten lässt. Drei bis vier Reihen rasender Pkws liegen zwischen mir und dem breiten Mittelstreifen. Das soll mein erstes Ziel sein. Ich warte auf den richtigen Moment, obwohl ich weiß, dass man beim Überqueren einer Teheraner Straße durch Warten nichts erreicht. Im Gegenteil: Solange ich reglos am Straßenrand stehe und in den Verkehr starre, bremsen vorbeifahrende Taxis kurz ab, weil sie mich für einen potenziellen Fahrgast halten. *Ich kann nicht!* Ohne jeden Zweifel: Diese Straße schaffe ich nicht allein! Ich gehe ein Stückchen weiter und hoffe auf eine Ampel oder einen Zebrastreifen. Aber überall bietet sich das gleiche Bild. Endloser Verkehr und ein rettender Mittelstreifen in unerreichbarer Ferne. Und am *Horizont* lockt der Park.

Ich beobachte einen Mann, der sich furchtlos zwischen die rasenden Fahrzeuge stürzt. Er erreicht nicht nur unbeschadet die Mitte, sondern in Windeseile auch die andere Straßenseite.

Nein, sage ich mir, das kommt dem Versuch gleich, auf Anhieb auf einem Drahtseil tanzen zu wollen.

Als ich auf eine Frau aufmerksam werde, die ebenfalls die Straße überqueren möchte, stelle ich mich in ihren Windschatten. Sie schaut mich verwundert an.

»Ich habe Angst«, sage ich mit einem Lächeln und deute auf den Verkehr.

»Kommen Sie!«

Der Verkehr kommt von links, und ich halte mich rechts, einen halben Schritt hinter der Frau. Als wir die ersten Meter geschafft haben, bereue ich meinen Entschluss. Sie geht einfach weiter, obwohl die Fahrbahn alles andere als frei ist.

»Entschuldigen Sie«, rufe ich lauter als nötig, »können Sie mir bitte helfen?«

Sie legt ihre Hand auf meinen Arm und schiebt mich nach vorn. Die Autos weichen aus, manche nach rechts und manche nach links. Einige bremsen kurz ab, und wieder andere beschleunigen. Die meisten hupen. Schon erreichen wir den Mittelstreifen, und ich atme erleichtert durch. Das darf doch nicht wahr sein! Ohne Hilfe hätte ich es nie geschafft! Ohne Hilfe müsste ich auf diesem Mittelstreifen verweilen, bis ein Fahrverbot wegen Smog-Alarm verhängt wird. Die Frau bringt mich auf die andere Seite, und ich schäme mich stellvertretend für alle Ausländer im Land. Was wird sie über uns hilflose Kreaturen denken? Dass wir in unseren Ländern noch auf Kamelen reiten und das Leben in gemächlichem Tempo vorüberzieht?

»Vielen Dank. Das war sehr nett von Ihnen. Mögen Ihre Hände niemals schmerzen«, sage ich zu ihr.

»Keine Ursache. Ich komme aus einer Kleinstadt im Norden und musste mich auch erst an den Verkehr gewöhnen.«

Ich spaziere durch den morgendlichen Park-e Lale, genieße das Grün und die üppige Blütenpracht. Gärtner wässern die Rasenflächen, und es riecht nach Frühling. Auf den Bänken sitzen Männer und lesen Zeitung. Je weiter ich in den Park hineingehe, desto leiser werden die Geräusche der Stadt. Auf-

heulende Motoren und das Hupkonzert dringen nur noch gedämpft durch das Grün. Der Park ist schön angelegt und viel
größer als in meiner Erinnerung. Ich überlege, ob diese Oase
inmitten der Metropole seine Gepflegtheit dem Wirken des früheren Bürgermeisters Karbastschi verdankt, der mir auch aus
den deutschen Medien bekannt ist. Er wurde nicht selten im
gleichen Atemzug mit Chatami genannt. Beide Männer standen
im Licht der deutschen Presse als leuchtende Vorbilder für die
Reformierung der iranischen Politik und die Förderung persönlicher Freiheiten.

Als ich den vereinbarten Treffpunkt vor dem Teppichmuseum
erreiche, halte ich Ausschau nach Sahel. Ob ich sie erkenne? Sie
hatte mir erst kürzlich ein aktuelles Foto von sich geschickt. Es
waren keine ausführlichen Mails, die wir uns bis dahin geschrieben hatten, und zu keinem Zeitpunkt konnte ich damit rechnen,
Sahel eines Tages persönlich kennen zu lernen. Es gibt Leserinnen meiner Bücher, mit denen ich mich sporadisch austausche,
doch üblicherweise beschränkt sich der Schriftverkehr auf einen
drei- bis viermaligen Briefwechsel mit den mir unbekannten Besucherinnen meiner Website.

Ich achte auf die vorübergehenden Passanten, aber als ein Taxi
direkt vor dem Tor hält, bin ich mir sofort sicher, dass es Sahel
ist, die aus dem Wagen steigt.

Zielsicher kommt sie auf mich zu. Sie trägt einen leuchtend
roten Schal, den sie locker über ihr hochgestecktes Haar gelegt
hat. Ihr heller Mantel ist so kurz, wie modebewusste Teherane-
rinnen ihn momentan tragen. Als wir uns umarmen und die
Wangen küssen, komme ich mir wieder einmal ziemlich groß
und kräftig vor. Wir lachen und schauen uns wortlos an. Ihre
wunderbar geschwungenen Augenbrauen geben ihrem zarten
und dezent geschminkten Gesicht eine weiche Harmonie. Wir
haben uns nie nach dem Alter gefragt, und es fällt mir schwer,
das ihrige zu schätzen. Einerseits wirkt sie sehr jung, aber andererseits zeigt sie auch eine rätselhafte Reife, die sie älter erscheinen lässt.

»Ich freue mich sehr, dass wir uns wirklich treffen können«, sagt Sahel.

Wie auf ein Zeichen hin setzen wir uns auf eine Bank beim Museum.

»Ich habe dir etwas mitgebracht«, sage ich und hole das Päckchen aus meiner Tasche.

»Ich dir auch.«

Ich öffne ihr Geschenk und freue mich über einen zarten Schal mit farbenfrohem Blumenmuster. Dieses Tuch zeigt allenfalls ein Minimum an Gehorsam gegenüber der herrschenden Kleiderordnung. Hier auf der Straße kann ich das schöne Stück leider nicht ausprobieren. Sahel wickelt mein Buch mit der persönlichen Widmung aus und gibt mir einen Kuss auf die Wange.

Leider kommen wir nur bis an den Zaun des Museums, wo drei junge Soldaten im Schatten sitzen und Tee trinken. Sie weisen uns darauf hin, dass das Museum wegen Renovierung geschlossen ist, aber sie freuen sich über die beiden Besucherinnen und kommen nah an das Tor heran. Ihre Maschinenpistolen baumeln lässig über ihren Rücken. Sie fragen interessiert nach meinem Woher und Wohin und wünschen uns zum Abschied einen schönen Tag. Übermorgen könnten wir wiederkommen. Dann sei das Museum wieder geöffnet. Sahel schlägt einen Besuch im Basar vor, wo wir uns ebenfalls prächtige Teppiche anschauen können.

Unser Taxi kämpft sich in den Süden der Stadt. Der Verkehr wird immer dichter und die Luft schlechter. In der Nähe des Basars steigen wir aus, und Sahel lehnt meinen Versuch zu zahlen empört ab. In diesem Teil der Stadt war ich damals mit Madjid entlanggebummelt, ohne dass wir uns auskannten, und schließlich hatten wir vollkommen die Orientierung verloren. Es ist ein anderes Teheran als im Norden: Die Häuser sind kleiner und älter, manche sogar verfallen. Der Frauenanteil ist hier deutlich geringer, aber im Gegensatz zu meinen früheren Eindrücken gibt es nun auch modern gekleidete Frauen und nicht nur schwarze Tschadors zu sehen. Als wir die Straße überqueren müssen, nimmt Sahel wie selbstverständlich meine Hand. Es ist ungewohnt, auf diese Art an die Hand genommen zu werden. Wir kennen uns kaum, und jetzt umfassen ihre zarten Finger meine Hand. Es ist ein schönes Gefühl, sicher geführt zu werden. In der Straßenmitte tauschen wir die Seiten, wechseln schnell die Hände, und ich orientiere mich, ein kleines Stück hinter ihr, an ihren Schritten.

»Teheran ist furchtbar«, sagt sie mit Bedauern in der Stimme. »Wie ist es in Hamburg?«

»Im Vergleich zu diesem Chaos geht es bei uns zu wie in einem beschaulichen Dorf«, entgegne ich und versuche ihr das blinde Vertrauen in funktionierende Ampeln und die Beachtung von Verkehrsregeln zu beschreiben, die mir, angesichts des hier herrschenden Rechts des Stärkeren, wie Luxus erscheinen. Vor einem der vielen Eingänge zum Basar erkenne ich einen Treppenaufgang wieder, der zu einer höhergelegenen Ladenpassage führt. An dieser Stelle habe ich vor vierzehn Jahren aus erhöhter Perspektive ein Foto der belebten Straße gemacht. Bei Diavorträgen zeigte ich es als typisches Beispiel für eine belebte Teheraner Straße. Nun steige ich erneut die Brücke hinauf, und mir bietet sich ein ähnlicher Anblick wie damals. Noch immer sind es in der Mehrzahl Peykans, die das Bild dominieren. Der Wagen mit dem Flair der Sechzigerjahre ist *das* Fahrzeug im Iran. Die Produktion des Benzinschluckers ist erst im letzten Jahr eingestellt worden. Die modernen Nachfolgemodelle sind wesentlich teurer, aber dafür spritsparender. Doch bei einem Literpreis von acht Cent fallen die Benzinkosten nicht sonderlich ins Gewicht.

Der Basar ist eine Welt für sich, die sich hinter verschiedenen Eingangstoren verbirgt. Wir gehen einige Treppenstufen hinab und befinden uns nach wenigen Schritten im ausgedehnten Gewirr der Haupt- und Nebengassen. Die Ladenpassagen sind überdacht, und es ist angenehm kühl. Der Markt gehört zu den größten des Nahen Ostens und bietet alle erdenklichen Produkte. Hier wird sich nicht auf inländische oder traditionelle Produkte beschränkt. Neben den typischen Juweliergeschäften, deren golden schimmernde Auslagen die Kunden anlocken sollen, stehen auch modernste Elektrogeräte zum Verkauf. Man kann das Warenangebot am ehesten mit der Vielfalt in einem großen europäischen Kaufhaus vergleichen. Sahel kennt sich hier aus und findet in dem verwirrenden Labyrinth der Gassen den Teppichbasar. Kaum haben wir diesen Abschnitt erreicht, werden wir auch schon von den Händlern angesprochen und auf ihre besondere Ware hingewiesen. Sie geben ihre Erklärungen in englischer Sprache ab, und Sahel schaut mich erstaunt an, denn auch sie wird hier offenbar als Ausländerin angesehen. Iranische Händler sind selten aufdringlich, und ein Basarbummel kommt hier keinem Spießrutenlaufen gleich. Ich stelle mir vor, dass die Aufdringlichkeit von Händlern in anderen Ländern dem Stolz der iranischen Basaris widersprechen würde. Aber vielleicht liegt es auch nur daran, dass es sich um keinen Touristenbasar handelt und sich kaum Ausländer hierher verirren.

»Suchen Sie etwas Bestimmtes?«, fragt uns ein fülliger junger Mann in gebrochenem Englisch. Sahel scheint erforschen zu wollen, ob ich mich durch die Männer belästigt fühle und sie mich, als Einheimische, davor schützen muss. Als Iranerinnen wären wir wohl kaum so offensiv angesprochen worden.

»Haben Sie einen grünen Teppich?«, frage ich ihn auf Persisch, und meine Begleiterin schaut mich mit großen Augen an.

»Grün? Warum ausgerechnet grün? Das ist eine seltene Farbe«, antwortet der Händler.

»Ich weiß, aber Grün passt wunderbar in mein Zimmer.«

»Kommen Sie bitte!«

Als er uns eine Treppe hinaufführen will, zögert Sahel einen Moment, aber mir gefallen die Galerien in den oberen Stockwerken, von denen man einen schönen Blick auf die Teppiche im Hauptgeschoss hat. Er geht in einen kleinen Raum, schaltet mehrere Lampen an und bittet uns einzutreten. Unter Dutzenden wunderschöner Teppiche in allen erdenklichen Farben findet er tatsächlich zwei grüne Exemplare, von denen er einen vor unseren Augen ausbreitet. Die Farbe Grün werde wenig verwendet, erklärt er uns, da sie als Naturfärbemittel schwierig zu gewinnen sei.

»Grün ist die Farbe des Islam«, sage ich, um seine Reaktion zu sehen.

»Sind Sie Moslem?«

»Nein.«

»Aber Sie sind sicher mit einem Iraner verheirat?«

»Auch das nicht.«

Während ich mich gerade in das ausgebreitete Kunstwerk verliebe, ohne es den Händler auch nur ahnen zu lassen, unterhalten wir uns weiter über meine Herkunft und meine Meinung über den Iran. Das edle Kunstwerk hat genau die richtige Größe, um vor meinem Bett zu liegen. Am Morgen wäre der Teppich das Erste, was ich beim Aufstehen berührte. Er ist wunderbar weich und würde meine Füße streicheln. Eine verlockende Vorstellung! Das Exemplar ist aus Seide und außerordentlich fein geknotet. Beiläufig betrachte ich andere Stücke, frage nach den Materialien und Preisen, um dann langsam zu meinem Lieblingsstück zurückzukommen.

»Schön!«, sage ich gefasst, »wirklich schön. Darf ich ihn fotografieren?«

Als er mit der Antwort zögert, erfinde ich einen Ehemann, dem ich das Foto zeigen möchte. Die Seide schimmert so stark, dass mir bei diesen Lichtverhältnissen keine Aufnahme gelingen will.

»Was soll er kosten?«

Statt einer simplen Antwort folgen weitere Erklärungen, bei denen ich die blutigen Finger der Knüpferinnen vor Augen habe. Seidenteppiche verlangen den Künstlern ihr gesamtes Können – und oft auch ihre Gesundheit – ab. Selbst wenn ich es wollte, könnte ich mir einen derartigen Teppich derzeit nicht leisten. Mit sehr viel Verhandlungsgeschick könnte ich ihn möglicherweise auf 800 Euro herunterhandeln. Aber dabei hätte ich kein gutes Gefühl. Wahrscheinlich steckt in diesem Kunstwerk mehr als ein Jahr Arbeit. Tag für Tag hat jemand an den zarten Blütenranken, dem Ornament und den wunderschönen Rahmungen gearbeitet. Ein dunkler Grünton im Zentrum wird zu den Seiten hin ins Gelbliche abgeschwächt, um am Rande erneut, als Hintergrund für tiefrote Blüten, wiederzukehren. *Vielleicht sollte ich alle Bedenken über Bord werfen und nur an die Schönheit denken!*

»Da muss ich erst meinen Mann fragen«, sage ich schmunzelnd.

Ich kann Sahel ansehen, wie sehr sie darauf brennt, mich mit Fragen zu löchern. Langsam scheinen meine Späße ihr zu gefallen. Sie amüsiert sich über mein Persisch und ist sichtlich beeindruckt, dass ich mich einigermaßen verständigen kann. An den holprig geführten Gesprächen haben oft alle Beteiligten ihren Spaß, denn die meisten Iraner haben höchst selten die Gelegenheit, Persisch sprechende Ausländer zu hören.

Als wir den Teppichbasar durch eine andere Gasse verlassen wollen, werde ich auf gerahmte Bildteppiche aufmerksam. Nie zuvor habe ich derart exakt gearbeitete Stücke gesehen. Sie sind von einem Foto kaum zu unterscheiden und haben nichts mit den traditionellen Bildteppichen zu tun. Einer zeigt den Treck der Bachtiari-Nomaden bei ihrem Zug zu den Sommerweiden. Jedes Detail der farbenfrohen Trachten, des Zaumzeugs der Pferde, der Ausdruck in den Gesichtern der Alten, Frauen und Kinder und selbst der Pferde und Hunde, ist hier wiedergegeben. Der Verkäufer ist leider derart wortkarg, dass ich ihm nur wenige Fragen stelle. Vielleicht ist er gedanklich schon in der Mittagspause.

»In Schiras habe ich viel schönere gesehen. Einen habe ich fotografiert. Der Teppich hat mir so gut gefallen, dass ich ihn immer wieder anschauen muss. Ich schicke dir das Foto per Mail. Es ist das Bild einer Frau mit blonden Haaren und ärmellosem Hemdchen. Es sieht wirklich aus wie ein echtes Foto«, sagt Sahel.

»Wie werden diese Teppiche nur so exakt geknüpft?«

»Das frage ich mich auch immer.«

Außerhalb des Basars geraten wir in dichtes Gedränge. Es ist fast Mittagszeit, und jeder scheint vor dem Essen noch etwas erledigen zu wollen. Langsam bekomme ich auch Hunger. In einem Geschäft für Trockenfrüchte und Nüsse kaufe ich eine Tüte mit köstlichen Pistazien. Bis der Verkäufer genug davon hat, sich mit mir über meine Herkunft und meine Reiseziele zu unterhalten, hat Sahel uns etwas zu trinken besorgt.

»Ich hoffe, du magst es immer noch gern«, sagt sie und reicht mir einen Becher.

Im ersten Moment bin ich irritiert, woher sie weiß, was ich gerne trinke, aber dann erkenne ich den Saft. Es ist *Ab-e Talebi,* der Saft einer aromatischen Melonenart. Darüber hatte ich in meinem Buch geschwärmt, und ich bin gerührt, dass Sahel sich daran erinnert.

»Lass uns die Straßenseite wechseln. Da drüben ist es nicht so voll«, schlägt sie vor.

»Bitte nicht!«

»Kein Problem. Wir müssen ohnehin rüber. Von da drüben fahren die Taxis in unsere Richtung.«

Nach einem Beinahezusammenstoß mit einem Motorrad, das in falscher Richtung in der Einbahnstraße unterwegs war, und einer gewagten Klettereinlage, um den hohen Bordstein samt Wassergraben zu bezwingen, erreichen wir unser Ziel. Hier gibt es eine Reihe von Geschäften, die sich auf den ersten Blick sehr ähneln. Es handelt sich um schmucklose Gebäude in der Größe von Garagen, die mit Waren vollgestopft sind. Erst beim zweiten Hinschauen begreife ich, dass hier Devotionalien verkauft werden. Unter gläsernen Verkaufstresen werden Gebetssteine aus Kerbala, der heiligen Stadt der Schiiten im Irak, und farbenfrohe Gebetsketten unterschiedlichsten Materials angeboten. Daneben liegen Zählwerke und rätselhafte Plastikvorrichtungen samt Kompass und Gebetsstein. Auf dem Tresen stehen hölzerne Ständer, auf denen die Gläubigen den heiligen Koran ablegen, damit er den Boden nicht berührt. Sofort hole ich meine Kamera aus der Tasche und halte das Bild fest. Von den Decken hängen Gebetsteppiche, Flaggen, Wimpel und transparentartige Stoffe mit allerlei Aufschriften, wie sie bei Aschura-Trauerzügen zu Ehren Husseins, des dritten schiitischen Imams, Verwendung finden. Es werden auch einige iranische Nationalflaggen angeboten, aber das Gros der Waren besteht aus Zubehör für den gläubigen Schiiten. Fasziniert schaue ich mich um, und überrascht schaut der Verkäufer uns an. Der junge Mann entspricht in keiner Weise meiner Vorstellung von einem praktizierenden Muslim. Mit seinen gegelten halblangen Haaren, dem engen Shirt und der gut sitzenden Jeans könnte er ebenso gut in einem Hamburger Szenelokal arbeiten. Die deutlich ältere Kundschaft im Umkreis seines Ladens besteht aus Männern im Einheitslook: locker sitzende Stoffhosen, weite Oberhemden und Kurzbart. Ganz so, wie Farid sich am Flughafen für mich verkleidet hatte. Diese Männer entsprechen meinem Bild gläubiger Iraner, die zum Mittagsgebet in die nächste Nachbarschaftsmoschee aufbrechen.

»Interessiert dich so etwas?«, fragt Sahel.

Wir beide haben uns bisher nicht über Religion verständigt, aber mit meiner Belustigung über die ausgestellten Gegenstände habe ich sie sicher nicht in Verlegenheit gebracht. Sie versucht mir die Funktionsweise zu erklären, aber manches ist auch ihr unbekannt. Der Devotionalien-Sektor scheint ein innovativer Markt zu sein.

»Mich interessiert eigentlich alles. Was ist das für ein merkwürdiges Zählwerk?«

»Benutzt habe ich das noch nicht, aber ich denke mir, dass es für alte oder vergessliche Menschen gedacht ist. Wenn sie zum Beispiel die neunundneunzig Namen Allahs aufsagen möchten, dann können sie das Zählwerk zu Hilfe nehmen.«

»Wirklich? Ich stelle es mir ein wenig seltsam vor, mit dieser Mechanik in einer Moschee herumzuhantieren.«

»Ich bin mir nicht sicher, ob sie es nicht nur zu Hause benutzen. Meine Mutter hat so etwas jedenfalls nicht. Sie hat ihren Gebetsstein mit dem dazugehörigen Tuch und ihre Tasbih, die Gebetskette. Alles ohne Kompass, Zählerei und Technik.«

Im nächsten Moment geht ein alter Mann an uns vorüber, der seinem gekrümmten Rücken einen überdimensionalen Pappkarton zumutet. Er hat ein mit Teppichfasern gepolstertes Tragegestell umgeschnallt. Es gibt sie also immer noch: die Lastenträger aus scheinbar längst vergangenen Jahrhunderten, die heute auf moderne Geschäftsleute treffen, die auf ihren Mobiltelefonen Abschlüsse tätigen. Es ist ein skurriles Bild, wenn im selben Augenblick, da der Alte seines Weges geht, ein weißer Mercedes der E-Klasse an ihm vorbeirauscht und im danebenliegenden Geschäft hochmoderne Büroausstattung angeboten wird. Der Alte in seiner überweiten kurdischen Hose sieht von alledem nicht viel, denn sein Körper ist derart gebeugt, dass sein Blick nur bis auf den Boden vor seinen ausgetretenen Plastikschuhen reicht.

Als ich mich sattgesehen und weitere Aufnahmen gemacht habe, schlägt Sahel vor, in einen nahegelegenen Park zu fahren. Dort könnten wir uns in Ruhe unterhalten.

Kaum haben wir den Stadtpark, die grüne Lunge Teherans aus der Zeit Resa Schahs, erreicht, da bietet sich auch schon ein neues Fotomotiv. Ein älterer Mann im grauen Anzug betätigt sich an einem rot-gelben Fitnessgerät, das wegen seiner leuchtenden Farbe Ähnlichkeit mit einem Spielplatzgerät hat. Tatsächlich handelt es sich um eine Art Stepper, der die Beinmuskeln trainiert und den Kreislauf in Schwung bringen soll. Beim Näherkommen sehen wir in einem Seitenweg unzählige weitere Fitnessgeräte nebst Gebrauchsanweisungen, die auf großen Tafeln angebracht sind. Im nächsten Moment saust ein junger Mann auf Inlineskates an uns vorbei. Dieses Land scheint den Freizeitsport für sich entdeckt zu haben!

Wir folgen den Hinweisschildern zu einem Teehaus. Auf dem Weg durch den Park fühle ich mich gänzlich im Frühling angekommen. Sahel macht mich auf einen Baum aufmerksam, der in voller Blüte steht. Das Orangerot der entfalteten Knospen leuchtet im Grün des kleinblättrigen Baums. Die Blüten haben in ihrer Zartheit Ähnlichkeit mit Hibiskus, doch sind sie verschwenderisch gefüllt. Erst als ich die Pracht von Nahem bewundern kann, erkenne ich, dass es Granatapfelblüten sind. Die Paradies-frucht befindet sich im ersten Stadium ihrer Entfaltung und lässt noch nichts erahnen von der rätselhaften Frucht mit den purpurnen Perlen, die einst in ihr gedeihen werden.

Jetzt, zur Mittagszeit, ist es unter den Bäumen angenehm frisch. Auf vielen Parkbänken sitzen Pärchen oder ältere Männer. Andere spielen Schach.

»Das ist seit einigen Jahren wieder erlaubt«, sagt Sahel und deutet auf zwei Männer, die sich konzentriert übers Schachbrett beugen.

»Es war verboten?«

»Ja, leider. Spielen in der Öffentlichkeit wird ungern gesehen! Es soll angeblich dem Islam widersprechen oder irgendeiner anderen absurden Regel unseres Landes.«

»Das mit dem Schachspielen hatte ich noch nicht gehört, aber es passt zu den seltsamen Vorschriften, auf die ich bisher schon aufmerksam geworden bin.«

»Wir haben uns daran gewöhnt. Karbastschi, unser früherer Bürgermeister, hat sich dafür eingesetzt, dass es hier schöner wird und manche Regeln lockerer gehandhabt werden. Es ist alles ein wenig besser geworden.«

»Warst du vor der Revolution schon auf der Welt?«

»Ja, ich bin dreißig Jahre alt, aber ich war noch sehr klein und kann mich kaum erinnern. Leider kenne ich unser Land nur als Islamische Republik. Davor muss der Iran ein viel schöneres Land gewesen sein.«

»Ich habe dich jünger geschätzt.«

Sahels Kindheitserinnerungen sind geprägt vom achtjährigen Iran-Irak-Krieg und den Luftangriffen auf Teheran. Wenn sie darüber spricht, dann wirkt es in diesem friedlichen Park – unter dem schönen Granatapfelbaum –, als spräche sie von einem anderen Land, einer anderen Zeit und einem anderen Leben. Doch wenn man die Augen offen hält, dann bieten sich noch heute zahlreiche Hinweise auf den grausamen Krieg. Immer wieder begegnet man Kriegsinvaliden, die im Rollstuhl sitzen, oder anderen, die ihre verwundeten Leiber nur gestützt an Krücken fortbewegen können. Im Fernsehen wird häufig Behindertensport übertragen, wahrscheinlich auch, weil die behinderten männlichen Athleten aus dem Iran sehr erfolgreich sind. Dem Park gegenüber erinnert eine überdimensionale Wandmalerei an die Märtyrer, die auf den Schlachtfeldern ihr Leben ließen.

»Da hinten ist das Teehaus.«

Der hübsche Bau ist von einer Terrasse umgeben, die leider nicht bestuhlt ist. Ich würde zu gerne draußen essen, aber solche Orte sind selten im Iran. Die Kultur der Straßencafés und Gartenlokale, in denen man sich schon tagsüber dem Müßiggang hingibt, ist hier weitgehend unbekannt. Auf eine meiner liebsten Freizeitbeschäftigungen muss ich hier verzichten.

Das Teehaus besteht aus einem großzügigen Raum, der traditionell mit *Tachts,* den mit Teppichen ausgelegten Sitzgestellen, eingerichtet ist. Wir ziehen unsere Schuhe aus und lehnen uns in die Kissen. An den Wänden hängen Schwarzweiß-Fotografien des alten Teheran, geschmackvolle Miniaturzeichnungen und verzierte Silbertabletts. Es sind nur eine Handvoll Männer im Lokal. Sie essen ihr Mittagsmahl auf einem *Sofre,* dem typischen Wachs- oder Plastiktuch.

Als ich in unserer Teekanne zwei Teebeutel entdecke, versuche ich meine Enttäuschung zu verbergen. Die moderne Form der Teezubereitung erscheint mir in diesem traditionellen Lokal ein wenig unwürdig. Nachdem wir noch eine Kleinigkeit gegessen haben, frage ich Sahel, ob sie Lust auf eine Wasserpfeife hat.

»Ich rauche nicht. Das habe ich nie gemacht. Ich weiß kaum, wie eine Wasserpfeife funktioniert.«

»Für mich allein ist eine Pfeife zu viel. Willst du nicht mal probieren?«

Nach anfänglichem Zögern willigt sie schließlich ein. Wir haben es uns ausgesprochen bequem gemacht und beobachten die anderen Gäste, die ins Lokal gekommen sind. Unter ihnen sind einige Pärchen und ein ausländischer Tourist, der sich an das andere Ende des Lokals setzt, zu weit, um herausfinden zu können, aus welchem Land er kommt.

Sahel arbeitet in der Buchhaltung einer deutschen Baustofffirma. In der dortigen Führungsetage sind auch einige deutsche Mitarbeiter beschäftigt. Ohne Scheu erzählt sie mir, dass deutsche Männer ihr besser gefallen als iranische. Groß, hellhaarig und blauäugig: So sieht ihr Traummann aus. Doch auf dem Weg zu ihrem Ziel hat sie bereits einige Enttäuschungen erlebt. Wenn sie über ihre unglücklichen Liebschaften spricht und dabei mit einer Selbstverständlichkeit die Namen Danilo, Stefan und Michael nennt, dann vergesse ich für einen Moment, in Teheran zu sein. Sie erzählt mir, wie nett, verständnisvoll, intelligent und romantisch sie seien. Die Art, wie sie mit Frauen umgingen und ihr Verständnis von Gleichberechtigung entsprächen genau ihren eigenen Vorstellungen. Mit solch einem Mann möchte sie ihr Leben teilen. Erst langsam wird mir klar, dass es sich bei den Genannten keineswegs um Männer handeln muss, denen sie persönlich begegnet ist. Fast alle ihre Romanzen, ihr euphorisches Verliebtsein, ihre Schmetterlinge im Bauch, ihre schlaflosen Nächte, ihre Hoffnungen und ihr gebrochenes Herz finden ihren Dreh- und Angelpunkt im Internet. Sahel nutzt die Möglichkeiten der virtuellen Welt fast täglich und meistens bis spät in die Nacht. Je mehr sie erzählt, desto deutlicher wird mir, dass sich ihr halbes Leben im Internet abspielt. Ich erinnere mich daran, wie prompt sie meine Mails immer beantwortet hat, als sei sie ständig online. Seit fünf Jahren hat sie einen Computer mit Internetzugang, seitdem sucht sie den Austausch in deutschsprachigen Kontaktforen.

»Ich glaube, es liegt an der deutschen Sprache, dass ich mich so schnell in deutsche Männer verliebe. Deutsch ist wunderschön. Übrigens habe ich gestern Nacht mit Stefan gechattet. Im Spreewald hat es geschneit.«

»Wie bitte? Ich glaube es nicht! Du hast Kontakte in den Spreewald? Das liegt in der tiefsten ostdeutschen Provinz. Und überhaupt, wieso Schnee? Ich dachte, in Deutschland wäre der Sommer ausgebrochen.«

»Ein schlimmer Wetterumschwung mit Schnee und Hagel. Soll heftig gewesen sein.«

Ich muss laut auflachen, stelle mir den Spreewald vor, einen Mann, der dort nachts am PC sitzt und mit einer Iranerin in Teheran chattet. Dabei habe ich ein ganz konkretes Dorf vor Augen, in dem ich kürzlich selber war: die schmale Dorfstraße, kein Verkehr, die renovierten Häuser mit den neuen Dachpfannen neben verfallenen grauen Häusern im DDR-Antlitz und kaum Menschen, vor allem keine, die nach Fremdheit aussehen. Und sehr viel Natur. Welche Fantasien und Wünsche mag der Orient an einem Ort auslösen, der – im Gegensatz zu vielen deutschen Großstädten – nur sehr marginal von fremdländischer Exotik berührt wird? Stefan ist einer der wenigen Internetfreunde, die sie wirklich persönlich kennen gelernt hat. Allerdings verlief die Begegnung in Teheran etwas anders, als Sahel es sich vorgestellt hatte. Stefan kam mit seiner Freundin ins Land und hatte eine Rundreise zu den iranischen Sehenswürdigkeiten geplant. Das ist schon Jahre her. Sie seien noch immer gute Freunde, sagt Sahel mit einer erstaunlichen Portion Abgeklärtheit.

»Und die anderen Kontakte?«

»Wenn ich dir alles erzähle, dann sitzen wir morgen früh noch hier. Ich habe Männer aus Deutschland, Österreich und sogar aus England im Internet kennen gelernt. Es waren sehr viele. Früher habe ich die besonders lieben Mails ausgedruckt und wie Briefe aufbewahrt. Aber wenn ich das mit allen Mails gemacht hätte, dann wäre mein Zimmer jetzt voller Aktenordner mit abgehefteten Briefen. Es wären inzwischen Tausende. Mein Postfach wäre schon hundertmal übergelaufen, und selbst der Speicherplatz auf meinem PC ist dafür zu klein. Meine Freude und mein Leid habe ich hier gespeichert«, sagt Sahel und tippt sich vielsagend an den Kopf und legt ihre Hand dann aufs Herz. Dabei schaut sie mich mit ihren großen und traurigen Augen an. Sie möchte mir noch viel mehr mitteilen. Als hätte sie schon lange auf diese Gelegenheit gewartet, sprudeln die Geschichten aus ihr hervor.

»Es gab einen Mann, der hat mir sehr große Hoffnungen gemacht. Ich habe ihn geliebt. Peter! Er hat mir versprochen, zu mir zu kommen und mich zu heiraten. Er wollte wirklich nach Teheran kommen, obwohl er vorher keinerlei Verbindungen zum Iran hatte. Nachdem wir uns eine Weile kannten, habe ich meinen Eltern von ihm erzählt. Natürlich waren sie dagegen. Sie wollten auf keinen Fall, dass ich einen Ausländer heirate. Damals lebte mein Vater noch. Ohne seine Erlaubnis hätte ich ohnehin nichts machen können. Wenn ich einen Deutschen heirate, dann muss er natürlich Moslem werden. Anders geht es hier ja nicht. Wenn du wüsstest, wie viel ich gekämpft und geweint habe.«

Sahel muss schlucken, denn die alten Kämpfe scheinen erneut vor ihrem inneren Auge aufzutauchen. Wie überzeugt man in ihrer Lage die eigenen Eltern von der Verbindung zu einem Mann, der im fernen Europa lebt und von dem man nur das weiß, was er einem per Mail anvertraut hat? Ein vollkommen Fremder, ein Ausländer und Ungläubiger.

»Nach einem sehr harten Kampf und unglaublich vielen Tränen waren meine Eltern schließlich einverstanden, dass ich ihn treffe. Du ahnst nicht, was ich alles versucht habe, um meine Familie davon zu überzeugen, dass Peter ein guter Mensch ist. Genauso gut wie ein iranischer Mann, und dass er mich glücklich machen wird. Aber dann kam die große Enttäuschung!«

Sahels Augen werden wieder feucht. Ich lege meine Hand auf ihren Arm und weiß nicht, was ich sagen soll.

»Peter hatte immer neue Ausreden. Damals lebte er in Scheidung. Er hatte sogar schon ein Kind. Selbst das haben meine Eltern akzeptiert. Jedesmal, wenn es fast so weit war, dass er in den Iran kommen wollte, habe ich Hoffnung geschöpft. Aber dann hatte er immer wieder eine Ausrede. Mal war das Wetter zu heiß, mal war die politische Lage zu gefährlich, dann hatte er Ärger mit seiner Ex-Frau oder Schwierigkeiten an seinem Arbeitsplatz. Und ich habe ihm immer verziehen. Er wollte, dass wir uns in der Türkei treffen. Aber das haben meine Eltern nicht erlaubt. Und auch ich wollte ihnen das nicht antun. Außerdem war er ja trotz aller Briefe ein fremder Mann. Ich hätte mich nicht getraut, allein dorthin zu reisen. Ich war noch nie im Ausland. Nicht mal im Iran bin ich viel gereist. Du kennst das Land viel besser als ich. Letzte Woche war ich zum ersten Mal in Schiras. Das habe ich dir doch in meiner letzten Mail geschrieben. Irgendwann war dann alles aus mit Peter. Es hat sehr wehgetan.«

Sahel hatte weitere Internetbekanntschaften, aber im Laufe der Jahre scheint ihre Hoffnung geschwunden zu sein, einem dieser deutschen Männer von Angesicht zu Angesicht gegenüberzustehen. Zu gern würde sie ihre Gefühle endlich ausleben können, endlich in den Arm genommen werden, endlich geküsst und geliebt werden. Sie träumt von einer eigenen Familie mit Kindern. In ihren Wunschträumen sieht sie sich an der Seite eines großen und hellhaarigen Deutschen mit blonden Kindern. Es ist weniger ihre Fantasie, die mich verblüfft, sondern die Offenheit, mit der sie darüber spricht. Wer traut sich schon, seine eigenen, schwer erfüllbaren und intimen Träume einer Fremden gegenüber zu offenbaren? Mit einer ganz besonderen Offenheit schildert sie mir das einzige Abenteuer, das sie mit einem deutschen Mann hatte. Er hatte beruflich im Iran zu tun. Ihre Kolleginnen hatten sie davor gewarnt, etwas mit ihm anzufangen, aber sie hatte sich ja schon häufiger gegen Widerstände und Warnungen aus dem Kollegenkreis und in der Familie gewehrt. Damals war sie einzig ihren Gefühlen und Wünschen gefolgt. Sahel hat die Entscheidung nicht bereut, auch wenn es leider weder eine liebe- noch eine lustvolle Erfahrung war. Nach dem Abenteuer mit dem Deutschen ist sie sich nicht einmal sicher, ob sie noch Jungfrau ist, und möchte es sehr bald testen lassen. Denn inzwischen hat sie in einer heimischen Kontaktbörse einen interessanten Iraner kennen gelernt. Er heiße Samad, und sie möchte ihn sehr bald treffen. Aber vorher möchte er wissen, ob sie noch Jungfrau ist. Mich irritieren die vielen Geschichten über die Suche nach dem richtigen Mann. Woher nimmt Sahel die Hoffnung, ein deutscher Mann würde in den Iran kommen und sich bei ihrer Familie als Bräutigam vorstellen? Warum will der Iraner unbedingt wissen, ob sie noch Jungfrau ist? Warum haben sie sich auch nach Monaten des intensiven Internetkontaktes noch nicht getroffen, obwohl er in Teheran wohnt? Sahel sieht mit ihrem blassen Gesicht, dem schmalen Körper und den großen Augen unglaublich verletzlich aus. Allein schon die Vorstellung schmerzt, dass diese hübsche und intelligente dreißigjährige Frau ihre Gefühle und Gelüste noch nie ausleben konnte. Sie glaubt trotz allem immer noch an die wahre Liebe, den einen Mann, der sie glücklich macht und mit dem sie eine Familie gründet. Niemals würde sie sich auf ein Abenteuer einlassen, obwohl man so etwas in Teheran an jeder Straßenecke finden kann, wie sie mir versichert.

»Die Männer hier wollen doch immer nur das eine, aber ich bin mir sicher, dass Samad anders ist. Er wird mich nicht anfassen, wenn ich noch Jungfrau bin. So einer ist er nicht.«

Nachdenklich ziehe ich an der Wasserpfeife. Um wie viel einfacher das Leben doch ist, wenn einem alle Wege offenstehen, wenn moralische, gesellschaftliche und religiöse Werte und Normen keine Hindernisse für romantische und erotische Abenteuer sind. Wenn man die eigene Familie nicht schon vor dem ersten Rendezvous um Erlaubnis bitten muss.

»Erzähl mir von deinen Plänen. Was hast du vor im Iran? Willst du wieder ein Buch schreiben?«, lenkt Sahel das Gespräch in eine andere Richtung.

»So genau weiß ich das noch nicht. Noch bin ich bei meinem Freund Farid und seiner Familie. Es ist sehr schön, sie nach Jahren wieder zu sehen. Bei ihnen ist alles sehr vertraut. Ich kann mich dort benehmen wie zu Hause, verstehst du? Keine persische Rücksichtnahme, kein persischer Kodex. Die Umstände sind perfekt zum Eingewöhnen.«

»Was meinst du damit?«

Ich spreche mit Sahel über meine Freundschaft zu Farid, und dass wir vor vielen Jahren ein Paar waren. Damals waren wir sehr verliebt und haben über mehrere Jahre fast jeden Tag und jede Nacht miteinander verbracht. Ich erzähle ihr von unserem unkonventionellen Leben als Studenten mit den vielen Verrücktheiten, von unseren Reisen nach Spanien, wo Farid sich wie zu Hause fühlte, und von unseren gemeinsamen Freunden, denen er genauso fehlt wie mir. Er hat durch seine Rückkehr in den Iran eine große Lücke hinterlassen.

»Warum kommen dir die Tränen, Sahel?«

»Eure Liebe ist gescheitert, weil du ihm den Weg zurück in seine Heimat gezeigt hast. Das ist so traurig.«

»Nein, nein, so war es nicht. Wir waren schon lange kein Paar mehr, als ich das erste Mal in den Iran zu seiner Familie fuhr. Wir hatten beide schon andere Partner.«

»Und seine Frau? Weiß sie von euch?«

»Natürlich, Nasrin weiß alles. Ich habe sie bei meiner letzten Reise kennen gelernt. Wir verstehen uns sehr gut. Sie ist der Überzeugung, es mir zu verdanken, dass Farid zurück in den Iran gekommen ist, sich wieder mit seiner Familie vereint hat und sie sich schließlich kennen und lieben gelernt haben. Ohne meine erste Reise vor vierzehn Jahren hätte er sich nicht getraut, auf einen Besuch in den Iran zu fahren. Wie viele andere Exiliraner auch hatte er die Vorstellung, bei einer Rückkehr sofort in Schwierigkeiten mit dem Regime zu geraten. Ich habe damals sozusagen die Lage sondiert und Entwarnung gegeben. Seine politischen Aktivitäten waren nie so massiv, dass er in den Neunzigerjahren noch etwas hätte befürchten müssen. Außerdem habe ich mich damals dafür eingesetzt, dass sein Bruder ein Besuchervisum für Deutschland bekam. Als Farid und Farhad sich dann nach fünfzehn Jahren in Hamburg trafen, war es Bruderliebe auf den ersten Blick. Sie wollten sich am liebsten nie wieder trennen. Tja, und dann hat Farid sich eine Weile später endlich zu einem ersten Besuch überwunden. Später ist er dann geblieben und hat Nasrin kennen gelernt. Sie sagt immer, er sei die große Liebe ihres Lebens. Und glaube mir, diese Liebe kann man deutlich spüren. Sie sind sehr glücklich miteinander.«

»Aber darüber hast du in deinem ersten Buch gar nichts geschrieben.«

»Es ist nicht einfach, über jemanden zu schreiben, dem man sehr nah ist, verstehst du? Vielleicht hatte ich Angst, die Geschichte anders darzustellen, als Farid sie sieht.«

»Und wie geht es ihm mit seiner deutschen Vergangenheit?«

»Er ist nicht glücklich darüber, dass ihm der Rückweg nach Deutschland verwehrt ist. Er ist damals vor der großen Einbürgerungswelle gegangen. Sonst hätte er jetzt einen deutschen Pass. Aber er weiß, dass er mit seiner Frau den größten Schatz seines Lebens gefunden hat. Und mit ihr und seiner großen Verwandtschaft kann er auch das schmerzende Heimweh nach Deutschland einigermaßen ertragen. Es wäre schön, wenn es ihn eines Tages nicht mehr quält. Aber durch das deutsche Satellitenfernsehen ist er permanent mit seiner zweiten Heimat verbunden. Sein Deutsch ist genauso exzellent wie damals.«

»Ob ich wohl auch eines Tages mal nach Deutschland komme?«, fragt Sahel mich.

»Warum nicht? Vielleicht könntest du ein Geschäftsvisum bekommen.«

Im nächsten Moment fällt mir ein, dass ihre Mutter sie vermutlich nicht allein nach Deutschland reisen lassen würde. Auch wenn sie dreißig Jahre alt ist, so bedeutet das keinesfalls, dass sie ein selbstbestimmtes Leben führen kann. Das wäre nur nach einem Bruch mit der Familie möglich, den sie sich nicht vorstellen mag. Sie schaut mich durchdringend an, und ich frage mich, was meine Erzählungen in ihr auslösen mögen. Sie möchte jede Einzelheit genau erfahren, und ich scheue mich auch nicht, ihr alles zu erzählen.

»Und was meine weiteren Reisepläne betrifft, so werde ich übermorgen nach Teheran umziehen und noch einige Tage in der Stadt bleiben. Dann geht es weiter nach Maschad und später durch die Wüste nach Yazd und natürlich nach Isfahan. Dort treffe ich Kuroschs Schwester. Ich werde dich auf dem Laufenden halten. Wir treffen uns spätestens, wenn ich von meiner Tour zurückkomme. Dann habe ich auch noch ein paar Tage Teheran auf dem Programm.«

Um sechs Uhr bin ich mit Farid verabredet, um mit ihm nach Hause zu fahren. Er arbeitet in einem Büro in der Nähe der Djordan. Auf dem Weg dorthin kommen wir zufällig an einem Küchenstudio vorbei, in dem sündhaft teure Bulthaup-Küchenmöbel angeboten werden. In dieser Stadt ist wirklich alles möglich. Sahel lässt es sich nicht nehmen, mich vor der Tür abzuliefern. Inzwischen trage ich den schönen Schal, den sie mir geschenkt hat. Es wird mich ein wenig Übung kosten, ihn so zu binden, dass er nicht ständig herunterfällt.

»Warum kommst du nicht mit zu mir nach Hause?«, fragt Sahel, »meine Mutter möchte dich so gern kennen lernen.«

»Meine Freunde warten auf mich. Meine Reise beginnt doch erst, vielleicht später. Ich rufe dich an oder schicke eine Mail.«

Wir küssen uns die Wangen, und einen Moment lang halte ich sie fest in meinen Armen.

»Vielen Dank!«, sagt Sahel.

»Ich danke dir! Für dein Vertrauen und deine Offenheit. Es tut mir sehr leid, dass du bisher keine guten Erfahrungen mit Männern gemacht hast. Ich wünsche dir ganz viel Glück bei deinem ersten Rendezvous mit Samad. Vielleicht kuriert er dich von deiner Vorliebe für meine Landsmänner.«

»*Inshallah!*«

Im Mädchenpensionat

Die Adresse der Frauenpension hatte ich von einer befreundeten Fotografin bekommen, die schon häufiger in der »Mother Pension« zu Gast war. Ihre Erzählungen über die vielen Studentinnen, die dort als Dauergäste wohnen, hatten meine Neugier geweckt. Telefonisch hatte ich bereits von Deutschland aus ein Zimmer reserviert. Die Dame an der Rezeption war spürbar erleichtert, dass ich mich auf Persisch verständigen konnte. Sie erinnerte sich noch gut an Ulla Kimmig, obwohl deren letzter Besuch bereits einige Jahre zurückliegt. Die Lage der Pension in der Nähe vom Meydan-e Vanak im Norden der Stadt ist sehr zentral. Von hier aus sind alle interessanten Orte relativ gut zu erreichen, und es ist eine Gegend, in der ich mich ein wenig auskenne.

Ich lasse einen Teil meines Gepäcks bei Farid und mache mich auf zu meiner neuen Herberge. Erst nach mehrmaligem Nachfragen finde ich die kleine Straße, die von der Gandi Avenue abzweigt. An der Einfahrt zur Gasse steht ein Wachhäuschen. Ein junger Mann in dunkelgrüner Uniform und Badeschuhen sitzt im Schatten und grüßt. Ein winziges Schild weist darauf hin, dass es in dieser Wohnstraße eine Pension gibt. Ich stehe vor einem der typischen großzügigen Häuser im wohlhabenden Teheran. Mauern mit Toren verwehren üblicherweise den Einblick in die Gärten. Die Mother Pension hat die Vorderfront direkt an der Straße. Das Erdgeschoss ist weitgehend fensterlos, und ich überlege, ob es einst eine Garage war. Als ich versuche, das Klingelschild zu entziffern, kommt mit quietschenden Reifen ein Renault 5 neben mir zum Stehen. Am Steuer sitzt eine junge Frau, die dazu ansetzt, den Wagen in eine winzige Parklücke zu manövrieren. Sie sieht so jung aus, dass ich mich frage, ob sie überhaupt schon einen Führerschein hat. Ihr locker gebundener Schal ist mit Pailletten verziert, glitzert im Sonnenlicht und umrahmt ihr geschminktes Gesicht mit den tiefroten Lippen. Sie stellt sich außerordentlich geschickt an, und ich vermute einmal mehr, dass es in dieser Stadt keine schlechten Autofahrer geben kann. Wie sollten sie sich hier behaupten? Als sie aussteigt, gibt ihr offener Mantel den Blick frei auf ein bauchfreies Shirt. Flüchtig rafft sie den Stoff zusammen und ist im nächsten Moment hinter dem Tor des Nachbarhauses verschwunden.

Nachdem ich die Klingel gedrückt habe, nenne ich über die Sprechanlage meinen Namen. Die Tür öffnet sich, und hinter einem schmalen Flur befindet sich die Rezeption. Eine freundlich lächelnde Dame im Mantel und Kopftuch kommt auf mich zu.

»*Chosch amadid, Chanum-e Bruni*«, heißt sie mich willkommen.

Sie führt mich in ein Büro, wo hinter einem Schreibtisch eine weitere Dame im gleichen Mantel und mit Kopftuch sitzt, die offensichtlich die Chefin des Hauses ist. Sie begrüßt mich im persischen Überschwang, als sei ich ein Stammgast. Die beiden stellen mir die üblichen Fragen, loben meine Sprachkenntnisse und bitten mich abzulegen.

»Hier ist alles *rahat*«, betonen sie, sehr locker und bequem, keine Männer, ganz ohne Kleiderordnung. Eine schüchterne junge Frau mit hellem Kittel und Kopftuch kommt mit einem Tablett ins Büro und bietet mir Saft an. Ob ich nicht meine Schuhe ausziehen wolle, werde ich gefragt, und die junge Frau reicht mir wortlos ein Paar Zehensandalen. Wir erledigen die Formalitäten und handeln mit der gebotenen Freundlichkeit einen Preis aus. Die Chefin hatte versucht, mir ein teureres Zimmer zu vermitteln, als am Telefon abgesprochen. Aber mein Budget erlaubt mir keine kostspielige Unterkunft. Mit vierzig Euro pro Tag werden es ohnehin meine teuersten Übernachtungen sein.

Das Zimmer im dritten Stock ist penibel gereinigt und großzügig mit Küchenzeile, Kleiderschrank, zwei Schlafsofas und einem Schreibtisch ausgestattet. Das Bad ist geräumig, und Handtücher, Zahnbürsten und Badeschuhe sind in Plastik eingeschweißt. Als ich mehrere Lagen Vorhangstoff und Gardinen umständlich zusammenraffe, habe ich Aussicht in einen unverkennbaren Nordteheraner Hinterhof mit leeren Swimmingpools. Um die Gärten haben sich schon seit Jahren keine wohlmeinenden Hände gekümmert. Hier werden keine Badenden mehr ins Becken springen, denn zu allem Überfluss sind sie von den Hochhäusern der Umgebung einsehbar. Während der Schahzeit war das noch kein gravierendes Problem. In diesem Teil der Stadt nahmen sich viele Frauen das Recht, ihre unverhüllten Körper fremden Blicken auszusetzen. Für mich sind verwahrloste Pools eines der vielen Sinnbilder für die Islamische Republik Iran.

Die Pension könnte das Privathaus einer wohlhabenden Familie gewesen sein, und ich male mir aus, dass die ehemaligen Bewohner seit siebenundzwanzig Jahren im kalifornischen Exil in einen viel schöneren Pool springen. Oder gehören sie womöglich zu den Verlierern? Zu denjenigen, die ebenfalls einen Teil der vier Millionen Menschen starken Exilgemeinde unter amerikanischer Sonne ausmachen und die es dort nicht *geschafft* haben? So wie der Protagonist des wunderbaren Romans *Haus aus Sand und Nebel* von *Andre Debus III*. Das Buch ist mit Ben Kingsley verfilmt worden und gibt, im Stil einer klassischen Tragödie, den gesellschaftlichen Abstieg und das tödliche Verderben einer Familie von Schahanhängern im kalifornischen Exil wieder.

Farids Familie hatte bis vor wenigen Jahren eine Wohnung in der Nachbarschaft, und so war mir diese Gegend sofort vertraut. An einem Ende der Gasse liegt die Gandi Avenue, am anderen die Djordan, oder Africa Avenue, wie sie nach der Revolution umbenannt wurde. Nur wenige Kilometer weiter in Richtung Norden hatte ich damals meine ersten Eindrücke vom Iran sammeln können.

Am Abend gehe ich in die kleine Lobby, wo es eine Telefonzelle und einen Computer mit Internetzugang gibt. Der PC steht in einem winzigen Raum mit dem Hinweisschild *Cafenet*. Nachdem ich das Gerät gestartet habe, erscheint ein Bildschirmschoner mit der Aufnahme einer Lindenallee. Das Foto könnte in meinem Heimatdorf in der norddeutschen Tiefebene aufgenommen worden sein. Es gelingt mir nicht, eine Verbindung herzustellen, und die Dame an der Rezeption zeigt sich ebenfalls überfordert. Doch dann hilft mir eine der jungen Bewohnerinnen, die vor dem öffentlichen Telefon wartet. Das Einwählen ins Netz ist umständlich und langwierig. Ich zeige auf die Linden und erzähle ihr, dass es in meiner Heimat genauso aussieht. Sie schaut mich verwundert an, und wir sprechen ein wenig über Deutschland. Als der Anschluss endlich funktioniert, weist sie mich noch darauf hin, dass es zwecklos sei, eine ausländische Seite anzuwählen. Die Leitung sei schwach und unendlich langsam. Ich solle lieber ins Cafenet am Meydan-e Vanak gehen. Dann verabschiedet sie sich und eilt die Treppe hinauf.

Die zuletzt gewählten Seiten auf dem PC sind allesamt iranische Weblogs, von denen es weitaus mehr gibt als spanische, deutsche und italienische. Angeblich existieren mehr als 64 000 Blogs in Farsi. Ähnlich einem Logbuch, das an Bord eines Schiffes täglich geführt werden muss, werden viele Weblogs als eine Art Online-Tagebuch genutzt. Das Internet ermöglicht seit einigen Jahren auch Einsteigern mit geringen Webdesign-Kenntnissen die unkomplizierte Einrichtung und Führung von Weblogs. Mich beeindruckt das Bloggen als Werkzeug zum Meinungsaustausch in der Anonymität, und ich stelle es mir in einem Land mit strikter Zensur als willkommenes Ventil vor. In diesem Medium schütten unzählige Iranerinnen und Iraner ihr Herz über persönliche, gesellschaftliche, kulturelle, religiöse und politische Themen aus. Man findet dort intime Notizen zu Ehe- und Beziehungskrisen, zu den Frustrationen mit den Ordnungshütern, zu verbotener Literatur, genauso wie zu brisanten politischen Themen. Selbst die *Satanischen Verse* von Salman Rushdie finden sich hier in persischer Übersetzung. Manch verbotenes Buch wird mühsam abgetippt und ins Netz gestellt. Weblogs bieten weitaus mehr Möglichkeiten der Meinungsfreiheit als andere Medien. Im Iran gibt es regelrechte Stars unter den Bloggern, deren Seiten täglich tausendfach aufgerufen werden und die durch ihre Art des Schreibens einen Kultstatus erreicht haben. Exiliranische Schriftsteller wie Maroufi oder Falaki, die seit vielen Jahren in Deutschland leben, führen deutsch-persische Weblogs, aus denen man sich im Iran verbotene Romane und Texte herunterladen kann. Der Regierung ist das Treiben im Netz ein Dorn im Auge, und so kommt es regelmäßig zu Festnahmen von Bloggern. Jene, die sich mit politischen Statements aus der Anonymität wagen oder nach Fahndungen ausfindig gemacht werden, müssen damit rechnen, durch massive Einschüchterungsmaßnahmen schikaniert und drangsaliert zu werden. Die offizielle Lesart der iranischen Regierung bezeichnet die Blogosphäre als ein Netzwerk der CIA.

Die junge Frau hatte Recht: Außerordentlich langsam baut

sich die Seite meines Postfaches auf, und es sieht nicht danach aus, als käme ich im Laufe des Abends noch an meine Mails. Und so gehe ich zur Telefonzelle und wähle die Nummern, die für meine weitere Reiseplanung wichtig sind.

Ich bin mitten in einem englischsprachigen Telefonat, als eine aufgeregte junge Frau vor dem Apparat auf und ab läuft und mich erwartungsvoll anschaut. Sie kann es offenbar kaum erwarten, dass ich endlich auflege. Aber als ich mein Gespräch beendet habe, greift sie nicht zum Hörer, sondern kommt auf mich zu.

»Hallo ... Entschuldigung ... kommen Sie von Deutschland?«, fragt sie mich in meiner Muttersprache.

»Hallo ... ja, ich bin Deutsche.«

»Das ist gut, ich meine ... super, wunderbar, sehr gut.«

Sie lacht über das ganze Gesicht, fuchtelt mit ihren Händen und steht nicht eine Sekunde lang still.

»Meine Freundin hat gesagt, hier gibt es eine deutsche Sportfrau. Und das sind Sie!«

»Eine sportliche Frau? Woher weiß sie? Ich meine ... wer hat das gesagt?«

»Nicht schnell sprechen ... bitte ... langsam. Ich heiße Scharsad und komme von Isfahan. Wie heißen Sie?«

Sie ist vollkommen aus dem Häuschen, dass ich ihre schöne Stadt kenne, und kichert vor Vergnügen, als ich ihr anvertraue, dass ich mich dort sogar verliebt habe. Scharsad besucht einen Intensivkurs am Teheraner Goethe-Institut, und in wenigen Monaten hat sie eine Aufnahmeprüfung in Deutschland, wo sie Physik studieren möchte.

»Warten Sie! Bitte!«

Im Nu hat sie ein überdimensionales deutsches Physikbuch aus ihrem Zimmer geholt, das schon auf den ersten Blick mein Unvermögen auf diesem Gebiet der Wissenschaft untermauert. Verwirrende Zahlen- und Buchstabenkolonnen stehen im Wechsel mit unverständlichen Zeichnungen und Textpassagen.

Scharsad glaubt, dass sie bis zum Herbst das gesamte Buch verstehen muss. Ohne den genauen Umfang ihrer Sprachprüfung zu kennen, versuche ich, sie zu beruhigen. Keinesfalls würde ein derartiges Wissen von ausländischen Studienanfängern verlangt, gebe ich meine Vermutung weiter und gewinne dafür ihr wunderschönes Lächeln und ihre warmen Hände auf meinem Arm. Ein Bekannter von ihr habe kürzlich einen Studienplatz in Jena bekommen. Jena, überlege ich und stelle mir einen Umzug von Teheran in die thüringische Kleinstadt wie einen Wechsel von Berlin auf eine friesische Hallig vor. Aus ihrer Tasche holt Scharsad das Einladungsschreiben der Universität Hannover hervor, und ich bestätige erneut, wie problemlos sie die Prüfung bestehen wird, da sie eine intelligente und talentierte Frau ist. Ich hätte schon viele ausländische Studenten kennen gelernt, sage ich ihr, die weniger Deutsch konnten als sie. Aber sie klagt über die komplizierten Regeln und die vielen Artikel und hat wenig Verständnis für unser *der, die, das,* wenn es doch auch gänzlich ohne geht. Außerdem sei es kaum zu schaffen, sich in einem Zimmer mit fünf Mädchen aufs Üben zu konzentrieren.

»Seit neun Monaten wohne ich hier und warte auf eine deutsche Frau. Aber keine ist angekommen.«

»Nun bin ich hier.«

Wir gehen in den Fernsehraum, wo wir es uns auf einem Sofa bequem machen. Nach einer Weile hat sie sich an meinen Namen und an das Du gewöhnt. Wie die meisten Iraner hat sie jedoch erhebliche Probleme mit *er* und *sie* und *seine* und *ihre,* für das es im Persischen keinen Unterschied gibt: Das kleine Wörtchen *u* bedeutet *er, sie* und *es* in einem. Scharsad erzählt mir, dass alle Studentinnen um halb zehn in der Pension sein müssen. Es ist kurz nach neun, und immer mehr junge Frauen kommen von draußen herein. Scharsads Freundinnen leisten uns Gesellschaft und amüsieren sich über die merkwürdigen Laute, die wir von uns geben. So aufgeregt hätten sie Scharsad noch nie gesehen, betonen sie.

»Ich bin glücklich, wenn ich kann sprechen Deutsch. So glücklich!«, sagt sie, und ihre Hände flattern durch die Luft.

Zwei Mädchen kommen von einem Einkaufsbummel zurück und holen ihre Errungenschaften aus einer Einkaufstüte. Es folgt eine kleine Modenschau, bei der ich über die neuesten Mantelmodelle aufgeklärt werde. Der letzte Schrei ist ein figurbetontes kurzes Exemplar mit einem paillettenverzierten Bund in Hüfthöhe, der wie ein Gürtel wirkt. Eine der Frauen zaubert ein winziges Kopftuch im Stil der Siebzigerjahre aus der Tasche. Auf giftgrünem Untergrund prangen schwarze und weiße Kreise. Eine überdimensionale Sonnenbrille mit weißem Plastikrand perfektioniert ihr gewagtes Outfit.

Zwei andere Mädchen kommen mit Pizza heim und bitten uns zuzugreifen.

Scharsad löchert mich auf Deutsch mit Fragen, und die anderen Frauen möchten gern alles übersetzt haben. Aber wie es scheint, hat Scharsad ihre deutsche Konversationspartnerin ganz für sich allein entdeckt und möchte alles, was ihr auf dem Herzen liegt, möglichst sofort geklärt haben. Damit meint sie es sehr ernst und löchert mich mit Fragen nach den Lebenshaltungskosten in Deutschland. Sie will wissen, wie teuer die Mieten sind, und ob man dort mit 600 Euro im Monat überleben kann, mit welchen Jobs Studenten sich über Wasser halten und ob eine WG oder ein Studentenwohnheim besser sei? Sie hat erstaunlich viele Informationen, die jedoch nicht so recht zusammenpassen wollen. Als ich ihr erzähle, dass es in Hamburg viele iranische Taxifahrer gibt, möchte sie sofort den deutschen Führerschein machen. Nachdem ich ihr die Preise für eine Fahrstunde genannt habe, heckt sie einen neuen Plan aus: Für den Bruchteil der Kosten einer deutschen Fahrstunde könne sie in Teheran die gesamte Prüfung ablegen. Wenn nur der schreckliche Verkehr und ihre Angst nicht wären. Ich erspare ihr die Einzelheiten über die Bestimmungen zum Erwerb einer deutschen Taxifahrlizenz. Das Wörtchen »WG« hat es ihr besonders angetan: Immer wieder fragt sie nach den Bedingungen in einer »*Wägä*«, ob man dort ein eigenes Zimmer habe, ob fremde Männer und Frauen wirklich zusammen wohnten und ob es dort auch sauber sei. Sie hasse nämlich schmutzige Küchen und Bäder. Erst als ich ihr sage, dass ich noch einige Tage in der Pension bin und wir uns gern verabreden können, wird sie etwas ruhiger und spart sich ihren weiteren Fragenkatalog für ein anderes Gespräch auf. Später sind wir eine Weile allein, und sie vertraut mir an, dass sie Angst vor einem Krieg hat.

»Ich denke immer daran. Jeden Tag. Im deutschen Fernsehen sprechen sie viel über die Urankrise, ein Ultimatum und Sanktionen. Wer weiß, was noch alles kommt. Auch im Internet lese ich darüber, und in der Schule sprechen wir manchmal in den Pausen darüber. Alle schauen deutsches Fernsehen. Manche sprechen perfekt Deutsch und verstehen alles. Ein Mädchen aus meiner Klasse hat sogar schon dort gelebt. Was mache ich, wenn ich bald in Deutschland bin, und es gibt Krieg? Wie kann ich dann zu meiner Familie nach Isfahan kommen? Ich kann sie doch nicht allein lassen! Ich habe große Angst. Unsere Regierung macht viel Ärger. Ich verstehe das nicht. Alle Menschen wollen Frieden! Nicht wahr?«

Scharsad ist Anfang zwanzig und hat exakte Lebenspläne. Nach ihrem Studium in Deutschland möchte sie zurück in ihre Heimat und hier als Physikerin arbeiten. An einen möglichen Partner denkt sie dabei nicht. Sie wird später wieder bei ihren Eltern in Isfahan leben. Ein Auslandsstudium sei in ihrem Familienkreis nichts Ungewöhnliches. Ein Onkel lebt mit seiner Frau in Süddeutschland, und beide arbeiten als Ingenieure bei Siemens. Deutschland ist auch wegen des Klimas ihr Traumland. Sie hasst die Hitze im Iran und möchte wissen, in welcher deutschen Stadt es am kühlsten ist.

»Komm zu mir nach Hamburg. Wir haben das schlechteste Wetter.«

»Wieso schlecht? Gut! Kühl ist gut. Ich liebe kühles Wetter. Meine Haut ist krank von der Sonne.«

»Wir können tauschen. Du gehst nach Hamburg und ich in deine Heimatstadt Isfahan.«

Um zwölf Uhr bin ich mit Scharsad im Goethe-Institut verabredet. Die Anreise zur Jachdschal-Straße ist nicht ganz einfach, und weil ich beim Gedanken an Scharsads amüsante Wegbeschreibung permanent grinsen muss, wirkt der Taxifahrer zunehmend irritiert. Schließlich setzt er mich an einer Kreuzung ab, deutet in eine Einbahnstraße, und auch wenn es mir schwer fällt, den von mir angesprochenen Passanten mit dem gebotenen Ernst entgegenzutreten, frage ich mich zur *Kühlschrankstraße* durch. Zu lustig war am Abend zuvor die Situation gewesen, als Scharsad meine spontane Übersetzung von *Jachdschal-Straße* ins Deutsche bestätigt hatte. »Kühlschrankstraße«, dutzende Male wiederholten wir diesen ulkigen Straßennamen, so oft, dass ihre Freundinnen uns für vollkommen übergeschnappt erklärten. Wir probierten es dann noch mit *Staubsauger*- oder *Waschmaschinenstraße* und hielten uns vor Lachen die Bäuche und kicherten wie Schulmädchen.

Das Deutsche Sprachinstitut Teheran hat den offiziellen Status eines Goethe-Instituts verloren, aber es ist dennoch eine anerkannte Prüfungsstelle für Sprachzertifikate. Ähnlich den anderen hundertfünfzig weltweiten Instituten wird hier neben der deutschen Sprache ein Schwerpunkt auf die Vermittlung deutscher Kultur gelegt. Das Goethe-Institut im Iran war 1987 nach einem Eklat geschlossen worden, den der Holländer Rudi Carrell mit einem Spot in seiner Fernsehsendung *Rudis Tagesshow* ausgelöst hatte. Damals ließ er Ayatollah Chomeini mit Hilfe einiger filmischer Tricks einen Korb mit Damenunterwäsche durchwühlen. Als Folge wurden deutsche Diplomaten ausgewiesen, das Institut geschlossen und einige Linienflüge nach Teheran gestrichen. Das 1995 von der Deutschen Botschaft gegründete Sprachinstitut hat seinen Sitz in einer schönen Wohngegend. Blühende Bougainvillea ranken über Mauern, und geöffnete Tore geben den Blick auf gepflegte Gärten und kostspielige Fuhrparks frei. Beinahe verpasse ich den Eingang zur Schule, als mir die deutschsprachige Tafel mit dem Bundesadler ins Auge springt. Die Tür steht offen, und der Weg führt in einen begrünten Hof.

Stelltafeln weisen auf deutschsprachige Veranstaltungen und Prüfungstermine hin. An einem Kiosk gibt es Kaffee: Ein seltenes Getränk im Iran. Der Unterricht ist noch in vollem Gange, und ich höre Kreide auf Tafeln quietschen und Stimmen, die aus geöffneten Fenstern dringen. In einem der Gebäude befindet sich das Sekretariat. Als ich einen Blick in die offene Tür werfe, werde ich auf Deutsch gegrüßt.

»Kann ich Ihnen helfen?«, fragt mich eine Dame in sommerlicher Kleidung. Ihren Kopf schmückt ein leichtes Tuch.

»Danke. Ich bin mit einer Ihrer Schülerinnen verabredet. Mit Scharsad. Kennen Sie sie? Wissen Sie, in welchem Raum sie ist?«

»Nein, das tut mir leid. Wir haben über tausend Schüler.«

Ich bin erstaunt. Wo werden die vielen Schüler untergebracht? Vermutlich wird hier bis spät in den Abend in zahlreichen Kursen unterrichtet.

»Ich warte hier draußen. Die Mittagspause beginnt doch bald, nicht wahr?«

»In fünfzehn Minuten. Nehmen Sie doch Platz. Sind Sie mit Scharsad verwandt?«

Als ich ihr von unserer flüchtigen Bekanntschaft in der Frauenpension und meinen Reiseplänen erzähle, möchte sie gern mehr hören, und so stelle ich mich auch namentlich vor.

»Sind Sie die Frau, die das Iranbuch geschrieben hat?«

Wir sprechen über *Dastet dard nakone,* wie mein Buch auf Persisch heißt, und sie führt mich in die Bibliothek.

»Schauen Sie! Hier steht es! Wir haben es alle gelesen. Mir persönlich hat es sehr geholfen. Endlich haben meine Angehörigen in Deutschland einen anderen Eindruck vom Iran. Sie haben nie verstanden, warum ich ausgerechnet hier leben und arbeiten möchte. So wie Sie das Land beschrieben haben, ist es wirklich.«

Die Angestellte in der Bibliothek ist Iranerin, die einen Teil des Jahres in Hamburg verbringt. Sie bietet mir Tee und Süßigkeiten an, und wir plaudern über den Frühling, der dieses Jahr partout nicht an die Elbe kommen wollte. Im Hof wird es zunehmend lebhafter. Junge Männer und Frauen sitzen unter Schatten spendenden Bäumen, trinken Kaffee und Cola oder essen Pommes. Offenbar gilt das Kartoffelgericht hier als deutsches Nationalgericht. Es herrscht eine äußerst laxe Kleiderordnung, ich sehe, dass einige Frauen sogar auf einen Mantel verzichten. Allerdings gilt auch hier das Kopftuchgebot, denn das Sprachinstitut befindet sich nicht auf einem Konsulatsgelände und zählt somit nicht zum deutschen Hoheitsgebiet. Bei der österreichischen Sprachschule sei das ganz anders, erklärt mir eine junge Frau, dort gäbe es keine Kleiderordnung. Sie selber habe früher eine Weile in Wien gelebt. Ich lobe ihre Sprachkenntnisse und bemerke, wie wunderbar ihr Wiener Dialekt klingt. Den möchte sie sich gerade abtrainieren, gesteht sie mir.

Endlich kommt Scharsad aus dem Klassenraum und stellt mich einigen Mitschülerinnen vor. Als ich ihr von meinem Buch in der Bibliothek erzähle, möchte sie es sofort sehen. Bevor die Pause beendet ist, fragt sie ihre Lehrerin, ob ich sie in den Unterricht begleiten darf. Die Dame aus dem Ruhrgebiet lässt mich zwischen den zehn Schülerinnen und Schülern Platz nehmen, und mit meinem Einverständnis schlägt sie den Lernenden vor, mir Fragen zu stellen. Es sei eine besondere Gelegenheit, mit jemandem zu sprechen, der in Deutschland lebe und hier nur zu Besuch sei, muntert sie ihre Schützlinge zum Gespräch auf. Es dauert nicht lange, bis wir über so unterschiedliche Themen wie die Fußballweltmeisterschaft, die Lebenshaltungskosten, die geringe Geburtenrate in Deutschland, die hohe Arbeitslosigkeit, ein Leben ohne Kopftuch und typische Freizeitbeschäftigungen plaudern. Erst als das Gespräch auf das verbotene Satellitenfernsehen im Iran kommt, und somit unweigerlich auf den Präsidenten Ahmadineschad und seine restriktive Politik, versucht die Lehrerin unsere Diskussion ein wenig zu lenken. Doch wir sind neugierig auf diesen Meinungsaustausch und lassen uns nicht bremsen. Die Atmosphäre ist ungemein vertraut, die Schüler sind gut informiert und wissbegierig, und ich habe nicht das Gefühl, dass etwas von dem Gesagten nach außen dringen könnte.

»Fragen die Menschen in Deutschland sich eigentlich, warum wir uns nicht gegen unsere Regierung wehren? Warum wir keinen Aufstand und keine neue Revolution machen?«, werde ich von einer jungen Frau gefragt, die wenige Plätze von mir entfernt im Halbkreis sitzt.

»Doch, das fragen wir uns. Bei meinen Reisen habe ich immer gespürt, wie unzufrieden die Menschen hier sind. Ich habe nicht einen Einzigen getroffen, der sich zu diesem Regime bekennt. Kaum jemand lässt ein gutes Haar an der Islamischen Republik. Die Menschen, selbst ganz junge, verherrlichen die Vergangenheit, die Zeit vor der Revolution. Aber trotzdem gibt es sehr viele Bürger, die im letzten Jahr einen konservativen Hardliner zum Präsidenten gewählt haben. Das ist schwer zu verstehen. Ja, ich frage mich oft, warum die Leute sich nicht organisieren und für ihre Freiheit kämpfen. Warum sie nicht in Massen auf die Straße gehen und sich auflehnen.«

Gespannt schaue ich die junge Frau an und warte auf ihre Antwort. Ihr Deutsch ist hervorragend, und ich bin mir sicher, dass sie jedes meiner Worte genau verstanden hat. Sie ist nicht älter als Anfang zwanzig und muss schon lange Unterricht nehmen oder sogar in Deutschland gelebt haben. Sie braucht nicht erst mühsam nach den richtigen Worten zu suchen oder ihre Hände zu Hilfe zu nehmen.

»Weil wir müde sind, verdammt müde. Dieses Land hat uns müde gemacht. Wir sind müde vom Krieg, müde von den vielen Verboten, müde von den Gängelungen und Maßregelungen, müde von den selbst ernannten Sittenwächtern und müde vom vielen Lügen.«

Niemand im Raum hat etwas einzuwenden, und ich habe nicht den Eindruck, als hätte sie etwas Ungehöriges gesagt, und weiß doch, wie mutig diese Sätze sind. Da ich nicht einschätzen kann, wie riskant eine freie Meinungsäußerung in diesem Umfeld ist, behalte ich meine weiteren Gedanken vorsorglich für mich. Neben dem, was die junge Frau als »Müdigkeit« beschrieb, gibt es sicher noch eine Reihe weiterer Faktoren, die eine Umwälzung behindern. Seitdem ich mit Iranern befreundet bin, kenne ich ihr »Warten« und »Hoffen« auf Verbesserungen im Land. Zunächst hofften sie, dass es nach dem Ende des achtjährigen Krieges besser werde, dann war es das Ableben des Revolutionsführers, das sie mit einer möglichen Erneuerung verbanden, dann war es die erste, wenn auch nicht wirklich freie Wahl, die einen Präsidenten hervorbrachte, für den sich scheinbar das Warten gelohnt hatte. Ab dem Sommer 1997 war eine regelrechte Aufbruchstimmung zu spüren, und einige Hoffnungen wurden tatsächlich erfüllt. Doch die Fäden der unumschränkten Macht hielten weiterhin jene in den Händen, die eine unnachgiebige und reine Islamische Republik vertraten. Nach sieben Jahren Chatami wurde 2005 auch der letzte »Wartende« und »Hoffende« enttäuscht. An den Wahlen, bei denen Ahmadineschad mit einundsechzig Prozent der Stimmen zum Präsidenten gewählt wurde, haben sich nur knapp sechzig Prozent der Iraner und Iranerinnen beteiligt. Und nicht zuletzt ist es die Angst vor Repressalien, die Regimegegner zu fürchten haben. Noch sehr präsent sind die Erinnerungen an blutige Studentenproteste und Verhaftungen in der jüngsten Vergangenheit.

»Wie gefällt es Ihnen dieses Mal bei uns? Hat sich unser Land verändert?«, fragt mich eine ältere Frau in gebrochenem Deutsch.

»Ich habe noch nicht viel gesehen, aber zumindest die U-Bahn und die Fahrgäste mit ihren breiten Ellenbogen haben mich sehr überrascht«, antworte ich mit entsprechenden Gesten meiner weit ausholenden Arme. Die Schüler lachen laut auf und bestätigen den wilden Kampf der Pendler.

Im Institut befindet sich ein Büro des Deutschen Akademischen Austauschdienstes, wo angehende Studenten beraten werden, die ihr Studium in Deutschland absolvieren möchten. Hier hat

Scharsad alle nötigen Informationen bekommen und ihre Bewerbung abgegeben. Die Dame vom DAAD erklärt mir, dass sie zudem ein Büro in der deutschen Fakultät der Universität betreut. Ich hatte bereits kurz vor meiner Reise schriftlich Kontakt zur Uni aufgenommen und eine Lesung aus meinem Buch vorgeschlagen, die dort auf positive Resonanz gestoßen war. Sie hat von meiner Anfrage gehört, und wir sprechen über einen geeigneten Termin. Für einen ausländischen Gast müsse zunächst eine Genehmigung vom Ministerium eingeholt werden, klärt sie mich auf. Ich schlage einen Termin zum Ende meiner Reise vor, den sie mir später per E-Mail bestätigen will. Wie schnell doch ein direkter Kontakt zur Universität hergestellt ist, überlege ich. Als die Idee in mir reifte, erschien mir die Vorstellung, eine offizielle Lesung zu geben, gewagt, aber nun bekomme ich das Gefühl, die deutschsprachige Szene in Teheran sei eine große Familie und das damit verbundene Risiko kalkulierbar. Auch Sahel war begeistert von der Idee, dass ich aus meinem Buch vorlesen würde. Sie kennt auch den Namen des zuständigen Professors und Fakultätsleiters, obwohl sie selbst in Isfahan studiert hat. Bei der Lesung möchte sie gern dabei sein.

Später fahren Scharsad und ich zu einem kleinen Restaurant an der Vali-ye Asr und essen arabische Falafel. Das Lokal ist modern eingerichtet und erinnert an eine McDonald's-Filiale. Zum ersten Mal sehe ich eine Frau hinter dem Tresen stehen und die Gäste bedienen. Das ist üblicherweise ein Männerjob, da Bedienungen permanent mit Fremden in Kontakt sind. In traditionellen Lokalen habe ich noch nie eine weibliche Bedienung gesehen. Allenfalls in den kaum einsehbaren Küchen kann man sie streng verschleiert entdecken.

Wir schauen aus dem Fenster und amüsieren uns über Frauen mit operierten Nasen. Mit einem gewissen Stolz tragen zwei Freundinnen, die Hand in Hand am Restaurant vorbeiflanieren, das breite Pflaster über ihren frisch gerichteten Nasen zur Schau.

»Das ist hier große Mode«, sagt Scharsad, »ich würde es auch machen lassen. Meine Nase ist viel zu dick. Aber es ist teuer, und ich habe Angst.«

»Deine Nase ist doch schön!«

»Europäische Nasen sind viel schöner. So wie deine, ganz schmal. Im Iran können Frauen nur ihr Gesicht zeigen, verstehst du? Deshalb soll es besonders schön sein.«

»Ich habe schon von der Teheraner Operationswelle gehört, aber dass es so viele sind, die in aller Öffentlichkeit mit ihren Pflastern herumlaufen, hätte ich nie gedacht.«

»Viele Mädchen wünschen sich zu ihrem sechzehnten Geburtstag eine neue Nase.«

Während ich bedaure, die beiden Mädchen nicht um ein Foto gebeten zu haben, stolziert ein junger Mann mit Nasenpflaster am Fenster vorbei.

»Siehst du, die Jungs fangen auch schon an. Mein Cousin studiert Medizin. Wenn er eines Tages Chirurg ist, dann kann er mich operieren.«

»Als Chirurg kann man hier sicher gute Geschäfte machen.«

Ich habe bereits einige absurd anmutende Püppchennasen gesehen, die spitz und übertrieben in die Höhe ragen und damit offenbar den Geschmack der Teheraner Oberschicht treffen.

Als mein Handy klingelt, nehme ich das vertraute Geräusch zunächst nicht wahr. Bisher war ich davon ausgegangen, dass es hier nicht funktioniert. *Thomas* steht auf dem Display. Hektisch drücke ich den Empfangsknopf.

»Bruni?! Bist du es? Hallo ... es funktioniert ... ich fass es nicht«, höre ich seine Stimme klar und deutlich.

»Hallo, mein Liebster. Was für eine Überraschung. Ich höre dich ganz deutlich. Ich habe nichts umgestellt. Ein Wunder der Technik. Du rufst mich ganz normal über meinen deutschen Anschluss an. Wie geht es dir?«

»Na ja ... wie geht es dir? Ich habe es nicht ausgehalten. Und da habe ich es einfach probiert ... habe einfach deine Handynummer gewählt. Du hast dich schon zwei Tage nicht gemeldet. Hast du meine Mail denn nicht gelesen? Ist alles in Ordnung?«

»Hier ist alles super. An meine Mails bin ich nicht rangekommen. Das versuche ich heute Abend noch einmal. Ich bin auf der Pirsch nach frisch operierten Nasen. Und gerade fährt ein Moped mit einem Schaf auf dem Rücksitz vorbei.«

»Wie bitte?«

Es ist ein merkwürdiges Gefühl, mit meinem Freund im fernen Deutschland zu telefonieren: Oder ist meine Heimat gar nicht mehr so fern? Die Welt ist irgendwie seltsam klein geworden. So viel Deutschland habe ich hier bisher nie erlebt. Ein Knopfdruck, und ich bin mit meinem Zuhause verbunden, und ich rede beinahe so häufig deutsch wie persisch.

»Das mit dem Schaf auf dem Moped war wirklich komisch«, sagt Scharsad, als ich mein Gespräch beendet habe, »so was sieht man hier nicht häufig. Passt nicht zu dieser Gegend. Was wird dein Freund über Teheran denken?«

»Das frage ich mich auch. Jedenfalls macht er sich Sorgen um mich. Fast alles, was mit dem Iran zusammenhängt, verursacht in Deutschland ein gewisses Unbehagen und Unverständnis.«

Am Abend gehe ich in Scharsads Zimmer, das mit zwei Etagenbetten, einem Einzelbett, Einbauschränken und einigen Sitzmöbeln eingerichtet ist. Es ist bereits nach zehn, und alle Mädchen müssen in der Pension sein. Langsam begreife ich, wer sich dieses Zimmer teilt: Es sind fünf Frauen aus unterschiedlichen Regionen des Landes, die hier studieren und sich auf diesen wenigen Quadratmetern ein kleines Zuhause schaffen müssen. Eines der Mädchen trägt kurze Hosen und ein knappes Top. Ihre Haare sind blondiert und aufwändig frisiert. Sie sieht sehr jung aus, und als ich sie frage, woher sie kommt, winkt sie nur ab. Den Ort würde ich ohnehin nicht kennen, tiefste Provinz und schrecklich langweilig. Sie kann nicht glauben, dass ich mich daran erinnere, während einer Zugfahrt dort eine Pause zum Abendgebet eingelegt zu haben. Ihre Heimatstadt Arak liegt an der Bahnstrecke zwischen Teheran und Ahwas im tiefen Süden Chusestans. Damals hatte ich die Pause im Zugrestaurant verbracht und mich ausgiebig mit einem anderen Reisenden unterhalten. Die junge Frau lässt kein gutes Haar an Arak und singt eine Lobeshymne auf das freizügige Teheran und ihr Studentenleben als angehende Informatikerin.

Scheyda kommt aus Isfahan und studiert Kunst mit Schwerpunkt Fotografie. Sie ist die Frau, die mir am ersten Abend in der Pension am PC geholfen hat. Stolz präsentiert sie mir ihre selbst entwickelten Fotos und abstrakten Zeichnungen, auf denen maskenhafte Gesichter in schillernden Farben zu sehen sind. Ihre Signatur mit den wunderbar geschwungenen arabischen Buchstaben wirkt wie eine zusätzliche Miniaturzeichnung, die sie jeweils in den linken unteren Ecken ihrer modernen Werke platziert.

»Treibst du Sport?«, frage ich Scheyda, »du hast eine tolle Figur und schöne Muskeln.«

Starke Schultern geben ihrem gertenschlanken Körper eine athletische Erscheinung. Auch sie trägt eine abgeschnittene Jeans und ein bauchfreies Shirt.

»In Isfahan war ich Leistungsschwimmerin. Ich habe viele Wettkämpfe geschwommen.«

Als sie merkt, wie sehr mich das Thema interessiert, berichtet sie von ihren Medaillen und gewonnenen Trophäen. Ich frage sie nach ihren Bestzeiten, und ob sie auch die Möglichkeit hatte, in Fünfzig-Meter-Becken zu schwimmen. Wir lachen über den enormen Aufwand, der im Iran jedes Mal betrieben wird, um sicherzugehen, dass kein männliches Wesen einen Blick in eine Schwimmhalle mit Frauen erhaschen kann. Seitdem sie in Teheran studiert, treibe sie keinen Sport mehr, was sie sehr bedauere. Ich versuche sie zum Weitertrainieren zu animieren, und sie freut sich über meinen Zuspruch. Gleich morgen will sie ein wenig Gymnastik machen.

»Du bist auch Sportlerin, nicht wahr? Das habe ich gleich gesehen. Du hast Sportlerbeine.«

»Danke, es freut mich, dass du es sagt. Du bist richtig aufmerksam.«

»Hier musst du lange suchen, um Frauen mit festen Oberschenkeln zu finden.«

»Ihr habt doch alle schöne Beine.«

»Wir sind ja auch noch jung. Oh, entschuldige«, sagt Scheyda.

»Wofür entschuldigst du dich? Du hast Recht. Ich bin sehr viel älter als ihr. Eure Mütter sind vielleicht sogar jünger als ich. Aber ich treibe viel Sport.«

Nun entbrennt eine hitzige Diskussion, der ich kaum folgen kann. Als ich ihnen mein Geburtsjahr nenne, fachsimpeln sie über die Vorteile eines Lebens in Europa, wo man nicht heiraten und Kinder kriegen müsse, sondern frei und unabhängig genießen und durch die Welt reisen könne und so ganz nebenbei seine sportliche Figur behalte. Von ihren Müttern könnten sie sich niemals vorstellen, dass sie ohne familiäre Begleitung fremde Länder erkunden und in Hotels wohnen.

Aus dem CD-Player schallen die neusten persischen Hits, und ich erkenne einige Stücke wieder, die als Videoclip im Satellitenfernsehen liefen.

»Hör dir dieses Lied mal an! Sie singen deutsch, aber ich verstehe nur die Hälfte«, sagt Scharsad.

»Tatsächlich! Das ist deutsch-persischer Hip-Hop.«

»Was singen sie?«

»Das muss ich mir in Ruhe anhören. Sie singen ziemlich schnell.«

»Warte. Ich hole dir Kopfhörer. Damit geht es besser. Seit Wochen versuche ich die Worte richtig zu verstehen, aber es ist viel zu schwer. Meine Cousine hat es auch schon probiert.«

»Deine Cousine? Spricht sie auch Deutsch?«

»Ja, sie geht mit mir zum Goethe-Institut. Sie wohnt auch hier. Ich kann sie holen.«

Scharsad reicht mir die Kopfhörer und saust aus dem Zimmer.

Teheran ist voller Deutschlandfans. Warum hatte sie mir noch nichts von ihrer Cousine erzählt? Langsam höre ich mich in den deutsch-persischen Text hinein. Der Rhythmus gefällt mir, und nun erinnere ich mich auch an den Videoclip mit den spärlich bekleideten Tänzerinnen, die ihre schmalen Hüften schwingen ließen. Farid hatte mich auf die deutschen Passagen aufmerksam gemacht. Der Song ist von Afschin und Amir-Ali, und der Aussprache und dem Inhalt nach zu urteilen leben die Künstler in Deutschland.

Als Scharsad mir ihre Cousine Delaram vorstellt, schaut mich ein zartes Mädchen mit wunderschönen Augen und einem bezaubernden Lächeln an. Sie hat Ähnlichkeit mit der jungen Audrey Hepburn.

»Das ist mein Lieblingslied«, sagt sie, nachdem sie mich mit der gebührenden persischen Höflichkeit begrüßt hat, »ich habe schon eine ganze Nacht lang versucht, es zu übersetzen, aber die Worte sind so undeutlich, und ich finde sie in keinem Wörterbuch.«

»Das glaube ich, es ist kein Hochdeutsch, eher Slang.«

»Wie bitte?«

»Afschin singt nicht so, wie es im Wörterbuch steht.«

»Singt er falsch?«

»Nein, absolut nicht, nur anders.«

»Bitte, schreiben Sie uns den Text auf.«

»Ich werde es versuchen. Auf Persisch heißt der Song *Bichial*, nicht wahr? Das würde ich in diesem Fall mit ›Scheißegal‹ übersetzen.«

Scharsad und Delaram kichern und hüpfen aufgeregt von einem Fuß auf den anderen. Alle Mädchen im Zimmer sind verrückt nach dem flippigen Sänger mit dem tollen Rhythmus und möchten jedes Wort unseres Gesprächs übersetzt haben.

Yeah, 2005, Ladies and Gentlemen
und wir sind wieder back
Afschin, Baby, Amir-Ali

Wenn die Mädels rumswingen
Ihre Hüften im Kreis schwingen
Gehn die Jungs ab
Wenn sie sehen
Wie sich Mädels im Kreis drehen

Vergesst gestern
Heute ist heute
Macht jetzt Paadie
Verteilt Freude

Ihr wollt von uns Party
Ihr kriegt Party
Gleich einen solchen Partyhit
Ihr fragt euch sicher, wie das geht
Weil wir eben ganz anders sind
Einfach nun mal kein Standard sind.

Es ist kurz nach elf, als die schüchterne Angestellte mit dem hellen Kittel und dem Kopftuch in der Zimmertür steht. Sie spricht so leise und undeutlich, dass ich zunächst nicht verstehe, dass sie meinetwegen hier ist.

»Du sollst in dein Zimmer gehen. Es ist schon spät«, sagt Scharsad und verdreht die Augen. Wie auf ein Kommando hin, lachen wir los.

»Ich bin schon groß«, sage ich auf Persisch zu ihr, »ich möchte noch nicht ins Bett.«

Nun sind die Mädchen nicht mehr zu halten und prusten los.

»Sie ist schon groß! *Hihihi.*«

»Soll ich das unten sagen?«, fragt mich die schüchterne Frau.

»Ja.«

Nach wenigen Minuten klingelt das Telefon, und wir halten inne. Scharsad spricht mit leiser Stimme in den Hörer.

»Sie sagt, du sollst in dein Zimmer gehen. Wir seien zu laut. Die anderen Mädchen wollten schlafen.«

»Die immer mit ihren Verboten«, sagt Scheyda, »wer will hier schlafen? Ich wette, sie wollen nicht, dass wir die ganze Nacht mit dir quatschen.«

»Was soll ich machen? Ich will nicht, dass ihr meinetwegen Ärger bekommt.«

»Nichts darf man hier. Um halb zehn zu Hause sein, sonst rufen sie bei den Eltern an, das ärgert mich. Sie wollen nur an uns verdienen. Hundertvierzigtausend Tuman pro Monat für ein Bett. Und dann noch das teure Essen.«

»Ich habe eine Idee. Ich gehe in mein Zimmer. Auf meiner Etage sind die Nebenzimmer frei, und wir stören niemanden. Ihr könnt später nachkommen, wenn es nicht auffällt.«

»Ja, super. Wir kommen.«

Aber auch das Vergnügen dauert nicht lange. Kaum haben wir es uns bei Tee und Nüssen gemütlich gemacht, da klingelt erneut das Telefon. Die sonst so freundliche Dame von der Rezeption hat kein Wort für mich übrig und verlangt sofort nach Scheyda.

Ohne weiteren Protest verdrücken sich meine Besucherinnen, nicht ohne dass wir uns für den nächsten Vormittag zu einem Besuch der Internationalen Buchmesse verabredet haben.

Wir bummeln die Gandi hoch und wollen uns erst am Meydan-e Vanak ein Taxi nehmen. Meine Begleiterinnen haben sich hübsch zurechtgemacht und amüsieren sich über die Blicke und verbalen Beifallsbekundungen junger Männer, die uns aus vorbeifahrenden Wagen zugerufen werden. Scheyda hat ihre Jeans bis halb über die Wade hochgekrempelt und zeigt eine Handbreit nackter Haut über ihren Basketballschuhen. Das ist die neuste modische Variante, mit der die Kleiderordnung bis über die Grenze hinaus ausgereizt wird. Mit dem Siebzigerjahreschal, der schrillen Sonnenbrille und den rot geschminkten Lippen sieht sie sehr avantgardistisch aus. Sie ist gut gelaunt und fotografiert uns mit meiner Kamera. Seit gestern Abend ist sie ganz verliebt in den Apparat und hat die Programmierung auf Englisch umgestellt, die verschiedenen Möglichkeiten des Selbstauslösemodus erforscht und mir damit sehr geholfen.

Scharsad trägt einen engen schwarzen Mantel mit gekürzten Ärmeln und Spitzenbordüre, die nur notdürftig ihre Unterarme bedecken. Die Mädels wollen es wirklich wissen, denke ich. Delaram hat einen wunderschönen Schal mit Pailletten, die im Sonnenlicht funkeln, angelegt.

»*Bebachschid*, entschuldige«, sagt Scheyda, als sie an einer schmalen Stelle auf dem Fußweg einen halben Schritt vor mir geht.

»Wofür?«

»Dass ich dir meinen Rücken zudrehe.«

Ich muss einen Moment überlegen, bis mir die passenden persischen Worte einfallen.

»*Gol poscht-o ru nadare!* Eine Blume hat weder Hinter- noch Vorderteil!«

Das Gelächter und der Applaus über mein Persisch sind mal wieder groß. Sie können immer noch nicht begreifen, warum ich mich derart für ihr Land und ihre Sprache interessiere.

Am Vanak finden wir sofort einen Wagen, der uns zur Buchmesse bringt. Es ist ein liebevoll gepflegter Peykan, und ich bitte die Mädchen, einen Moment mit dem Einsteigen zu warten, damit ich eine Aufnahme machen kann. Die Prozedur, mit der in Teheran ein inoffizielles Taxi angehalten wird, und wie ein solches Fahrzeug eigentlich von innen aussieht, wollte ich schon lange ablichten, da ich in Deutschland oft danach gefragt werde. Scheyda setzt sich nach vorn, und ich mache ein Foto von ihr. Im Hintergrund sieht man das hölzerne Armaturenbrett und die mit braunem Plüsch bedeckte Ablage. Eine Gebetskette baumelt neben dem Lenkrad, und ein kleiner Plastikventilator ist vor der Frontscheibe platziert. Dann bitte ich Scheyda, uns auf der Rückbank zu fotografieren. Auf dem Display schauen die Betrachterin drei Frauen mit Sonnenbrillen, farbenfrohen Tüchern und lachenden Gesichtern an. Ich verspreche, ihnen später die Fotos zu mailen. Die drei haben lustige E-Mail-Adressen wie *crazy-*

girl, pretty-lady, sweet-nineteen, die ihre Vorliebe für Verrückt-heiten zeigen.

Wenige Schritte vom Vanak entfernt wird an einem gewaltigen Hochhaus gebaut. Der halbrunde Bau mit der grünlich verglasten Fassade ist fast fertig und wird diesem Teil der Stadt ein neues Erscheinungsbild geben. Innerhalb der letzten Tage hatte ich bei meinen Entdeckungstouren einige markante Hochhäuser entdeckt, die allesamt in den letzten Jahren entstanden sein müssen Den Meydan-e Argentin hatte ich kaum wiedererkannt.

Wir fahren die Vali-ye Asr hoch, und ich frage meine Isfahaner Begleiterinnen, ob sie für diese Prachtstraße mit der doppelreihigen Allee im Stillen noch den alten Namen *Pahlewi* verwenden, wie viele Teheranis es tun. Das sei ihnen überhaupt nicht bekannt, sagen sie erstaunt und vielleicht sogar ein wenig peinlich berührt über ihre Unkenntnis. Die Revolution und die Namensänderung lägen immerhin schon siebenundzwanzig Jahre zurück, also mehr als fünf Jahre bevor sie selbst auf die Welt gekommen seien, versuche ich ihre Wissenslücke zu erklären. Da sei es doch kein Wunder, dass sie den Namen nicht kennen. Wie es denn mit der *Djordan* stehe, die in *Africa* umbenannt wurde? Ja, sagt Scharsad, das wisse sie, aber auch nur, weil viele Taxifahrer den alten Namen benutzen. Aber bevor jemand den Namen *Resa Schah Pahlewis* öffentlich ausspreche, würde er sich wohl lieber auf die Zunge beißen, mutmaßt sie. Am Schamiran Expressway biegen wir zum Messegelände ab. Es ist Wochenende und die Anzahl der Fahrzeuge erheblich geringer als an Werktagen. Zunächst kommen wir zügig voran. Doch je näher wir unserem Ziel kommen, desto stärker staut sich der Verkehr. Der Fahrer schimpft über Gott, die Welt und Teheran im Besonderen. Als wir nur noch im Schritttempo dahinrollen und das Messegelände bereits sehen, steigen wir aus. Ich hole einige Scheine aus meiner Tasche, aber die Mädchen lehnen empört ab. Ein Gast werde selbstverständlich eingeladen. Ich habe inzwischen genug Übung und erspare mir den sinnlosen Protest. Plötzlich werden die Stimmen lauter. Scheyda ist bereits ausgestiegen und stößt wilde Flüche aus. Ob der Fahrer glaube, sie seien reiche Leute, nur weil sie eine Ausländerin kennen. Arme Studentinnen seien sie und keine wohlhabenden Damen. Der Fahrer verlangt die unverschämte Summe von viertausend Tuman, umgerechnet vier Euro, und erklärt den enorm hohen Tarif mit Messepreisen und besonderen Belastungen. Wie solle er hier jemals wieder wegkommen, die Straße sei komplett verstopft, diese Ecke gehöre nicht zu seiner üblichen Fahrtroute, nur unseretwegen sei er hier hochgekommen, niemals werde er andere Fahrgäste finden, keiner wolle jetzt zurück zum Vanak. Dann wirft er Scheyda ihre Geldscheine hinterher, und ich sehe drei Tausender mit dem unverkennbaren Chomeini-Antlitz auf der Straße liegen. Scheyda wirft einen der Scheine zurück auf den Beifahrersitz. Ein derart rüdes Verhalten wirkt befremdlich auf mich, und ich frage mich zum wiederholten Male, was in den letzten Jahren passiert sein muss, damit die alten Sitten, die Höflichkeit und der Respekt derart missachtet werden. Es dauert eine Weile, bis wir uns von dem Schrecken erholt haben. »Sollte ich der Auslöser für die Unannehmlichkeiten sein, möchte ich mich entschuldigen«, sage ich in die Empörung der Mädchen hinein.

»Spinnst du? Wieso entschuldigst du dich? Dieser Mistkerl sollte sich schämen. Welchen Eindruck macht er auf unsere Besucher? Ich wette, er hätte von dir noch mehr verlangt. Zweitausend ist das Äußerste für diese Strecke bei vier Personen. Der ist nicht mehr ganz richtig im Kopf. Ein Bauer vom Lande, der denkt, er könne uns übers Ohr hauen. Wie der schon gesprochen hat!«, regt Scheyda sich auf.

Wir reihen uns ein in die Menschenmenge, die zum Eingang strömt. Eine der Fußgängerbrücken über den Expressway ist derart verstopft, dass wir es vorziehen, über den Absperrzaun des Mittelstreifens zu klettern. Scheyda kennt sich gut aus und zeigt uns den besten Weg. Sie weiß sogar, in welcher Halle sich der deutsche Messestand befindet. Als wir das Haupttor erreicht haben, hält uns ein Ordner auf und dirigiert uns mit einem Fingerzeig zur Seite.

»Was will er von uns?«, frage ich Scharsad.

»Keine Ahnung. Ich verstehe das auch nicht.«

Der junge Mann lässt uns warten, bis ein weiterer Ordner in militärisch wirkender Uniform hinzukommt, der seine Aufgabe übernimmt. Dann wendet er sich unserer kleinen Gruppe zu.

»So kommen Sie hier nicht rein, kurze Hosen sind verboten«, maßregelt er uns forsch und zeigt dabei auf Scheydas Beine.

»Und Ihr Kopftuch ist viel zu klein«, sagt er zu Scharsad, »man kann Ihre Haare sehen. Bedecken Sie sich!«

Scharsad zieht ihr Tuch nach vorn, doch dann schaut ihr dunkler Zopf hinten heraus. Beim Versuch, dem schmalen Stoff mehr abzugewinnen, als er hergeben kann, muss ich unwillkürlich schmunzeln. Ich schaue auf ihre kurzen Ärmel und befürchte weitere Maßregelungen. Unter großem Protest krempelt Scheyda ihre Hose runter. So etwas sei ihr noch nie passiert, sagt sie empört, alle Mädchen würden so herumlaufen. Was das alles solle, will sie wissen.

Als wir endlich hineinkönnen und außer Reichweite der Ordnungshüter sind, lachen und schimpfen wir gleichzeitig. Ich imitiere Scharsads vergeblichen Versuch, mit dem schmalen Schal den gesamten Kopf zu bedecken. Scheyda behauptet, es sei unerträglich heiß in ihrer langen Hose. Mit unserem albernen Gelächter ziehen wir einige missbilligende Blicke auf uns, und Delaram deutet mit dem Zeigefinger auf ihre Lippen.

»Der Ordner war genauso ein Bauerntölpel wie der Taxifahrer. Ein Soldat aus der Provinz, der daheim Schafe hütet, keine Ahnung von der Großstadt hat und sich wichtig tun will«, flucht sie mit gesenkter Stimme, »der weiß nicht, was Frauen in Teheran tragen dürfen. Von Mode hat der noch nie etwas gehört. Bei denen tragen sie doch alle den Tschador.«

Ob die Kontrolle vielleicht etwas mit den strengeren Regeln unter Ahmadineschad zu tun haben könne, frage ich.

»Ist auch möglich. Ich habe so etwas jedenfalls schon lange nicht mehr erlebt. Zumindest nicht in Teheran«, sagt Scheyda.

»Der Frühling beginnt, und die Kleidung wird knapper und

bunter«, sinniere ich, »vielleicht wollen sie gleich klarstellen, dass die lockeren Jahre vorbei sind.«

»Hoffentlich nicht. Aber du hast Recht, es wird der erste Sommer unter Ahmadineschad«, sagt Scharsad.

»Du bist vielleicht schon bald in Deutschland, ohne Kopftuch und Mantel. Euch kann es egal sein«, sage ich in Richtung der beiden Cousinen.

»*Inshallah.*«

Das Herzstück des Messegeländes bildet eine moderne und große Moschee. Hier hatte wenige Tage zuvor der Präsident, von seinen Anhängern umjubelt, die internationale Buchmesse eröffnet. Das Foto von seinem Auftritt hatte ich in der Zeitung gesehen.

Unglaublich viele Besucher sind hier unterwegs und strömen von einer Halle in die nächste. Im Gegensatz zur Frankfurter Buchmesse, wo man abgesehen von den öffentlichen Besuchertagen überwiegend Fachleute in Businesskleidung sieht, handelt es sich hier offenbar um eine Messe, die für normale Leserinnen und Leser gedacht ist. Es überwiegen, wie fast an jedem Ort in Teheran, junge Männer und Frauen, die zum einen modern und lässig, zum anderen eher streng gekleidet sind. Darunter enorm viele Frauen im Tschador, und nie zuvor habe ich derart viele islamische Geistliche gesehen. Die Mullahs mit den Turbanen stechen immer wieder aus dem Publikum heraus. An den Getränke- und Imbissständen bilden sich lange Schlangen. Vor dem Eingang zur Halle mit den internationalen Verlagen werde ich von einem Ordner freundlich auf mein verrutschtes Kopftuch aufmerksam gemacht. Scheyda führt uns zielstrebig durch breite Gänge und verwirrende Treppenaufgänge. Schon von weitem sehe ich den deutschen Stand. »Books from Germany and Switzerland« prangt in großen Lettern über den Bücherregalen. Ein Informationstresen mit iranischen Mitarbeitern bildet eine Art Eingang zum verwinkelten Regalsystem mit den deutschsprachigen Büchern. In einer ruhigeren Ecke sitzen zwei deutsche Frauen mit einer Gruppe iranischer Besucher an einem Tisch. Schnell wird deutlich, dass die beiden den Stand betreuen, und so warten wir, bis sie ihre Unterhaltung beendet haben. Schnell kommen wir mit Frau Holpp und Frau Dobry von der internationalen Abteilung der Frankfurter Buchmesse ins Gespräch, zuständig für die Region Naher Osten. Nachdem auch wir uns vorgestellt haben, bieten sie uns Kaffee und Kekse an und wundern sich offenbar ein wenig über ihre Landsfrau mit den drei Studentinnen im Schlepptau. Bereitwillig geben sie Auskunft und erzählen uns, dass ihr Buchsortiment aus sechshundertfünfzig Titeln von zweihundert deutschen Verlagen besteht. Es handle sich dabei um eine Mischung aus literarischen Neuerscheinungen, Kinderbüchern und aktuellen Publikationen zur Psychologie, insbesondere um Werke von und über Sigmund Freud; zudem gebe es zahlreiche Veröffentlichungen anlässlich des zweihundertfünfzigsten Geburtstags von Mozart und einige Werke zur Geschichte des 20. Jahrhunderts. Ein Teil der Bücher befasse sich mit Iranistik, Islamwissenschaften und Deutsch als Fremdsprache. Bei einem Blick ins Regal entdecke ich auf den Buchrücken die Namen moderner deutscher Autoren. Juli Zeh, Tanja Dückers und Ingo Schulze stehen in Augenhöhe.

»Speziell für den Iran haben wir als Mitarbeiterinnen der Frankfurter Buchmesse – angesichts der derzeitigen Krise und der Holocaustleugnung durch den Präsidenten – eine Auswahl an Büchern zum Thema Menschenrechte und Judenverfolgung zusammengestellt: Und das alles ohne jegliche Zensur. Zur Teheraner Buchmesse werden drei Millionen Besucher erwartet«, sagt Frau Holpp fast beiläufig.

»Drei Millionen? Das ist ja unglaublich! Und ich dachte immer, in Frankfurt sei die weltweit größte Messe. Dort sind es doch nur knapp dreihunderttausend Besucher, wenn ich mich richtig erinnere.«

»Das lässt sich kaum vergleichen. Mit zehn Tagen ist diese Messe doppelt so lang wie die in Frankfurt, und ob hier wirklich jeder Besucher gezählt wird, wage ich nicht zu beurteilen. Tickets gibt es ja nicht. In jedem Fall ist es eine Publikumsmesse.

Die Leute kommen hierher, um Bücher zu kaufen. Man sieht sie mit großen Taschen übers Gelände gehen. Die Auswahl in den wenigen, vorhandenen Buchläden ist im Iran eher spärlich. Hier gibt es einmal im Jahr das geballte Angebot von zweitausendachthundert Ausstellern. Bei uns in Frankfurt sind es allerdings sogar über siebentausend. Und die Anzahl der ausstellenden Nationen ist bei uns mit knapp über hundert fast doppelt so hoch wie hier, und natürlich ist Frankfurt der wichtigste Handelsplatz für Rechte und Lizenzen weltweit. In Teheran geht es uns nicht ums Geldverdienen, sondern um Kontaktaufbau und den Dialog zwischen den Kulturen.«

Dazu zähle neben den diesjährigen Lesungen des Schweizer Autors Peter Stamm auch die Zusammenarbeit mit dem Goethe-Institut, das hier mit einer Fotoausstellung zum Thema »Fußball – weltweit« vertreten sei.

Sie berichtet uns von der Eröffnung durch Ahmadineschad und wirkt noch immer irritiert über den enthusiastischen Empfang, der dem Präsidenten bereitet wurde. Tiefverschleierte Frauen im Tschador hätten sich aufgeführt wie Groupies, die ihrem großen Star wenigstens einmal persönlich begegnen und ihn möglichst berühren möchten. Der Präsident hatte Mühe, sich durch die Menge der jubelnden Frauen zu bewegen. Unter den neuen Machthabern hat sich auch für den deutschen Messestand einiges verändert: Die iranischen Mitarbeiterinnen müssen nun ein schwarzes *Maghne'e* tragen, das kapuzenartige Kopftuch der Schülerinnen, Staatsdienerinnen und der meisten Studentinnen. Bis zum letzten Jahr konnten sie in frei gewählten Kopftüchern erscheinen. Bei einer Zuwiderhandlung wurde mit der sofortigen Schließung des Messestandes gedroht. Scharsad und Delaram können unserem Gespräch nur mit Mühe folgen, aber ich versuche sie immer wieder einzubeziehen. Die deutschen Mitarbeiterinnen notieren sich den Namen der »Mother Pension«, um im nächsten Jahr vielleicht dort zu wohnen. Sie klagen über die furchtbare Langeweile in iranischen Hotels, wo man den Abend allenfalls damit verbringen kann, in Mantel und Kopftuch in der Lobby zu sitzen, Tee zu trinken und zu allem Überfluss auch noch darauf achten muss, sich angemessen zu benehmen. An Entspannung sei nicht zu denken, und es gäbe schließlich auch kein interessantes Fernsehprogramm, das einen ablenken könne.

Zum Abschied vertraue ich ihnen noch an, dass ich rein zufällig hier gelandet bin und keine Ahnung hatte, dass es in Teheran eine Internationale Buchmesse gibt.

»Andere Themen stehen in Bezug auf den Iran ja leider auch im Vordergrund«, entgegnet mir eine der Frauen.

»Danke für Ihre Informationen. Das war sehr interessant. Ich wünsche Ihnen eine erfolgreiche Messe.«

»Ich hoffe, wir können ein neues Buch von Ihnen erwarten.«

»Ich werde mein Bestes geben, damit es eines Tages bei der Teheraner Buchmesse ausgestellt wird.«

Scheyda langweilt sich bei den vielen Gesprächen in deutscher Sprache und verabschiedet sich von uns. Sie wolle sich lieber die Fotoausstellung ansehen. Und den Cousinen wird angesichts der vielen Bücher ganz schwindelig. Wahllos blättern sie in einigen Publikationen und schauen sich Mozartabbildungen an. Mit klassischer Musik hatten sie bisher nie etwas zu tun. Bevor wir weiterziehen, komme ich noch mit einer jungen Iranerin ins Gespräch. Sie erzählt mir von ihrem einmonatigen Aufenthalt in Göttingen. Sie habe ein Stipendium für den Flug, die Unterkunft und einen Sprachkurs erhalten.

»Waren Sie im Sommer dort?«

»Ja, letztes Jahr im Juli.«

»Wie hat es Ihnen gefallen?«

»Es war wunderbar. Eine Stadt wie ein schöner Traum. Grün, voller Blumen und so sauber. Ich konnte nicht genug bekommen von der frischen Luft dort. Diese Wochen werde ich nie vergessen.«

Meine beiden Freundinnen wollen zum Stand von Langenscheidt, um sich dort ein Wörterbuch zu kaufen. Dafür müssen wir in eine andere Halle, aber ohne Scheydas Führung verlaufen wir uns prompt.

»Die Mullahs tragen wirklich tolle Mäntel«, sage ich, als wir über das Gelände bummeln und nach der richtigen Ausstellungshalle suchen.

»Meinst du das ehrlich?«

»Aber ja, dieser transparente Stoff ist schön. Man könnte sich etwas Tolles daraus schneidern. Bei meinem letzten Aufenthalt wollte ich solch einen Stoff kaufen, aber irgendwie ist es mir nicht gelungen. Ich würde auch gern ein Foto mit einem Mullah haben.«

»Du kommst auf Ideen! Ein Foto mit einem Mullah!?«

»Warum nicht? Mit mir und einem Mullah. Ich stelle es mir so vor: Auf Persisch würde ich sagen: *Bebachschid Agha,* entschuldigen Sie, mein Herr, Ihr Mantel ist so schön und Ihre Kopfbedeckung auch, ich bin eine Touristin aus Deutschland. Darf ich Sie fotografieren?«, sage ich mit naiver Mädchenstimme.

Die beiden können sich kaum halten vor Lachen, und ich soll das Gesagte gleich mehrmals auf Persisch wiederholen.

»Da gehen schon wieder zwei, sogar mit schwarzem Turban!«, sage ich und zeige auf einen extrem schlanken und einen extrem dicken Mullah, die ein sehenswertes Gespann abgeben.

»Halt bloß deinen Mund. Die verstehen bestimmt keinen Spaß.«

»Keine Sorge, war alles nur ein Scherz.«

Als wir endlich die richtige Halle gefunden haben, sehen wir schon von weitem das gelbe Firmenlogo von Langenscheidt. Der Stand ist umringt von Interessenten, so dass man sich in dritter oder vierter Reihe anstellen muss. Die Wartezeit nutze ich, indem ich mir die Stände im gegenüberliegenden Gang anschaue. Auf den ersten Blick kann ich kaum begreifen, was dort ausgestellt ist. Es handelt sich hier weder um Bücher noch um sonstige Publikationen. Auf Bildschirmen laufen Videos mit eindeutig militärischen Botschaften. An den Wänden hängen

Fotos von komplett maskierten Kämpfern, die nur schmale Augenschlitze zeigen, auf ihren Schultern tragen sie Panzerabwehrraketen. Mein Herz klopft wie wild. Auf anderen Aufnahmen sind betende Kämpfer in voller Ausrüstung zu sehen, ein alter Mann in Weiß, der triumphierend ein Maschinengewehr in die Höhe hält. Es folgen Szenen aus dem Häuserkampf. Überall hängen libanesische Flaggen und Palästinensertücher. Offenbar handelt es sich hier um einen Werbestand der Hisbollah. Männer in traditioneller Kleidung mit knielangem Hemd und überweiter Hose schauen mich skeptisch an. Ihrem Aussehen nach zu urteilen, könnten es Pakistanis sein. Nur sehr flüchtig betrachte ich die abscheulichen Aufnahmen von Selbstmordattentätern mit Bombengürteln. Natürlich kann ich hier unmöglich fotografieren. Und auch für Nachfragen fehlt mir der Mut. Von weitem sehe ich eine Ausländerin vorbeigehen. Sie registriert meinen Blick und wirft mir über die Menge der Besucher ein »Hi« zu. Verdammt, was soll ich tun? Es ist ein unheimliches Gefühl, die Aufnahmen von Attentätern in diesen Hallen und in einem Kontext zu sehen, der die damit verbundenen Verbrechen nicht geißelt, sondern die Helden des islamistischen Terrors feiert. In allen Facetten wird hier der Widerstand gegen das verhasste Israel propagiert. Die Cousinen sind noch immer beschäftigt, aber unmöglich kann ich hier noch länger stehen bleiben. Dieser Ort wird mir zunehmend unheimlich, und ich habe das Gefühl, ein großes Schild mit der Aufschrift »Ungläubige« um den Hals zu tragen. Meine blaue Bluse und der rosafarbene Schal haben nicht gerade Tarnfarbenqualitäten. Am Nebenstand hängen Fotos von Frauen in arabischen Tschadors und mit beschrifteten Stirnbändern. Auch sie sind bereit, den Märtyrertod zu sterben, so die Botschaft. Ich gehe in Richtung Langenscheidt, und endlich kommen auch Delaram und Scharsad mir entgegen.

»Da vorn ist etwas ganz Furchtbares«, sage ich, »könnt ihr bitte kurz mitkommen und euch davorstellen. Ich tue so, als würde ich ein Erinnerungsfoto von euch machen.«

Sie schauen hinüber zum Stand, begreifen sofort und posieren vor den Abbildungen der Selbstmordattentäter.

»Jetzt aber schnell weiter«, sagt Scharsad, »schreckliche Männer sind das.«

Unverhofft treffen wir auf die Ausländerin von eben. Bei den wenigen fremden Besucherinnen sind wir neugierig aufeinander und kommen ins Gespräch. Sie sei Französin, sagt sie mir auf Englisch, und seit drei Jahren für eine Hilfsorganisation in Bam tätig. Sie habe mich sofort als Deutsche erkannt. Die Deutschen würden in Bam ein modernes Fußballstadion bauen. Es sei bald fertig.

Meine Freundinnen schauen uns neugierig an. Ihre Begeisterung für Ausländer scheint ständig zu wachsen, denn nun kommen auch andere Messebesucher näher, und wir stehen im Mittelpunkt des Interesses.

»*Welcome in Tehran*«, sagt ein junger Mann zu uns.

»*Thank you.*«

Ich nutze die Gelegenheit und frage ihn nach den Ständen der Hisbollah.

»Was denken Sie darüber?«

»*It is terrible, I hate them.* Es ist schrecklich, ich hasse sie. Was wollen die verdammten Araber hier? Wir haben nichts mit ihnen zu tun. Wir wollen sie nicht. Sie machen uns nur Ärger. Wir wollen Frieden. Die Araber wollen immer nur Krieg. Sie haben uns den Islam gebracht. Auch den brauchen wir nicht. Wir hatten unsere eigene Religion.«

Scharsads Englischkenntnisse sind gut genug, um seine Worte zu verstehen. Die Angst steigt ihr förmlich ins Gesicht, denn nun schauen auch noch einige Mitarbeiter benachbarter Stände herüber, die Koranübersetzungen und religiöse Literatur anbieten.

»Lass uns gehen! Bitte!«

»Das denke ich auch«, antworte ich und verabschiede mich von der Französin und dem aufgeregten jungen Mann. Draußen atmen wir tief durch.

»In zwei Stunden mit dir passiert mehr als sonst in zwei Monaten«, sagt Delaram, »irgendetwas ist immer los. Ich finde es toll.«

»Ich auch«, pflichtet Scharsad bei.

»Da bin ich aber beruhigt. Ganz geheuer war mir das eben nicht.«

»Geheuer?«

»Schau in deinem neuen Langenscheidt nach.«

Warten auf Godot

Bevor ich Teheran verlasse, bin ich mit Siawasch verabredet. Wir hatten am Abend miteinander telefoniert und ein Treffen vor der Pension vereinbart. Siawasch ist Kunststudent, und ich treffe ihn, weil seine Freundin Mahtab es vorgeschlagen hat. Persönlich kenne ich beide noch nicht, aber meine Hamburger Nachbarinnen haben mich auf das junge Paar neugierig gemacht. Christiane und Waltraut waren auf ihrem Weg nach Indien einige Wochen durch den Iran gereist. Mitten in Teheran waren sie auf der Straße von Mahtab angesprochen worden, weil die junge Frau Kontakt zu Ausländern suchte.

Mahtab sei eine Frau, die ich unbedingt kennen lernen müsse, hatten meine Nachbarinnen mir mit auf den Weg gegeben. Sie sei eine lebensfrohe und wissbegierige Person, und so habe ich der Fremden kurz vor meiner Abreise eine Mail geschickt. Prompt hieß sie mich willkommen, nur leider war sie inzwischen zurück in ihre Heimatstadt Maschad gezogen, aber ich solle unbedingt ihren Freund Siawasch anrufen und ihn in Teheran treffen. Er würde sich ebenfalls über eine Besucherin aus Deutschland freuen und mich durch die Stadt führen.

Ich warte in der Pension auf das Klingeln des Studenten und bin gespannt auf eine neue Bekanntschaft. Zur verabredeten Zeit höre ich das Läuten und richte mein Kopftuch vor dem großen Spiegel, der neben der Haustür hängt.

Siawasch wartet auf der Straße, lächelt mich an und gibt mir die Hand. Wir begrüßen uns auf Englisch.

Vom ersten Moment an fühle ich mich in seiner Nähe wohl. Obwohl er ein vollkommen Fremder für mich ist und ich an ihm auch keine Ähnlichkeit mit einem meiner Freunde entdecken kann und in meinem Gedächtnis niemanden finde, der ihm ähnlich ist, gibt es trotzdem sofort dieses vertraute Gefühl. Auch er mustert mich dezent und fragt sich womöglich, warum ich in einer Studentenpension wohne.

Siawaschs weiches Gesicht mit den vollen Lippen und dem makellosen Lächeln wird von kräftigem Haar gerahmt, wovon ihm eine gewellte Strähne in die Stirn fällt. Die Ansätze von Koteletten und seine breiten Augenbrauen erinnern an südeuropäische Filmstars aus den siebziger Jahren. Er trägt ein kurzärmliges braunes Hemd, aus dessen Brusttasche ein Handy lugt. Die Aktentasche unter seinem Arm lässt mich unwillkürlich nach dem Inhalt fragen. Bevor wir ins Gespräch kommen, entschuldigt er sich für sein lückenhaftes Englisch.

»Wie hast du die Pension gefunden? In dieser Wohngegend vermutet man so etwas nicht. Die Hotels sind eher in belebten Gegenden. Wohnen dort noch andere Ausländer?«

»Bis jetzt habe ich noch keine gesehen. Aber inzwischen weiß ich, dass es außer den Studentinnen auch einige andere Gäste gibt. Den Tipp habe ich aus Deutschland, von einer Bekannten.«

»Was wollen wir machen?«

»Was schlägst du vor?«

»Möchtest du unsere Universität sehen?«

»Sehr gern. Studiert Mahtab auch dort?«

»Sie hat dort studiert, aber inzwischen hat sie ihren Abschluss in Artdesign. Seit einigen Wochen ist sie leider wieder in Maschad. Dort kann sie sich besser auf ihre Zukunft konzentrieren, sagt sie.«

»Sie brauche Abstand zu Teheran, hat sie mir geschrieben, das sei wichtig für ihre Pläne. Sie fehlt dir bestimmt, nicht wahr?«

»Und wie! Wollen wir sie anrufen und sagen, dass wir uns endlich getroffen haben? Sie freut sich schon auf deinen Besuch in Maschad.«

Siawasch wählt ihre Nummer und spricht im Tonfall eines Verliebten. Immer wieder höre ich Worte wie *Asisam,* mein Liebes, meine Süße, und *delam tang schode,* du fehlst mir, *cheyli,* sehr. Dann gibt er mir den Apparat, und ich spreche zum ersten Mal mit der Frau, die für mich zu einer lieben Freundin werden wird und mit der ich viele intensive und unvergessliche Tage und Nächte verbringen werde. Sie muss ein wenig nach den Worten suchen und entschuldigt sich genau wie Siawasch für ihr fehlerhaftes Englisch. Wann ich komme, möchte sie wissen, und was ich vorhabe in Maschad. Liegt es an ihrem Englisch, dass sich der persische Überschwang, mit dem in der Regel ein Gespräch geführt wird und bei dem nie auf mehrmalige Wiederholungen beim Erfragen des Befindens verzichtet wird, mir enorm zurückgenommen erscheint? Für persische Verhältnisse wirkt sie regelrecht kühl.

»*Okay, give me a call,* ruf mich an, wenn du in Maschad bist. Bye.«

Siawasch spricht noch einige süße Worte des Abschieds, und ich bin inzwischen noch neugieriger auf Mahtab. Um eine typische Iranerin, falls man ein solches Klischee bemühen möchte, handelt es sich bei Mahtab offenbar nicht. Bisher weiß ich sehr wenig über sie, und auch meine Nachbarinnen lernten sie erst einen Tag vor ihrer Abreise kennen und haben nur wenige Stunden mit ihr verbracht.

»Ihr zwei habt zusammen gewohnt, hat Waltraut mir erzählt. Wie geht das in Teheran als unverheiratetes Paar?«

»Ganz einfach: Mahtab hat eine kleine Wohnung gemietet, und ich bin mit eingezogen.«

»Und niemand hat gefragt, ob ihr verheiratet seid? Die Nachbarn oder der Hausmeister oder irgendjemand anderer?«

»Nein, es hat keine Probleme gegeben. Viele junge Leute machen es so. Die Situation hat sich geändert.«

»Schön, das freut mich. Und eure Eltern? Wussten sie davon?«

»Meine Eltern nicht. Sie sind ... wie soll ich sagen ... sie denken anders darüber ... meine Mutter ist sehr religiös. Ich habe gesagt, ich wohne im Studentenwohnheim. Mahtabs Mutter ist modern eingestellt.«

An der Vali-ye Asr winkt Siawasch ein Taxi heran, und wir fahren in Richtung Süden. Die breite Straße liegt im Schatten alter Platanen, deren Stämme im rauschenden Wasser stehen, das, durch angelegte Gräben aus den Bergen kommend, in den Süden der Stadt fließt. Der letzte Winter war schneereich, und noch tragen die Gipfel weiße Kronen. Ihr Anblick vermittelt ein Gefühl von Frische, bei dem man für einen Moment die Abgasschwaden vergessen kann. Das Frühjahr ist überraschend mild und regenreich. Die Straße macht einen Bogen, und bald darauf erreichen wir den Meydan-e Vali-ye Asr, der mir durch seine auffälligen Wandmalereien schon manches Mal als Orientierung diente. Hier beginnt das eigentliche Zentrum der Stadt, und ich freue mich auf die Wiederentdeckung markanter Gebäude, Straßen und Plätze. Pulsierende Großstädte zeigen an Orten wie diesen ihren wahren Herzschlag. Wir steigen aus, und Siawasch stürzt sich beim Überqueren des Platzes unvermittelt in den Verkehr.

»Stopp, warte auf mich.«

Er lacht sein einnehmendes Lachen und nimmt meine Hand.

»Was ist mit der Brücke?«, frage ich, als wir die erste der zahlreichen Straßen überquert haben, die sternförmig auf den großen Kreisverkehr stoßen. Neuerdings empfinde ich eine große Zuneigung für Fußgängerbrücken. Weiß und aus robusten schenkeldicken Stahlrohren gebaut, gehören sie zu meinen freudigsten Entdeckungen. Das erste dieser Prachtstücke durfte ich an der Metrostation in Karadsch begehen. An manchen Straßen liegen sie noch am Fahrbahnrand und warten auf ihre Montage. Ganz eindeutig handelt es sich bei dieser Konstruktion um die weitaus sicherste Methode, eine iranische Straße unversehrt zu überqueren. Ich schaue noch immer sehnsüchtig auf die Brücke, als Siawasch mich dynamisch weiterzieht.

»Das dauert viel zu lange, ist ein Umweg. Wir müssen gleich nach links«, zerstört er meine Hoffnungen.

Als wir eine ruhigere Seitenstraße erreicht haben, erzählt Siawasch mir von der Kunstakademie. Sie sei die freizügigste Hochschule des Landes. Aber das könne ich ja gleich selber sehen. Die einzige Uni, in der Frauen nicht einmal ein Maghne'e tragen müssen, geschweige denn einen Tschador.

Der kleine Campus wirkt wie der Hinterhof einer großen Wohnanlage. Junge Frauen und Männer sitzen im Freien, unterhalten sich und rauchen. Auf den ersten Blick gibt es kaum einen Unterschied zu Studierenden in westlichen Ländern. Bei den jungen Männern überwiegen lange Haare, die zumeist zu einem Zopf gebunden sind. Manche scheinen auch ihrem Idol Che Guevara nachzueifern. Die Kleidung ist extrem lässig, und manche Motto-Shirts sind recht provokant. Über *tex, trugs, and rock'n'roll* muss ich herzhaft lachen. Einige der jungen Frauen könnten einem modernen Bollywoodfilm entsprungen sein. Ihre mit Pailletten verzierten Schals, farbenfrohen Kleider und Blusen über Jeans und Sandalen zeigen individuelle Vorlieben und sind weit entfernt von der üblichen Kleiderordnung der Islamischen Republik. Im Gegensatz zu den neunziger Jahren, wo viele Frauen ihre persönliche Rebellion mit grellem Make-up zeigten, finden sich auf diesem Campus auch ungeschminkte Frauen, die dennoch unverkennbar die Forderung des Regimes, sich als Frau unsichtbar zu machen, ad absurdum führen.

Als wir den kleinen Lesesaal erreichen, deutet Siawasch auf einen der Tische.

»Hier habe ich sie kennen gelernt. Am Anfang wollte sie nichts von mir wissen.«

»Wie lange seid ihr schon zusammen?«

»Drei Jahre.«

In der Cafeteria, die aus einem unscheinbaren Raum mit winzigem Verkaufstresen besteht, sind momentan leider keinerlei

Erfrischungen zu haben. Dafür macht Siawasch mich auf eine Kunstausstellung aufmerksam. An den Wänden hängen Zeichnungen von geistig behinderten Kindern, und auf Tischen stehen kleine Tonskulpturen, bei denen insbesondere ein lustiger Elefant meine Aufmerksamkeit erregt. Die Studentin, die diese Ausstellung beaufsichtigt, begrüßt mich und möchte mir die Exponate erklären. Siawasch sagt ihr, sie solle es lieber auf Englisch probieren.

»*Tschera?* Warum?«, werfe ich ein, »*kami mifahmam,* ich verstehe ein bisschen.«

»*Afarin,* bravo«, sagt Siawasch, »ich wusste nicht, dass du Persisch sprichst.«

Er lacht, und die junge Frau redet munter weiter. Von nun an unterhalte ich mich mit Siawasch in einer chaotischen Mischung aus mangelhaftem Englisch und schlechtem Persisch. Wir kommen damit einigermaßen zurecht und bummeln über das kleine Universitätsgelände. Immer wieder trifft er Bekannte, und mit einem Kommilitonen spricht er über ein Projekt, an dem sie gerade arbeiten. Es handelt sich um einen Druckauftrag, der offenbar recht gut bezahlt wird. Als er seine Aktentasche öffnet, gibt es bis auf einige Dokumente leider nichts Spannendes zu entdecken.

»Arbeitest du bereits in deinem Beruf?«

»Mahtab, unser Freund und ich haben uns auf die Erstellung von Drucksachen spezialisiert. Wir gestalten Werbung in Form von Plakaten und Broschüren. Damit verdienen wir unser Geld.«

»Und dein Studium?«

»Ich bin auch fast fertig, aber ich warte mit meiner letzten Prüfung, damit ich meinen Studentenstatus nicht verliere.«

Es beginnt ein wenig zu regnen, und da wir in der Kunsthochschule nichts zu trinken bekommen, schlägt Siawasch einen Cafébesuch vor. Im Univiertel gebe es einige nette Lokale. Nach wenigen Minuten haben wir unser Ziel erreicht, und Siawasch öffnet die Tür zu einem unscheinbaren Lokal, das ich nie als

Café erkannt hätte. Im Inneren ist es ein wenig schummrig, aber bei genauerem Hinsehen stelle ich fest, dass hier die gleiche Atmosphäre herrscht wie in vergleichbaren europäischen Studentenkneipen. Junge Leute sitzen bei Tee oder Cola zusammen und unterhalten sich. Andere lesen Zeitung oder widmen sich ihren Aufgaben. *Café Bodo* nennt sich das Lokal. An den Wänden hängen Schwarz-Weiß-Aufnahmen von Samuel Beckett und Theaterfotografien. Ich betrachte die Aufnahmen, suche in meinem Gedächtnis nach der Handlung von »Warten auf Godot«, und sehe einen Baum vor mir, darunter zwei Gestalten, die sich Erlösung erhoffen durch einen, der sich Godot nennt. Dieser Godot ist verantwortlich für das Warten, für den Stillstand, dafür, dass ein Tag dem anderen gleicht, denn auch morgen wird er nicht erscheinen. Mich überkommt ein wohliger Schauer: Wie subtil und raffiniert Widerstand doch funktionieren kann! Die Fotografien eines Literaten, dessen Stück vor über fünfzig Jahren uraufgeführt wurde, sind für mich ein deutliches *Nein* zu den Grundprinzipien der Islamischen Republik. Beim Austausch über die Welt des Existenzialismus und den Sinn des Lebens geraten Siawasch und ich sehr schnell an unsere sprachlichen Grenzen. Sein englischer und mein persischer Wortschatz wollen einfach nicht ausreichen, um unseren Überlegungen Ausdruck zu verleihen. Im Café Bodo steht Cappuccino auf der Karte, aber wie sich herausstellt, funktioniert die alte Kaffeemaschine schon lange nicht mehr, und so nehme ich einen Tee. An Orten wie diesen vergesse ich leicht, in Teheran zu sein. Einzig die lässigen Kopftücher der Frauen und die arabischen Schriftzeichen auf der Karte machen deutlich, dass wir hier nicht in Kreuzberg oder Altona sind. Siawasch und ich wenden uns den handfesten Alltagsproblemen zu, und er erklärt mir den Grund für seinen verzögerten Studienabschluss. Sobald er sein Diplom erhält, muss er damit rechnen, zum Militär eingezogen zu werden. Der verhasste Dienst dauert zwei Jahre. Allein schon der Gedanke daran erfüllt ihn mit Angst. Er kann sich einfach nicht vorstellen, als kahlrasierter Soldat, womöglich in einem Provinznest im Süden oder an der gefährlichen afghanischen Grenze, mit geschulterter Maschinenpistole zu dienen. Außerdem befürchtet er einen Krieg, der sich aus der Weigerung der iranischen Regierung, im Atomstreit einzulenken, und den Kriegsgelüsten von Bush und seinen Männern entwickeln könnte. Unverstellbar, dass er auf irgendjemanden schießen, das Land verteidigen und sein Leben für unsinnige Kriegstreibereien aufs Spiel setzen müsste. Außerdem haben Mahtab und er ganz andere Pläne: Sie wollen die Welt kennen lernen, reisen, Englisch lernen und in Freiheit leben. Aber das werde Mahtab mir sicher alles noch genauer erzählen.

Ich frage Siawasch, wie weit es von hier bis zum Teppichmuseum sei. Das würde ich wirklich immer noch gern besuchen.

»Gute Idee, ist gleich hier um die Ecke. Was hältst du davon, wenn ich eine Freundin anrufe? Mona spricht viel besser Englisch als ich, und außerdem kennt sie sich mit Teppichen aus. Sie ist auch Kunststudentin, hat sich aber auf Keramik und Textildesign spezialisiert.«

Nach dem nächsten Tee steht Mona bereits vor uns. Wir geben uns die Hand und begrüßen uns auf europäische Art, kurz, aber herzlich. Mona ist klein und wirkt ein wenig blass. Sie gehört zu dem Typ moderner Frauen, die schlicht in Jeans und Sportschuhen, lässigem Mantel und Schal gekleidet sind. Auf ihrem Rücken trägt sie einen kleinen Rucksack. So gänzlich ungeschminkt sieht Mona sehr jung aus, und ich stelle mir vor, dass sie eine von den Frauen ist, die ich unter einem Tschador niemals wiedererkennen würde.

Auf dem Weg zum Museum macht sie ihre ersten Erfahrungen mit einer hilflosen Ausländerin, der man über die Straße helfen muss. Allerdings hat sie bei ihrem Onkel ähnliche Unsicherheiten feststellen müssen. Er lebt seit vielen Jahren in Schweden und besucht nur selten seine alte Heimat.

»Teheran ist furchtbar, denkst du nicht auch? Wie kommt dir diese Stadt vor? Ich meine, im Vergleich zu anderen Großstädten. Du hast doch bestimmt schon viele Städte gesehen.«

»Ja, und ich kenne auch Schweden ganz gut.«

Mona amüsiert sich über meine Darstellung des nicht besonders aufregenden Lebens in dem skandinavischen Land. Meine Worte decken sich offenbar mit ihrer Fantasie. Da ich auch Einblicke ins dortige Einwanderermilieu habe, hält sie mich offenbar für kompetent genug, eine Einschätzung über die zweite Heimat ihres Onkels abzugeben. Die iranische Exilgemeinde in Schweden ist erstaunlich groß. Bei vielen Einwanderern handelt es sich um politische Flüchtlinge linker Gruppierungen, die in den achtziger Jahren unter Chomeini massiv verfolgt wurden und die man in Schweden willkommen hieß.

»Wenn mein Onkel zu Besuch kommt, dann amüsieren wir uns immer über seine Schwedengeschichten. Ich bin übrigens unendlich neidisch auf die Natur und die langen Nächte im Sommer. Das kann ich mir überhaupt nicht vorstellen. Wie muss es sein, wenn nachts um zwölf die Sonne scheint? Frische Luft, sauberes Wasser, angenehme Temperaturen und Bäume so weit das Auge reicht, diese Vorstellungen faszinieren mich. Aber die Schweden müssen irgendwie ganz anders sein als wir. Bestimmt auch anders als die Deutschen, oder? Du bist gar nicht kühl. Die Schweden redeten nicht viel, und es passiere dort nicht viel, sagt mein Onkel immer. Er behauptet, das Schlimmste, was in Schweden passieren könne, sei, dass der Hund des Nachbarn stirbt.«

Ich pruste los vor Lachen und nicke heftig.

»So ungefähr kommt es mir auch vor. Aber seitdem ich schwedische Krimis lese, vermute ich hinter der Langeweile und den gepflegten Vorgärten unberechenbare Verbrecher und Mörder. Das ist eine skurrile Mischung.«

Als wir das Teppichmuseum erreichen, ist es leider noch immer wegen Renovierung geschlossen, aber spätestens morgen werde es sicher wieder öffnen, behaupten die Soldaten hinter dem Eingangstor.

»Was machen wir nun?«, fragt Siawasch, »was möchtest du sehen?«

Um uns herum dröhnt der Verkehr, und es ist jedes Mal ein aufwändiges Unternehmen, von einem Ort zum anderen zu gelangen. Die permanente Geräuschkulisse und die schlechte Luft wirken ermüdend. Sehr gern würde ich wieder in den Norden der Stadt, wo es sich besser atmen lässt. Dort soll es einen schönen Park mit einer tollen Aussicht auf die Stadt geben. Dafür müsste man jedoch mehrmals das Taxi wechseln oder einen Fahrer finden, der uns für einen angemessenen Preis direkt dorthin bringt.

»Kein Problem«, sagt Siawasch, »lass uns hochfahren. Das Wetter sieht auch schon besser aus.«

Mona telefoniert mit ihrem Freund und erzählt ihm, dass es später wird und wo er den Wohnungsschlüssel findet.

»Siehst du! Mona wohnt auch mit ihrem Freund zusammen.«

»Schon seit über einem Jahr«, sagt sie.

Natürlich wissen ihre Eltern nichts davon, und auch die Familie ihres Liebsten wäre darüber absolut nicht begeistert. Er kommt aus Kurdistan, und seine Eltern möchten selbstverständlich, dass er eine kurdische Frau heiratet. Ein Zusammenleben ohne Trauschein würden sie niemals akzeptieren. Den Nachbarn haben sie erzählt, dass sie verlobt seien. Das kleine Apartment liegt in der Nähe der Uni, und neuerdings dient es auch Siawasch und Mahtab als Herberge, wenn die Freundin aus Maschad zu Besuch kommt.

Sehr schnell finden wir einen Fahrer, der uns für einen guten Preis durch die verstopften Straßen kutschiert. Nachdem er gemerkt hat, dass eine Ausländerin an Bord ist, schaut er häufig zu uns in den Rückspiegel. Er ist mindestens fünfzig, und noch bevor ich ihm eine meiner Lieblingsfragen nach der Zeit vor der Revolution stelle, spricht er mich an.

»Sie hätten früher hier sein sollen, damals war Teheran richtig schön«, sagt er, als wir durch eine hübsche Wohngegend mit altem Baumbestand und überwachsenen Gartenmauern fahren. Er meidet die Hauptstraßen und kennt verwirrende Schleichwege. Zahlreiche Geschwindigkeitsbarrieren auf der Fahrbahn sorgen für eine halbwegs stressfreie Fahrt. Die Erhebungen sind keinesfalls mit den sanften Wölbungen in den städtischen Wohngebieten Deutschlands zu vergleichen. Hier würde die Karosserie beim zu eilfertigen Überfahren vermutlich sofort in zwei Teile zerbrechen. Es handelt sich um regelrechte Rampen, die jeden zur radikalen Geschwindigkeitsreduzierung zwingen. Je näher wir unserem Ziel kommen, desto dörflicher wirkt die Stadt. Diese Gegend ist noch geprägt von einer freundlicheren Architektur, die sich in die Landschaft einfügt. Als eine alte Frau mit Krückstock am Straßenrand entlanghumpelt, hält unser Fahrer an und bittet sie einzusteigen. Bis zur nächsten Ecke würde sie gern mitfahren, sagt sie, nachdem sie uns begrüßt hat. Ihr altes Gesicht ist fast vollständig von einem dunkel geblümten Tschador bedeckt, den sie sich raffiniert um den ganzen Körper gewickelt hat. Nur so hat sie auch die Hand für ihre Gehhilfe frei.

»Meinen Sie mit damals die Zeit vor der Revolution?«, nehme ich das Gespräch wieder auf, als die alte Frau nach wenigen Minuten wieder ausgestiegen ist.

»Natürlich!«

Dann atmet er tief durch und beginnt zu singen. Mona schaut mich erstaunt an, des Gesangs wegen und auch weil dies die ersten persischen Worte waren, die sie von mir gehört hat. Wir genießen seinen Vortrag, lassen den Fahrtwind durch die offenen Fenster strömen und vertrauen unserem Fahrer, der zum richtigen Zeitpunkt bremst und nach der nächsten Blockade angemessen beschleunigt.

»Gugusch!«, sagt Siawasch, »das ist Gugusch. Kennst du sie?«

»Ja, ich habe schon viele Lieder von ihr gehört. Iran ohne Gugusch ist doch unvorstellbar, oder was meint ihr? Verstehen kann ich die Texte allerdings nicht.«

»Hör mal, was der Fahrer singt, es ist ganz einfach. Du kennst die meisten Worte.«

Gharibe aschena, dusset daram biya
Mano ba chod bebar be schahr-e ghesse-ha!

Oh, vertraute Fremde, komm zu mir,
weil ich dich liebe,
nimm mich mit in die Märchenstadt.

Einen Moment später stimmt unser Fahrer einen ganz anderen Gesang an: Es ist ein Klagelied über die hohen Preise und die leeren Versprechungen des Präsidenten. Ahmadineschad habe sich als Mann der armen Leute in Szene gesetzt, aber seine Versprechen nicht gehalten. Er merke jedenfalls nichts von einem Aufschwung. Im Gegenteil! Und was soll das ganze Gerede von Palästina und der Hisbollah, fragt er sich, was haben wir Iraner mit denen zu tun? Hier gäbe es schließlich genug eigene Probleme.

»Wenn dann noch die Benzinpreise steigen, weiß ich nicht, wie ich es schaffen soll. Dann bleibt doch nichts mehr übrig von den paar Scheinen, die ich am Abend nach Hause bringe. Wovon soll ich die Miete zahlen und das Studium meiner Kinder? Dieses Land hat mich ruiniert. Meine besten Jahre habe ich im Krieg vergeudet. Mein Rücken ist kaputt. Kriegsverletzung. Den ganzen Tag im Taxi zu sitzen macht es nicht besser.«

Siawasch erzählt mir von der geplanten Benzinpreiserhöhung, die bereits lange vor ihrer Umsetzung hohe Wellen schlägt. Von umgerechnet acht Cent pro Liter soll der Preis auf vierzig Cent erhöht werden. Taxifahrer und zahlreiche Bedürftige sollen sechzig Liter im Monat weiterhin für acht Cent erhalten. Das sind die derzeitigen Planungen. Ob sie in einigen Monaten tatsächlich umgesetzt werden, weiß derzeit niemand.

Der Wagen quält sich einen steilen Anstieg zum Dschamschidiy-e Park hinauf. Hier erinnert der Norden der Stadt an ein Bergdorf, dessen Bewohner einst, in ausreichender Entfernung zur Metropole, im eigenen Rhythmus und in idyllischer Abgeschiedenheit leben konnten. Ein Knacken in meinem Ohr sagt mir, dass wir eine Höhe erreicht haben, die für eine Norddeutsche schon ganz erheblich ist. Am Ende der Straße setzt der Fahrer uns ab, verabschiedet sich und wünscht mir eine gute Reise.

Bei unserem kurzen, aber recht steilen Anstieg durch den am Hang gelegenen Park kommen uns einige Bergwanderer entgegen. Mit geschnürten Wanderschuhen und geschultertem Rucksack machen sie den Eindruck, als seien sie vor den Wetterkapriolen im Gebirge geflüchtet. Weiter oben sind die Skipisten noch geöffnet, und vom westlich gelegenen Touschal kann man sogar mit einer so genannten Telekabine hinauffahren. Im März lief im Nachrichtenmagazin *Weltspiegel* ein Bericht übers Skilaufen und Snowboarden in diesem Gebirge. In den darauffolgenden Wochen war ich häufiger denn je auf die Situation im Iran angesprochen worden. Die Aufnahmen einer jungen Snowboarderin, die auf den Pisten unverschleiert ihren Freiheitswillen austobt und ihre Frustrationen ablädt, hatten bleibenden Eindruck hinterlassen. Es sind starke Bilder, wie jene des ARD-Korrespondenten Stefan Buchen, die den westlichen Fernsehzuschauern eine differenzierte Betrachtungsweise auf das Land der Mullahs ermöglichen. Auf den Pisten fühle sie sich wie im Ausland, hatte die junge Frau in der Reportage gesagt. Dort oben seien der Vierzehn-Millionen-Moloch Teheran, die Regeln der Islamischen Republik und die selbst ernannten Sittenwächter ganz weit weg, genau genommen, ganz tief unter ihnen.

Mona beschwert sich über den anstrengenden Weg, während ich mich freue, endlich mal wieder außer Puste zu geraten und meinen Puls zu spüren. Mit einer Wanderung habe sie heute eigentlich nicht gerechnet. Wir erreichen eine Lichtung, die eine grandiose Aussicht über das östliche Teheran bietet. Von hier oben betrachtet, hat der Begriff »Häusermeer« seine volle Berechtigung. Endlos, wie bei einem Blick von einer hohen Klippe, entdeckt man mal eine sanfte Dünung, dann wieder Wellenkämme aus Hochhaussiedlungen und vereinzelte Brecher aus Wolkenkratzern und halb fertigen Skelettbauten, durch die noch der Wind pfeift. Während die Wogen im Norden bis an die schroffen Felsen schlagen, laufen sie zum Süden sanft aus und verlieren sich im Dunst.

Das Wohnviertel zu Füßen dieses Alborz-Ausläufers ist den

Besserverdienenden vorbehalten. Einige spiegelverglaste Apartmenthäuser sehen nach sehr vielen hunderttausend Tuman Monatsmiete aus. Siawasch zeigt Richtung Süden. Dort, weit draußen, lebte seine Familie in einem alten Haus mit Garten. Er erinnert sich noch daran, dass die Gegend ein idyllischer Ort hinter der Stadtgrenze gewesen sei. Obstplantagen und Gemüsefelder hätten das Bild geprägt. Dann hätten die Wucherungen der Metropole auch ihre Gegend erreicht und die Felder und Bäume kurzerhand aufgefressen. Seitdem die neue Autobahn nur wenige Meter vor ihrer Gartenmauer entlangführe, gehöre der Verkehrslärm zu den vorherrschenden Geräuschen seines Daseins. Manchmal nehme er ihn schon nicht mehr richtig wahr. Erst dann, wenn er, so wie jetzt, weit genug entfernt davon sei, kehre Ruhe ein, werde zu einem eigenartigen Rauschen in seinen Ohren, an das er sich erst gewöhnen müsse, wie vormals an die dröhnende Stadt. Fast jeden Tag fahre er von dort unten bis zur Uni im Zentrum, wechsele mehrmals das Taxi, verhandele unzählige Male am Tag den Preis, mal müsse er über den Betrag von fünfzig Tuman diskutieren und mal treffe er auf einen Fahrer der »alten Schule«, der erst nach mehrmaligem Ablehnen sein Geld entgegennehme und niemals etwas draufschlagen würde. Wenn er die Stadt von oben betrachte, dann könne er sich plötzlich kaum vorstellen, wie man es überhaupt einen einzigen Tag in diesem Gewirr ertragen könne. Sein Vater sei inzwischen pensioniert, erzählt Siawasch, und verbringe die meiste Zeit in einem Ort außerhalb Teherans, aus dem die Familie ursprünglich stamme. Dort hätten sie noch ein wenig Land und einige Tiere. Er selber sei ein großer Bienenfan und widme sich der Imkerei.

»Wirklich?«

»Ohne Bienen könnte ich nicht leben. Bienen sind die intelligentesten Tiere, die es gibt«, sagt Siawasch im Brustton der Überzeugung. Zunächst vermute ich sprachliche Probleme, aber als wir uns darauf verständigen, dass es sich wirklich um *bees,* um *sanbur,* um Bienen handelt, die er so schätzt, und dass er *honey, assal,* Honig herstellen kann, bin ich beeindruckt. Mona warnt mich, dass wir sicher gleich einen Vortrag über die Königin und die schier endlose Vielfalt an Honigaromen zu hören bekämen.

»Was heißt Bienenvolk auf Englisch?«, will Mehdi wissen. Ich weiß es auch nicht, aber wir verstehen uns auch ohne eine einwandfreie Übersetzung.

»Ich liebe die Welt der Bienen und die Regeln ihres Volkes. Ich habe viele Stunden vor den Körben gesessen und sie beobachtet. Schon mein Großvater war Bienenzüchter. Die Königin ist die alleinige Herrscherin. Weißt du, dass die Bienen ihren Respekt gegenüber der Königin zeigen, indem sie ihren Blick abwenden? Ich habe es genau beobachtet. Manchmal revoltieren sie jedoch auch gegen die eigene Königin. Aber das machen sie nur zum Wohle des Volkes. Dann töten sie die Königin und setzen eine Nachfolgerin ein.«

»Und du weißt, wie man Honig macht?«

»Dabei habe ich schon als Kind geholfen. Selbst im heiligen Koran steht geschrieben, wie gesund und Kraft spendend Honig ist. Ich esse ihn so oft wie möglich.«

Als uns der Hunger überkommt und wir feststellen, dass das Angebot im Park dürftig und überteuert ist, fahren wir zum Basar von Tadschrisch. In dem alten Einkaufsviertel am nördlichen Ende der Vali-ye Asr habe ich vor vierzehn Jahren, nur wenige Stunden nach meiner Einreise, erste Eindrücke gesammelt. Jener Vormittag ist mir noch immer in allen Einzelheiten gegenwärtig, und ich bin neugierig darauf, was ich dort wiederfinde. Als wir aus dem Taxi steigen, stoßen wir beinah mit einem jungen Mann zusammen, der das unverkennbare Pflaster eines frisch operierten Nasenästheten trägt. Mona und ich brechen wie auf ein Zeichen hin in Lachen aus.

»*Tadschrisch is a beauty-nose-area,* eine schöne-Nasen-Zone, *rich people,* reiche Leute«, sagt sie, sobald sie wieder sprechen kann.

»Ich sammle operierte Nasen. Er war Nummer fünfzehn in drei Tagen.«

»Du willst uns auf den Arm nehmen«, sagt Siawasch.

»Na ja, ich habe nicht alle gezählt, aber ich möchte gern einige von ihnen fotografieren. Gebt mir rechtzeitig Bescheid, wenn ihr jemanden mit Pflaster seht.«

»Da müssen wir nicht lange warten.«

»*Bini amal*«, sage ich, *Nase Operation,* weil es irgendwie lustig klingt. Ob es die korrekte persische Bezeichnung ist, wage ich zu bezweifeln.

»*Bini Amal,* klingt gut«, sagt Siawasch, und von nun an sagen wir es wie aus einem Munde, wenn wir eine *Bini Amal* sehen.

Auf Anhieb finde ich den Gemüsestand wieder, vor dem ich damals mein erstes Foto aufgenommen habe. Noch sehr zurückhaltend und vorsichtig, weil ich in meinem Kopf die Bilder einer äußerst fremden und stark religiös geprägten Gesellschaft hatte, in der ich mich als so genannte Ungläubige auf unsicherem Terrain befinde und wo an jeder Ecke unbekannte moralisch-ethische Fettnäpfchen auf mich warten. Aber das Gefühl der Unsicherheit wich schnell dem Gefühl des Willkommenseins, der Neugierde, des Interesses an meiner Fremdheit und meiner Andersartigkeit. Ich bitte Siawasch, mich an derselben Stelle zu fotografieren, an der ich damals eine Frau in weißen Ballerinas ohne Strümpfe aufgenommen hatte. Bis unmittelbar vor dem Foto war ich davon ausgegangen, dass ein Millimeter nackten Fußes für eine Verhaftung durch das Komitee ausgereicht hätte.

Tadschrisch hat sich kaum verändert, und ich überschlage mich mit der Aufzählung meiner Erinnerungen.

»Da vorn, da gibt es gegrillte Leberspieße. In dem kleinen Lokal hängen Fotos von Tachti,« sage ich, noch bevor wir in Sichtweite des kleinen Grillrestaurants im Zentrum des Basars, unter einer hübschen kleinen Kuppel, angekommen sind.

»Nein, da gibt es keinen Kebab mehr. Habe ich noch nie gesehen. Und woher kennst du überhaupt Tachti, unseren Ringer? Langsam wirst du mir unheimlich«, sagt Siawasch.

Und tatsächlich. Das kleine Lokal, in dem mir die Spieße so gut schmeckten, existiert nicht mehr.

»Und nun?«, frage ich, weil mich langsam der Hunger plagt.

»Hast du Lust auf Pizza?«, fragt Mona.

»Oh nein, sorry, aber persische Pizza ist nicht mein Fall. Gibt es hier nicht was Persisches? *Abguscht* oder *Ghorme Sabsi?*«

»Schmeckt dir so etwas?«, fragt Mona und lacht entweder über meine Aussprache oder mein Faible für die einheimische Küche.

»Hundert Mal besser als Pizza.«

In Anbetracht der unzähligen hervorragenden iranischen Pizzabäcker im Exil, die vielerorts als Italiener durchgehen, kann ich nicht nachvollziehen, dass ihre Fähigkeiten im Heimatland unberücksichtigt bleiben. Iranische Pizza besteht aus einem kuchenartigen und fetthaltigen Boden, der mit neutral schmeckendem Käse eingedeckt wird. Auf Wunsch werden noch diverse andere Komponenten untergemengt. Zumeist reicht man dazu Ketchup, als rettende Geschmacksnote, wie ich vermute.

»Im ersten Stock gibt es ein Restaurant mit iranischem Essen.«

»Super, habt ihr darauf auch Appetit?«

»Klar.«

Wir gehen eine Treppe hinauf und treten in einen von Licht durchfluteten Raum. Die Stores vor den großen Fenstern sind aufgezogen und lassen die Frühlingssonne herein. Wir finden einen freien Tisch mit Blick auf den Meydan-e Tadschrisch. Die Tafeln sind mit gewebten Teppichen gedeckt, die vor dem Essen kurzerhand mit einer Plastikfolie geschützt werden. Vor unserem Fenster steht ein goldfarbener Samowar, und auch im übrigen Lokal gibt es traditionelle Dekorationen und klassische Kachelbilder an den Wänden. Es duftet köstlich, und ich würde am liebsten die gesamte Speisekarte rauf und runter bestellen. Seitdem ich nicht mehr von Nasrins Küche verwöhnt werde, sondern mich eher halbherzig ernähre, vermisse ich ein schmackhaftes Mahl.

»Ich möchte *Disie*, *Sabsi Chordan*, ganz viel Brot, *Dugh* und später Tee«, sage ich, während mir das Wasser im Mund zusammenläuft.

»*Wow*, da hat aber jemand Hunger«, mutmaßt Siawasch, »willst du wirklich frische Kräuter dazu?«

»Warum nicht? Ich liebe *Sabsi Chordan*. Darauf habe ich mich schon in Deutschland gefreut.«

»In Restaurants weiß man nie, ob die Kräuter sorgfältig gewaschen sind.«

»Macht nichts, ich habe einen robusten Magen. Als Reisende sollte man nicht zimperlich sein, sonst entgehen einem die leckersten Speisen.«

»Wie du willst.«

Am Nebentisch sitzt ein verliebtes Pärchen, und ich kann mich kaum beherrschen, sie nicht anzustarren, weil der Mann seiner Liebsten mit rührenden Gesten Fleischstückchen in den Mund schiebt. Ich versuche notgedrungen meinen Blick auf die große Kreuzung und auf mögliche *Bini Amals* zu lenken. Unter uns stauen sich neben den obligatorischen Peykans und schrottreifen ausländischen Pkws aus den Siebzigern auch vereinzelt Mercedeslimousinen, schwere Gelände- und schnittige Sportwagen. In diesen Fahrzeugen sitzen vermutlich jene, die bei ihren regelmäßigen Auslandsaufenthalten in Europa gern behaupten, das Leben in Teheran sei sehr schön und sorgenfrei: Schließlich sei doch alles zu haben, die neuste Mode gebe es vor Ort, und angeblich sei sie noch aktueller als in Hamburg oder Berlin. Hier seien die Damen schicker, die Nasen wohlgeformter und die Brüste praller, die Chirurgen geübter und das Personal viel billiger. Ein ganz klein wenig würde mich interessieren, wie sich ein schneeweißer Mercedes-SLK schrammenfrei durch diesen Verkehr bugsieren lässt. Selbst wenn davon auszugehen ist, dass sämtliche Verkehrsteilnehmer beim Anblick eines solchen Gefährts vor Ehrfurcht erstarren, ist damit keineswegs die permanente Unfallgefahr gebannt. Davon ausgehend, dass der größte iranische Geldschein umgerechnet zwei Euro wert ist, käme die Barzahlung eines solchen Gefährts nur per Lieferwagen in Betracht.

»Worüber denkst du nach?«, fragt Siawasch mich.

»Ach nichts ... Teheran ist irgendwie eine ziemlich kuriose

Stadt, finde ich. Hier ist alles extremer als bei uns. Das Hässliche und das Schöne, das Arme und das Reiche, das Strenge und das Lockere, das Moderne und das Traditionelle, irgendwie alles. Selbst das Essen.«

»Mahtab hat die Nase voll von dieser Stadt. Sie kommt hier nicht zur Ruhe. Teheran raubt ihr die Kraft«, sagt Siawasch.

»Das glaube ich.«

Wir haben dreimal *Disie* bestellt, und der Kellner kommt mit einem großen Silbertablett. Ich kann mich nicht mehr genau an das Ritual erinnern, mit dem *Abguscht* gegessen wird, aber Iraner nehmen es damit sehr genau.

»Riecht schon mal gut«, kommentiert Mona, indem sie das Aroma prüft, »und es sieht auch gut aus.«

Disie nennt sich auch *Abguscht,* und so steht es auch auf der Speisekarte, die ich ohnehin kaum entziffern kann. *Abguscht* setzt sich aus den beiden Worten »Wasser« und »Fleisch« zusammen und ist im ursprünglichen Sinne ein Arme-Leute-Essen mit sehr wenig Fleisch. Wir bekommen es als deftigen Eintopf aus Lammfleisch, Kartoffeln, Kichererbsen, Zwiebeln, Tomaten und diversen exotischen Gewürzen serviert. Obenauf schwimmt meistens *Dombe,* das Fett, das aus den Schwänzen der Fettschwanzschafe gewonnen wird. Dieses mehrere Kilogramm schwere Fettdepot, das den Tieren in der trockenen und unwirtlichen Landschaft das Überleben sichert, gehört seit jeher auf den iranischen Speiseplan. Das Gericht dampft in Metallgefäßen mit leicht geöffneten Deckeln. Mona fischt sofort das Fett aus ihrem Topf und legt es mit gerümpfter Nase beiseite. Jeder bekommt noch eine kleine Blechschüssel und einen Stößel. Siawasch schöpft die gekochten Kartoffelstücke, das Fleisch und die Tomaten in sein Gefäß und zerstampft es zu einer breiigen Masse. Dann zerpflückt er das Brot und tunkt es in die zurückgelassene Brühe. Zu diesem Essen wird *Sangak,* ein dünnes Brot, gereicht, das soeben aus dem Lehmofen gekommen ist. Es saugt die Flüssigkeit besonders gut auf. Man löffelt das Brot aus der Brühe und isst abwechselnd von dem Brei, den man auf einem

Stückchen frischen Brotes balanciert. Dazu sollte man frische Kräuter und rohe Zwiebeln genießen. Es ist ein deftiges Essen, dessen schweres Fleischaroma durch die Zugabe von anregenden Gewürzen wie Kreuzkümmel, Kardamom und Zimt eine leichtere Note erhält. Ich hantiere mit der zerstampften Masse auf meinem *Sangak* und versuche möglichst von allen sieben Kräutern, die zu einem *Sabsi Chordan* gehören, ein wenig obenauf zu legen. Es gibt Lokale, die gänzlich auf *Abguscht* spezialisiert sind. Wenn man sich in ein solches Lokal setzt, wird man nicht lange gefragt, was man essen möchte, sondern bekommt automatisch ein Blech- oder Tongefäß mit Eintopf vorgesetzt. Wir trinken *Dugh,* ein gewässertes Joghurtgetränk mit Kohlensäure. Es wird uns in modernen Plastikflaschen einer großen Firma serviert. Leider hat es geschmacklich nur wenig Ähnlichkeit mit hausgemachtem *Dugh.*

»Man gewöhnt sich dran«, sagt Siawasch, als er merkt, dass das Joghurtgetränk mir nicht recht schmecken will, »selbstgemachtes bekommt man in Restaurants nicht mehr.«

»Wie schade.«

»Bestell dir doch ein alkoholfreies Bier, *Delster Lemon* schmeckt gut.«

Das Getränk wird in einer Dose serviert, die mir auf Anhieb gefällt. Die grün-gelbe Farbe mit dem Ährenkranz und den aufgeschnittenen Zitronen und vor allem die arabischen Schriftzeichen sehen interessant aus.

»Hm, lecker. Schmeckt wie echtes Bier mit Zitronensprudel. Gebraut aus Malz und Hopfen steht auf der Dose. Sehr vielversprechend.«

Siawaschs Handy gibt ein merkwürdiges Geräusch von sich.

»Eine SMS, vielleicht von Mahtab … ach nein, ein Witz über das Atomprogramm. Schau mal, ob du es verstehst«, sagt Siawasch und reicht mir sein Telefon. Der Text ist in persischer Sprache, aber mit lateinischen Buchstaben geschrieben. Zur Umschrift wird die englische Schreibweise verwendet, nach der ein »a« als »u« geschrieben wird. In der gleichen Art werden auch

Mails geschrieben und erschweren mir das Verstehen zusätzlich. Es ist ein permanentes Jonglieren mit drei Sprachen und zwei verschiedenen Umschriften, von denen keine die raffinierten Rachen- und Zungenlaute des Persischen treffen kann.

»Oh nein, das ist mir viel zu schwer. Ich verstehe nur ein paar Worte.«

Es dauert eine Weile, bis wir zu dritt eine akzeptable Übersetzung für mich finden. Das wichtigste Wort in diesem Witz ist *mossalam,* und wir einigen uns auf die Bedeutung von »unumstritten«. Manchmal bin ich frustriert darüber, mich nicht besser auf Persisch verständigen zu können. Aber noch mehr als ich ärgern sich Mona und Siawasch, dass ihr Englisch so lückenhaft ist. Sie fluchen regelrecht darüber und schwören sich, so schnell wie möglich einen Privatkurs zu besuchen.

Es handelt sich um einen Frage-Antwort-Witz, der etwa folgenden Inhalt hat: *Die Kernenergie ist unser unumstrittenes Recht! Verdutzte Gegenfrage: Warum ist dieses Recht denn eigentlich so wichtig? Antwort: Weil es das einzige unumstrittene Recht ist, das es in unserem Land noch gibt.*

Siawasch und Mona lachen. Sie erklären mir, dass es momentan sehr viele Ahmadineschad- und Atomwitze gibt. Es sei eine gute Möglichkeit, mit dem ganzen Frust umzugehen. Manchmal weiß man nicht einmal, von wem die SMS kommt, doch meistens schickt man sie selber an viele Freunde weiter. Gute Witze verbreiten sich rasend schnell. Innerhalb weniger Stunden könne man eine Handvoll SMS oder Rundmails bekommen, die sich über ein Ereignis lustig machen, das kaum einen Tag zurückliegt.

Nach dem Essen setzen wir uns in den gemütlicheren Teil des Restaurants, wo man auf großen *Tachts,* Holzgestellen, in weichen Kissen sitzt. Es werden Wasserpfeifen angeboten, und meine Begleiter lassen sich schließlich zum Mitrauchen überreden. Eigentlich bin ich Nichtraucherin, aber mir gefällt die Atmosphäre in den Teehäuser, die Wasserpfeifen anbieten. Und weil ich hier weder ein leckeres Gläschen Wein trinken noch in einer Art Abendlokal sitzen kann, ist das Wasserpfeiferauchen eine kleine Flucht. Während ich gemeinsam mit Freunden oder Bekannten an der Pfeife ziehe, habe ich das Gefühl, eine kleine Ungehörigkeit zu tun, die mir Spaß macht. Auch in diesem Lokal wird der Tee wieder einmal in Teebeuteln serviert, was mir die Gelegenheit zur Nachfrage bietet.

»Das ist ein neues Gesetz. Seit dem letzten Jahr darf kein loser Tee mehr aufgebrüht werden. Wegen der Hygiene«, erklärt Siawasch.

»Das gefällt mir überhaupt nicht. Erstens schmeckt es nicht besonders, und außerdem sieht es dämlich aus. Für mich wirkt es geradezu absurd, in einem persischen Teehaus einen Teebeuteltee vorgesetzt zu bekommen.«

»Stimmt, aber das haben sie im Parlament oder sonst wo entschieden. Wird wahrscheinlich einer von den einflussreichen und unsagbar reichen Herren dran verdienen und noch viel reicher werden. Einer, der über beste Verbindungen zu den Entscheidungsträgern verfügt. «

»Verstehe.«

»Bis vor zwei Jahren durften Frauen übrigens in der Öffentlichkeit keine Wasserpfeife rauchen«, sagt Mona.

»Und warum nicht?«

»Das kannst du dir doch denken! Weil es nicht *gut* und nicht *sittsam* ist. Dann haben die tollen Herren da oben aber irgendwie herausgefunden, dass es doch in Ordnung ist. So läuft das hier. Inzwischen ist es zum Volkssport Nummer eins bei den jungen Leuten geworden. Manche sitzen den ganzen Tag herum, rauchen Wasserpfeife, und das gibt ihnen das Gefühl, ein wenig Freiheit zu haben. Mir schmeckt es nicht.«

»Dieses milde Apfelaroma mag ich gern«, sage ich.

Wir schweigen eine Weile und lassen unsere Gedanken schweifen. Inzwischen sitzt eine Gruppe junger Männer in unserer Nähe, die an verschiedenen Pfeifen gleichzeitig rauchen.

»Wenn du in Maschad bist und Mahtab triffst, dann wird sie

dich bestimmt fragen, ob sie mit dir reisen kann«, sagt Siawasch ganz unvermittelt.

»Wie kommst du denn darauf?«

»Ich kenne sie, und jetzt kenne ich auch dich ein wenig. Sie wird sicher mit dir reisen wollen. Davon träumt sie schon lange. Vom Reisen und Englisch sprechen.«

Ich weiß nicht, was ich sagen soll. Die Mitteilung kommt sehr überraschend. Ich kenne die junge Frau doch gar nicht. Was soll ich ihr antworten, wenn sie mich wirklich fragt? Ich reise bewusst allein. Nur allein fühle ich mich offen für neue Kontakte und Überraschungen. Allein kann ich mein eigenes Tempo bestimmen, kann den ganzen Tag umherlaufen ohne Rücksichtnahme auf die schmerzenden Füße anderer, kann essen gehen, wann ich will, oder die Mahlzeiten ganz ausfallen lassen, kann einen ganzen Tag im Bett liegen und lesen. Allein kann ich entscheiden, wann ich mich zurückziehe und wann ich abends das Licht lösche und schlafen möchte.

»Möchtest du mit ihr reisen?«, fragt Siawasch mich nun ganz direkt.

»*We will see*, wir werden sehen«, sage ich ausweichend.

»Wann fährst du nach Maschad?«

»Vielleicht nehme ich morgen den Nachtzug.«

»Hast du schon eine Karte?«

»Nein.«

»Die Züge sind meistens sehr voll. Du solltest rechtzeitig reservieren. Es gibt vier verschiedene Kategorien.«

»Das habe ich im Internet gesehen. Ich möchte einen einfachen Zug. Die lange Fahrt macht mir nichts aus. In den billigeren Zügen lerne ich im Frauenabteil bestimmt interessante Reisende kennen. Damit habe ich bisher immer gute Erfahrungen gemacht.«

»Vielleicht fahre ich auch morgen Abend. Soll ich mich um Fahrkarten kümmern?«

»Willst du deine Liebste besuchen?«

»Ja, ich halte es nicht lange ohne sie aus.«

»Und wo bleibst du in Maschad?«

»In einem Hotel. Mahtab kommt mich dann dort besuchen.«

»Aha.«

Wir verabreden, dass ich mich selber um meine Fahrkarte kümmere. In der Nähe vom Vanak gibt es ein Reisebüro. Außerdem möchte ich möglichst unabhängig und spontan planen können.

Tür in eine andere Welt

Bevor ich am Abend nach Maschad aufbreche, treffe ich mich mit Farid. Wir sind an seinem Arbeitsplatz verabredet, und er bittet mich, hoch ins Büro zu kommen, weil seine Kollegen mich gern kennen lernen möchten. Er hat schon viel von mir erzählt, und sie scheinen Anteil an meiner Reise zu nehmen. Die zwanzig Angestellten arbeiten in einem gemeinsamen Raum, der in kleine Abteilungen für zwei bis drei Personen unterteilt ist. Farid teilt sich seine Ecke mit einer jungen Frau, die mich freundlich begrüßt.

»*Welcome in Iran.*«

»*Thank you very much.*«

»*My name is Schahla.*«

»Du kannst persisch mit ihr sprechen. Bruni spricht ganz süß«, prahlt Farid, und ich muss lachen, denn das Gleiche hat er schon vor fünfzehn Jahren in Deutschland gesagt, als ich nur wenige Brocken konnte. Im Nu nimmt die Kollegin mich in Beschlag, schickt einen der anderen Angestellten Tee holen und bietet mir einen Stuhl an.

»Es ist so«, beginnt sie das Gespräch, »Farid hat mir gesagt, dass Sie viele Erfahrungen mit Iranern und Ausländern haben. Wie soll ich sagen? Dass Sie sich auskennen mit unseren Leuten im Ausland. Und dass Sie schon oft in Schweden waren.«

Schahla hält sich nicht lange mit Höflichkeitsritualen und Teetrinken auf, sondern berichtet offen über ihre Heiratspläne mit einem Exiliraner und ihre damit verbundenen Unsicherheiten. Der Mann sei Mitte vierzig, sei vor über zwanzig Jahren ins Exil gegangen, lebe in einer kleinen Stadt südlich von Stockholm, arbeite in einer großen Elektronikfirma und suche eine iranische Frau zum Heiraten.

»Oh, ein interessantes Thema. Damit habe ich tatsächlich ein wenig Erfahrung. Mit dieser Art von Eheschließung kommt man unweigerlich irgendwann in Kontakt, wenn man seit Jahrzehnten mit Iranern und Afghanen befreundet ist.«

Farid grinst und spitzt die Ohren. Mit ihm und anderen iranischen Freunden habe ich mich über diese Art der Eheanbahnung schon häufig lustig gemacht, und auch auf die meisten Iraner wirkt sie absurd. Sie haben den Begriff der *esdewadsch-e posti* geprägt, der Heirat per Post, da manche Kandidaten sich vor der »Zustellung« nicht einmal kannten. An Farids krausgezogener Stirn sehe ich, dass es ihn ein wenig ärgert, wenn wir vom Persischen ins Englische wechseln. Je nachdem in welcher Sprache es besser klappt, springen wir hin und her. Wie viele andere Iranerinnen hat auch Schahla wenig praktische Übung in der Fremdsprache, aber dafür kennt sie eine Menge Vokabeln. Bei mir ist es mit dem Persisch eher umgekehrt. Ich plappere einfach drauf los, und ständig fehlen mir die Worte. »Rede ganz offen mit ihr. Das hilft ihr am meisten«, ermuntert Farid mich auf Deutsch.

»Wie ihr wollt.«

Mit der Einschränkung, dass ich den betreffenden Mann nicht kenne und dementsprechend nur allgemeine Auskünfte geben kann, erzähle ich von meinen Erfahrungen mit heiratswilligen Männern im Exil. Schon als Sozialarbeiterin war ich mit diesem Thema konfrontiert. In Stenografenmanier klären wir die Eckdaten ab: Er war nie verheiratet und hat angeblich auch keine Kinder in die Welt gesetzt, seine Familie lebt im Iran, in Schweden gibt es nur entfernte Verwandte, in jedem Fall keine Schwiegermutter für Schahla, er hat schwedische Freunde und verbringt seine Freizeit demnach nicht nur mit anderen Iranern. Von Vorteil ist in diesem Fall, dass die beiden sich schon zweimal persönlich begegnet sind und er ihr gut gefällt. Ein Mann seines Alters und nach Schahlas Beschreibung wird sicher einige Erfahrungen mit schwedischen Frauen und wohl auch mit Exiliranerinnen gesammelt haben. In Europa haben viele Beziehungen leider oft eine geringe Halbwertszeit, erzähle ich Schahla, die Partner streben nach Selbstverwirklichung und Karriere, es will auf Dauer einfach nicht klappen mit der erträumten Harmonie, und wenn Probleme auftauchen, dann trennt man sich relativ schnell voneinander und experimentiert mit einem neuen Partner.

Schahla nickt mir heftig zu, und ich suche nach ausgewogenen Worten.

»Ich habe die Erfahrung gemacht, dass orientalische Männer irgendwann die Nase voll davon haben. Sie sehnen sich nach der angeblich harmonischen Familie, idealisieren ihre Erinnerungen an die Heimat, wo das Wort Scheidung nicht existierte. Selbst gebildete Männer wie Ihr Bekannter möchten irgendwann Sicherheit durch eine feste Bindung an eine Landsfrau. Diese Männer wünschen sich eine Frau, mit der sie glücklich werden, Kinder bekommen und deren Kopf nicht gänzlich von Emanzipationsbestrebungen und Rechthaberei beherrscht ist. Eine Frau, die das Gleiche erträumt wie sie und für die der eigene Mann oberste Priorität hat. So wie der eigene Vater oberste Priorität für die eigene Mutter hatte. Solche Männer suchen nach einer Frau, die neben einer modernen Lebenseinstellung die familiären Traditionen schätzt. Wenn solch eine Traumfrau dann auch noch hübsch ist, nicht übertrieben schüchtern, gut kochen kann und er sich mit ihr sogar auf annähernd gleichem Niveau unterhalten kann, könnte es die perfekte Beziehung sein. So weit zur Theorie.«

»Er sucht eine studierte Frau, die mindestens dreißig Jahre alt ist.«

»Bravo, das ist doch hundertmal besser, als wenn er eine achtzehnjährige Jungfrau suchen würde. Solche Typen gibt es auch, selbst bei den sogenannten Intellektuellen. Da wundert man sich schon, wenn der studierte Soziologe von einer Heimatreise Händchen haltend mit einem Teenager zurückkommt.«

Farid ahnt sicher, wen ich dabei vor Augen habe, und Schahla lacht. Sie greift nach meinen Händen, als besäße ich den Schlüssel für ihre Zukunft. Ich versuche ihre Erwartungen an mich zu dämpfen, aber sie ist vollkommen Ohr. Besonders als ich ihr von den endlosen Wintern in Schweden erzähle, den vielen Nadelbäumen, die den Wünschen nach landschaftlicher Abwechslung einen ziemlich geraden Strich durch die Rechnung machen, und den mundfaulen schwedischen Nachbarn, aus denen man nicht schlau wird und bei denen das winzige Wörtchen *hej* zur Begrüßung ausreichen muss. Immerhin fügen sie zur Verabschiedung ein noch winzigeres Wörtchen hinzu: *hej då*.

Schahla und Farid halten sich vor Lachen die Bäuche, wenn ich meine Ausführungen mit entsprechenden Gesten und Betonungen untermale. Sie wollen mehr hören über die merkwürdigen Schweden. Doch bei mir meldet sich das schlechte Gewissen gegenüber dem Volk aus dem Norden Europas, das überall auf der Welt einen tadellosen Ruf genießt. Ich traue mich nicht, meinen beiden gespannten Zuhörern zu offenbaren, dass ich die Schweden eigentlich gar nicht kenne, weil ich meine Besuche im Land der Elche fast ausschließlich bei Afghanen verbracht habe. Meine Wahrnehmung ist gefiltert durch die Erfahrungen von Flüchtlingen, die dort als exotische Fremde gelten. Aber bei meinen einsamen Jogginrunden durch endlose Wälder sind mir manchmal auch Schweden begegnet. Niemals werde ich die Enttäuschung vergessen, als mir im tiefen Wald, nach über zwei Stunden einsamen Laufens, ein menschliches Wesen entgegenkam. Beim Näherkommen erkannte ich einen männlichen Jogger, aber dem Sportskameraden war selbst das kleine Wörtchen *hey* zu viel, und so blieb mein freudiger Gruß ohne jede Erwiderung.

»Schahla, das Wichtigste beim Thema Hochzeit-mit-einem-Unbekannten-in-einem-fremden-Land ist die Frage: Was wollen Sie? Wie sieht Ihr persönlicher Zukunftsplan aus? Ist es für Sie das Wichtigste, aus dem Iran herauszukommen und ein neues Leben in der Fremde zu beginnen, oder geht es Ihnen darum, den Mann Ihres Lebens zu finden?«

»Genau! Ganz genau!«, ruft Schahla so laut, dass die Kollegen von den Nebentischen herüberschauen und eine der Frauen sich sogar zu uns gesellt.

»Jetzt will ich aber auch mithören. Scheint hier ja enorm spannend zu sein«, sagt sie, grüßt mich mit dem üblichen Wortschwall und stellt sich kurz vor.

»Genau diese Fragen kreisen seit Wochen durch meinen Kopf«, sagt Schahla, »woher wissen Sie das? Es kommt mir vor, als könnten Sie meine Gedanken lesen.«

Angesichts der Lage im Iran, insbesondere des täglichen Überlebenskampfes in Teheran, würde ich persönlich alle Hebel daransetzen, irgendwie hinauszukommen. Aber das traue ich mich nicht zu sagen, insbesondere nicht in Farids Beisein, der mir regelmäßig die Frage stellt, ob er nicht doch noch einmal versuchen sollte, nach Deutschland zurückzukehren. Wenn Schahla etwas von der Welt sehen möchte, eines Tages einen Pass in der Hand halten will, der sie nicht per se zur potentiellen Terroristin stempelt und mit dem sie anstandslos reisen kann und Visa erhält, wenn sie noch etwas anderes erleben will als den Alltag in einer von Verboten, Geboten und streng definierten Moralvorstellungen geprägten Gesellschaft und wenn der potenzielle Heiratskandidat ihr gefällt und sie sich vorstellen kann, mit ihm zumindest für eine gewisse Zeit das Leben zu teilen, dann sollte sie die Chance wahrnehmen. Die Heirat per Post stellt für beide Partner ein Risiko, aber auch eine Chance dar. In der Regel sind es natürlich Frauen, die *zugestellt* werden, aber ich habe auch schon von Iranerinnen gehört, die sehr gezielt nach einem europäischen *Empfänger* Ausschau halten, um auf diese Weise das Land zu verlassen.

Aber Schahla hat Angst vor der Fremde, wie sie mir anvertraut. Sie hat ihre Heimat noch nie verlassen, selbst andere iranische Städte sind ihr fremd. Einige Male war sie in Isfahan, einmal in Schiras und zweimal im Heiligtum in Maschad, und, na ja, viele Wochenenden am Kaspischen Meer. Nur in Teheran fühlt sie sich sicher und zu Hause. Es sei nicht auszudenken, wenn es mit ihrem Zukünftigen nicht funktioniere und sie plötzlich allein im kalten Schweden säße. Nein, das traue sie sich nicht zu. Sie liebt ihre Familie über alles, ihre Eltern, die Geschwister, Nichten, Neffen, Cousinen und Cousins, die Nachbarn, ihre Kollegen, eigentlich alle.

»Dort sind viele Iraner. Sie finden bestimmt eine iranische Freundin oder vielleicht sogar eine schwedische. Die fremde Welt kann große Chancen bieten. Den Anfang sollten Sie vielleicht lieber im Mai machen, dann haben Sie einen langen Sommer vor sich. Ein Start im Oktober wäre sicher kaum auszuhalten. Ich habe die Erfahrung gemacht, dass man in der Fremde manchmal über sich hinauswächst und ganz neue Seiten an sich entdeckt. Und wenn alles schiefgeht, dann kann Sie niemand daran hindern, zurückzukommen, oder? Sind Ihre Eltern mit den Plänen einverstanden?«

»Begeistert sind sie nicht, aber sie würden mich nicht aufhalten. Schließlich bin ich schon zweiunddreißig. Sie wollen endlich eine glückliche Tochter und Enkelkinder haben.«

Schahla wippt auf ihrem Stuhl hin und her, und ich würde mich nicht wundern, wenn ich eines Tages eine Nachricht von ihr aus Schweden bekommen sollte. Plötzlich schaut sie auf die Uhr.

»Oh, entschuldigen Sie. Ich muss los. Mein Englischunterricht beginnt.«

Sie greift nach ihrer Tasche, stellt sich vor den Spiegel im Durchgang und tauscht ihr zartes Kopftuch gegen ein schwarzes Maghne'e. Über ihr Blusenkleid zieht sie einen dunklen Mantel. Sie scheint eine staatliche Schule zu besuchen. Bei meinem fragenden Blick zuckt sie mit den Schultern.

»So, und wer bekommt das Geld für die Beratung?«, fragt sie Farid mit einem Lachen. »Tausend Dank. Sie haben mir sehr geholfen. Wirklich. Ich weiß gar nicht, was ich sagen soll. Ich fühle mich so erleichtert. Vielen Dank.«

Dann gibt sie mir einen Kuss auf die Wange und saust hinaus.

»Lass uns auch gehen. Es ist schon spät«, sage ich, »deine anderen Kollegen kann ich beim nächsten Besuch näher kennen lernen. Ich komme auf alle Fälle am Ende der Reise noch einmal nach Teheran.«

Wir fahren zur Ferdosi-Straße, weil ich dringend Geld tauschen muss. Bevor ich nach Maschad aufbreche, möchte ich genügend Tuman in der Tasche haben. Wegen des dicken Geldbündels, das ich bei einem Umtausch erhalten werde, habe ich Farid gebeten, mich zu begleiten.

Es ist ein merkwürdiges Gefühl, mit ihm allein in dem alten Alfa Romeo durch Teheran zu fahren. Hätte uns das damals jemand prophezeit, wir hätten vermutlich nicht einmal darüber lachen können. Allein schon die Vorstellung einer Reise in seine Heimat war absurd. Als wir uns Mitte der achtziger Jahre kennen lernten, war das Land Chomeinis der allerletzte Ort, den man besuchen wollte. Wir parken in der Nähe des Meydan-e Imam Chomeini, einem großen Platz im Zentrum der Stadt. Von hier aus ist es nicht mehr weit bis zum Basar. Die eine Seite des Platzes wird von der Telekommunikationszentrale beherrscht, aber auch dieses markante Gebäude vermag es nicht, dem bedeutenden Platz ein weltstädtisches Ambiente zu verleihen. Hier überwiegt, wie in den meisten Vierteln der Stadt, eine zweckmäßige Architektur, die scheinbar keiner systematischen Stadtplanung verpflichtet ist. Am auffälligsten sind die Bankgebäude. Die Bank Sepa ist ein gewaltiger Klotz mit einer verspielten Fassade mit orientalisch anmutenden Bögen und Verzierungen. Die Obergeschosse sind schmucklos und könnten sowjetische Vorbilder haben. Das Nachbargebäude ragt mehr als einen Meter vor. Von ungeübten Augen könnte die Bank Tejarat mit einer Moschee verwechselt werden, denn hier schimmert ein hoch aufragendes Portal in blauen Fayencen. Als ewig gleichbleibendes Geräusch dröhnen der Straßenlärm und das Konzert der Autohupen an mein Ohr.

Ich entdecke eine europäisch aussehende Ausländerin, die aus der Metro kommt und nun vor dem Problem steht, die Straße überqueren zu müssen. Wenig später sehe ich zwei Asiaten mit Rucksäcken. Hier scheint das Mekka für ausländische Besucher zu sein. Drei Fremde an einem einzigen Tag, das ist Rekord. Ihre Anwesenheit im Zentrum liegt sicher an der Nähe zu den Wechselstuben und Hotels. Ein Aufenthalt in Teheran ist für Iranreisende kaum zu vermeiden, es sei denn, man hat einen sofortigen Anschlussflug, aber selbst dann muss man den Flughafen wechseln. Eine Reise in Teheran zu beginnen, kann eine harte Prüfung sein und ist nur für erfahrene oder nervenstarke Touristen zu empfehlen. Ohne Persischkenntnisse stelle ich es mir wie ein Glücksspiel vor. Vielleicht hat man am Flughafen Glück und findet einen ehrlichen Taxifahrer, vielleicht hat man Glück und wird über die Straße geführt, vielleicht hat man Glück und findet englischsprachige Hotelangestellte, vielleicht führt einen der Zufall in ein gutes Restaurant, und vielleicht findet man den richtigen Busbahnhof, um dem Wahnsinn möglichst schnell zu entkommen.

Als wir die von Bäumen gesäumte Ferdosi hinaufschauen, bietet sich uns ein schöner Anblick: Die Straße verläuft schnurgerade in Richtung Norden. In der Ferne leuchten die schneegekrönten Gipfel des Alborz, die in den strahlend blauen Himmel wachsen.

»Lass uns Fotos machen. Bei der klaren Sicht können wir Teheran von seiner schönsten Seite einfangen. Kannst du mich bitte zum Mittelstreifen bringen? Dort haben wir eine tolle Perspektive. Guck mal, da vorn geht sogar ein Mullah über die Straße. Vielleicht bekommen wir ihn noch mit aufs Bild.«

Wir beeilen uns, fotografieren uns gegenseitig und haben schließlich einige schöne Bilder für die Daheimgebliebenen eingefangen. Meine Hamburger Nachbarinnen staunen einige Wochen später über die gewaltigen Berge. Im Novembersmog, den sie bei ihrer Reise erleben mussten, haben sie die Alborz-Gipfel nicht ein einziges Mal gesehen. Auf der Ferdosi werden wir schon von weitem mit *change, change* auf ein Tauschgeschäft angesprochen.

»Mir fällt gerade auf, wie lange ich nicht mehr mit Ausländern unterwegs war. Mich spricht sonst nie jemand an, jedenfalls nicht auf Englisch. Macht richtig Spaß, ist ein bisschen wie im Urlaub zu sein. Erinnerst du dich noch, wo die deutsche Botschaft ist?«, bemerkte Farid.

»Ja, das ist nicht weit von hier, oder? Direkt an der Ferdosi, hinter irgendeinem Museum, glaube ich.«

»Du und dein fotografisches Gedächtnis. Du weißt bestimmt noch, welche Farbe die Eingangstür hat.«

»Schwarz. Das war nun wirklich nicht schwer.«

»Der Wechselkurs ist relativ stabil«, sagt Farid mit Blick in eine der Wechselstuben, »es ist egal, wo wir tauschen. Derzeit gibt es etwas mehr als tausend Tuman für einen Euro. Wie praktisch für dich. Da kannst du dich nicht verrechnen. Hast du immer noch Probleme mit Zahlen?«

»Ich bitte dich! Schließlich habe ich als Kellnerin gearbeitet. Meine Kasse hat immer gestimmt.«

»Das ist ewig her und zählt nicht mehr. Danach bist du bestimmt ganz schnell wieder aus der Übung gekommen.«

»Zusammenzählen geht ziemlich gut und Abziehen einigermaßen. Beim Dreisatz sieht es da schon schlechter aus.«

Wir gehen in eine kleine Wechselstube, in der wir die einzigen Kunden sind.

»Ich möchte dreihundert Euro tauschen«, sage ich auf Persisch zu dem jungen Mann hinter dem Tresen.

»Wow, ganz schön viel«, sagt Farid auf Deutsch, und mir wird bewusst, dass sein Monatslohn kaum höher sein dürfte.

Der junge Mann schaut uns kurz an und tippt überraschend viele Zahlen in eine Rechenmaschine.

»Guck mal, wer da hängt«, sage ich zu Farid, als ich an der Stelle, wo üblicherweise Fotos von Chomeini oder Chamene'i die Wände schmücken, das Bild eines deutschen Schauspielers entdecke.

»Das ist doch Klaus Kinski«, schmunzelt Farid und schüttelt den Kopf. Der exaltierte Star ist hier mit unheimlichem Blick, langen Haaren und hochgeschlagenem Mantelkragen zu sehen. Das Bild hängt in einem schlichten Rahmen an der gekachelten Wand.

»Warum haben Sie Klaus Kinski dort hängen?«, frage ich, und der junge Mann schaut mich mit einem verschmitzten Lächeln an.

»Ich mag ihn sehr. Er war so herrlich verrückt. Schade, dass er nicht mehr lebt.«

»Die Islamische Republik ist auch nicht mehr das, was sie mal war«, kommentiert Farid die ungewöhnliche Dekoration, »die Mullahs würden sich wundern, wer an ihrer Stelle die Wände ziert.«

Dann zählt er den gewaltigen Stapel mit Geldscheinen nach, und ich mache eine Aufnahme des Kinski-Portraits.

»Das Geld stimmt. Passt gerade so in deine große Tasche.«

»Seit wann gibt es eigentlich Zweitausender?«

»Noch nicht lange. Wurde aber auch endlich Zeit. Überleg mal! Unser größter Schein ist zwei Euro wert. Das sagt schon alles über dieses Land. Und den wollen sie in manchen Läden nicht mal annehmen. Beim Brotkaufen kannst du Pech haben, dass sie nicht wechseln können oder wollen.«

»Ich würde gern mit dir ins Café Naderi gehen. Hast du Lust?«

»Café Naderi?«

»Es gehört zum Hotel Naderi. Du hast mir früher mal davon erzählt. Deine Eltern waren dort zum Tanzen. Erinnerst du dich? Neulich habe ich einen Artikel darüber gelesen. Das berühmte Naderi gibt es noch.«

»Wirklich? Da weißt du mehr als ich. Wer schreibt einen Artikel über so etwas, ich meine, in Deutschland? Was haben sie geschrieben?«

»Lass dich überraschen.«

Ich erzähle ihm von der englischsprachigen Zeitschrift *Bidoun*, in der ich den Artikel über das Hotel Naderi gefunden habe. Die Redakteure sind über die halbe Welt verstreut und haben sich dem Ziel verschrieben, ein modernes Bild des Orients zu zeigen. Das Magazin ist vom Layout und auch vom Inhalt her künstlerisch ambitioniert und berichtet überwiegend aus dem Nahen Osten. *Bidoun* bedeutet im Arabischen, wie auch im Persischen, *ohne* und soll darauf anspielen, dass viele orientalische Emigranten im westlichen Exil *ohne* Heimat sind, *ohne* Papiere, *ohne* Rechte und oftmals *ohne* Perspektiven. Die Gründerin heißt Lisa Farjam, ist Exiliranerin und lebt in New York. Mit ihrem Magazin möchte sie den Vorurteilen entgegenwirken, die insbesondere im Westen über den Nahen Osten herrschen. Unabhängig von politischer Hysterie oder orientalischer Nostalgie will sie, und mit ihr viele freie Mitarbeiter, über Mikrorealitäten in den Ländern der Region berichten. Das Frühjahrsheft 2006 zeigt auf dem Cover eine surreal wirkende Fotografie der sich schier endlos ausdehnenden Metropole Teheran: Man fragt sich, ob es die Abendsonne ist, die das Häusermeer in ein lebloses Rotbraun taucht und einzelne Häuser wie Ruinen wirken lässt. Die Stadt scheint aus wahllos hochgezogenen, verlassenen Gebäuden zu bestehen. Nichts Lebendiges haftet der Aufnahme an, kein menschliches Wesen scheint sich hierher zu verirren. Es könnte sich genauso gut um die Filmkulisse eines düsteren Science-Fiction-Streifens handeln. Nur die fernen, schneebedeckten Berge erinnern daran, dass dieses Gebilde irgendwo ein Ende findet und die Natur mit ihrer Farbigkeit das Diktat übernimmt. *Bidoun* ist in Deutschland nur schwer erhältlich, aber manche Artikel erscheinen auch im Internet.

»Was du alles liest. Ich habe nie wieder etwas übers Naderi gehört. Ich dachte immer, die Mullahs haben den Laden dichtgemacht. Da wurde schließlich viel Alkohol getrunken, es gab Livemusik, und die Gäste haben ihre Sünden genossen. Lass uns hingehen. Müsste gleich hier um die Ecke sein, in der Jomhuri, glaube ich. Und weißt du, was wir vorher machen? Wir kaufen im Coffee Rio ein Pfund Espresso, und wenn du aus dem Süden zurückkommst, trinken wir bei uns zu Hause leckeren Cappuccino. Im Coffee Rio hat schon mein Vater eingekauft. Es ist noch immer derselbe Laden, er gehört einer armenischen Familie. Wenn ich ein bisschen Geld übrig habe, gönne ich mir manchmal ein Päckchen.«

»Ihr seid ziemlich knapp bei Kasse, habe ich Recht?«

»Vor drei Monaten bekam ich das letzte Mal Lohn ausgezahlt. Seitdem in der internationalen Politik von Sanktionen gegen den Iran geredet wird, kann der Chef uns nicht mehr bezahlen. Die europäischen Firmen, bei denen wir unsere Rohstoffe einkaufen, bestehen neuerdings auf einer sofortigen Zahlung. Früher hatten wir immer drei bis sechs Monate Zeit. Aber jetzt haben sie Angst, dass es in drei Monaten bereits ein Wirtschaftsembargo gibt. Dann kommen sie nie an ihr Geld, denken sie. Es ist zum Verrücktwerden. Sanktionen würden meine Firma so hart treffen, dass sie aufgeben müsste.«

»Und dann?«

»Frag lieber nicht danach. Ach, und jetzt lass uns an was Schönes denken und Kaffee trinken.«

»Das Naderi gehört auch Armeniern.«

»Hier war früher das armenische Viertel, an jeder Ecke gab es Alkohol zu kaufen. Aber die meisten von denen waren schlau genug, das Weite zu suchen.«

Farid schwelgt in Erinnerungen an die siebziger Jahre. Damals war er ein Teenager, und nicht nur er, sondern auch seine Eltern nahmen die Vergnügungen wahr, die das alte Teheran bot. Er hat mir schon viel über die damalige Zeit erzählt, und aus seinem Album kenne ich die Schwarz-Weiß-Aufnahmen seiner eleganten Eltern: die Mutter mit toupierter Frisur, engem Kostüm und spitzen Pumps, der Vater im klassischen Dreiteiler mit Krawatte und graumeliertem Haar.

Coffee Rio prangt in lateinischen und arabischen Buchstaben über dem kleinen Geschäft. Als wir die Tür öffnen, empfängt uns der aromatische Duft von gemahlenem Kaffee. Hinter dem Verkaufstresen teilen sich fünf Männer einen schmalen Durchgang und erfüllen die Wünsche der Kunden. Es könnte sich bei den

Herren im blauen Kittel um Familienangehörige handeln, von denen der Jüngste der Urenkel des Ältesten ist. Der lose Kaffee wird in alten Glasbehältern aufbewahrt und ist mit den Namen der Herkunftsländer beschriftet. Ich entziffere *Beresil, Kenya, Kastarika* und *Itiupi*. Farid erklärt mir, dass es sich um Brasilien, Costa Rica und Äthiopien handelt. Die Regale sind vollgestellt mit Filtertüten aus Deutschland, Jacobs Mocca-Auslese, Lindt-Schokolade, italienischen Espressokannen und -tassen, Kaffeemühlen, Milchpulver und Haribo-Konfekt. Inzwischen wundere ich mich nicht mehr über die vielen deutschen Spuren, die mir allerorten begegnen. Wir schnuppern an verschiedenen Kaffeesorten, und Farid wählt eine kräftige Mischung. Im Land des Tees sind Kaffeekenner eine eher seltene Spezies. In manchen Haushalten findet sich allenfalls löslicher Kaffee, der einem ausländischen Gast selbstverständlich sofort angeboten wird. Frisch gemahlener Espresso, in einer original italienischen Kanne gekocht und mit aufgeschlagener Milch serviert, findet sich in der Teheraner Vorstadt sicher genauso selten wie ein Samowar in einem deutschen Haushalt. Gut gelaunt gehen wir in Richtung Naderi.

»Als vor drei Jahren deine Postkarte aus Brasilien kam, da war ich mächtig stolz. Ich habe in der Verwandtschaft und bei den Nachbarn damit angegeben. Wer bekommt hier schon eine Karte vom Amazonas? Ich freue mich schon darauf, in der Hängematte zu schlafen. Ist ein schönes Geschenk von dir.«

»In der Sommerhitze gibt es nichts Besseres als eine gut durchlüftete Hängematte. Das habe ich im Dschungel gemerkt.«

»Schau mal da vorn! Du hast Recht. Da hängt ein Schild, Naderi, und es gehen Leute hinein.«

Das Café Naderi hat einen separaten Eingang, was ich bedaure, weil ich gern einen Blick in die alte Lobby des Hotels geworfen hätte. Angeblich ist es das älteste Hotel der Stadt und hat vor knapp hundert Jahren seinen Betrieb aufgenommen. Ein Armenier aus Baku hat es eröffnet und zum Treffpunkt für Künstler,

Revolutionäre, Musiker, Ausländer, Geschäftsleute und Trinker werden lassen. Die gut bestückte Bar war berühmt berüchtigt, doch hier steht seit nunmehr siebenundzwanzig Jahren keine einzige Schnapsflasche mehr im Regal.

Das Café ist gut gefüllt, und die Fensterfront zeigt in einen üppigen Garten. Ich bin überrascht, ein derart grünes Fleckchen in diesem Teil der Stadt vorzufinden. Als habe man durch die Eingangstür eine andere Welt betreten. Farid weiß nicht, wohin er zuerst schauen soll: zu den alten Kellnern, die möglicherweise schon in sündigeren Zeiten hier gearbeitet haben, oder zu der illustren Gästeschar. Neben älteren Herren, denen auch die Islamische Republik das Krawattetragen nicht abgewöhnen konnte, sitzen unkonventionell wirkende Zeitungsleser meiner Generation, bei denen wir auf Im-weitesten-Sinne-Künstler tippen. An einem Tisch ist ein junger Mann mit langen Haaren und langem Bart in seine Zeitung vertieft und raucht, daneben sitzt ein Europäer, der unserer Meinung nach aber kein Tourist ist. Die Einrichtung ist sehr schlicht: einfache Tische, billige Stühle, geraffte Vorhänge und ein schmuckloser Tresen. Wir bestellen zwei Café au lait, und dann hält es Farid nicht mehr auf seinem Stuhl.

»Ich komme gleich wieder. Ich muss mir unbedingt den Garten anschauen.«

Das üppige Grün wuchert bis an die Fenster, so dass sich weder seine Größe erkennen lässt noch, ob er überhaupt genutzt wird. Am Nebentisch sitzen zwei interessante Pärchen und rauchen um die Wette. Das kurze Haar der Männer glänzt im hellen Tageslicht, und erst auf den zweiten Blick wird deutlich, dass es nicht triefend nass, sondern besonders stark gegelt ist. Die jungen Frauen haben ein derart auffälliges Make-up aufgelegt, als stünden sie unmittelbar vor einem Auftritt in einem experimentellen Theaterstück. Ich habe mich schon häufig gefragt, wer eigentlich die lilafarbenen Lippenstifte benutzt, die in manchen Drogeriemärkten angeboten werden. Hier bekomme ich endlich eine Antwort. Ihre Kopftücher mit den langen Fransen haben die Frauen hinter ihre hochgesteckten Frisuren drapiert.

Sie schauen neugierig zu mir herüber und grüßen mit einem Nicken. Ich nutze die Gelegenheit und spreche sie an. Wie üblich kommen sie beim Thema Deutschland sofort auf die Fußballweltmeisterschaft zu sprechen. Ob ich Eintrittskarten habe, wollen die Frauen wissen, und ob ich Mahdavikia, Hashemian, Karimi und Zandi kenne. Meine Zweite-Ehefrau-Story behalte ich dieses Mal für mich. Einer der Männer sagt, sie träfen sich häufig im Naderi, und zeigt dabei auf seinen Freund. Er betreibe ein Restaurant im Norden der Stadt und lädt mich ein, es zu besuchen, und reicht mir seine Karte. Als ich sie um ein Foto bitte, sind die beiden Männer zunächst zurückhaltend. Die Frauen nicken zustimmend. Ob es auch nicht in einer Zeitung erscheine, will der Restaurantbetreiber wissen. Womöglich sei ich eine Journalistin. »Nein, nein«, beruhige ich sie, »es ist nur für den privaten Gebrauch.« Das Verhältnis der Männer zu den Frauen erscheint mir inzwischen nicht mehr ganz eindeutig zu sein. Ich mache ein Foto, und endlich kommt auch Farid zurück.

»Der Garten ist seit siebenundzwanzig Jahren geschlossen. Stell dir das mal vor!«

Dann setzt er im breitesten Norddeutsch zu einer Schimpftirade auf die Revolution an, die er als Teenager einst begrüßte, ärgert sich über die Auslegung eines Islam nach Art der Islamischen Republik und beschwert sich über Intoleranz und Ignoranz. Alles sei einem verdorben, wie schön das Leben doch einst war und ohne Die-da-oben wieder sein könnte.

»Reg dich nicht auf. Das lohnt sich nicht. Freue dich doch einfach, jetzt hier zu sein.«

»In diesem Garten, der nur noch aus Unkraut und wuchernden Büschen und Bäumen besteht, haben meine Eltern getanzt. Der alte Kellner hat mir etwas über eine italienische Kapelle erzählt, und dass über tausend Menschen dort draußen Platz fanden. Hast du dir das Restaurant angeschaut? Es ist im Nebenraum. Dort wird noch immer das berühmte Boeuf Stroganoff serviert. Ich muss unbedingt einmal mit Nasrin hierherkommen.«

Just a very little of everything

Der Taxifahrer kommt pünktlicher als verabredet. Zum Abschied begleiten Scharsad, Delaram und Scheyda mich bis auf die Straße. Wir umarmen und küssen uns.

»Auf bald! Ich rufe an, wenn ich wieder in Teheran bin.«

»Gute Reise, und vergiss uns nicht.«

»*Va bene*«, sagt der Taxifahrer und schwingt meine Tasche in den Kofferraum, »*buena sera, Senora!*«

»*Do you speak Italian?*«

»*Non, Madame. Just a very little of everything*«, sagt er mit rollendem »r« und lacht.

»Zum Bahnhof bitte.«

»*Midunam, my Lady*, ich weiß, meine Dame. Die Taxiagentur hat es gemeldet. Wohin geht die Reise?«

»Nach Maschad!«

»Wirklich?«, fragt er erstaunt, als hätte ich einen Scherz gemacht. Er biegt in die Gandi ein und fährt Richtung Süden. Dabei schaut er abwechselnd auf die Straße und dann wieder vergnügt zu mir herüber. »Ich heiße übrigens Payman. Was wollen Sie in Maschad? *Siarat mikoni?* Machen Sie eine Pilgerreise?«

»Nein, aber ich möchte trotzdem ins Heiligtum. Das heißt, wenn sie mich überhaupt reinlassen.«

»Sind Sie Muslima?«

»Auch das nicht, aber ich werde in Maschad bei einer religiösen Familie wohnen. Sie halten die Gebete ein und richten sich auch sonst nach den religiösen Geboten. Sie werden mir sicher helfen, zum Heiligen Schrein zu kommen.«

»Religiöse Familien sind anstrengend und machen einem das Leben schwer. Ich wette, dass Ihre Gastgeber die ganze Wohnung von oben bis unten reinigen, wenn Sie wieder abgereist sind. Bestimmt werden sie Ihnen sogar eigenes Geschirr geben, weil Sie doch eine Ungläubige sind.«

Er zeigt sich sichtlich überrascht von meinem Vorhaben und malt mir in düsteren Farben aus, was mir alles bevorsteht. Aber ich bin mir sicher, dass es sich bei meinen Gastgebern um eine tolerante Familie handelt, die keinerlei Berührungsängste mit Ungläubigen hat. Ich freue mich regelrecht darauf. Ganz bewusst fahre ich zum ersten Mal nach Maschad. Es wird Zeit, das größte schiitische Heiligtum auf iranischem Boden endlich mit eigenen Augen zu sehen und in der Pilgerstadt neue Eindrücke zum Thema Religion zu sammeln. Bei meinen vorherigen Reisen haben die Fragen nach dem Glauben eher eine Nebenrolle gespielt.

Payman hütet sich vor allzu religiösen Leuten, wie er sagt. Bei denen habe man ständig das Gefühl, etwas falsch zu machen. Und die permanenten Höflichkeitsbezeugungen und Rituale machten das Leben furchtbar umständlich. Außerdem hasse er es, morgens um vier geweckt zu werden. Er schlafe lieber aus. Dann erzählt er mir, dass er seinen Fahrerjob nur nebenbei mache. Im Hauptberuf arbeite er bei einer Bank. Aber das sei schlecht bezahlt, sein Geld reiche nie aus. Teheran sei extrem teuer geworden, betont er, und eines Tages möchte er etwas von der Welt sehen. Dafür brauche man Geld, viel Geld. Sein bester Freund lebe in Firenze, in Bella Italia. Davon träume er auch.

»Was ist Ihr Job?«, fragt er mich, als wir auf einer der Hochstraßen durchs abendliche Teheran rasen. In diesem Licht wirkt die Stadt viel harmloser als sonst. Der milde Fahrtwind strömt durch die geöffnete Scheibe und macht mir Lust aufs Weiterreisen. Wenn ich mich richtig erinnere, werden wir gleich an einer Wandmalerei vorbeifahren, auf der die amerikanische Flagge persifliert wird. Auf dem Sternenbanner sind anstelle der Sterne fallende Bomben dargestellt. Payman lacht, als ich ihn danach frage.

»Das Gebäude kommt gleich auf der linken Seite, ich sage Bescheid. Und Ihr Job?«

Meistens scheue ich mich, meinen Beruf zu nennen, weil er auf manche Leute leider einschüchternd wirkt. Oft sage ich, ich sei Sozialarbeiterin, was in der Vergangenheit auch zutraf. Aber dieser verrückte Italiener hat eine ehrliche Antwort verdient.

»Autorin, *va bene,* ich wusste, dass Sie clever sind, *ba husch.* Und was schreiben Sie?«

Ich erzähle ihm von meinen Büchern, und er stellt interessierte Fragen nach den Reaktionen meiner Leser. Payman freut sich über den Titel meines ersten Iranbuches und scheint zu verstehen, was mir das Reisen in seiner Heimat bedeutet. Er bedauere es, mich gleich am Bahnhof absetzen zu müssen. Wir sollten uns lieber stundenlang unterhalten.

»Wie alt sind Sie?«

»Diese Frage stellt man doch keiner Lady. Zumindest würde ein richtiger Italiener es niemals tun.«

»Nun sagen Sie schon! Es interessiert mich. Ich kann Sie so schlecht schätzen. Manches passt nicht ganz zusammen.«

»Viel zu alt für einen Flirt mit einem jungen Mann. Über vierzig.«

»Aber das ist doch vollkommen egal. Soll ich Ihnen mal was sagen: Sie werden niemals alt! Das spüre ich ganz genau. Sie werden immer jung bleiben. Sie haben das Herz einer Löwin! *The heart of a lion.* Sie sind eine Kämpferin, und Sie gefallen mir. Ich bin froh, diese Tour angenommen zu haben. Eigentlich war heute ein mieser Tag, aber jetzt weiß ich, dass es ein guter Tag geworden ist. Sie glauben nicht, wie wichtig es ist, dass Menschen wie Sie in Europa über uns berichten. Sonst hören die Leute doch nur etwas über Ahmadineschad und das Atomprogramm und halten uns alle für religiöse Spinner oder sogar Terroristen. Das merke ich, wenn ich im Internet surfe und Satellitenfernsehen schaue. Schreiben Sie ein neues Buch! Bitte! Und erwähnen Sie den Taxifahrer Payman, der Sie von der Mother Pension zum Bahnhof gebracht hat.«

»Das werde ich machen. Versprochen!«

»Und schreiben Sie, dass wir friedliche Menschen sind, unseren Spaß haben wollen und den Traum von Freiheit noch nicht begraben haben.«

Weil Payman mir erzählt, dass er fast jede Nacht im Internet surft, gebe ich ihm die Adresse meiner Website. Dort könne er sich Fotos meiner Iranreisen anschauen.

Als ich drei Monate nach meiner Rückkehr aus dem Iran seinen Namen in meinem Postfach entdeckte, wusste ich sofort Bescheid. Es war eine glühend heiße Sommernacht in Teheran, die er an seinem PC verbrachte, als er mich in einer kurzen Mail danach fragte, ob ich mich noch an ihn erinnern kann.

Der Bahnhof ist nicht mehr wiederzuerkennen. Hier ist nichts mehr zu sehen von der leeren Halle und der Trostlosigkeit, die ich in Erinnerung habe. Die modernen Wartesäle sind voller Reisender, Fernsehgeräte flimmern, in Automaten werden Erfrischungen angeboten, und Anzeigetafeln weisen auf eine enorme Anzahl von Verbindungen ins gesamte Land hin. Ich ziehe meine Rolltasche durch die Halle und schaue mir das bunte Volk der Passagiere an. Gäbe es hier eine Bar mit zischenden Kaffeemaschinen und Spirituosenflaschen in allen erdenklichen Farben und würden die vielen Frauen im Tschador ihr schwarzes Tuch ablegen, dann könnte es sich auch um einen südeuropäischen Bahnhof handeln. In einem der hinteren Wartesäle gibt es bequeme Sitze und eine lange Ablage, über der zahllose Steckdosen montiert sind. Erst auf den zweiten Blick begreife ich, dass es sich um eine Handyladestation handelt, die eifrig genutzt wird. Ich suche mir einen Platz und nutze die Zeit, um einige Notizen zu den vergangenen Tagen zu machen. Da mein Gepäck sehr übersichtlich ist, finde ich das rote Büchlein ausnahmsweise sofort. Meistens durchfährt mich beim Blick in meine Tasche ein Schreck, weil ich meine Notizen nicht auf Anhieb sehe. Jedes Mal wieder befürchte ich, sie verloren zu haben. Für meine weitere Reise habe ich nur die notwendigsten Kleidungsstücke und einige Gastgeschenke dabei. Nasrin hat mir den leichten braunen Leinenmantel geliehen, der mir an ihr so gut gefiel und den es in dieser Farbe leider nicht mehr zu kaufen gab. Aber dafür konnte ich in einem Friseursalon ein cremefarbenes Exemplar für den unglaublichen Preis von umgerechnet drei Euro erstehen. Ich frage mich, wer bei einem derartigen Preis überhaupt etwas verdient. Nasrin hatte mich auf das Geschäft aufmerksam gemacht, das von außen kaum als solches zu erkennen ist. Die Kundinnen müssen zunächst klingeln, dann die Tür öffnen und einen Vorhang zur Seite schieben. Hinter diesem Sichtschutz können Damen sich aufwändig frisieren und schminken lassen. An der Wand hängen Plakate mit Frauen, die an Bollywood-Schönheiten erinnern. Auch hier gilt offenbar der Leitsatz »mehr ist besser«, und so ist die eigentliche Frau hinter der perfekten Maske nicht mehr zu erkennen. Diese Art der »Verkleidung« ist mir von afghanischen Hochzeiten vertraut, bei denen ich mich jedes Mal wie Aschenputtel fühle, auch wenn ich mir für solche Anlässe gerne Glitzerkleider ausleihe. Als wir eintraten, saßen zwei Damen bei Tee und Gebäck am Tisch und grüßten Nasrin wie eine alte Bekannte.

Mein überflüssiges Gepäck hat Nasrin in ihrem Kleiderschrank verstaut, und so habe ich nur wenige Kilo bei mir. Meine Abneigung gegen unnötigen Ballast zwingt mich zu guter Planung, aber das wird mir bei Iranreisen leicht gemacht, denn wo sonst ist die Kleiderfrage für reisende Frauen so unkompliziert wie hier? Kühle Regionen werde ich nicht bereisen, und selbst in größter Hitze werde ich keine Shirts tragen können. Ein luftiger Mantel oder ein Blusenkleid auf nackter Haut zu langen Hosen ist die einzig geeignete Bekleidung. Zwei Hosen und zwei Paar Schuhe vervollkommnen mein Gepäck. Am meisten Platz nehmen meine Laufschuhe ein, denn ich hoffe darauf, in Maschad joggen zu können.

Als der Nachtzug nach Maschad aufgerufen wird, reihe ich mich in eine lange Warteschlange ein. Bevor die Passagiere zu den Bahngleisen gehen dürfen, werden ihre Ausweise kontrolliert. Zwei Schlangen weiter entdecke ich ein älteres europäisches Paar. Als die beiden an der Reihe sind, kommt es zu

Verständigungsproblemen, und ich biete meine Hilfe an. Die Dame von der Personenkontrolle erklärt mir, dass Ausländer zu einem Extraschalter müssen.

Die Reisenden stellen sich als Schweizer vor und fragen mich mehrmals, was der Grund für die Verzögerung sei und worin das Problem bestehe.

»Ich denke nicht, dass es ein Problem gibt. Wir sollen nur zu einem speziellen Kontrollpunkt.«

»Warum? Was soll das?«, will der ältere Herr unbedingt wissen.

»Ich weiß es auch nicht.«

Im entsprechenden Büro sitzen drei Beamte beim Tee und lassen sich zunächst nicht stören. Erst als ich auf Persisch und mit sämtlichen Höflichkeitsfloskeln meines Wortschatzes nach ihrem Befinden frage und erkläre, wir seien zu ihnen geschickt worden, widmen sie uns ihre kostbare Zeit.

»Reine Beschäftigungsmaßnahme«, vermutet der Schweizer, »warum sollen wir schon wieder unseren Pass vorzeigen? Warum können wir nicht einfach durchgehen? Was soll das Ganze? Warum werden wir hin und her geschickt? Die anderen Reisenden sind schon längst zum Bahnsteig durchgegangen. Unser Zug fährt gleich. Was ist, wenn wir ihn verpassen?«

»Zeigen Sie ihm bitte Ihre Pässe. Diskutieren wird hier nicht viel bringen«, sage ich so ruhig wie möglich.

Nach der flüchtigen Durchsicht unserer Dokumente werden noch einige Zettel mit Zeichen und Stempeln gefüllt, von denen wir eine Kopie bekommen. Dann schicken sie uns wieder zu den Warteschlangen.

Neben dem Nachtzug nach Maschad stehen Schaffner an den Türen und weisen den Reisenden ihren Weg zum richtigen Abteil.

»*Salam Aleykum, chosch amadid*«, werde ich begrüßt und willkommen geheißen. »Woher kommen Sie?«

»Aus Deutschland. Hamburg.«

»Hamburg, HSV, Mahdavikia, Barbarez, van Buyten, van der Vaart, Lauth, Takahara«, zählt er neben dem iranischen Nationalspieler noch andere Spieler auf und bekennt sich als großer Fan der Bundesliga. Er schaue sich alle Übertragungen an, wenn er nicht gerade arbeiten müsse. Sein Herz schlage für den HSV. Hoffentlich werde er Meister. Die Bayern möge er nicht. Gerne würde er mit mir noch über die Weltmeisterschaft plaudern, aber andere Fahrgäste brauchen seine Hilfe.

Die Schlafwagenabteile in diesem Zug haben jeweils sechs Liegen, von denen die oberen ausgeklappt werden müssen. Die Fahrt für die siebenhundertfünfzig Kilometer lange Strecke wird bis morgen früh um neun Uhr dauern und kostet umgerechnet sechs Euro. Andere Verbindungen sind schneller und teurer. Im modernsten Zug, dem »Simorgh«, kostet die Fahrt knapp achtzehn Euro, aber dafür ist der Zug auch klimatisiert, hat komfortable Einzelsitze und für die Nachtfahrt Vierbetten-Abteile.

In meinem Abteil sitzen bereits zwei ältere Damen. Mein Platz ist am Fenster, aber in dem dunklen Bahnhof gibt es nichts zu sehen. Wenig später kommt eine junge Frau herein und setzt sich mir gegenüber. Schnell kommen wir ins Gespräch, und sie scheint großes Interesse an einer Unterhaltung mit einer Ausländerin zu haben. Auch die beiden anderen Damen hören unserem Gespräch zu. Setare hat den ganzen Tag auf der Buchmesse verbracht. Jetzt tun ihr die Füße weh. Gestern sei sie mit dem Nachtzug von Maschad gekommen und dann über zehn Stunden auf der Messe gewesen, um dort nach Fachbüchern zu suchen. Und gleich im Anschluss ist sie zurück zum Bahnhof, um den Nachtzug ins ferne Maschad zu erreichen. Zum Glück muss sie morgen nicht arbeiten und kann sich ausruhen. Kurz vor der Abfahrt stoßen zwei weitere Frauen zu uns. Die beiden sind sehr jung und wirken schüchtern. Sie grüßen flüchtig und nehmen fast geräuschlos ihre Plätze ein.

Pünktlich um zweiundzwanzig Uhr fährt der Zug ab und

schaukelt gemächlich dahin. Als alle Frauen im Abteil ihr Gepäck verstaut und es sich bequem gemacht haben, überkommt mich das wohlige Gefühl, endlich wieder auf Reisen zu sein. Ich bin froh, Teheran hinter mir zu lassen und einen neuen Ort zu erkunden. Zuvor war ich nie länger als zwei oder drei Tage in der Metropole, aber dieses Mal wollte ich Teheran nicht so schnell den Rücken kehren. Da ich in den vergangenen Jahren zu einer überzeugten Großstädterin geworden bin und mir ein Leben außerhalb von Millionenstädten derzeit nicht mehr vorstellen kann, konnte selbst die iranische Megacity mich nicht gänzlich abschrecken.

Die beiden jungen Frauen sitzen direkt neben mir, aber wenn sie sich unterhalten, sind ihre Stimmen kaum zu hören. Sie tragen schwarze Maghne'es und lange Mäntel. Ihre Unterhaltung im Flüsterton müsste mich eigentlich nicht interessieren, und es macht auch keineswegs den Anschein, als wollten sie etwas verbergen. Es ist ganz offensichtlich ihre normale Art, miteinander zu sprechen. Ihre Stimmchen sind derart dünn, dass ich einen Anflug von Unbehagen unterdrücken muss. Selbst wenn Setare oder eine der anderen Frauen sie ansprechen, antworten sie im Flüsterton. Es hat mich schon immer geärgert, wenn Frauen mit unverhältnismäßig leisen Stimmen sprechen. Wenn ich an Universitätsvorlesungen denke, wo einige Frauen sich ähnlich schüchtern Gehör verschaffen wollten, dann steigt eine – längst vergangene – Ungeduld in mir auf. Diese Frauen hätte ich schon damals gern gerüttelt und aufgefordert: Erhebe deine Stimme! Sage laut, was du zu sagen hast, sonst hört dich niemand!

Ich habe lange keine Stimmen mehr wie diese gehört und schon ewig nicht mehr an die Vorlesungen von damals gedacht. Aber diese beiden Mädchen wecken meine alten Erinnerungen. Sie dämpfen ihre Stimmen vermutlich aus anderen Gründen als die deutschen Kommilitoninnen, aber es löst dasselbe Unbehagen in mir aus. Es darf keinen Grund geben, aus dem Frauen ihre Stimmen dämpfen, und keinen Grund, aus dem Mütter ihre Töchter dazu drillen, keinen Grund, aus dem religiöse Würdenträger diese Lautlosigkeit und Unsichtbarkeit als wahre Bestimmung des weiblichen Geschlechts ausrufen.

Die beiden haben von Setare gehört, dass auch ich die Buchmesse besucht habe. Zunächst fungiert meine neue Bekannte als eine Art Dolmetscherin, obwohl wir beide uns ausschließlich auf Persisch unterhalten haben. Aber um mir mühsame Wiederholungen zu ersparen, beantwortet sie die Fragen der Mädchen nach meinem Woher und Wohin. Erstaunt höre ich zu, was sie alles über mich zu berichten weiß, und lache in mich hinein. Setare gehört zu den Personen, die sich sehr schnell in mein gebrochenes Persisch hineinversetzen können und die sofort verstehen, was ich meine, auch wenn ich nicht richtig formuliere und es an der richtigen Aussprache hapert. Bereits nach einem Gespräch begreifen manch feinfühlige Zuhörer, mit welchen Schwierigkeiten ich kämpfe, und springen hilfreich ein. Andere Gesprächspartner können die Mühen des Erlernens einer Fremdsprache kaum nachvollziehen und warten stoisch auf das richtige Wort oder werden immer lauter, damit ich sie besser verstehe. Bei diesen Zeitgenossen ist eine gewisse Gelassenheit sehr nützlich, vor allem sollte man keinesfalls in Selbstzweifel verfallen, wenn man angestarrt und angebrüllt wird, als sei man schwer von Begriff. Ich genieße es, eine Weile nicht sprechen zu müssen. Mit einem Ohr bekomme ich mit, dass die jungen Frauen ebenfalls von der Buchmesse kommen. Dann spricht eine von ihnen mich an. Sie deutet mit einer verhaltenen Geste auf die große Mappe in ihrer Hand.

»Das habe ich bei der Buchmesse gekauft. Es sind Miniatur-Zeichnungen unseres berühmten Malers Mahmoud Farshchian. Möchten Sie die Bilder sehen?«

»Sehr gern. Vielen Dank.«

Vor meinen Augen breitet sich eine überwältigende Farbenpracht aus. Fabelwesen und engelsgleiche Wesen schweben durch Zeit und Raum. In winzigen Details sind Blüten, Federn, Gewänder, Gesichtszüge, Augen, Haare und Blicke wiedergegeben, eingebettet in ein Meer aus Farben, die miteinander harmonieren oder in einem starken Kontrast zueinander stehen. Ich weiß kaum, wohin ich zuerst schauen soll. Je länger ich eines dieser Bilder betrachte, desto mehr Geheimnisse treten ans Licht, deren Ergründung ein endloses Vergnügen bedeuten kann. Die englischsprachigen Bildunterschriften zeigen Titel wie *Four Seasons, Song of Harmony* oder *Pleasure and Pain*. Ich frage mich nach dem Künstler hinter diesen Werken. Welche uferlose Fantasie beflügelt ihn? Welche Gabe führt seinen Pinsel? Manche Details lassen an einen Rausch denken, woher auch immer er rühren mag.

»Aus diesen Bildern spricht Gott zu uns. Farshchian ist sein Bote«, sagt eines der Mädchen und streicht liebevoll über eine Zeichnung, die ein zartes weibliches Wesen in einer himmelsgleichen Umgebung von Blau- und Weißtönen zeigt.

Behutsam blättere ich von einem Motiv zum nächsten und begreife, dass es sich hier um die Drucke besonderer Kunstwerke handelt, deren Botschaften in einer Form vermittelt werden, die von iranischen Betrachtern sicher anders verstanden werden als von mir. Ich bin voll des Lobes und würde gern besser Persisch können, um die Interpretationen der Mädchen genauer zu verstehen.

»Bitte nehmen Sie die Zeichnungen. Sie sind ein Geschenk für Sie.«

Oh nein, denke ich, das hätte ich wissen müssen! Diese jungen Frauen sind so *persisch,* wie ich es bei dieser Reise noch nicht erlebt habe. Die Traditionen sind also doch noch nicht ausgestorben, auch nicht bei den jungen Leuten! Warum konnte ich mich nicht zügeln? Mein Überschwang und meine Lobeshymne auf den Künstler waren derart groß, dass sie gar nicht anders konnten, als mir die Zeichnungen anzubieten. Nun ist es an mir, die richtigen Worte der Dankbarkeit und milden Ablehnung zu finden. Dabei kann es nicht schaden, sich diverse Male zu wiederholen und ein formelartiges Ritual zu vollführen. Auf Deutsch würde sich das Ganze vielleicht so anhören, als läse man in einem höfischen Buch aus dem achtzehnten Jahrhundert.

»Bitte suchen Sie sich wenigstens eine der Zeichnungen aus! Wir würden uns sehr freuen, wenn wir Ihnen ein Exemplar schenken dürfen. Bitte schön! Wirklich! Das ist kein *taarof*.«

Diese Mädchen machen es mir wirklich nicht leicht. Was muss ich nun sagen?

»Vielen Dank. Sie sind wirklich wunderschön. Aber das ist zu viel. Nein, das kann ich nicht annehmen.«

»Bitte! Sie würden uns einen Gefallen damit tun. Wir wären froh, wenn Sie wenigstens eines dieser Bilder annehmen.«

»Sehr gerne würde ich eines als Erinnerung nach Deutschland mitnehmen, aber als Reisende habe ich leider keine Möglichkeit, es zu transportieren. Das Kunstwerk würde Schaden nehmen.«

»Aber nein, wir geben Ihnen die Mappe. Dann ist das Bild sicher.«

»Vielen Dank. Das ist sehr nett, aber ich werde von Maschad weiter in die Wüste reisen. Das geht nur mit leichtem Gepäck.«

Weitere Halbwahrheiten wollen mir auf die Schnelle nicht einfallen, und ich schaue Hilfe suchend zu Setare, die aber keinerlei Anstalten macht, ein rettendes Wort für mich einzulegen.

»Vielen Dank. Die Bilder sind sehr beeindruckend. Wissen Sie, was ich machen werde? Ich notiere mir den Verlag und werde sie entweder vor meinem Abflug in Teheran besorgen oder später in Deutschland. Der Künstler hat doch sicher auch eine Website.«

»Es ist nicht einfach, sie hier zu bekommen, deshalb haben wir sie bei der Buchmesse gekauft. Aber Sie können auch das Farshchian-Museum in Teheran besuchen. Es ist im Sa'd-Abad-Palast. Dort hängen selbstverständlich Originale. Und in Maschad, im Museum unseres Imam-Resa-Heiligtums, darf Farshchian auch bewundert werden.«

»Eine Bekannte von mir studiert an der Kunsthochschule in Teheran. Vielleicht kann sie mich zum Palast begleiten.«

»Das ist eine gute Idee. Bitte!«, sagt sie ein letztes Mal und reicht mir die Mappe, bevor sie nach meinem Schmunzeln und dosiertem Kopfschütteln die Bilder in ihrer großen Tüte verstaut.

Nach einer Weile kommt der Schaffner und fragt, ob er uns etwas bringen kann, aber niemand gibt eine Bestellung auf. Eine der älteren Damen hat ihr Kopftuch abgelegt, und ich mache es ihr trotzig nach. Sie tauscht mit ihrer Sitznachbarin Familiengeschichten aus, aber leider kann ich keine Details verstehen.

»Hat jemand Lust, ins Restaurant mitzukommen?«, frage ich ins Abteil hinein.

Setare und die Dame, die sich nun wieder ein Kopftuch umlegt, begleiten mich durch den langen Zug, der offenbar komplett ausgebucht ist. Überall stehen Reisende in den Gängen und vertreten sich die Füße, während in den Abteilen die Liegen zur Nachtruhe ausgeklappt werden.

Der Speisewagen würde das Herz eines jeden Bahnfans höher schlagen lassen: Blaue drehbare Cocktailsessel im Stil der Sechzigerjahre harmonieren mit schweren grünen Vorhängen und einem Läufer mit klassischem Blumenmotiv. Die weißen Tischdecken sind durch einen Plastiküberzug geschützt, und Vasen mit künstlichem Blumenschmuck vervollkommnen das Arrangement. Am Ende des Speisewagens, direkt unter dem Fernsehapparat, vor dem Eingang zur Küche, sitzt mein Fußballfan und nimmt Bestellungen entgegen. Schon von weitem winkt er mir zu, so dass die anderen Fahrgäste mich unwillkürlich mustern. Nachdem wir einen Tisch besetzt haben und das Ablegen von Mantel und Kopfbedeckung sich hier ja leider erübrigt, gehe ich zu ihm.

»Ich habe Ihnen etwas mitgebracht«, sage ich und freue mich über seinen verwunderten Gesichtsausdruck. »Das ist eine Autogrammkarte von Mehdi, mit Originalunterschrift.«

»Mehdi Mahdavikia, eine HSV-Karte! *Taschakor! Cheyli mamnun!* Danke schön, vielen Dank. Für mich? Wirklich? Das ist sehr nett von Ihnen.«

»Die gibt es nur für wahre Fans. Schauen Sie auf die Unterschrift. Es ist kein Druck. Er hat sie kurz vor meiner Abreise persönlich unterzeichnet. «

»Kennen Sie ihn etwa?«

»Ich habe Beziehungen«, gebe ich ihm eine geheimnisvolle Antwort, die wesentlich interessanter ist als die etwas komplizierten Umstände, die zu den Autogrammkarten – einen Tag vor meinem Abflug – führten.

Wenig später holt die ältere Dame, deren Namen ich mir nicht merken kann und die ich nicht ein drittes Mal danach fragen mag, plötzlich einen Fotoapparat aus ihrer Tasche. Sie reicht Setare die kleine Kamera und möchte, dass sie uns beide fotografiert. Sie habe bereits eine Fotografie mit einem Ausländer, erzählt sie uns. Der Fremde war sogar in ihrem Haus, in einem kleinen Dorf in der Wüste. Mit dem Fahrrad sei er unterwegs gewesen. Aus Polen. Ein netter Mann, dem ihr Essen so gut geschmeckt habe. Unvorstellbare Portionen habe er vertilgt, mehr Reis als ihr Sohn, und das wolle schon was heißen. Und immer habe er sich bei ihr bedankt und ihre Kochkünste gelobt. Er konnte sogar *Dast-e schoma dard nakone* sagen, *Mögen Ihre Hände niemals schmerzen,* aber am Anfang hat sie es nicht verstanden und dachte, er spräche polnisch mit ihr. Ganz dünn sei er gewesen. Am liebsten aß er *Ghorme Sabsi.* Ich nutze die Gelegenheit und mache ebenfalls Fotos. Wir geben die Apparate an andere Reisende weiter und lassen uns zu dritt fotografieren.

Das Essen kommt spät und ist wenig aromatisch. Wir haben die Wahl zwischen Reis mit Kebab oder Reis mit Huhn. Mit dem beigefügten Butterstückchen lässt sich der trockene Reis zumindest hinunterschlucken. Der Tee wird auch hier in Beuteln und Plastikbechern serviert. Es hält uns nicht lange im Restaurant, und nach unserer Rückkehr ins Abteil klappen wir unsere Liegen herunter. Die Schaffner bringen Bettwäsche, Kissen und Decken, die in Plastikfolien eingeschweißt sind. Setare und ich klettern in die oberen Betten, damit wir über den Köpfen der anderen noch ein wenig plaudern können. Endlich macht auch sie es sich ein wenig bequem, legt ihr Maghne'e ab und zeigt ihr volles Haar. Während ich trotz der Enge den Inhalt meiner Tasche auf dem Bett verteile, um meinen Waschbeutel und eine weite Nachthose zu finden, kommt die ältere Dame zu mir heraufgeklettert und begnügt sich mit einer winzigen freien Ecke auf meiner schmalen Pritsche. Wieder reicht sie Setare ihren Apparat, um weitere Fotos machen zu lassen. Jetzt hat sie Mantel und Kopftuch abgelegt und ihre Lippen frisch geschminkt. Als ich Setare meinen Apparat reiche, um auch damit fotografiert zu werden, wirft die Dame sich rasch den winzigen Schal übers Haar, den ich von Sahel geschenkt bekommen habe.

»Darf ich die Bücher sehen, die du dir gekauft hast?«, frage ich Setare, als ich bemerke, dass sie einen prüfenden Blick in ihre große Aktentasche wirft.

»Bitte!«

»Aber die sind ja alle in englischer Sprache. *Do you speak english?*«, frage ich erstaunt, weil Setare bisher kein einziges englisches Wort von sich gegeben hat.

»*Yes, very little.*«

»*Let's speak English then,* dann lass uns doch Englisch sprechen.«

Als sie nach einer Weile ihre Zurückhaltung abgelegt und sich warmgesprochen hat, klappt die Konversation sehr gut. Bei den Büchern handelt es sich um Fachliteratur für Chemie. Nach ihrem Studienabschluss vor zwei Jahren habe sie eine Stelle an der Universität bekommen. Sie sei in der Forschung tätig. Die persische Fachliteratur habe zu ihrem Thema nichts zu bieten. Die besten Publikationen gebe es in deutscher Sprache, behaupte ihr Professor immer. Er habe in Deutschland studiert, in Bonn, wenn sie sich richtig erinnert. Aber Deutsch werde sie niemals lernen. Englisch bereite ihr schon allergrößte Probleme. Es gäbe niemanden, mit dem sie sprechen könne, und selbst ihre Lehrerin sei noch nie im Ausland gewesen und habe einen starken persischen Akzent.

»Dabei macht es richtig Spaß. *It is fun*«, sagt sie, als sie merkt, wie flüssig wir uns auf Englisch unterhalten können, »*very fun*«, und strahlt über das ganze Gesicht.

»Setare, du sprichst wunderbar.«

Trotz unserer Müdigkeit unterhalten wir uns weiter. Ich erzähle ihr von Giti, die mich morgen früh am Bahnhof erwartet und die ich noch nie gesehen habe. Und dass ich den Heiligen Schrein des Imam Resa besuchen möchte.

»*I am a religious person, too.* Ich bin auch religiös«, sagt sie, »ich gehe oft ins Haram, denn ich liebe unseren Imam Reza. *I love Imam Reza. I love him very much. He is a very good person, a wonderful person, he helps people, everyone.*«

Setare ist begeistert von meinem Vorhaben und gibt ihrer Stimme einen feierlichen Unterton, als sie mir etwas Besonderes anvertraut.

»Wenn du Imam Resa besuchst, ich meine, wenn du zum Schrein gehst, dann wird auch er zu dir kommen. An deinem Todestag. In der schweren Stunde wird Imam Resa dir beistehen.«

Verwundert schaue ich sie an, denn sie spricht über den achten Imam, der bereits im 9. Jahrhundert unserer Zeitrechnung gestorben ist, als wäre er ihr enger Vertrauter.

»Zwanzig Millionen Pilger kommen jedes Jahr nach Maschad, um unseren Imam zu besuchen. In den heiligen Monaten haben wir mehr Besucher als Einwohner. Du wirst eine besondere Zeit in Maschad erleben. Das Heiligtum ist wunderschön. Giti wird dir sicher alles zeigen.«

Wenn ich an die beiden schüchternen Mädchen in unserem Abteil denke, die sich so verhalten, wie man es von so genannten guten Mädchen erwartet, und die keinen Zweifel an ihrer Religiosität lassen, und wenn ich Setare vor Augen habe, die als studierte Chemikerin mit ganz besonderem Timbre in der Stimme über Imam Resa spricht, dann frage ich mich umso mehr, was mich in Maschad wohl erwartet. Sind die Menschen dort religiöser als anderswo? Welche Wirkung hat der Heilige Schrein des Imam Resa? Woher kommen Setares leuchtende Augen, wenn sie über die Schönheit des *Haram*, des Heiligtums, spricht, das Millionen von Pilger aus aller Welt anzieht?

Noch vor dem Morgengrauen wird lautstark gegen unsere Tür geklopft. Es ist dunkel im Abteil, und im ersten Moment muss ich überlegen, wo ich bin und was der Lärm zu bedeuten hat. Doch dann höre ich die *Namaz-Namaz*-Rufe und begreife, dass es Zeit ist für das Morgengebet ist. Weit vor Sonnenaufgang hält der Zug irgendwo auf freier Strecke, wo sich, vermutlich allein für diesen Zweck, eine Moschee befindet. Keine der Frauen in unserem Abteil rührt sich. Von meiner Liege in der obersten Etage kann ich leider nicht aus dem Fenster blicken. Auch im Gang ist es erstaunlich ruhig. Das Klopfen und die *Namaz-Namaz*-Rufe entfernen sich, aber es gibt keine Folgegeräusche, kein Türenaufschieben und keine Schritte im Gang. Ich lausche noch eine Weile in die dunkle Nacht hinein und schlafe wieder ein. Erst als der Zug in den jungen Morgen und die aufgehende Sonne fährt, wache ich wieder auf. Welche Landschaft mag uns vor dem Zugfenster erwarten? In meiner Fantasie ist es ein trockener Landstrich, der ohne künstliche Bewässerung über einen zarten grünen Frühlingsflaum nicht hinauskommt, der jetzt im Mai sicher längst verdorrt ist. Wir müssten bereits die Provinz Chorasan erreicht haben, und alle Bilder, die ich aus dieser Provinz in der Grenzregion zu Afghanistan gesehen habe, zeugten vom gleichen staubigen Gelbbraun verdörrter Wüstenregionen. Ob ich will oder nicht und auch auf die Gefahr hin, die anderen zu wecken: Ich kann nicht länger liegen bleiben, sondern muss ganz dringend aufstehen und ein freies WC finden. Das Rollo in unserem Abteil ist heruntergezogen, aber es ist hell genug, um mein Kopftuch zu finden. Als ich die Tür öffne, blendet mich das Tageslicht, und vor dem Fenster zeigt sich eine liebliche Hügellandschaft in frischem Grün. Wohin das Auge auch blickt, weit und breit gibt es riesige Felder, auf denen Getreide sprießt. Ab und an findet sich eine kleine Ansiedlung, aber hier wird Landwirtschaft im großen Stil betrieben und nicht für den Eigenbedarf kleiner Weiler.

Nachdem ich mich frisch gemacht und im Restaurant einen Tee getrunken habe, erreichen wir Neyschabur. Die Stadt liegt in einer Ebene, die im Norden von Gebirgsausläufern geschützt wird. Hier ist vor knapp tausend Jahren einer der berühmtesten und beliebtesten persischen Geistesgrößen, der Astronom, Mathematiker, Philosoph und Dichter Omar Chaijam, geboren. Seine Vierzeiler sind berühmt für ihren Freigeist, ihre Raffinesse und ihren islamkritischen Inhalt. Viele Iraner können aus dem Stegreif seine Verse zitieren. Vor Jahren hatte ich den Roman »Samarkand« von Amin Maalouf, dem libanesisch-französischen Schriftsteller, gelesen, in dem der Autor die berühmte Dichtung von Chaijam an Bord der Titanic verfrachtet hat. Der persische Dichter ist auch als Weinliebhaber bekannt, und in anspruchsvoller Trinkrunde werden seine Vierzeiler besonders gern rezitiert.

Seit Mond und Venus ihre Bahnen gehen,
Hat man was Bessres nicht als Wein gesehen.
Mich wundert's nur, dass einer Wein verkauft.
Was kann er Bessres denn dafür erstehen?

In Neyschabur ist ihm zu Ehren ein modernes Grabmahl errichtet. Aber ein Blick aus dem Zugfenster zeigt nur eine Ansammlung unscheinbarer Gebäude, der Bahnhof versprüht den Charme einer Behelfshaltestelle. Nach einer Stadt mit über zweihunderttausend Einwohnern sieht mir das nicht aus. Im Schritttempo fahren wir an zweigeschossigen Häusern vorbei. Sie sind von hohen Gartenmauern umschlossen, die den Blick in den Vorhof versperren sollen. Das Viertel an den Bahngleisen ist schachbrettartig angelegt, und nach jedem Block kann man in eine der leblosen Straßen blicken. Der Autoverkehr ist mäßig, und auch die wenigen Fußgänger bestärken in mir den Eindruck einer verschlafenen Stadt. Doch ich war schon in ähnlichen iranischen Städten und weiß, dass die wahren Schätze sich häufig hinter hohen Mauern oder in verwunschenen Gassen verstecken. Die schmucklosen Fassaden und schlichten Begrenzungen der Grundstücke entsprechen der orientalischen Bauart, nach der die Üppigkeit eines blumigen Gartens und die schattigen Nischen hübscher Ruheplätze nicht für die Blicke von Fremden gedacht sind. Und so verweigert auch diese Stadt sich dem flüchtig Reisenden und offenbart nur ihr tristes Antlitz.

Im Zug breitet sich eine gewisse Hektik aus, und ich habe Mühe, zurück zum Abteil zu gelangen. Unterwegs begegnen mir erstaunlich viele ältere und gebrechliche Menschen. Die Frauen sind fast ausnahmslos in Tschadors gehüllt, und mein Blusenkleid erscheint mir plötzlich sehr kurz und viel zu figurbetont. Aber die mich treffenden Blicke sind gewohnt freundlich und neugierig. Bei den meisten Fahrgästen dürfte es sich um Pilger handeln.

»Wir sind bald da«, sagt Setare, als ich unser Abteil erreiche, »was hältst du davon, wenn wir uns an einem der nächsten Tage in Maschad treffen? Ich kann dir die Stadt zeigen. Willst du meine Telefonnummer aufschreiben?«

»Sehr gern. Schreibe sie doch gleich in mein Notizbuch, mit deiner Mailadresse, dann schicke ich dir auch die Fotos von gestern Abend.«

»Vielleicht können wir auch gemeinsam ins Heiligtum. Ich würde dir gern meinen Lieblingshof zeigen.«

»Lieblingshof?«

»Du wirst schon sehen! Das Heiligtum ist riesig. Es besteht aus vielen Höfen und mehreren Moscheen.«

Ich bin noch gar nicht angekommen und habe bereits drei Kontaktpersonen. Das ist ein beruhigendes Gefühl, wird es doch mein Vorhaben, Maschad zu erkunden, erleichtern. Selbst der Besuch bei Farids Schwester war nicht geplant. Bis vor kurzem war ich von einem Hotelaufenthalt und einer Erkundung auf eigene Faust ausgegangen. Jetzt werde ich aber erst einmal bei Giti zu Gast sein, und ich bin neugierig, wie viel von Farid ich in ihrem Wesen wiederfinden werde. Maschad liegt selten auf der Route westlicher Reisender, und die wenigen aktuellen Berichte, die mir zu Ohren gekommen sind, zeugen eher von Gefühlen der Einsamkeit angesichts einer Stadt, die als einzige Sehenswürdigkeit ein schiitisches Heiligtum aufzuweisen hat. Wie wird es mir ergehen? Wie werde ich mich inmitten Hunderttausender moslemischer Pilger fühlen? Ich habe bei meinen Planungen darauf vertraut, dass ich mit meinen Sprachkenntnissen, und als alleinreisende Frau, schnell auf Hilfsbereitschaft stoße. Aber kann ich mich hier darauf verlassen? Ich bin froh, neben Giti auch Mahtab und Setare an meiner Seite zu wissen, drei Frauen, die mir ihre Heimatstadt näher bringen können. Die Reste von Anspannung weichen meiner Vorfreude.

Endlich eine neue Stadt, eine neue Landschaft und ein neuer Dialekt! Ich bin gespannt, wie oft ich auf den Straßen das vertraute Dari, die afghanische Form des Persischen, hören werde. In der Stadt, die in unmittelbarer Nähe zur afghanischen Grenze liegt, leben noch immer sehr viele afghanische Flüchtlinge. Bis nach Herat, der ersten Stadt hinter der Grenze, dauert es mit dem Auto nur etwa drei Stunden.

Als wir die Ausläufer von Maschad erreichen, höre ich im Gang das gebetsartige Gemurmel einer alten Frau.

»*Siarat,* auf Pilgerfahrt«, sagt Setare, »gleich kannst du die goldene Kuppel sehen.«

Auch sie murmelt etwas vor sich hin, und ich stelle mir vor, dass dieses Ritual mit dem Bekreuzigen gläubiger Christen vergleichbar ist.

Als der Zug in den Bahnhof einläuft, bin ich doch wieder nervös. Die Frauen in unserem Abteil verabschieden sich voneinander, nur Setare wartet noch mit ihrem *Gott schütze dich,* denn sie möchte mich persönlich an Giti »übergeben«.

Teil 2

Maschad. Auf den Spuren des Glaubens

Gitis Weg zu Gott

Ob ich Giti überhaupt erkenne? Bisher habe ich nur wenige Fotos von ihr gesehen, und auf allen trug sie ein Kopftuch.

Der Bahnsteig ist leer. Niemand erwartet die vielen Reisenden. Setare gibt mir ein Zeichen in Richtung Ausgang. Die Passagiere drängen sich unter den strengen Blicken einiger Uniformierter durch ein Tor. Erst dahinter warten Angehörige und Freunde. In der dunklen Woge aus Kopftüchern und Tschadors kann ich kein bekanntes Gesicht erkennen.

»Und du weißt wirklich nicht, wie sie aussieht?«

»Wenn ich sie sehe, werde ich bestimmt irgendeine Ähnlichkeit erkennen.«

Aber auch in diesem Tumult besteht keine Gefahr, dass wir uns verpassen könnten, denn weit und breit bin ich die einzige Europäerin. Dann höre ich auch schon meinen Namen, und Giti steht vor mir.

»*Chosch amadid.*«

»*Salam. Hale schoma tschetor ast?* Wie geht es Ihnen?«, frage ich und suche in ihrem Gesicht nach Ähnlichkeiten. Ihre Haut ist viel heller als die ihrer Brüder, und sie hat feinere Züge, besonders ihre Nase ist viel schmaler. Sie kommt nach ihrer Mutter, geht es mir durch den Kopf, während die Brüder immer mehr Ähnlichkeit mit ihrem Vater bekommen, dessen Foto in Farids Wohnung an exponierter Stelle hängt.

»Willkommen in Maschad. Ich bin Ali«, sagt Gitis erstaunlich großer Mann, den ich erst jetzt sehe und dessen Gesicht mir ebenfalls von Fotos bekannt ist.

Wir begrüßen uns, und ich stelle Setare vor. Ali nimmt meine Tasche, und wir gehen zum Parkplatz. Giti bietet meiner neuen Bekannten eine Mitfahrgelegenheit an. Nach mehrmaligem Ablehnen und wiederholten Angeboten sprechen sie schließlich über die Route. Offenbar wohnen sie im selben Stadtviertel.

Im Auto lobt Setare meine Sprachkenntnisse und mein Interesse am Iran, spricht über meine Pläne in Maschad und dass wir uns in den nächsten Tagen wieder sehen möchten.

»Jetzt ist sie aber erst einmal mein Gast«, sagt Giti scherzhaft, »so schnell bekommen Sie sie nicht zurück.«

Ich lache und bin froh, in Maschad angekommen zu sein. Giti gefällt mir. Sie hat eine wunderbar rauchige Stimme und lacht ein herzliches Lachen.

Maschad ist eine Zweimillionenstadt, aber im Vergleich zu Teheran wirkt sie auf den ersten Blick fast kleinstädtisch. Die Luft ist deutlich besser und das Durchatmen kein Problem. Der Verkehr fließt halbwegs geordnet dahin, und selbst das obligatorische Hupen ist hier nicht viel mehr als ein Nebengeräusch. Zunächst fahren wir durch ein lebendiges Viertel mit zweistöckigen Bauten und vielen Geschäften, dann geht es über eine mehrspurige Straße an einem Park vorbei. Parallel verläuft eine S-Bahn-Trasse, und Giti erklärt mir, dass die Metro demnächst ihren Betrieb aufnimmt. An einer belebten Kreuzung entdecke ich eine meiner geliebten Fußgängerbrücken.

»Dort ist das Universitätsgelände«, sagt Setare, »unsere Hochschule ist im ganzen Land bekannt und hat einen sehr guten Ruf.«

»Zweimal in der Woche unterrichte ich dort drüben«, sagt Giti und zeigt auf ein Gebäude auf der anderen Straßenseite. Sie ist Oberstufenlehrerin für Mathematik und Physik.

In einem Viertel mit modernen zwei- und dreistöckigen Häusern dirigiert Setare uns durch das Labyrinth der unzähligen Seitenstraßen. Manche Häuser verbergen sich hinter einem großen Tor, andere öffnen sich zur Straße hin.

»Hier ist es«, sagt Setare und fügt im selben Atemzug die übliche Höflichkeitsformel für eine derartige Situation hinzu: »*Befarm, bia, chane-ye ma,* bitte kommen Sie in mein Haus, seien Sie meine Gäste.«

Nun beginnt ein ausdauerndes Ablehnen und erneutes Einladen, ein fein akzentuiertes Ritual, das sich minutenlang hinzieht. Auch ihre Eltern würden sich sehr freuen, es mache keine Umstände, wenigstens auf einen Tee, es sei auch wirklich kein *taarof*, sehr gerne würde sie uns einladen, nur für fünf Minuten.

Gitis charmant formulierte Ablehnungen entsprechen der perfekten Schule persischer Höflichkeit. Dabei wird unsere lange Reise und die Müdigkeit betont und sogar eine Gegeneinladung ausgesprochen. Da keine der Frauen locker lässt, schaltet sich schließlich Ali ein und weist darauf hin, dass er noch ins Büro müsse. Als wir endlich weiterfahren, muss ich lachen.

»Das war perfektes *taarof*, nicht wahr? So schön habe ich es lange nicht erlebt«, sage ich, »es gefällt mir. Ich mag es. Bei uns gibt es so etwas nicht.«

»Manchmal wird es ein bisschen zu viel, aber du hast Recht, es hat etwas Schönes«, sagt Giti.

»Es gibt immer mehr junge Leute, die es ablehnen«, behauptet Ali, »es ist ihnen zu umständlich und unaufrichtig.«

Ali setzt uns vor dem Haus ab und verabschiedet sich. Giti hantiert mit einem Schlüsselbund und öffnet das hohe Gartentor.

»Du bist sicher hungrig und müde von der Reise. Ich mache uns erst einmal einen Tee und etwas zum Frühstücken«, sagt sie, während wir über den Hof gehen. Ich bewundere einen üppigen Rosenbusch, der in voller Blüte steht. Daneben wachsen Obstbäume, in deren Schatten Beete angelegt sind.

»Die Rosen sind sehr schön.«

»Gefallen sie dir? Ich muss die verblühten dringend abpflücken«, sagt sie mit einem schnellen Griff zu den bräunlich verfärbten Überresten einer ehemals prachtvollen Blüte.

»Ich helfe dir gern. Ihr habt einen schönen Garten.«

»Ach, er ist nicht gut gepflegt. Ich habe viel zu wenig Zeit. Lege doch dein Kopftuch ab. Hier kannst du dich ganz frei bewegen.«

Während Giti die Haustür aufschließt, setze ich mich an den

Rand der Terrasse und halte mein Gesicht in die warmen Sonnenstrahlen. Mein Haar habe ich gelöst, schüttele ein wenig meinen Kopf und spüre die Strähnen über meinen Rücken streichen. Schade, dass ich dieses wohlige Gefühl hier so selten auskosten kann. Aus dem Haus höre ich das Klappern von Töpfen und Gläsern, und nach einer Weile folge ich den Geräuschen. Meine Schuhe lasse ich vor der Tür stehen, wo bereits verschiedene andere Paare stehen. Giti wirbelt durch die Wohnung. Sie ist klein, schlank und sehr beweglich. Sie ist Ende vierzig, überlege ich.

»Ich habe Wasser aufgesetzt. Komm, ich zeige dir dein Zimmer.«

Das Haus ist geräumig und verfügt über ein großes Wohnzimmer, das der Tradition gemäß ohne viel Mobiliar auskommt. Es gibt einen vorderen und einen hinteren Salon, eine große Küche, drei Schlafzimmer und ein Bad. In »meinem« Zimmer entdecke ich ein Foto von Farid, das ich schon sehr lange nicht mehr gesehen habe.

»Du hast ja auch eines von den Alhambra-Fotos! Das Bild habe ich damals gemacht, irgendwann in den achtziger Jahren in Andalusien.«

»Ich weiß.«

»Farid sieht darauf aus wie ein orientalischer Scheich, was meinst du?«

»Ich liebe dieses Foto. Es ist eine von den wenigen Aufnahmen, auf denen er glücklich aussieht.«

»Findest du?«

»Schau doch mal in sein Gesicht! Es ist vollkommen entspannt. Wann sieht man das bei ihm denn sonst?«

»Ich habe den Eindruck, dass er endlich glücklich ist. Zumindest mit Nasrin und den vielen Verwandten in der Nähe.«

»Mein Bruder findet keine Ruhe. Ach, lass uns später reden. Jetzt trinken wir erst einen Tee.«

»Farid sagte mir, du könnest sehr gut Englisch. Für mich ist es viel leichter, wenn wir uns auf Englisch unterhalten.«

»*It is a long time ago,* es ist schon so lange her.«

Wir springen von einer Sprache zur anderen und finden dennoch die richtigen Worte. Während sie spricht, zieht sie ihren Mantel und die Strümpfe aus. Sie trägt einen leichten Rock und eine durchscheinende Bluse. Giti sagt, ich solle mich fühlen wie zu Hause, und das sei wirklich kein *taarof*. Farid habe ihr gesagt, sie solle mich auch außerhalb des Hauses machen lassen, was ich möchte, auch ohne Betreuung. Das alles sei wichtig für meine Arbeit als Autorin. Sie verstehe das sehr gut, sagt Giti, und sie würde mich gern unterstützen, wenn sie könne.

»Ich möchte ins Heiligtum und endlich mehr über die Gläubigen erfahren. Es gibt furchtbar viele Vorbehalte gegen den Islam. Auch mir ist vieles ein Rätsel. Vielleicht kann ich in Maschad ein wenig nachempfinden, was die religiösen Menschen bewegt.«

»Du kannst mich fragen, was du möchtest, und wenn ich deine Fragen beantworten kann, dann werde ich es gerne tun.«

»Kannst du mich ins Haram mitnehmen? Ich möchte den heiligen Schrein sehen. Ich habe mir wirklich fest vorgenommen, bis ganz nah an das Grab zu gehen, dort, wo die Gläubigen das Gitter berühren. Es hat mich schon in Schiras beeindruckt, die Ekstase im Schah Tscheragh zu beobachten.«

»Nicht du hast dich entschieden, zum Imam zu gehen, sondern er hat dich zu sich gerufen!«

»Wie meinst du das?«

»*Bebin!* Schau! Bisher hattest du nicht das Bedürfnis, nach Maschad zu kommen, dein Weg hat dich nie hierher geführt, jetzt möchtest du unbedingt ins Haram. Das hat der Imam ausgelöst. Er ruft dich zu sich.«

»Ich weiß nicht, wie ich es verstehen soll.«

»Es mag sein, dass er eine Aufgabe für dich hat.«

Irritiert denke ich darüber nach, welche Aufgabe dies sein könnte, aber mir erscheint die Vorstellung, von einem Imam hierher gerufen zu sein, derart befremdlich, dass ich jetzt nicht weiter darüber nachdenken möchte. Aber vielleicht kommt es auch nicht darauf an, wie ich hierher gefunden habe. In jedem Fall freue ich mich, in Maschad zu sein und Giti kennen zu lernen.

Mir wird immer klarer, dass sie viel mehr über mich weiß, als ich vermutet habe. Sie hat sich schon vor vielen Jahren Gedanken über meine Freundschaft zu Farid gemacht und welchen Einfluss ich auf seine Rückkehr in den Iran hatte. Überrascht stelle ich fest, dass sie selbst über unsere gemeinsame Studienzeit informiert ist. Auch sie ist mir vertraut, was aber weniger an dem liegt, was ich über sie weiß, sondern an ihrer offenen und sympathischen Art. Wenn ich an dem Bild haften bliebe, das ich mir aufgrund der Schilderungen ihrer Brüder von ihr gemacht habe, dann würde ihr strenger Glaube alle anderen Eigenschaften überdecken. Als Farid mir den Vorschlag machte, ich solle mich in Maschad bei seiner Schwester einquartieren, reagierte ich mit gewissen Vorbehalten. Ich dachte, wenn sie wirklich so anders ist als ihre Brüder, wenn der Glaube in ihrem Leben eine so große Rolle spielt, dann werden es vielleicht fordernde Tage. Religiosität verbinde ich mit einer gewissen Strenge und mitunter mit einem Hauch von Weltfremdheit. Wenn Menschen über ihren Glauben sprechen, seien es Christen, Moslems, Juden, Hindus, Buddhisten oder esoterisch-spirituell Orientierte, dann fühle ich fast immer eine gewisse Anspannung in mir. Mir missfällt es, wenn sie demonstrativ zeigen wollen, dass sie durch ihren Glauben einen besseren Lebensweg gefunden haben als jene, die sich für einen Weg ohne Religiosität entschieden haben. Sobald ich das Gefühl habe, jemand neige zu Bekehrungsversuchen, reagiere ich äußerst empfindlich und gehe auf Distanz. Religion und die praktische Ausübung eines Glaubens betrachte ich als eine rein persönliche und private Angelegenheit, die jeder Einzelne für sich entscheiden sollte. Äußere Zwänge, Regeln, Gesetze oder gar Bestrafungen halte ich für unvereinbar mit dem Wesen des Göttlichen.

Giti registriert meinen sehnsüchtigen Blick nach draußen.

»Komm, wir legen einen Teppich auf die Terrasse und machen es uns dort bequem. Ich sitze auch sehr gern draußen. Gestern war ich übrigens in einer Touristeninformation. Vorher wusste ich gar nicht, dass es so etwas in Maschad gibt. Dort habe ich einige Prospekte für dich besorgt. Die freundliche Dame hat mir sogar eine Broschüre über Chorasan in Deutsch gegeben. Warte, ich bringe sie dir.«

Nun zieht sie wieder einen leichten Mantel an und stülpt sich ein *Maghne'e,* ein kapuzenartiges Kopftuch, übers Haar.

»Gegenüber wird gebaut«, sagt sie zu meiner Erläuterung, »die Bauarbeiter können in den Hof schauen.«

»Und du möchtest nicht, dass sie deine Haare sehen?«

»Nein. Ali, mein Sohn und meine Brüder sind die einzigen Männer, die mein Haar sehen dürfen.«

Während Giti ein Tablett nach draußen holt, gehe ich einige Schritte in den Garten. Die Sonne ist nun deutlich stärker geworden, und ich spüre die heißen Strahlen auf meinem Arm. Neben dem Wasserhahn und dem Schlauch liegt eine Gartenschere, mit der ich einige der verblühten Rosen abschneide.

»*Don't do that!* Das brauchst du nicht. Lass mich das machen. Du bist mein Gast. Ruhe dich aus. Hier hast du einen frischen Tee.«

»Ich mache es gern. Sind das Kräuter da vorn? Etwa *sabsi chordan?*«

»Genau! Magst du sie?«

»Ich liebe sie!«

Wir machen einen Rundgang durch den Garten, sprechen über die Raffinessen der persischen Küche und die Besonderheiten des Klimas. Für sie sei die Gartenarbeit eine Art Meditation, sagt Giti. Beim Unkrautjäten und Blumenschneiden könne sie abschalten und auf ganz neue Gedanken kommen. Es sei ein wenig sogar mit den Gefühlen vergleichbar, die sie beim Beten empfindet.

»Mir geht es manchmal beim Laufen so, nach einer Stunde kann es passieren, dass ich gedanklich vollkommen abschweife und nur die Luft und meinen Atem wirken lasse. Manchmal kommen mir auch die tollsten Ideen. Unterwegs kann ich Probleme lösen oder finde Formulierungen für meine Bücher. Während des Laufens habe ich schon ganze Kapitel geschrieben, natürlich nur im Kopf. Vor dem Duschen muss ich mir dann ganz schnell Notizen machen.«

Darüber möchte Giti mehr erfahren. Auch sie liebt die körperliche Anstrengung und war schon einige Male in einem nahegelegenen Park, um dort den Modesport Walking zu praktizieren. Bewegung tue ihr sehr gut.

Beim Tee erzählt Giti mir von früher, vor Farids Zeit in Deutschland, als sie selber ein modebewusster Teenager war. Sie holt ein altes Fotoalbum aus dem Haus und schlägt es auf. Ich erkenne einige von den Aufnahmen wieder. Es sind die typischen Schwarz-Weiß-Fotografien aus den siebziger Jahren, auf denen die Männer einen üppigen Haarwuchs und enge Jeans mit großem Schlag trugen. Giti war schon damals mit Ali befreundet. Auf einem Foto sieht man sie in einem kleinen Sportwagen sitzen und auf einem anderen sogar in einem öffentlichen Schwimmbad.

»Schau, wie ich aussah, und wie nackt ich mich gezeigt habe«, sagt sie lachend und schüttelt den Kopf. »Ich war nicht immer so wie jetzt. Nach dem Abitur war ich sogar allein im Ausland, in England. Das war meine einzige weite Reise. Drei Monate war ich dort.«

»Deshalb sprichst du so gut englisch.«

»Ach, ich schäme mich. Ich hätte meine Sprachkenntnisse … wie sagt man? *To care about them?*«

»Sie pflegen?«

»Ja, ich hätte sie pflegen sollen. Es ist eine wunderbare Sprache, sie verbindet Menschen in aller Welt. Ohne sie hätten wir beide es jetzt viel schwerer.«

Giti strahlt, und ihr Körper ist ständig in Bewegung. Es ist seltsam, dass ich sie nicht permanent mit Farid und Farhad in Verbindung bringe und Vergleiche anstelle. Für mich ist sie schon nach kurzer Zeit zu einer vollkommen von ihren Brüdern unabhängigen Person geworden. Sie gefällt mir sehr. In ihrer Nähe fühle ich mich geborgen.

»Was bedeutet Giti? Der Name ist uns Deutschen nicht besonders fremd, er wirkt fast nordisch, skandinavisch auf mich. Wir würden eher Gitte sagen.«

»Giti ist ein persischer Name und bedeutet Universum. Meine Eltern haben ausschließlich persische Namen gewählt, keine arabischen wie Ali oder Mohammad, Hussein, Fatemeh, Somaye oder Chadidsche.«

»Wann bist du religiös geworden?«

»Nach meiner Hochzeit. Für meine Eltern war es ein Schock. Als ich das erste Mal mit einem streng gebundenen Kopftuch nach Hause kam und es in Anwesenheit von fremden Männern auch zu Hause trug, waren sie fertig mit den Nerven. Sie haben sich ernsthaft gefragt, was sie mit mir falsch gemacht haben. Natürlich hatten sie nie etwas gegen unsere Religion einzuwenden. Wie alle Iraner haben sie die Festtage gefeiert, manchmal gebetet, Almosen verteilt und in Notlagen Gott um Hilfe gebeten. Aber meiner Mutter wäre es nie in den Sinn gekommen, ein Kopftuch zu tragen. Bis zu ihrem Tod hat sie unentwegt über die verlorene Freiheit und die Kleiderordnung geschimpft. Auf den Fotos siehst du ja selber, wie sie sich vor der Revolution gekleidet hat. Es war nicht einfach, ihnen meinen Weg zum Islam zu erklären. Sie schoben die Schuld sogar auf Ali und seine Familie. Aber das stimmt nicht. Es war mein freier Wille. In meinem Ehevertrag habe ich sogar festlegen lassen, dass ich niemals nach Maschad ziehen werde. Ich wollte auf keinen Fall bei ihm und seiner religiösen Familie und in dieser religiösen Stadt leben. Wir Teheraner haben gewisse Vorbehalte gegen Maschad und seine Bewohner. Sie sind ganz anders als die Hauptstädter. Über die Maschadis sagt man, sie seien sehr geschäftstüchtig und nur auf ihren eigenen Vorteil bedacht. Wenn es ums Geld geht, würden sie sogar ihre eigenen Freunde vergessen. Ich weiß nicht … es gibt überall gute und schlechte Menschen. Jedenfalls habe ich den Weg zu Gott ganz allein gefunden. Ich glaube, es ist geschehen, weil ich davon überzeugt bin, dass der Islam gerecht ist. Es erfüllt mich mit Freude, nach den Geboten unseres heiligen Koran zu leben.«

Giti strahlt mich an, und ich habe keinen Zweifel daran, dass sie ein rundum zufriedener Mensch ist. Sie habe ihre Brüder seit über einem Jahr nicht mehr gesehen. Die beiden kämen nur sehr selten nach Maschad, und seitdem ihre Mutter nicht mehr lebe, sei auch Giti nicht mehr in Teheran gewesen. Auf meinem Laptop zeige ich ihr meine Aufnahmen ihrer Brüder und deren Familien. Später schauen wir uns auch alle anderen Fotos an, die ich bisher gemacht habe. Bei den Aufnahmen aus dem Devotionalengeschäft lacht sie auf.

»Was hast du denn da fotografiert? Gebetssteine und Ketten? Warum denn das?«

Als ich auf die Handzähler und den Gebetsstein samt Kompass deute, schüttelt sie nur den Kopf.

»So etwas habe ich nie besessen. Der Zähler ist vermutlich für alte und senile Leute gedacht, die sich vorgenommen haben, ein bestimmtes Gebet oder den Namen Gottes einhundertmal aufzusagen.«

Später gibt sie treffende Kommentare zu den Gemütszuständen, dem Körpergewicht und den ergrauten Haarsträhnen ihrer Brüder und Schwägerinnen ab. Farid bereite ihr große Sorgen, vertraut sie mir an. Immerzu grüble er über sich und die Welt nach. Wenn er doch nur endlich aufhören könne, an Deutschland zu denken. Er sei nie wieder richtig heimisch geworden im Iran, sagt sie. In dieser Deutlichkeit habe ich es noch von niemandem gehört. Aber hier sei doch nun mal seine Heimat, betont Giti, nur hier gebe es die vertrauten Menschen, die vertraute Sprache, Kultur und die Sitten. Ach, wenn er doch nur ein wenig Seelenfrieden finden würde. Ob er noch rauche, fragt sie mich, und sich permanent die Haare raufe und seine Stirn in Sorgenfalten ziehe? Vielleicht wäre Lauftraining das Richtige für ihn, sinniert sie. Was ich ihr darüber erzählt habe, scheint ihr zu gefallen. Ihr Bruder habe doch immer so gern Fußball gespielt und sei so stolz auf seinen deutschen Trainerschein gewesen, und nun bewege er sich kaum noch und habe sogar ein Bäuchlein. Ja, er müsse dringend Sport treiben, das sei sicher das Richtige.

Oder vielleicht seien Yoga oder Meditation auch nicht schlecht, überlegt Giti. Sie selbst habe auch schon an einem Yogaseminar teilgenommen. Es sei groß in Mode. Mit dem Islam könne Farid ja nicht viel anfangen, da habe sie alle Hoffnungen aufgegeben. Obwohl das Gebet durchaus vergleichbar sei mit einer Meditation. Beim Beten gehe es schließlich auch darum, Trost zu finden und Kraft zu schöpfen, in der eigenen Mitte anzukommen und den Ballast des schnöden Alltags abzuwerfen und das Leben als von Gott gegeben zu akzeptieren.

»Oh, es ist schon spät. Ich kümmere mich jetzt um das Mittagessen. Jasmin kommt bald aus der Schule, und ich will vorher noch beten. Mach du es dir hier bequem, ich hole ein paar Kissen, oder lege dich einfach ins Bett, wenn du müde bist.«

»Mir gefällt es hier draußen. Vielen Dank.«

Die »deutschsprachige« Broschüre über die Provinz Chorasan entpuppt sich als spanisches Exemplar mit dem Titel »Jorasan«. Das spanische »J« trifft sehr genau die Aussprache des persischen Buchstabens »ch«. Nach einer Weile gehe ich ins Haus, um mein Notizbuch zu holen. Zu einigen der Fotos im Album möchte ich gern Stichworte machen. Mir war bereits aufgefallen, dass das Geklapper von Schranktüren und Töpfen verstummt ist. In der Küche ist Giti nicht. Dann sehe ich sie direkt vor meinem Zimmer auf dem Boden hocken. Sie hat ihren Gebetsteppich in dem breiten Flur ausgelegt, sich einen hellen Tschador übergeworfen und mit dem Beten begonnen. Ich weiß nicht, was ich machen soll. Störe ich sie, wenn ich nun an ihr vorbei in mein Zimmer gehe? Es passiert mir nicht alle Tage, dass ich eine Gläubige beim Beten antreffe. Schnell ziehe ich mich wieder zurück.

»Du musst nicht gehen«, sagt Giti und schaut mich an. Unter dem Tschador sieht sie sehr verändert aus, viel älter und blasser. Von der quirligen Frau mit dem sympathischen Lachen und der rauchigen Stimme ist nicht mehr viel zu erkennen. Nur ein kleiner Teil ihres Gesichts ist noch frei, der Rest ihres Körpers ist von dem formlosen Tuch verhüllt.

»Es stört überhaupt nicht, wenn du vorbeigehst. Hier im Flur ist seltsamerweise mein Lieblingsplatz zum Beten.«

Dann macht sie weiter, steht auf, beugt sich, kniet sich hin, berührt mit ihrer Stirn den Gebetsstein und setzt sich einen Moment auf ihre Unterschenkel, bevor sie sich wieder erhebt.

Ich husche an ihr vorbei und sitze wenig später wieder auf der sonnigen Terrasse. Das Ritual des Betens hält sie als schiitische Gläubige dreimal täglich ein, während die Sunniten sogar fünfmal am Tag beten. Ich mache einige Notizen über die Zugfahrt und meine ersten Eindrücke in Maschad. Vom Nachbarhaus dringt das regelmäßige Hämmern der Bauarbeiter herüber, und manchmal sehe ich einen von ihnen auf dem Dach arbeiten. Ihre Haut ist vom Arbeiten unter freier Sonne sehr dunkel. Keiner von ihnen wirft jemals einen Blick herüber. Für Giti bedeutet die Baustelle und in der Folge die neuen Nachbarn, die dort leben werden, eine Einschränkung ihres Bewegungsraums. Vorher konnte sie hinter ihren Gartenmauern auch ohne Kopftuch sein. Der Bereich war die Verlängerung ihres Wohnraumes, so wie es seit jeher im Orient üblich ist. Die Familie plane einen baldigen Umzug, hatte sie mir mit Blick auf das mehrstöckige Gebäude gesagt. Ali habe sich bereits einige Häuser angeschaut. Dabei sei sie in dieser Wohnung sehr glücklich gewesen. Es war ihr eigenes Reich. Zuvor habe sie bei ihren Schwiegereltern gelebt. Das sei manchmal nicht ganz einfach gewesen.

Als es am Tor klingelt, betätigt Giti den Summer, und schon kommt ein junges Mädchen die Auffahrt herauf. Sie ist fünfzehn Jahre alt und trägt die typische Kleidung von Schülerinnen im Teenageralter, einen dunkelblauen knielangen Mantel zu Jeans und Sportschuhen und ein schwarzes Maghne'e.

»*Salam, hale schoma tschetor ast?* Wie geht es Ihnen?«, begrüßt sie mich, und wir vollziehen das übliche Ritual. Ich erkenne in Jasmins Gesicht den amüsierten Ausdruck, den ich bei vielen Iranern gesehen habe, die ihre Sprache zum ersten Mal von Fremden gesprochen hören.

Beim Mittagessen stellt sich heraus, dass Jasmin ein wahrer

Fußballfan ist. Aus meiner Tasche hole ich einen kleinen Goleo, das offizielle Maskottchen der Fußballweltmeisterschaft, und habe das Gefühl, die richtige Person für dieses Gastgeschenk gefunden zu haben. Sie freut sich sehr über den kleinen Löwen, den sie schon häufig in Fußballmagazinen gesehen hat, und bindet das Stofftier sofort an ihren Rucksack. Giti kann sie nur mit Mühe davon abhalten, nicht auf der Stelle ihre Freundin anzurufen, um von dem Geschenk aus Deutschland zu berichten. Wie nicht anders zu erwarten ist sie ein Fan des Hamburger Sportvereins und von Mehdi Mahdavikia. Sie ist sichtlich beeindruckt, als ich meine Mitgliedskarte aus der Geldbörse hole. Die Plastikkarte weist mich zwar als Mitglied der Abteilung »Leichtathletik« aus und hat mit Fußball nichts zu tun, aber solche Feinheiten spielen im fernen Maschad keine Rolle. Zum Glück habe ich noch genügend Autogrammkarten von Mehdi und kann Jasmin noch mehr erfreuen.

»Heute Nachmittag spielt Bayern gegen Kaiserslautern. Es ist ein wichtiges Spiel. Bayern kann Meister werden und Kaiserslautern absteigen. Ich mag gar nicht daran denken! Immer gewinnen die Bayern! Ich mag sie nicht«, erregt sie sich mit der gleichen Selbstverständlichkeit wie jeder andere HSV-Fan auch.

»Hamburg spielt gegen Hertha«, sagt Jasmin, als sie den begründeten Verdacht schöpft, ich wäre nicht genau im Bilde.

»Und das wird hier übertragen?«

»Nur eines von den Spielen. Vorher weiß man leider nie, welches, aber über die anderen wichtigen Spiele informieren sie auch. Es fängt bald an.«

»Und was ist mit deinen Hausaufgaben?«, fragt Giti.

»Mache ich später. Erst bete ich, dann räume ich mein Zimmer auf, und dann schauen wir Fußball.«

»Wir wollen heute Abend ins Haram. Kommst du mit?«

»Wirklich? Toll! Wann?«

»Spät. Ich möchte unserem Gast die Atmosphäre bei Nacht zeigen. Wenn wir um zehn fahren und zwei Stunden bleiben, bekommst du immer noch genug Schlaf.«

»Ich will unbedingt mit.«

Dann geht Jasmin ins Bad und kommt wenig später mit noch feuchten Händen, Füßen und Haaransatz heraus. Sie holt ihren Gebetsteppich hervor, stülpt sich einen hellen Tschador über, legt den Gebetsstein und die Kette vor sich, lächelt mich noch einmal kurz an und hält dann inne. Mir fällt auf, dass sie ihren Tschador mit einem Gummiband hinter dem Kopf befestigt hat. Wie praktisch, denke ich, das muss ich mir unbedingt merken. Auch sie hat sich durch das unförmige Tuch vollkommen verwandelt.

Erst bei einem Blick in meinen Kalender begreife ich, dass in Europa Wochenende ist. Hier ist der Samstag der Beginn der neuen Woche. Aufgrund der Zeitverschiebung ist der Anpfiff der Bundesligabegegnungen um vierzehn Uhr iranischer Zeit.

»O nein, sie zeigen Bayern gegen Kaiserslautern. Na ja, war ja eigentlich klar, ist das wichtigste Spiel. Mehdi werden wir heute wohl nicht zu sehen bekommen. Ich bin total aufgeregt. Die Bayern dürfen auf keinen Fall gewinnen! Noch hat der HSV eine Chance«, sagt sie, als die Übertragung beginnt. Offenbar hat sie noch etwas vergessen, denn sie eilt zur Haustür. Bevor sie nach draußen geht, wirft sie einen prüfenden Blick um die Ecke und muss auf dem Nachbargebäude einen Bauarbeiter entdeckt haben, denn wie ihre Mutter stülpt sie sich rasch ein Kopftuch übers Haar. Dann kommt sie mit dem Zuckertopf zurück, den wir auf dem Teppich stehen gelassen haben. Sie eilt in die Küche und gießt uns zwei Tassen Tee ein. Giti gönnt sich derweil ihre Mittagsruhe.

»Nun kann es losgehen«, sagt sie mit strahlendem Gesicht.

Die Übertragung beginnt unmittelbar mit dem Spiel. Es gibt weder Interviews noch Hintergrundberichte. Den Kommentaren zum Spielverlauf kann ich leider nicht folgen. Es ist frustrierend, wenn man sich in einer Fremdsprache zwar einigermaßen unterhalten, aber offizielle Sprecher nicht verstehen kann. Es klingt sehr lustig, wie der Kommentator »Fritz-Walter-Stadion«

ausspricht, und auch der Name »Schweinsteiger« bereitet ihm ungeahnte Probleme. Ich muss lachen, und Jasmin möchte, dass ich ihr alle Spielernamen der deutschen Nationalmannschaft korrekt aufsage. Podolski, Ballack, Klose, Frings und Lehmann kann sie mir gut nachsprechen. Eine viel größere Hürde bilden Wörter, die mit einem »S« beginnen. Sie sind für Iraner kaum aussprechbar. Automatisch setzen sie ein »Eh« davor. *Eh-Schwein-ehsteiger, Eh-Stuttgart, Eh-Spanien* sind nur einige lustige Varianten.

»*Goal, goal!*«, ruft Jasmin. »*Goal* für Kaiserslautern! Das ist gut für Mehdi!«

Leider erfahren wir nichts über den Spielstand in den anderen Begegnungen. Hier im Haus gibt es keinen Satellitenempfang, sondern nur das iranische Staatsprogramm.

»Dein Onkel Farid regt sich immer über die iranische Berichterstattung auf. Jetzt kann ich ihn verstehen. Warum geben sie keine Zwischenberichte?«

»Keine Ahnung, es ist immer so. Die sind wirklich schlecht. Aber eine deutsche Übertragung könnte ich auch nicht verstehen.«

»Vielleicht sagen sie in der Halbzeit etwas über Hamburg.«

»Wenn wir Glück haben.«

Als die ersten fünfundvierzig Minuten vorüber sind und der Halbzeitpfiff ertönt, erscheint auf dem Bildschirm eine Moschee. Wir dürfen das Gotteshaus von allen Seiten betrachten, und die Kameraführung ist dabei so behutsam, dass wir jede einzelne Kachel am Bauwerk in Augenschein nehmen können. Zur Untermalung wird einschläfernde iranische Musik geboten. Nach fünf Minuten sind wir davon erlöst, und der Sender zeigt stattdessen Werbung in eigener Sache. Am Abend gibt es eine Reportage über die erste iranische Frau, die den Mount Everest bestiegen hat.

»Ich will wissen, wie es in Berlin steht«, sagt Jasmin und wirkt sichtlich beunruhigt, »wenn sie gegen Hertha verlieren, dann ist alles aus.«

In der achtundsechzigsten Minute steht es in Kaiserslautern 1:1, und wir werden darüber informiert, dass es zwischen Hertha und dem HSV 2:2 steht.

»Nein«, ruft Jasmin, »was ist das für ein Ergebnis? Das darf doch nicht wahr sein. Wieso gewinnen sie nicht? Was ist da nur los?«

Am Ende verliert der HSV das Spiel und damit auch die letzte Chance auf die Meisterschaft. Wir versuchen uns gegenseitig zu trösten.

»Für das Spiel gegen Werder Bremen am nächsten Wochenende habe ich sogar ein Ticket. Ich habe schon vor Monaten vier Eintrittskarten für das ausverkaufte Spiel organisieren können. Da wusste ich noch nicht, dass ich in den Iran reise. Ich gehe sonst nie ins Stadion. Es sollte eine Überraschung für meine Freunde werden. Jetzt gehen sie ohne mich.«

»Ich würde alles dafür geben, ein einziges Mal in ein Fußballstadion zu gehen. Aber das dürfen Frauen hier ja nicht.«

Von dem iranischen Film »Offside« des Regisseurs Jafer Panahi, der dieses Thema behandelt und der in Berlin den Silbernen Bären bekommen hat, hat sie natürlich gehört, aber bisher wurde er im Iran noch nicht gezeigt.

»Hast du von den deutschen Fußballerinnen gehört, die vor kurzem in Teheran gegen das iranische Frauennationalteam gespielt haben?«, fragt sie mich.

»Ja, aber leider einen Tag zu spät, sonst hätte ich es mir angesehen.«

Farid hatte mich in der »Mother Pension« angerufen, als er darüber in der Zeitung gelesen hatte. Die Frauen haben im armenischen Ararat-Stadion von Teheran gespielt. Es war das erste offizielle Frauenfußballspiel auf iranischem Boden seit der Revolution vor siebenundzwanzig Jahren.

»Dieser Artikel war in der Zeitung. Ich habe ihn aufgehoben. Sie haben unentschieden gespielt, 2:2«, sagt Jasmin.

Die Zeitung heißt *Hamschari,* und neben einem ausführlichen Artikel gibt es sogar vier Farbfotos der Fußballerinnen und ihrer weiblichen Fans. Eines zeigt die iranische Torfrau von hinten mit langem Trikot und eng gebundenem Kopftuch. Beide Teams sind in ihrer Startelf abgebildet, und wenn ich nicht wüsste, dass es sich um Sportlerinnen handelt, wäre meine Irritation groß. Die Spielerinnen haben die übliche Pose eingenommen, die unmittelbar vor dem Anpfiff eines Länderspiels gezeigt wird. Die vordere Reihe kniet, und die hintere steht, aber aufgrund ihrer ungewohnten Sportkleidung mit den langen, weiten Trikots, den weiten Hosen und den strengen Kopftüchern, die das Haar und den Hals vollständig verhüllen, ist es nur schwer vorstellbar, wie sie in dieser Kluft neunzig Minuten Fußball spielen.

»Gibt es in der Nähe ein Cafenet?«, frage ich Jasmin, »dort könnten wir auf deutschen Seiten schauen, was sie über das Spiel geschrieben haben. Und da gibt es auch die neuesten Bundesligaergebnisse.«

»Oh ja, das ist eine gute Idee. Es ist nur ein paar Straßen weiter. Lass uns hingehen.«

An den zehn Arbeitsplätzen im Internetcafé sitzen junge Leute, die uns interessierte Blicke zuwerfen. Als ein Platz frei wird und wir das System aktivieren, baut sich erstaunlich schnell eine Verbindung zu meinem Postfach auf. Der Betreiber des Cafés erzählt mir stolz etwas über flinke Leitungen, nennt verwirrende Zahlen, die etwas über die Geschwindigkeit aussagen, aber ich kann nur höflich nicken, da meine Kenntnisse nicht über die pure Nutzung des Internets hinausgehen. In der *FAZ.NET*, dem Internetportal der *Frankfurter Allgemeinen Zeitung*, werden wir fündig. Unter der Überschrift »Neunzig Minuten Freiheit – Frauenfußball in Iran« gibt es einen ausführlichen Bericht über die Hintergründe der Begegnung und den Verlauf des Spiels. Es fällt mir nicht leicht, die Informationen für Jasmin zu übersetzen, aber sie ist vollkommen aus dem Häuschen, als sie merkt, dass es auf der deutschen Seite wesentlich interessantere Darstellungen des Spiels gibt. Hier erfahren wir, dass die mehr als tausend Zuschauerinnen die Premiere ausgelassen feierten. Als in der Halbzeitpause sogar Popmusik gespielt wurde, hielt es sie nicht mehr auf ihren Sitzen. Einige Fans tanzten sogar ausgelassen und ließen ihre Kopftücher fallen. Der Spaß nahm jedoch ein jähes Ende, als Sittenwächterinnen einschritten und mit dem Abbruch des Spiels drohten.

»Wow, das würden sie uns nie sagen«, ist die Fünfzehnjährige überzeugt, »wie schade, dass wir nicht dabei waren.«

So gut ich kann, gebe ich den Inhalt Zeile für Zeile weiter, und Jasmin flattert aufgeregt mit ihren Händen und starrt auf die Fotos und die fremden Buchstaben. Besonders spannend findet sie die ausführliche Beschreibung des Kopfballtores einer deutschen Spielerin. Trotz des Kopftuches hatte sie keine Mühe, den Ball zielsicher im Tor zu platzieren. Jasmin stellt sich ein Kopfballtor mit Kopftuch genauso lustig vor wie ich. Bisher hatte sie von der iranischen Frauennationalelf nie etwas gehört. Bei einem verdienten Endstand von 2:2 feierten die Iranerinnen ihr erstes Spiel unter freiem Himmel. Bisher haben sie ausschließlich in Hallen, fern der Blicke fremder Männer, spielen dürfen. Der mitgereiste Präsident des multinationalen Fußballteams von Al Dersimspor aus Berlin-Kreuzberg hat den Spielverlauf, in Gesellschaft vieler anderer männlicher Angehöriger und Fans, nur per SMS vor den Toren des armenischen Stadions verfolgen können.

»Dass Sie das alles schreiben dürfen! Wirklich toll«, sagt Jasmin erfreut.

»Hier steht noch, dass zwei der deutschen Spielerinnen einen Dokumentarfilm über die Begegnung drehen. Wenn ich zurück in Deutschland bin, werde ich das weiter verfolgen.«

Jasmin überschüttet mich mit Fragen nach Frauenfußball, Fahrradfahren für Mädchen und allen möglichen anderen Sportarten. Als wir wieder zu Hause sind, erzählt sie Giti sofort, was wir in Erfahrung gebracht haben.

Für das Abendessen hat Giti frische Kräuter aus dem Garten auf einer Platte arrangiert. Die zarten Blätter sehen sehr appetitlich aus, und meine Gastgeberin sagt, es sei die erste Ernte seit der Aussaat. Nur die Radieschen seien noch nicht so weit, aber morgen könnten wir welche dazukaufen. Der Tisch ist mit allem gedeckt, was mein kulinarisches Herz erfreut. Der Reis ist perfekt gekocht, und Giti erklärt mir, er käme aus Lahidjan und sie würde ihn besonders sorgfältig zubereiten. Sie sei ein großer Reisfan, aber was in den Geschäften inzwischen als hochwertiger Reis angeboten werde, sei eine Schande. Die Qualität sinke permanent. Sie verlasse sich nur auf eine bestimmte Reissorte, die Ali von seinen regelmäßigen Reisen nach Rascht mitbringe. Das *Gheyme Bademdjan,* Lammfleisch in Auberginensauce, schmeckt vorzüglich, und ich genieße jeden einzelnen Happen. Sauer eingelegtes Gemüse, entwässerter Joghurt und hausgemachtes Dugh vervollkommnen das köstliche Mahl. Als Giti meinen Genuss bemerkt, zaubert sie weitere Köstlichkeiten aus dem Kühlschrank, von denen ich gerne probiere.

»Wenn das so ist, dann habe ich da noch etwas Besonderes für dich«, sagt sie und geht hinaus in den kleinen Innenhof, der von der Küche abzweigt.

Überrascht stellt sie fest, dass ich unbekümmert den fünfzehn Jahre alten Knoblauch probiere. Die eingelegten Zehen sind inzwischen fast schwarz, butterweich und haben einen leichten Rauchgeschmack. Diese Delikatesse hatte mir bereits vor vielen Jahren ihre Mutter angeboten.

Während des Essens überrascht Ali mich mit seinen hervorragenden Englischkenntnissen. Jasmin gefällt es nicht, wenn wir die Sprache wechseln. Sie versteht zwar einiges, aber traut sich nicht, etwas zu sagen. Ali möchte wissen, was ich über seine Heimat, die Kultur, die Politik und die Religion denke. Ihm gegenüber drücke ich mich vorsichtiger aus als üblich und frage mich selbst, warum ich jedes Wort auf die Goldwaage lege. Irgendetwas schüchtert mich ein, und ich kann es nur mit der Bedeutung, die dem Religiösen in diesem Haushalt zukommt, erklären. Vermutlich wäre ich ähnlich zurückhaltend, wenn ich an einer christlichen Tafel im Kreise von Gläubigen säße, die vor dem Essen ein Dankesgebet sprechen. Fremde beginnt nicht erst an Landesgrenzen oder bei einer anderen Hautfarbe. Fremdheit habe ich schon in meiner nächsten Nachbarschaft oder sogar innerhalb der Verwandtschaft empfunden. Ganz besonders fremd ist mir jedoch der Glaube. Ich bin weder religiös erzogen, noch hatte ich jemals das Bedürfnis nach geistlichem Beistand. Mein Leben verlief bisher weitgehend ohne christlich-religiöse Prägung, zumindest habe ich keinen tiefen Zugang zur Religion gepflegt, nichts versucht, was über ein allgemeines Interesse hinausging. Die Erinnerungen an meinen Konfirmandenunterricht erschöpfen sich in ausgelassenen Partys und einem gemeinsamen Ausflug zum Kirchentag, wo ich in Nürnberg zum ersten Mal mit einer U-Bahn fuhr. Als Mädchen vom Lande war dies eine besonders aufregende Erfahrung. Imposante religiöse Bauwerke, ganz gleich ob es sich dabei um Kirchen, Tempel, Synagogen oder Moscheen handelt, beeindrucken und berühren mich und schüren immer wieder aufs Neue die Frage nach dem »Warum«.

Ich halte einen Moment inne und beschließe mich so zu verhalten, wie ich es immer tue, so zu antworten, wie ich es gewohnt bin, und mich nicht selber zu zensieren. Ali möchte meine Meinung zum Atomprogramm hören, und ich sage ihm, dass ich jegliche Programme, auch jene der friedlichen Nutzung, vollkommen ablehne. Damit vertritt man im Iran zwangsläufig eine äußerst exotische Position, die kaum jemand nachvollziehen kann. Nach siebenundzwanzig Jahren Islamischer Republik und strenger Pressezensur haben die allerwenigsten je etwas von nuklearen Unfällen und Katastrophen gehört. Das Wort »Tschernobyl« sagt hier niemandem etwas. Mit Umweltproblemen ganz anderer Art sind zumindest alle iranischen Großstädter permanent konfrontiert. Wer täglich schlechte Luft einatmet, dem scheint der Einsatz vermeintlich sauberer Energien ein logischer Ausweg. Ein Recht auf die friedliche Nutzung könne ihnen niemand absprechen, ist auch Alis Meinung sowie der allermeisten Iraner, soweit man der Einschätzung kompetenter Journalisten Vertrauen schenken darf.

Giti geht vor dem Abendgebet ins Bad und fragt mich, ob ich ihr bei der rituellen Waschung vor dem Gebet zuschauen möchte. Zunächst wäscht sie sich die Hände bis zu den Handgelenken, dann spült sie sich den Mund aus, reinigt sich die Nase und wäscht sich das Gesicht.

Danach benetzt sie ihre Arme bis zum Ellenbogen und streicht mit nassen Händen über ihren Haaransatz und die Ohren. Zum Schluss folgen die Füße.

»Machst du es immer genau so?«, frage ich Giti.

»Ja, alle Gläubigen machen es so. Das Ritual ist festgelegt. Ich achte nicht immer ganz genau darauf, ob ich exakt dreimal meinen Mund ausspüle, wie es vorgesehen ist, aber meistens kommt es hin.«

»Ist das nicht sehr umständlich? Dreimal am Tag?«

»Es gehört dazu. Es macht mir nichts aus. Die Gebete sind ein fester Bestandteil meines Tages. Ich freue mich darauf. Diese Zeit gehört mir und dem Glauben.«

Zum Abendgebet geht sie auf die Terrasse, und ich darf sie begleiten. Die Sonne ist schon lange untergegangen, aber am Himmel leuchtet noch ein schmaler dunkelblauer Streifen. Es störe sie nicht, wenn ich sie dabei fotografiere, und so mache ich einige Aufnahmen aus verschiedenen Perspektiven. Giti gibt mir das Gefühl, mich vollkommen unbeschwert und frei bewegen zu können, und so bleibe ich in ihrer Nähe sitzen und beobachte ihre Andacht. Für die Dauer des Betens scheint sie von dieser Welt entrückt. Später erklärt sie mir, dass eine *Tasbih,* eine Gebetskette, einhundertundeinen Stein habe, bestehend aus neunundneunzig gleich geformten Steinen und zwei Zwischensteinen. Wenn die Kette durch die Finger gleitet, dann fühlt man ohne einen Blick den Zwischenstein. Giti erklärt mir, dass sie bei den ersten dreiunddreißig Steinen *Allahu akbar, Gott ist groß,* sagt, gefolgt von dreiunddreißigmaligem *Al-hamdulillah, gelobt sei Gott* und abschließendem *Subhan Allah, erhaben ist Gott.* Mir scheint das Ritual sehr komplex zu sein. Giti sagt, dass jeder Teil der Waschung, des Gebetes, der Körperhaltung und der Kleidung festgelegt sei und eine Bedeutung habe. Das Gebet sei für jeden Gläubigen eine Pflicht, aber ich solle mir nicht den Kopf darüber zerbrechen. Das alles könne man nicht auf die Schnelle verstehen. Sie freue sich, wenn sie mir die Grundzüge ihres Glaubens vermitteln könne.

Bevor wir zum Heiligtum aufbrechen können, gibt es eine Tschador-Anprobe für mich. Das unförmige Tuch sollte von der Stirn bis zum Boden reichen, aber bei den vorhandenen Exemplaren fehlt unten jeweils eine Handbreit.

»Nicht so schlimm«, meint Giti, »du trägst ein Maghne'e und lässt den Tschador ein wenig tiefer sinken.«

Bereits beim Überstülpen der kapuzenartigen Kopfbedeckung brauche ich Hilfe. Sie wird auf links gewendet, die Naht unterm Kinn platziert, der Stoff auf rechts gewendet und über den Kopf gezogen. Jasmin zupft am Maghne'e, bis alles angemessen streng sitzt. Der Vorschlag mit dem tiefer sitzenden Tschador funktioniert leider nicht, weil ich viel zu ungeübt darin bin, ihn zu halten. Das voluminöse Tuch hat weder Ärmel noch eine Befestigungsmöglichkeit, sondern muss permanent mit einer Hand unterm Kinn gehalten werden. Wenn ich mit dem Maghne'e in den Spiegel schaue, erkenne ich mich selbst kaum wieder, zumal ich es für unser Vorhaben nicht so leger tragen kann wie die aufmüpfigen Schülerinnen, die es derart weit nach hinten schieben, dass vorne genügend Raum für toupierte oder blondierte und zur Schau getragene Haarsträhnen bleibt. Mit der engen Kapuze sehe ich mindestens zehn Jahre älter aus. Es hilft alles nichts: Wir müssen es mit einem kurzen Tschador probieren. Darunter trage ich den braunen Leinenmantel von Nasrin, eine weite Hose und blickdichte Strümpfe. In dieser Montur soll ich mich hineinschmuggeln, denn für den heutigen Abend wollen wir kein Risiko eingehen und meine Identität als ungläubige Ausländerin verschleiern. Ohne Tasche und Fotoapparat, mit gesenktem Blick und zwischen Giti und Jasmin durch die Kontrolle gehend, müsste es eigentlich klappen.

Zu meiner Reiselektüre gehört auch das informative Buch »Tschador – Im geteilten Herzen des Iran« der italienischen Journalistin Lilli Gruber. Die Europaparlamentarierin hatte vor ihrem eigenen getarnten Besuch des Haram große Befürchtungen, entdeckt zu werden. Sie war davon ausgegangen, dass es Ungläubigen strikt verboten sei, das Heiligtum zu besuchen. Sie hat sich unterm Tschador versteckt und während des Besuchs mutig gegen ihre Angst vor einer Entdeckung angekämpft. Ich denke an meinen Aufenthalt im Schah Tscheragh in Schiras, dem berühmten Heiligengrab, wo ein Bruder des Imam Resa verehrt wird. Dort hatten die Wächter mich zunächst abgewiesen, bis mein Taxifahrer einen Tschador besorgt hatte. Es war mein erster Versuch, einen Tschador zu tragen. Leider konnte der Fahrer mir bei der Handhabung nicht behilflich sein, und so trug ich die geforderte Bekleidung peinlicherweise falsch herum – mit dem obersten Ende nach unten und der Naht nach außen. Damals war ich derart konzentriert damit beschäftigt, das Tuch irgendwie zu halten, dass ich das Getuschel um mich herum zunächst nicht auf mich bezog. Doch dann wies eine Frau mich sehr direkt auf meinen Fauxpas hin, und mir blieb nichts anderes übrig, als mich verschämt zu »entblößen« und das Tuch zu richten. Ach, denke ich, dieses Mal wird schon nichts schiefgehen. Niemand wird mich als Ausländerin erkennen.

Ali fährt uns durch das nächtliche Maschad. Je näher wir dem Heiligtum des Imam Resa kommen, desto dichter wird der Verkehr. Einige Geschäfte und Restaurants sind noch geöffnet, und im Vorbeifahren entdecke ich Verkaufsstände für Süßigkeiten und Knabbereien. Die Ladenzeilen wirken einfach und die Gebäude vollkommen schmucklos. Wenn die Rollläden erst einmal heruntergezogen sind, dann bleibt nur noch eine graue Fassade zurück, die mich an Garagentore erinnert. Unverhofft breitet sich am Ende der Straße die goldglänzende Silhouette des heiligen Schreins aus. Aus allen Richtungen werden die Kuppeln und Minarette der großzügigen Anlage angestrahlt.

Wir fahren geradewegs aufs Haram zu. Die Straße mündet in

einen Tunnel, der unterirdisch weiterführt. Erst im letzten Moment nimmt Ali einen Abzweig, der im Halbkreis zu einem der prachtvollen Eingänge führt. Er fährt auf einen Parkplatz, wo zahlreiche Taxis ihre Fahrgäste absetzen. Ali wünscht uns ein gutes Gelingen und einen schönen Besuch. Er selber habe noch etwas anderes zu erledigen.

»Zurück nehmen wir ein Taxi«, ruft Giti ihm ein zweites Mal hinterher.

Es ist ein milder Abend, der sich anfühlt wie eine lang ersehnte Sommernacht in Norddeutschland. Aus allen Richtungen strömen Menschen zum Heiligtum, obwohl es bereits nach zehn ist. Wie drei schwarze Raben reihen wir uns in den Strom der Gläubigen ein. Durch das Tor kann ich einen Blick in den ersten Hof und auf die goldene Kuppel werfen. Das Haram ist aufwändig beleuchtet, und schillernde Girlanden schmücken den Eingang, einen prächtigen Torbau mit kunstvollen Fayencen. Lichterketten führen von den Spitzen der Minarette strahlenförmig zu einer Brüstung im oberen Drittel, dorthin, von wo aus der Muezzin die Gläubigen zum Gebet aufruft, um dann wie goldene Tropfen hinabzuperlen. Die Besucher sollen von der verschwenderischen Pracht, die im Lichterglanz wie ein Schmuckkästchen funkelt, geblendet sein. Bereits der Vorplatz ist mit weißem Marmor ausgelegt, der die Wärme des Tages gespeichert hat. Zu beiden Seiten des Tores gibt es Informationsschalter und Posten, an denen Taschen und Fotoapparate aufbewahrt werden. Die Personenkontrollen sind nach Geschlechtern getrennt.

»Dort drüben, hinter den Vorhängen, werden wir Frauen abgetastet«, erklärt Giti, »lass uns jetzt hinein. Du sagst am besten gar nichts, dann werden sie nichts merken. Ich bin richtig gespannt. Weißt du, ich habe keine Ahnung, ob es überhaupt Probleme für Ausländer gibt. Damit habe ich keinerlei Erfahrung. Eigentlich sollten sie sich freuen, wenn Fremde sich für unsere Religion interessieren. Aber hier weiß man nie so genau. Schau einfach nach unten und spiel die Schüchterne.«

In meinem Reiseführer hatte ich gelesen, dass es für nicht-muslimische Besucher eine umständliche Prozedur bedeute, ins Heiligtum zu gelangen. Eine Genehmigung könne man im Büro für Internationale Beziehungen bekommen, aber auch damit dürfe man nur einige ausgewählte Bereiche des Heiligtums besichtigen. Auf der Website eines deutschen Weltenbummlers, der sich über Monate im Iran aufgehalten hat, berichtet der Reisende von seinem großen Bedauern, das Heiligtum nicht betreten zu können. Das wird mir nicht passieren! Ich will unbedingt hinein, will mit eigenen Augen sehen, was Abermillionen von Iranerinnen und Iranern – seien sie strenggläubig oder nur volkstümlich am Heiligtum interessiert – zu tiefen Emotionen rührt und den Kult um Imam Resa und sein Mausoleum begründet.

Wir gehen durch den Vorhang und müssen einen Moment warten, bevor wir an der Reihe sind. Es will mir nicht gelingen, meinen Blick gesenkt zu halten, und so peile ich verschämt unter dem Tuch hervor, um zu sehen, was vor mir geschieht. Vier tief verschleierte Frauen, von deren Gesichtern nur eine kleine Fläche, von der Augenpartie bis kurz unter den Mund, unbedeckt ist, tasten die Besucherinnen ab. An der Wand hängen Schilder, die mit Symbolen verdeutlichen, dass das Fotografieren im heiligen Bezirk verboten ist und Kameras abgegeben werden müssen. Giti grüßt ihre Kontrolleurin und wird willkommen geheißen. Dann vernehme ich ein »*Salam Aleykum Chahar,* Schwester«, das mir zu gelten scheint, aber ich muss leider stumm bleiben. Geübte Hände streichen über meinen Bauch, die Seiten und den Rücken. Im nächsten Moment schiebe ich einen weiteren Vorhang zur Seite und bin angekommen.

»Gut«, sagt Giti, und dann sprechen Jasmin und sie gemeinsam etwas vor sich hin. Sie beugen zunächst ihre Köpfe, schauen dann andächtig über den Hof und gehen gemäßigten Schrittes voran. Gläubige kommen uns entgegen und legen die letzten Meter vor dem Ausgang rückwärts gehend zurück, ihren Blick zur Grabkuppel gewandt.

Meine Begleiterinnen senken ihre Stimmen und nehmen mich in ihre Mitte. Der erste, eher schlichte Hof, hat offenbar keine besondere Bestimmung. Wir gehen durch ein Tor, dessen schwere Balken die Hineinströmenden mit ihrer Stirn berühren. Oder küssen sie das Holz sogar? Jedenfalls scheinen sie einen Moment daran zu schnuppern. Der gewölbte Gang ist mit Fayencen geschmückt und führt in einen prächtigen Hof, wo Hunderte von Gläubigen unter freiem Himmel auf Teppichen sitzen.

»Old Square«, flüstert Giti auf Englisch, und ich nicke. Über den »alten Hof« hatte ich bereits etwas gelesen, aber auch ohne vorherige Kenntnisse spricht die dargebotene Pracht eine für jeden Besucher verständliche Sprache. Die Atmosphäre ist geprägt von Anmut und Friedfertigkeit. Manche Gläubigen in diesem bezaubernden Hof scheinen ins Gebet oder in eine Andacht versunken zu sein, andere sitzen beisammen und unterhalten sich. Manche scheinen sogar zu schlafen. Vier prächtige Iwane, die typisch persischen Tore, die in der hier dargebotenen Form die besondere Bauart in Perfektion zeigen, geben die Bedeutung des Hofes wieder. Zwei dieser Kunstwerke, die weder einen eindeutigen Innen- noch Außenraum haben, sondern aus einer mit Fayencen geschmückten Fassade bestehen, die einem überdimensionalen persischen Bilderrahmen gleicht, bilden den Eingang in das Innerste des Haram. Doppelstöckige Arkaden, die nicht vollkommener sein können, rahmen diese Idylle der Einkehr ein, wir haben die ältesten Bereiche des Heiligtums erreicht. Ein Wasserbecken im Zentrum des Hofes spiegelt das harmonische Ensemble und lässt die spielerische Beleuchtung auf eine andere Weise funkeln. Einige Männer sind mit rituellen Waschungen beschäftigt, und Kinder bespritzen sich am Rande des Beckens mit dem Wasser der Reinigung und Unschuld. Der Hof ist mit unzähligen Teppichen ausgelegt, und immer wenn eine Besuchergruppe aufsteht, in ihre Schuhe schlüpft und weiterzieht, eilen junge Männer mit einer Art Gepäckwagen herbei, rollen den frei gewordenen Teppich zusammen und transportieren ihn ab. Erstaunt stelle ich fest, dass es sehr viele dieser Helfer in grünen Kitteln gibt. Überall entdecke ich ihre Wagen mit den aufgerollten Teppichen. Sie scheinen unentwegt damit beschäftigt zu sein, denn schon schieben sie ihren Wagen zum nächsten freien Teppich. Ich bedauere, sie nicht fotografieren zu dürfen. Zielstrebig überqueren wir den Hof, und ich weiß kaum, wohin ich zuerst schauen soll. Die Arkaden mit ihren verschwenderischen Fayencekacheln in leuchtendem Türkisblau und die kunstvollen Schriftfriese mit ihren ausgewählten Koransuren erinnern mich an die Schönheit Isfahans, und ich würde gern einen Moment verweilen. Selbst mit geöffneten Augen sehe ich die unzähligen Arkadennischen vor mir, in denen ich mit Kurosch gesessen habe und deren Harmonie wir gemeinsam genossen haben. Schon bald werde ich wieder dort sein, und der Gedanke erfüllt mich mit Vorfreude. Wie gut, dass ich mich der Stadt und der Begegnung mit meinen Erinnerungen nur langsam nähere. Mein Wiedersehen mit Isfahan muss noch ein wenig warten.

Giti bemerkt mein Innehalten, und so setzen wir uns in eine der überwölbten Nischen. Wortlos betrachte ich die Vollkommenheit dieser Anlage. Sie lenkt meinen Blick zu einem offenen Raum, dessen Bestimmung nicht der Raum selbst, sondern das Tragen einer mächtigen Kuppel – in der Farbe des Himmels – zu sein scheint. Gegenüber liegt das *Mehrab,* eine kleine Gebetsnische. Sie zeigt die Gebetsrichtung, die *Gheble* in Richtung der Kaaba in Mekka an, dem höchsten Heiligtum des Islam. In der schlichten Nische, die ein wenig in den Boden eingelassen ist und von einem schmucklosen Gewölbe begrenzt wird, steht eine zarte, in einen farbigen Tschador gehüllte Frauengestalt. Das Bild übt eine starke Anziehung auf mich aus. Sie ist sicher keine Iranerin, aber die Fremde hat sich so dicht an die Wand gedrängt, dass wir nur ihren schmalen Rücken sehen. Andere Frauen warten darauf, dass sie die kleine Nische freigibt. Ein Blick in die andere Richtung führt zur goldenen Kuppel des Grabmals.

Ich beobachte die zahllosen Menschen, die sich mit augenfälliger Bescheidenheit über den Hof bewegen. Männer in arabischen Gewändern und Frauen mit indisch anmutender Kleidung und auffälligen Nasensteckern kommen uns entgegen, und ich entdecke einige langhaarige Männer, die in westliche Shirts und moderne Jeans gekleidet sind. Einer von ihnen holt sogar ein Mobiltelefon aus seiner Gesäßtasche und spricht in den Apparat hinein. Selbst auffällig geschminkte Frauen, die ihren Blick keinesfalls senken und unter ihrem Tschador modische Accessoires hervorblitzen lassen, erfreuen meine neugierigen Augen. Wenn ich mir vorstelle, dass es momentan keinen wichtigen Feier- oder Gedenktag gibt, dann ist der Besucherstrom enorm. Wie mag es hier erst zum Ramadan oder an Aschura sein? Ich lächle Giti an, und sie drückt meine Hand. Wir gehen in Richtung des größten Iwan, dessen Fayencen von beeindruckender Perfektion sind. Was hier so edel schimmert und im Überfluss beleuchtet wird, ist pures Gold. Kristalltropfen schmücken das wabenartige Gewölbe, spiegeln und brechen Tausende Lichter. Spiegel gelten im Islam als Symbol für die Reinheit und das Licht Gottes.

Bevor wir durch den hoch aufragenden Iwan und ein prächtiges Tor in den rückwärtigen Innenraum treten, reicht Jasmin mir eine Plastiktüte, die sie aus einem Behälter gefischt hat. »Für deine Schuhe.«

In die eine Hand nehme ich den Schuhbeutel, und mit der anderen halte ich den Tschador unterm Kinn zusammen. Jasmin bemerkt mein ungeschicktes Hantieren und nimmt mir die Tüte ab. Ich fühle den weichen Teppich unter meinen Füßen und kann vor lauter Menschen nicht sehen, wohin wir gehen. Giti nimmt mich an die Seite. Sobald sie auch nur einen Schritt vor mir geht, könnte ich sie verlieren, denn in der Woge aus schwarzen Tüchern kann ich eine einzelne Person nicht ausmachen. Offenbar sind wir in einem den Frauen vorbehaltenen Trakt gelandet. Wir werden durch einen Gang nach vorn geschoben, bis wir einen Raum erreichen, in dem ein wenig mehr Platz ist. Hier sitzen einige Frauen auf dem Boden und halten den Koran auf ihrem Schoß oder haben das Heilige Buch in Sitzhöhe auf zusammenlegbaren Ständern platziert, weil es den Boden nicht berühren darf. Es duftet nach Rosenwasser. Ein Funkeln lässt mich nach oben schauen. Die wabenartige Decke ist über und über mit Spiegeln ausgekleidet, und prächtige Kronleuchter verstärken die Reflexionen. Ich bin derart abgelenkt von diesem Anblick, dass ich einer Frau auf den Tschador trete. Zunächst bemerke ich es nicht, aber als ich in ihr verärgertes Gesicht schaue und ihr Ausdruck von erstaunt zu fragend wechselt, entschuldige ich mich reflexartig. Jasmin stupst mich an und grinst. Ich bemühe mich, nicht weiter aufzufallen, aber die fremde Frau hat bereits ihre Begleiterinnen auf mich aufmerksam gemacht. Sie schauen herüber, und ich grüße mit einem verlegenen Lächeln. Wir sollten hier lieber nicht stehen bleiben, überlege ich. Erst jetzt werde ich auf die Ordnerinnen aufmerksam, die überall herumstehen. Sie sind tief verschleiert und haben eine Art Staubwedel in Neongrün in den Händen. Damit tippen sie manch ungehorsame Frau an und dirigieren den Strom der Gläubigen in die gewünschte Richtung. Kaum habe ich diese vermummten Gestalten entdeckt, da spüre ich auch schon einen der obskuren Wedel an meiner Schulter.

»Dein Maghne'e ist verrutscht«, flüstert Giti mir zu.

Tatsächlich, bei einem Griff an meinen Kopf muss ich feststellen, dass mindestens zwei Zentimeter Haaransatz zu sehen sind. Ich frage mich nur, wen es hier stören könnte außer eine dieser übereifrigen »Schwestern«.

»Komm, wir gehen ein Stückchen weiter. Jasmin und ich suchen einen Platz für unser Gebet. In der Nähe des Schreins ist es besonders schön.«

Mir war noch gar nicht bewusst, dass wir den Schrein fast erreicht haben. Offenbar gibt es einen Zugang für Frauen und einen für Männer. Ich hebe meine vielen Fragen für später auf.

Manchen Frauen laufen Tränen über die Wangen, einige schluchzen sogar. Auch bei Jasmin entdecke ich feuchte Augen. Eine der Ordnerinnen mustert mich skeptisch, und ich bin mir sicher, dass sie mich als Fremde erkannt hat. Sie ist nicht die Einzige, der ich auffalle. Es muss an der Art liegen, wie ich mich bewege und mit meiner Kleidung hantiere. Sie schauen mich neugierig an, und ich verkrieche mich in eine Ecke, von wo aus ich das Treiben in Ruhe betrachten kann und meine beiden Begleiterinnen nicht aus den Augen verliere. Während sie vertieft in ihr

Gebet auf dem Boden hocken, entdecke ich einige bunte Farbkleckse in der dunklen Woge. Es sind Kinder, zumeist Mädchen in farbenfroher Kleidung mit Kopftüchern, die herumtollen oder auf den Teppichen schlafen.

Immer wieder brechen Frauen in Tränen aus und rufen den Namen des Imam. Andere scheinen zu schimpfen und zu fluchen. Giti hatte mir erklärt, dass die Kalifen aus der Zeit des Siebten und Achten Imams als dessen Peiniger betrachtet werden. Das Leiden des Imam Resa, des Wohlgefälligen, wird niemals vergessen sein. So sehr ich auch versuche, mich zu entspannen und mich auf die Ergriffenheit und Ekstase einzulassen, so wenig will es mir gelingen. Ich bin eine unbeteiligte Beobachterin, aber zu meiner Erleichterung spüre ich keine Ungeduld. Ich werde wiederkommen, morgen, übermorgen, zu verschiedenen Tageszeiten, und das Geheimnis hinter dieser Inbrunst weiter erkunden. Im Schah Tscheragh war ich damals zutiefst berührt und aufgewühlt. Die orientalisch-islamische Pracht hatte mich regelrecht geblendet.

Wenig später gehen wir durch verschlungene Gänge, und irgendwo kann ich in einen Trakt blicken, der den Männern vorbehalten ist. Ihre Gesichter sind mir abgewandt und auf ein Gitter am Ende des Raums gerichtet. In einigem Abstand zu den Gläubigen spielt ein Kleinkind in einem rosafarbenen Strampelanzug auf einem tiefroten Teppich. Wir kommen mehrmals an meterlangen Tresen vorbei, an denen die Gläubigen ihre Schuhe abgeben können.

»Es ist eine Ehre, hier zu arbeiten«, sagt Giti und rechnet mit meiner Verwunderung. »Hier kannst du Universitätsprofessoren sehen, die sich aus Liebe zum Imam in den Dienst der Schuhaufbewahrung stellen.«

In den Gesichtern der Helfer versuche ich nach besonderen Merkmalen zu forschen. Ich überlege ernsthaft, wie ein Gelehrter aussehen könnte, der die schlichte Einheitsgarderobe der Schrein-Mitarbeiter trägt und der Schuhe in Regale stellt oder

Paare heraussucht und an ihre Besitzer reicht. Sind gepflegte Kurzbärte ein Merkmal? Wache Augen, helle Haut, üppige Leibesfülle, ein sympathisches Lächeln oder ein ernster Blick? Bei den Frauen in ihrer Ganzkörperverhüllung ist jeglicher Versuch zur Interpretation der Person, die sich hinter der Verschleierung verbirgt, zum Scheitern verurteilt. Die kleine unbedeckte Fläche ihres Gesichts gibt nur wenig Spielraum für Fantasien. Ihr Maghne'e ist besonders streng und verhüllt nicht nur den Hals und das Kinn, sondern auch einen Teil der unteren Gesichtspartie.

Auf dem Weg zu einem tiefer gelegenen Raum schreiten wir eine mächtige Treppe hinab, die eines Schlosses würdig ist. Sie ist mit kostbaren Teppichen ausgelegt, die sich unter meinen Füßen dick und weich anfühlen. Uns kommt ein Helfer mit einem extrem leisen Staubsauger entgegen. Geflissentlich saugt er die sauber wirkenden Stufen mit dem schnurrenden Gerät. Eines meiner liebsten Haushaltsgeräte in einer derartigen Perfektion zu erleben, nimmt meine gesamte Aufmerksamkeit in Anspruch. Das Missgeschick passiert, als wir dicht an ihm vorübergehen: Er saugt Jasmins Tschador an. Ein Gutteil des Tuches verschwindet im Rohr, und ich bewundere die Saugkraft. Unter tatkräftiger Hilfe des Mannes ist sie blitzschnell wieder befreit. Anstatt in Lachen auszubrechen, huscht sie schnell davon, und auch der Helfer verzieht keine Mine.

In einem anderen Hof bin ich erneut fasziniert von der Gestaltung der einzelnen Bauwerke und dem Strom der Besucherscharen. Vor einem Gitter, das sich an einer Längsseite des Hofes befindet, herrscht drangvolle Enge. Frauen schieben und schubsen sich gegenseitig, um näher ans Ziel zu kommen. Etwas abseits stehen mindestens ein Dutzend Rollstuhlfahrer, von denen ein älterer Mann sein automatisches Gefährt mit dem Mund dirigiert. Ob er einer der vielen Kriegsinvaliden ist?

»Hier kann man um Gesundung bitten, um die eigene und die Gesundheit anderer. Schau, manche Frauen knoten ein Band an das Gitter! Damit befestigen sie ihren Wunsch ganz nah am Grab unseres Imam Resa. Er wird seine Kraft auf ihre Bitte wirken lassen. Unser Imam hilft den Kranken. Er selber ist wahrscheinlich vergiftet worden. Willst du es nicht auch versuchen? Geh nur! Wir warten hier auf dich.«

Es kommt mir entgegen, dass ich bei einem Gedränge wie diesem nicht gleich panisch werde. Also versuche ich mein Glück, aber es wird schnell deutlich, dass ich mit höflicher Zurückhaltung nicht weit komme. Wer hier um die Erlösung eines Leidens bitten will, darf nicht zimperlich sein. Bei der Aussicht auf Heilung werden auch rabiate Mittel eingesetzt. Ich denke an einen Roman des persischen Autors Mahmood Falaki, in dem einer der Protagonisten zum Heiligtum nach Maschad pilgert, um für die Wiedererlangung seiner Männlichkeit zu beten. Hilfegesuche scheinen vor keinem Leiden Halt zu machen. Seit Monaten plagt mich meine rechte Schulter, ohne dass die Herren Orthopäden über fragwürdige Diagnosen und gelegentliche Spritzen hinausgekommen sind. Seitdem ich auf Reisen bin und mich ständig an neue Schlafgelegenheiten gewöhnen muss, sind meine Beschwerden stärker geworden. Aber wie bittet man einen verstorbenen Imam um Beistand für eine schmerzende Schulter? Hatte ich Giti überhaupt richtig verstanden? Soll ich bitten, flehen oder eher ein Gebet formulieren? Das Gitter ist mindestens noch drei Reihen drängelnder Frauen von mir entfernt. Manche haben blumige Parfums aufgelegt, andere verströmen scharfen Schweißgeruch. Als mir eine Frau mit verbrannter Gesichtshaut, schluchzend und mit tränennassen Wangen entgegentaumelt, beiße ich mir auf die Lippen. Für sie möchte ich um Hilfe bitten, für sie um Erleichterung flehen. Und plötzlich habe ich eine Frau aus meinem Stadtviertel vor Augen, die ich zwar nur selten sehe, aber deren Anblick mich jedes Mal aufwühlt und stundenlang beschäftigt. Ihr Gesicht ist durch Wucherungen extrem entstellt. Ich bewundere ihren Mut hinauszugehen. Hinaus in die schöne und schicke Welt eines großstädtischen Szeneviertels, wo das Aussehen immer bedeutender wird. Manchmal schäme ich mich, wenn ich daran denke, wie wichtig mir selber mein Äußeres ist, wie oft ich über meine Kleidergröße und gut sitzende

Haare nachdenke: Nebensächlichkeiten angesichts ihrer Leiden. All das geht mir als Bittstellerin am Heiligen Schrein des Imam Resa durch den Kopf. Ja, ich werde für die fremde Frau aus meiner Nachbarschaft und die fremde Frau direkt vor mir um Hilfe bitten. Wenn so viele Menschen an den Imam glauben, weite Reisen für einen Besuch des Mausoleums auf sich nehmen, dann darf auch ich diese Chance nicht ungenutzt lassen. Doch vor Erreichen meines Ziels muss ich mich noch dem Kampf mit meinem Tschador, der drangvollen Enge und den vielen Gerüchen stellen. Aus den Augenwinkeln sehe ich neongrüne Staubwedel, mit denen an dieser Stelle unnütz hantiert wird. Endlich berühre ich das Gitter. Manche Frauen küssen es, andere bedecken es mit ihren Tränen.

Meinen Wunsch auf Deutsch zu formulieren, traue ich mich nicht, aber vielleicht genügt ja auch eine Gedankenübertragung. Ich halte mich am Gitter fest und schaue in klagende und ergriffene Gesichter. Hier werden die immer gleichen Tränen vergossen, die immer gleichen Leiden beklagt und neue Hoffnungen gesucht.

Giti und Jasmin schauen mich fragend an, aber ich kann nichts sagen.

»Wir waren mit unserer Mutter hier«, sagt Giti, »als sie schon sehr krank war. Die Helfer haben sich rührend um sie gekümmert. Sie saß in einem Rollstuhl und wurde überall hingeschoben. Sie war auch an diesem Gitter. Es hat ihr sehr gut getan. Sie verehrte unseren Imam von ganzem Herzen.«

»Wenn sich jemand etwas wünscht, etwas ganz Besonderes, wie die Heilung von einer schlimmen Krankheit, und das Wunder geschieht, dann wird es bekanntgegeben. Im Heiligtum werden Trompeten geblasen, damit alle Gläubigen von dem Wunder erfahren«, sagt Jasmin.

Ich denke an die »Wundergeschichte« einer afghanischen Freundin, die im letzten Jahr den Schrein besucht hatte. Sie erzählte mir von dem Wunder eines weinenden Hundes an einer

Wasserstelle mitten im Haram. Niemand habe gewusst, woher der Hund – nach islamischem Glauben ein unreines Tier – gekommen sei, aber jeder habe sofort begriffen, dass es ein Wunder sei. Diese Geschichte zählt eher zu den kleineren Mirakeln, wie auch die eines Schafes, an dessen Kehle kein Messer scharf genug zum Schächten war und das im Haram vom Tode »begnadigt« wurde. Was ist schon eine weite Pilgerreise ohne die Erzählung eines Wunders? Hunderttausende christlicher Pilger setzen sich für weinende Madonnenfiguren in Bewegung.

Jasmin und ihre Mutter möchten noch einmal beten, und ich frage sie, ob wir zurück in den schönen Hof gehen können. Dort würde ich gern ein wenig allein sein.

»Es ist einer meiner Lieblingsplätze«, sagt Giti.

Während wir über immer neue Höfe und durch neue Gänge laufen, bekomme ich eine Ahnung von den enormen Ausmaßen des Heiligtums, das eine ewig währende Baustelle ist, wie Ali mir erklärt hatte. Seit der Revolution habe es unvorstellbare Erweiterungen gegeben, denen ganze Stadtviertel weichen mussten. Doch heute Nacht ist nicht der richtige Zeitpunkt für eine umfassende Besichtigung. Als wir den zentralen Hof erreichen, suchen Giti und Jasmin sich einen freien Teppich. Bevor sie mit ihrem Gebet beginnen, verabreden wir einen Treffpunkt.

Das *Mehrab,* die schlichte Gebetsnische mit ihrer seltsamen Vertiefung und der hinabführenden Stufe, zieht mich an. Der offene Raum mit der hellen Kuppel strahlt Leichtigkeit aus. Ich traue meinen Augen nicht, als die zarte Frau noch immer, oder erneut, in der Nische steht. Ich sehe ihre nackten Füße mit der dunklen Haut und den golden glänzenden Kettchen. Ihr Tschador hat eine farbige Bordüre mit eingefassten Spiegelscherben. Zuvor hatte ich mir nicht bewusst gemacht, dass dieses Heiligtum von Pilgern aus aller Welt aufgesucht wird. Der hohe Status des achten schiitischen Imam wird auch von sunnitischen Gläubigen akzeptiert. Ich versuche mir vorzustellen, wie ein Besuch in Mekka wohl sein würde, wo ungleich mehr Menschen hinpilgern und die Ausdehnung des dortigen heiligen Bezirks noch wesentlich gigantischer ist als hier. In Maschad sollen jährlich zwanzig Millionen Pilger das Heiligtum besuchen.

Ich gehe langsam durch den Raum, ganz nah an die Nische heran und beobachte die Wartenden. Es ist deutlich zu spüren, wie wichtig der zarten Frau dieser Ort ist und dass sie sich alle Zeit der Welt nehmen wird und alles geben wird, was in ihrer Macht steht, um dem Imam nahezukommen und Fürbitte zu leisten. Sie weint in sich hinein, kaum merklich beben ihre Schultern, sie bedeckt ihr Gesicht mit den Händen, dann gibt sie es frei, dreht sich langsam um und geht mit gesenktem Blick auf den Hof. Eine andere Frau nimmt ihren Platz ein.

Bei meinem Spaziergang werde ich auf eine abseits gelegene Nische aufmerksam, die man im Vorübergehen leicht übersehen kann. Dort sitzt ein Pärchen unverschämt nah beieinander. Ich traue mich kaum, sie länger als einen winzigen Moment zu beobachten, aber ich kann ihr verliebtes Lächeln und ihre romantischen Blicke einfangen. Unter dem Tschador der Frau könnten sich die Hände der Liebenden unbemerkt berühren.

Wir haben einen Traum

Mitten in der Nacht werde ich von einer merkwürdigen Stimme geweckt. Sie ist sehr laut, und in der Dunkelheit versuche ich einen Sinn in den Rufen zu entdecken. Ist es der Fernsehapparat oder das Radio? Dann erkenne ich den Gebetsruf und begreife, dass es Zeit für das Morgengebet vor Sonnenaufgang ist. Giti hatte mich beim Nachhausekommen einerseits gewarnt und sich andererseits im Voraus für die nächtliche Störung entschuldigt.

Nach dem Frühstück rufe ich bei Mahtab an. Ihre Begrüßung am Telefon ist genauso knapp und untypisch wie bei unserem ersten Gespräch. Ich erzähle ihr, dass ich bereits einen interessanten Tag in Maschad und einen besonderen Abend im Haram verbracht habe. Sie scheint sich über mein Programm zu wundern, denn als ich ihr sage, wie gern ich auch heute wieder zum Heiligen Schrein möchte, druckst sie ein wenig herum. Sie selber habe gewisse Vorbehalte gegen einen Besuch und sucht nach den richtigen englischen Worten.

»*I had a bad experience last time,* ich habe bei meinem letzten Besuch eine schlechte Erfahrung gemacht. Eigentlich möchte ich nie wieder hinein.«

Als sie merkt, dass ich Genaueres hören möchte, verspricht sie mir weitere Details bei einem persönlichen Gespräch.

»Hast du Zeit? Können wir uns treffen?«, frage ich sie.

»Ja, gern. Siawasch ist auch in der Stadt. Wo sollen wir hinkommen? Wo bist du?«

Ich gebe den Hörer an Giti weiter, die ein Treffen vor der Universität vereinbart, wo sie mich an das junge Paar weitergeben kann.

»*Okay, see you later*«, sagt Mahtab in ihrer knappen Art.

Als Giti und ich durch ihre Nachbarschaft zur Universität gehen, sprechen wir erneut über das Heiligtum. Fast entschuldigt sie sich für das Verhalten der Staubwedel schwenkenden Schwestern. Diese Zurechtweisungen der Gläubigen seien unangemessen, und manche von ihnen wollten sich nur wichtig tun. Eine offen gezeigte Haarsträhne habe doch keinerlei Bedeutung für den islamischen Glauben. Es sei einfach lächerlich, wie einige dieser Helferinnen sich aufspielten. Sie habe schon erlebt, dass ihnen die Gebetshaltung von Besuchern nicht passte und sie diese mit ihren Wedeln dirigieren wollten. Leider gebe es viel zu viele ungebildete Helfer, die aus unerfindlichen Gründen dächten, sie könnten ihre Vorstellung von Frömmigkeit mit Maßregelungen erzwingen.

»Unser Imam wäre über ein derartiges Verhalten sicher nicht glücklich.«

»Dort stehen sie! Da vorn ist Siawasch!«, sage ich zu Giti, als ich ihn schon von weitem an der Bushaltestelle entdecke.

Wir begrüßen uns, und Siawasch erscheint mir wie ein alter

Bekannter. Sein Lächeln und die kräftigen Augenbrauen sind ein vertrauter Anblick, aber sein Haar ist kürzer.

»Warst du beim Friseur?«

»Ja, heute Vormittag, aus Langeweile, aber es fehlt nur ein winziger Zentimeter.«

Ich gebe Mahtab die Hand, und das Erste, was mir auffällt, ist ihr offener Blick und ein strahlendes Lächeln. Sie spricht Englisch mit einem lustigen Akzent, der mir nicht typisch persisch vorkommt. Manche Worte erinnern mich an das Englisch von Italienern, die sich nicht von ihrem rollenden »R« verabschieden können. Ich muss schmunzeln, denn ich weiß, dass eines ihrer großen Ziele darin besteht, ihr Englisch zu verbessern. Ob ich eine geeignete Lehrerin bin, wage ich nicht zu beurteilen. Ich habe schon oft erlebt, dass mein Englisch im Gespräch mit Muttersprachlern ein passables Niveau erreicht, während es mit Fremdsprachlern von Stunde zu Stunde mehr verkümmert. Als ich in den USA bei Einwanderer- und Flüchtlingsprojekten gearbeitet habe, musste ich manchmal sogar vom Englisch der Russen, Afrikaner, Araber, Asiaten oder Südamerikaner in das Englisch meiner amerikanischen Kollegen übersetzen, die das Ausländerenglisch nicht verstehen konnten. Mahtab trägt ihren blau gemusterten Schal so locker, dass ihre Kurzhaarfrisur zu sehen ist. Bisher habe ich sehr wenige Iranerinnen mit kurzen Haaren gesehen. Nur im Teheraner Univiertel waren mir zwei oder drei Frauen aufgefallen, deren Bürstenhaarschnitt unter ihren zurückgeschobenen Kopftüchern hervorschaute und den Trägerinnen ein avantgardistisches Aussehen verlieh. Mahtabs Haare reichen bis über die Ohren, und einzelne Strähnen mogeln sich nach vorn ins Gesicht. Ich stelle es mir mühsam vor, diese Haarlänge unter einem Kopftuch im Zaum zu halten. Sie ist ungeschminkt, trägt einen blauen Kurzmantel mit großen Knöpfen und offenem Halsausschnitt zu Jeans und bequemen Schuhen. Ein hübscher Lederbeutel, in einem ungewöhnlich länglichen Format, betont ihre individuelle Erscheinung, die sich keiner Mode zuordnen lässt.

Giti sagt, dass sie mich am Abend unversehrt zurückhaben möchte. Wir lachen und verabschieden uns von ihr. Mahtab schlägt vor, in den nah gelegenen Park-e Melat zu gehen. Beim Überqueren einer großen Straße führt Siawasch sein Können als Fremdenführer vor. Auch wenn der Verkehr in Maschad bei weitem nicht so chaotisch ist wie in Teheran, verstehe ich auch hier die wort- und weitestgehend gestenlose Kommunikation zwischen Fußgängern und Autofahrern nicht. Wann bedeutet ein Hupen »Vorsicht!« und wann »Bitte gehen!«? Woher kommt das Selbstbewusstsein der Fußgänger, und wie vermitteln sie den Fahrern, dass sie nicht zurückweichen werden? In Gedanken formuliere ich bereits einen Artikel, der deutschen Lesern verdeutlicht, in welchem »Verkehrsparadies« sie leben: in einer Welt, in der Fußgänger und selbst Radfahrer als gleichberechtigte Verkehrsteilnehmer betrachtet werden und wo eine Karosserie nicht den einzigen Schutz für die eigene Unversehrtheit darstellt.

Kaum angekommen im Park staune ich über die vielen Freizeitsportler beiderlei Geschlechts, die hier größtenteils ein schnelles Gehen und vereinzelte Männer ein langsames Laufen praktizieren. Das sei noch gar nichts, sagt Mahtab, ich solle früh am Morgen oder spät am Abend hierher kommen. Dann seien Hunderte unterwegs. Es sei eine wahre Freizeitsportepidemie ausgebrochen. Jeden Morgen gebe es im Fernsehen Frühsportprogramme. Dieser Park sei bekannt für seinen großen Zulauf, Männer könnten hier auch Tennis, Basketball und Fußball spielen. Wir setzen uns auf eine Bank, und ich hole meine Gastgeschenke aus der Tasche. Mahtab und ich hatten einige wenige Mailkontakte, in denen ich sie auch gefragt habe, ob ich ihr etwas aus Deutschland mitbringen könne. Schließlich bat sie mich um ein Symbol der Fußballweltmeisterschaft. Neben einem Goleo, dem offiziellen Maskottchen, habe ich eine Sammlung Ansichtskarten aus den WM-Städten mitgebracht. Zudem hatte ich den Eindruck, sie könne sich über die neuste Ausgabe der englischsprachigen *Bidoun* freuen, in der es auch einige Artikel über ihre Heimat gibt. Sie bedankt sich überschwänglich und blättert interessiert in dem Kulturmagazin.

Siawasch erzählt mir, dass er mit demselben Zug wie ich nach Maschad gekommen ist. Wir müssen uns nur um wenige Minuten im Restaurant verpasst haben. Auf meine Fragen nach dem nächtlichen Klopfen an der Tür und wie viele Männer seines Abteils zum Morgengebet aufgestanden sind, antwortet er mit einem verschmitzten Lächeln: »Einer, aber der kam so schnell zurück, dass er wohl nur zur Toilette war.«

»In meinem Abteil hatten alle Frauen ihre Tage.«

Mahtab und Siawasch prusten los.

»Haben sie dir das etwa erzählt?«

»Nein, natürlich nicht alle, aber ich habe Setare, eine nette Mitreisende, gefragt, weil sie mir zuvor sagte, sie sei praktizierende Muslima. Giti hat sich auch schon darüber amüsiert.«

»Je näher man dem Haram kommt, desto gläubiger sind sie angeblich alle«, sagt Mahtab.

Wir sprechen über meine Reisen durch den Iran und meine jetzigen Eindrücke im Vergleich zu früheren Reisen. Es ist eine lebhafte Diskussion, bei der uns allein das Ringen um die richtigen Vokabeln Grenzen setzt. Ich habe mich rasch in Mahtabs Wortschatz eingehört, korrigiere sie, wenn nötig, und biete ihr verschiedene Worte an, wenn ich das Gefühl habe, eine Aussage zu ahnen. Irgendwie landen wir beim Thema der Jungfräulichkeit und dass es nicht nur im Iran, sondern auch in Deutschland Frauen gibt, die sich ihr beschädigtes Jungfernhäutchen zusammenfügen lassen.

»In Deutschland? Aber warum? Was soll das? Wen interessiert dort das Theater ums Jungfernhäutchen?«

Ich erzähle ihr von jungen Mädchen aus islamischen Familien, deren Eltern und die so genannte Exilgemeinde, auch in Europa ein Leben nach strengen Regeln führen wollen. Als ich von meinen Erfahrungen als Sozialarbeiterin mit Flüchtlingsfamilien und meinen persönlichen Erlebnissen als Freundin afghanischer Frauen berichte, von ihren geheimen Liebesbeziehungen, ungewollten Schwangerschaften, heimlichen Abtreibungen und den Kosten für ein »neues« Jungfernhäutchen, ist sie sichtlich überrascht.

»Und ich dachte, so etwas gibt es nur bei uns.«

Mahtab und Siawasch berichten von sich und ihren engsten Freundinnen und Freunden, den Schwierigkeiten, die Liebe ausleben zu können, den vielen Heimlichkeiten, den tragischen Momenten und von erprobten Maßnahmen zur Vermeidung von Unannehmlichkeiten mit den Sittenwächtern und der eigenen Familie. Wir amüsieren uns über die von uns zusammengetragenen Geschichten aus dem Orient und dem Okzident. Es dauert nicht lange, und ich erzähle ihnen von meiner Liebesgeschichte mit Kurosch, die in Isfahan ihren Anfang nahm und auf abenteuerlichen Wegen über die Türkei bis nach Hamburg führte. Unser Versteckspiel mit den Sittenwächtern, unsere Flucht zu einer Schäferfamilie und das Übernachten in einer Höhle hoch über den Ruinen von Persepolis bringt sie zum Lachen und Staunen. In Isfahan möchte ich die lieb gewonnenen Orte unserer Romanze wiederfinden, mich an die besonderen Momente auf dem Meydan-e Imam, dem großen Platz vor dem Palast, und an erste scheue Blicke unter den Brücken erinnern, möchte die sich spiegelnden Lichter am *Sayande Rud,* am gebärenden Fluss, wiedersehen, in alten Teehäusern sitzen und durch die verwunschenen Gänge des Basars streifen, das silberbeschlagene Tor der Imam-Moschee berühren und in bekannte Gesichter schauen.

Als uns die Parkbank zu ungemütlich und die Sonne zu warm wird, nehmen wir ein Taxi und fahren in die Stadt. Unser Ziel ist das Nader-Schah-Museum in der Nähe des Haram. Aber irgendwie ist uns dann doch nicht nach einem Museumsbesuch zumute, und wir bummeln in Richtung Basar. Der eigentliche Markt befindet sich hinter alten Toren, aber um die Mittagszeit seien die Basaris ohnehin alle zum Gebet und die Waren mit Tüchern abgedeckt. Gestern Abend konnte ich im Vorbeifahren nicht genau erkennen, welche Art von Geschäften direkt an der Straße liegen. Nun sehe ich das bunte Sammelsurium von Läden mit modernsten Artikeln der Telekommunikation neben Gewürzläden, die ihren kostbaren Safran anpreisen. Ein Stückchen weiter werden moderne Bildteppiche angeboten, deren Perfektion die Stücke aus Teheran bei weitem in den Schatten stellen. Ein Fotogeschäft erregt meine besondere Aufmerksamkeit, und wir schauen uns die große Auslage an. Da im Heiligtum nicht fotografiert werden darf, bietet dieses Geschäft interessante Alternativen an. In Anlehnung an alte Modelle, wie es sie mit anderen Motiven manchmal auch noch auf deutschen Jahrmärkten gibt, ist das Grab von Imam Resa aus Pappe in Originalgröße nachgebaut. Die Pilger stellen sich für eine Aufnahme neben das Modell und können die Daheimgebliebenen mit diesem besonderen Erinnerungsfoto erfreuen. Aber im Zeitalter der modernen Elektronik ist diese Art der Aufnahme ein nostalgisches Relikt aus vergangenen Tagen. Dank des Computerprogramms »Photoshop« kann mittlerweile jede beliebige Person an jeden beliebigen Ort im Heiligtum eingefügt werden. Davon wird reichlich Gebrauch gemacht, und das führt zu so ungewöhnlichen Motiven wie dem eines Mannes, der in einem westlichen Anzug und mit Krawatte bekleidet vor dem Heiligtum posiert. Neben ihm steht ein Gazellenweibchen mit zwei säugenden Jungtieren. Doch damit nicht genug: Hinter dem Mann gibt es einen in Rosa beleuchteten Springbrunnen, in dem zwei Schwäne schwimmen. Als Krönung dieses Kunstwerkes schwebt, hoch in den Wolken, das Porträt des schicken Pilgers über dem Heiligtum. Er ist doppelt – in unterschiedlichen Posen – abgebildet. Es gibt sehr viel Symbolik im Islam und im persischen Volksglauben, mit der oft großzügig umgegangen wird. Der achte Imam wird auch »Beschützer der Gazellen« genannt, denn er soll diese Tiere vor der Jagd gerettet haben.

Was allerdings ein Knabe zu bedeuten hat, der auf einer überdimensionalen weißen Feder vor dem Grab des Imam sitzt, vermag ich nicht zu entschlüsseln. Es scheint anlässlich seines Beschneidungfestes aufgenommen worden zu sein, denn der Junge trägt einen weißen Anzug mit bunten Kordeln und einen zylinderartigen Hut. Diese Art von Beschneidungsfest kenne ich nur von Türken. Im Iran werden Jungen üblicherweise in einem Krankenhaus und in einem Alter beschnitten, in dem sie nichts von dem Eingriff mitbekommen. Von Festivitäten mit spezieller Garderobe, wo der frisch beschnittene Patient im Kreise der Gäste sitzt, habe ich nie etwas gehört. Aber der Iran ist ein Vielvölkerstaat, und so kann es auch hier sehr unterschiedliche Bräuche geben. Einheitlich wird allerdings das so genannte Reifefest der Mädchen gefeiert. Es wurde nach der Revolution eingeführt und soll die kleinen Mädchen im Alter von neun Jahren zu einer *chanum,* zu einer Frau, machen. Bei nichtreligiösen Familien ist dieses Ritual, dem man sich kaum entziehen kann, sehr umstritten, denn es war Chomeini, der zum Entsetzen der allermeisten Iraner das Heiratsalter von Mädchen auf neun Jahre senkte. Seinen befremdlichen Gedanken entspringen auch Äußerungen wie die, dass ein Mädchen ihre erste Periode im Haus ihres Ehemannes und nicht im Haus ihres Vaters bekommen solle. Im modern orientierten Iran, den auch das Regime der Islamischen Republik nicht ins Mittelalter zurückzwingen konnte, stießen derartige Parolen auf größten Widerstand. Die umfassende Nichtbeachtung solch kindesfeindlichen Gedankengutes ist Zeugnis eines Volkes, das sich nicht entmündigen ließ und seinen Stolz bewahrt hat.

Der Fantasie sind in diesem Fotoatelier keine Grenzen gesetzt. Als wir das Schaufenster eingehend betrachtet und interpretiert haben und meine Begleiter sich als Photoshop-Spezialisten zu erkennen geben, wollen wir auch das Innere des Geschäftes inspizieren.

Zwei junge Männer in engen Shirts, Jeans und Sonnenbrillen sind gerade mit einer afghanischen Pilgerfamilie beschäftigt und beraten sie über mögliche Motive. Wir nutzen die Gelegenheit, weitere der goldgerahmten Werke anzuschauen. Siawasch und Mahtab fachsimpeln über die Anwendungsmöglichkeiten des

Programms und scheinen die zahllosen Funktionen, die es bietet, – in gewisser Weise – zu bedauern. Ich frage einen der jungen Männer, ob ich die ausgefallenen Exponate fotografieren dürfe, und er zeigt sich begeistert von meinem Interesse. Ich bedanke mich in aller Förmlichkeit, und Mahtab lacht über mein Persisch.

»Das hört sich lustig an! Wirklich toll! Ich habe noch nie Ausländer Persisch sprechen hören. Wie lange lernst du es schon?«

»Vor meiner ersten Reise, vor vierzehn Jahren, habe ich ein Jahr Unterricht genommen, leider nur einmal pro Woche. Es gab damals keinen anderen Kurs. Und dann habe ich vor den anderen Reisen jeweils ein halbes Jahr, zur Auffrischung, Stunden genommen. Das meiste habe ich als Sozialarbeiterin von iranischen und afghanischen Flüchtlingen gelernt.«

Als ein Mullah mit schwarzem Turban an uns vorübergeht, erzähle ich von meiner fixen Idee, ein Foto mit einem islamischen Geistlichen haben zu wollen, und wie lustig und gleichzeitig vollkommen ausgeschlossen Scharsad und Delaram diese Idee fanden.

»Ich kann mir auch nicht vorstellen, dass sie es zulassen«, sagt Mahtab.

»Warum nicht? Soll ich ihn fragen?«, will Siawasch von mir wissen, »er sieht noch sehr jung aus, vielleicht ist er nett. Ich frage ihn einfach.«

»Ich weiß nicht … hoffentlich kriegen wir keinen Ärger.«

»Ach was!«

Und schon eilt er dem Mullah hinterher und spricht ihn an. Mahtab und ich grinsen und setzen blitzschnell ernste Mienen auf, als die beiden sich zu uns umdrehen. Wir grüßen im formelhaften Singsang, und der Mullah spricht ein verhaltenes »Salam Aleykum«, ohne uns in die Augen zu schauen.

»Ist es möglich? Das wäre sehr nett von Ihnen«, wiederhole ich Siawaschs Bitte auf Persisch, und er nickt zustimmend. Dabei ist ihm sogar ein Lächeln übers Gesicht gehuscht, wenn ich mich nicht getäuscht habe. Schnell gebe ich Siawasch meine Kamera, deren Bedienung er bereits aus Teheran kennt, und stelle mich neben den Seyed, den Nachfahren Mohammads, mit dem schwarzen Turban.

»Wollen Sie sich nicht besser dort vor den Zaun stellen?«, fragt Mahtab, »da ist es schöner als hier an der Straße, dann kommen die Bäume und Blumen mit aufs Bild.«

Ohne ein Wort gibt er uns zu verstehen, dass er sich auf keine weiteren Unannehmlichkeiten einlassen wird. Ich schaue ihn nur kurz an und stelle mich neben ihn.

»*Take the photo, please,* mach bitte das Foto«, sage ich zu Siawasch. Der Mullah ist wirklich erstaunlich jung. Er trägt einen kurzen Bart, und seine dunklen Locken fallen ihm unterm Turban in die Stirn. Eine getönte randlose Brille gibt ihm ein modernes Aussehen, und die Art, mit der er den hauchdünnen schwarzen Umhang zusammenhält, lässt ihn elegant wirken. Aus der Brusttasche seines hochgeschlossenen und strahlend weißen Hemdes mit den weiten Ärmeln schauen eine Brieftasche und ein kostbarer Stift hervor. Das Ganze dauert nur wenige Sekunden, und ich beeile mich nach seinem knappen Abschiedsgruß mit Dankesworten in allen mir bekannten Variationen. In aufrechter Haltung geht er in Richtung Haram. Erst jetzt bemerke ich, dass sich einige Schaulustige versammelt haben, und so unterdrücke ich ein freudiges Auflachen. Ein Soldat und ein fremdländischer Pilger in traditioneller Kleidung mit bestickter Kopfbedeckung kommen näher und beobachten uns voller Interesse. Langsam setzen wir uns in Bewegung.

»Klasse, was für ein Spaß! Ich glaube, der Mullah fand es auch toll. Super!«, prustet Mahtab los, und nun lache auch ich laut auf.

»Da vorn ist mein Hotel«, sagt Siawasch, »da quartiere ich mich ein, wenn ich Mahtab besuche.«

»Du Ärmster! Lässt deine Liebste dich nicht zu sich nach Hause?«

»Nein!«, entgegnet Mahtab trotzig und knapp. Dann haucht sie ihrem Liebsten einen angedeuteten Kuss zu.

»Ich habe Hunger. Da vorn, das Restaurant ist nicht schlecht«, sagt Siawasch.

Wir gehen in das einfache Lokal und bestellen Kebab. Wir können zwischen verschiedenen Variationen aus Hühner-, Lamm- und Rindfleischkebab wählen. Für die Aufnahme der Bestellung schaut der Kellner Siawasch an und wartet auf seine Wahl. Der Bachtiari-Spieß stellt eine Mischung aus Filet und Gehacktem dar, und wir ordern drei Portionen, extra gut durchgebraten, und zwei Portionen Reis. Wie üblich geht alles sehr schnell. Es ist ein Kommen und Gehen von Gästen, die ihre Mahlzeiten in einem rasanten Tempo verspeisen und danach sofort wieder verschwinden. Als wir nach einer halben Stunde noch immer am Tisch sitzen, fällt es langsam auf. Mit seinem einnehmenden Lächeln ermahnt Siawasch uns einige Male, leiser zu sprechen, weil ihn die vielen neugierigen Blicke und großen Ohren der Kellner und Gäste zu stören scheinen. Erst als wir draußen sind, entspannt er sich merklich.

»Ich habe dir doch geschrieben, dass wir einen Plan für unsere Zukunft haben«, sagt Mahtab, als wir die Straße in Richtung Museum entlangbummeln. Sie möchte mir gern genauer erzählen, was sie in ihren beiden Mails, die sie mir nach Deutschland schickte, bereits andeutete und was meine beiden Nachbarinnen in Hamburg ebenfalls berichteten, ohne Genaueres zu wissen.

»Siawasch und ich wollen weg aus diesem Land. Wir wollen die Welt sehen, reisen, fremde Menschen, Kulturen und Länder kennen lernen. *Live in Iran is very limited, as you know,* das Leben im Iran ist sehr eingeschränkt, wie du weißt. Wir haben einen Plan: Zunächst müssen wir sehr gut Englisch lernen. Deshalb bin ich nach meinem Studium zurück nach Maschad. Hier kann ich mich auf meine Aufgaben konzentrieren. In Teheran verschwendet man zu viel Zeit mit dem Hin- und Herfahren, mit dem Luftholen, mit dem Einkaufen, mit dem Lärm und dem chaotischen Verkehr. Ein Tag in Teheran raubt mir so viel Kraft wie eine Woche in Maschad. In Teheran kann ich mich nicht besinnen.«

Mahtab schildert mir ihren Kampf mit der Großstadt, die zwar die persische Oase der Individualisten ist, weil Teheran im Vergleich zu Maschad geradezu atheistische Züge trägt, ihr aber kommt diese Stadt derart lebensfeindlich vor, dass sie sich entschieden hat, trotz größerer Freiheit wieder zurück in ihre Heimatstadt und zu ihrer Familie zu ziehen.

»Und wie wollt ihr hier rauskommen?«

Mahtab schaut Siawasch kurz an und beginnt zu erzählen.

»Wir wollen es in Australien versuchen. Mit unseren Studienabschlüssen sind wir gut qualifiziert. Wir stellen einen Einwanderungsantrag, aber das ist eine komplizierte Prozedur. Es ist schwer genug für uns, einen persischen Pass zu bekommen. Siawasch hat vorerst ohnehin keine Chance auf einen Pass. Nach seinem Studium muss er zum Militär, erst danach kann er einen Pass beantragen, mit dem er ausreisen kann. Das heißt, mindestens noch drei Jahre warten.«

»Das hört sich wirklich schwierig und langfristig an. Und du willst auch so lange hier bleiben oder es vorab allein versuchen?«

»Wir wissen noch nicht, wie wir es machen sollen. Eine Trennung können wir uns nicht vorstellen. Aber eines wissen wir ganz genau: Wir wollen etwas von der Welt sehen. Ich träume davon, zu reisen. So wie du! Du kannst dich einfach in ein Flugzeug setzen und an das Ziel deiner Träume reisen. Wir würden nicht einmal ein Visum bekommen. Wie alt warst du, als du das erste Mal gereist bist?«

»Das erste Mal allein? Lass mich überlegen … allein mit einer Freundin … hm … da waren wir achtzehn Jahre alt. Wir sind nach Italien getrampt … ich meine per Anhalter. Auf den Raststätten haben wir Autofahrer gefragt, ob sie uns mitnehmen.«

»Tja, und wir sind fast fünfundzwanzig und haben noch nicht viel gesehen. Eigentlich können wir beide nicht einmal in unserem eigenen Land unbehelligt reisen. Wir können uns kein Hotelzimmer nehmen und müssen immer damit rechnen, nach Heiratsdokumenten gefragt zu werden. Letzten Monat waren wir mit einer Freundin in Kaschan. Das war wunderschön. Warst du schon einmal in Kaschan?«

»Leider noch nicht, aber ich würde die Stadt gern sehen. Sie liegt sogar auf meiner Route.«

»Dort gibt es wunderschöne alte Prachtbauten. Es sind große Herrenhäuser berühmter Familien. Eines davon wird zu einem Hotel umgebaut. Es ist traumhaft schön und so groß, dass wir uns darin verlaufen haben! So etwas habe ich vorher noch nie gesehen. In Maschad oder Teheran gibt es das nicht. Es war wie im Film. Weil wir zu dritt auf Reisen waren, hatten wir weniger Probleme als ein junges Paar. Wir haben ein Zelt dabei gehabt und ein schönes Plätzchen zum Campieren gefunden. Da hatten wir unsere Ruhe.«

»Wart ihr schon in Isfahan oder Yazd?«

»Ich war vor Jahren mal in Isfahan, mit meinen Eltern. In Yazd noch nie«, sagt Siawasch.

»Mich darfst du gar nicht erst fragen. Ich habe noch nicht viel gesehen. Nicht mal Isfahan. Das ist wirklich traurig. Von Maschad aus ist alles so weit entfernt. Seitdem ich in Kaschan war, bin ich ganz verrückt aufs Reisen.«

Als das Haram nur noch wenige hundert Meter entfernt ist, saust plötzlich ein Polizeiwagen mit Blaulicht an uns vorbei. Ich traue meinen Augen nicht, als eine Frau am Steuer sitzt. Sie trägt die strenge Staatskleidung mit tief ins Gesicht gezogenem schwarzem Maghne'e und zusätzlichem Tschador. Ich bin derart überrascht von der hohen Geschwindigkeit und der Fahrerin, dass ich vergesse, meine Kamera zu zücken.

»Das ist ganz neu. Ich habe erst einmal zuvor eine Polizistin gesehen, und ich frage mich, wie sie im Tschador einen Verbrecher jagen will«, sagt Mahtab.

»Was wollen wir jetzt machen? Ins Nader-Schah-Museum gehen?«, fragt Siawasch.

»Ehrlich gesagt, würde ich sehr gern noch einmal ins Haram, aber mit dieser Kleidung und ohne Tschador wird das wohl nichts. Und du hast sicher auch keine Lust, oder?«, sage ich zu Mahtab gewandt. Bis jetzt hat sie mir noch nicht erzählt, welcher Art ihre schlechten Erfahrungen im Heiligtum waren.

»Im Haram gibt es ein tolles Museum. Soweit ich weiß, dürfen dort auch Ausländer hinein, und Tschadors kann man vielleicht auch ausleihen«, sagt Siawasch.

»Meinetwegen können wir es auch versuchen, aber wenn sie uns nicht reinlassen, dann war es mein letzter Versuch.«

»Was ist dir dort denn passiert?«

Mahtab erzählt mir, dass sie vor einigen Monaten plötzlich das Bedürfnis hatte, ins Heiligtum zu gehen. Sie war jahrelang nicht mehr dort und wollte in der besonderen Atmosphäre der Höfe und Moscheen Kraft schöpfen. An dem Tag ging es ihr nicht besonders gut, sie war traurig und mutlos. Ihre Entscheidung kam spontan, als sie in der Nähe des Heiligtums war. Natürlich hatte sie keinen Tschador dabei und trug ihre übliche Kleidung. Als sie an der Information nach einem Tschador fragte, wurde sie derart rüde abgewiesen und als schlechtes Mädchen beschimpft, dass sie Mühe hatte, gegen ihre aufkommenden Tränen zu kämpfen. Es sei ein furchtbares Gefühl gewesen, als sie mit Hoffnung und einer gewissen Vorfreude aufs Heiligtum von einer der Kontrolleurinnen mit beinahe ordinären Worten abgewiesen wurde. Seitdem sei ihr das Verlangen nach einem Besuch vergangen. Aber heute sei es etwas anderes. Mit Siawasch und mir zusammen sei es sicher schön, ins Museum zu gehen. In den Schrein würden wir mit einer Ungläubigen ohnehin nicht hineinkommen. Dabei schneidet sie eine Grimasse und zeigt mit dem Finger auf mich.

»Du hast gar keine Ahnung! Als Sozialarbeiterin wurde mir von strenggläubigen afrikanischen Christen mehrfach attestiert, ich sei eine wirklich gute Christin. Und Christen werden hier doch auch als Gläubige angesehen, oder nicht?«

»Eigentlich schon, oder was meinst du, *Asisam*, mein Liebes?«

»Ich könnte meine Mutter anrufen. Sie kennt sich aus«, sagt Siawasch mit einem Lächeln.

»Und ich dachte immer, ihr müsstet in euerem Studium fünfzig Prozent eurer Zeit dazu aufwenden, religiöse Inhalte zu pauken. Ist davon denn gar nichts hängen geblieben?«

»Doch, doch!«, sagen beide wie aus einem Munde.

»Lasst es uns versuchen!«, sage ich, und wir gehen zielstrebig zu einem der Informationsschalter.

Ich grüße den jungen Mann auf Persisch, und Mahtab fragt ihn, ob und wie wir das Museum besuchen könnten. Aber zunächst möchte er wissen, woher ich komme, und so landen wir automatisch beim Thema Mahdavikia und der Fußballweltmeisterschaft. Mahtab kann sich kaum bremsen, so sehr belustigt sie unser Gespräch. Ein Informationsgesuch über einen Harambesuch hatte sie sich offensichtlich anders vorgestellt.

»Lassen Sie Ihre Taschen hier, erklären Sie mir kurz, was drin ist, und geben Sie Ihre Kamera ab. In der Personenkontrolle erhalten Sie Tschadors. Als Ausländerin müssen Sie dort auch Ihren Pass abgeben. Bis später! Gott schütze Sie!«

Bei den Vorhängen müssen wir uns kurz von Siawasch trennen. Um diese Uhrzeit ist wenig los, und die vier Kontrolleurinnen in ihrer strengen Kleidung haben kaum etwas zu tun. Umso erfreuter sind sie über eine ausländische Besucherin. Alle versuchen sich an einem *»Hello, how are you?«,* heißen mich willkommen und sind freudig überrascht, als ich auf Persisch antworte. An einem Schreibtisch werden meine Daten aufgenommen, und ich muss ein Papier unterzeichnen. Dann dürfen wir uns zwei Tschadors aussuchen. Zur Auswahl stehen schwarze sowie dunkelblau geblümte. Wir nehmen die freundlichere Variante, aber ich habe keine Ahnung, wie ich ohne ein Maghne'e mit dem Tuch zurechtkommen soll. Die Damen geben mir Hilfestellung und wünschen uns einen schönen Besuch.

Als wir den zweiten Vorhang hinter uns gelassen haben, empfängt Siawasch uns mit seinem Fotohandy.

»Wir sehen furchtbar aus«, sagt Mahtab und schüttelt sich vor Lachen.

»Bitte keine Fotos«, sage ich mit gespielter Entrüstung.

Wir posieren, so gut es geht, und Mahtab ist vollkommen begeistert von unserem Unternehmen. Sie versucht sich in der Pose der braven Frau und schaut bescheiden nach unten, um im nächsten Moment wieder loszulachen.

»Mahtab, kannst du bitte leiser lachen. Ich möchte wirklich gern ins Museum, und morgen auch noch einmal in den Schrein. Ich möchte nicht rausgeworfen werden.«

»Okay, du hast Recht, aber es ist so lustig. Schau uns an! Völlig fremd sehen wir aus. Bist du überhaupt Bruni? Ach doch, ich erkenne deine Schuhe wieder!«, sagt sie und kichert vor sich hin.

Mein Tschador ist wieder einmal einige Zentimeter zu kurz, aber unserem Aufzug schadet das auch nicht weiter. Mit meinem winzigen Schal unter dem Tschador habe ich allergrößte Mühen, weil er ständig rutscht. Ich sehe bereits unzählige neongrüne Staubwedel auf mich niederprasseln.

Der Weg zum Museum ist ausgeschildert und führt uns an neuen Bauabschnitten vorbei, die ich am Tag zuvor gesehen habe. Wir überqueren einen gigantischen Hof, der Platz für Zehntausende von Pilgern bietet. An den umgrenzenden Arkaden wird noch gebaut, und es wirkt ein wenig ernüchternd, ein simples Stahlgerippe hinter den glänzenden Fayencen zu sehen. So lassen sich Fantasien aus 1001 Nacht zerstören.

»Seitdem ich denken kann, wird hier gebaut«, sagt Mahtab, »aber der neuste Abschnitt stellt alles andere in den Schatten. Unter uns gibt es eine riesige Tiefgarage. Du hast doch die Straßen gesehen, die in die Tiefe münden! Das gesamte Heiligtum ist untertunnelt. Sie wollen immer mehr Pilger anlocken. Ganz Maschad besteht bald nur noch aus Imam Resa und den Pilgern. Du hast doch sicher schon von den geschäftstüchtigen Maschadis gehört. Es ist viel Wahres dran. Die Pilger lassen sehr viel Geld im Haram und bei der Stiftung. Es gibt niemanden, der kontrollieren kann, ob es ausschließlich für Wohltätigkeiten angelegt wird.«

Ali hatte mir bereits von den gewaltigen Mitteln der Imam-Resa-Stiftung erzählt, die es seit über eintausendzweihundert Jahren gibt und die eine Art Staat im Staat darstellt. Zum Imperium dieser Stiftung gehören Großunternehmen der Industrie, Handelsgesellschaften, Finanzinstitute, Wohnungsbaugesellschaften und ein gigantischer Großgrundbesitz. Im Iran werden die Köpfe solcher Stiftungen, wenn sie denn öffentlich in Erscheinung treten, »kleine Könige« genannt.

Wir umgehen das Zentrum des Heiligtums auf seinem äußeren Ring aus Höfen und Gebäuden, ohne in den sensiblen Teil mit den Moscheen und Gebetshöfen zu gelangen. Als wir den Aufgang zum Museum erreicht haben, wird Mahtab auf ihr verrutschtes Kopftuch aufmerksam gemacht. Ich muss grinsen und richte automatisch meinen Tschador. Ich beschwere mich bei Siawasch, dass er nicht aufmerksam genug auf seine beiden Frauen achtet. Er werde sich bemühen, gibt er trotzig wieder.

Bevor wir ins Museum gehen, folgen wir einem Hinweisschild zur Toilette. Sie befindet sich in der unteren Etage eines neuen Teils des Heiligtums. Großzügig und modern ausgestattet, erinnern die Räumlichkeiten an Waschgelegenheiten in einem Kongresszentrum. Als ich mir die Hände an einem der unzähligen blitzsauberen Waschbecken abspüle, werde ich Zeugin einer merkwürdigen Lehrstunde. Mahtab befindet sich noch hinter einer der vielen Toilettentüren, aber ich hoffe, sie kann die Maßregelungen einer uniformierten und mit Staubwedel ausgestatteten »Schwester« hören, weil ich mir nicht sicher bin, alles richtig zu verstehen. Ganz offensichtlich wird hier eine Pilgerin darüber belehrt, wie sie sich ordnungsgemäß für ein Gebet zu waschen hat. Die Mitarbeiterin des Heiligtums spricht mit dem herablassenden Tonfall einer Person, deren Horizont eingeschränkter ist, als ihre Mission erahnen lässt, und die dies sehr offensiv zu überspielen versucht. Hier in diesen Toiletten und Waschräumen ist sie in ihrem Element, hier kann sie belehren, einschüchtern, zurechtweisen und sich aufspielen. Als Mahtab endlich herauskommt, schaut sie erst zur »Schwester« und dann zu mir, um dann hilflos mit den Schultern zu zucken.

»*Let's go, this woman ruins my nice day,* lass uns gehen, diese Frau verdirbt mir den schönen Tag.«

Das Museum erstreckt sich über mehrere Etagen, die über eindrucksvolle Treppenaufgänge verbunden sind. Kronleuchter schmücken die Räume, und wir beginnen mit der unteren Ebene. Außer uns sind keine weiteren Besucher zu sehen. Zunächst ist die Geschichte des Schreins dargestellt, und dann folgt eine Abteilung mit den errungenen Medaillen und Pokalen berühmter iranischer Sportler. Aus Ehrerbietung zum Imam Resa haben sie ihren Siegeslohn der Stiftung übergeben. Die olympischen Goldmedaillen des Ringers Tachti sind hier vollzählig ausgestellt. Auch die iranische Fußballnationalmannschaft hat ihren Pokal als Asienmeister dem Museum gespendet. Die englischsprachigen Hinweisschilder sind sehr hilfreich, und so entdecke ich auch die Medaille eines Mädchens, die bei einer Mathematikolympiade den ersten Preis gewonnen hat. Es gibt noch eine Reihe von körperbehinderten Athleten, die große internationale Auszeichnungen errungen haben.

In einer anderen Abteilung ist das zerstörte Grabgitter des Schreins ausgestellt. Bei einem Anschlag auf das Heiligtum im Jahr 1994 sind vierundzwanzig Menschen in den Tod gerissen worden. Damals haben sich die Mudschaheddin zu der Tat bekannt. Seitdem sind die Sicherheitsvorkehrungen verstärkt worden.

Im obersten Stockwerk sind kostbare Geschenke an Imam Resa bzw. an die Stiftung zu bewundern. Als besonders sehenswert empfinden Siawasch und Mahtab allerlei Meeresgetier wie riesige Seemuscheln, Haifischgebisse, stachelige Seeigel, kostbare Perlen und andere exotische Meeresbewohner. Es könnte sich um Erbstücke handeln, die der Imam-Resa-Stiftung vermacht worden sind, mutmaßen sie.

Siawasch kann nicht genug von den alten Gemälden bekommen, die hier ausgestellt sind, während Mahtab und ich vollkommen ermattet auf einer Bank sitzen und auf ihn warten. Ich habe keine Muße mehr, nach den Gemälden von Farshchian zu suchen.

»Ich würde gern mit dir reisen. Was hältst du davon, wenn ich mitkomme nach Yazd und Isfahan und wo du sonst noch hinreisen möchtest?«

Ich wusste, dass diese Frage kommt, und ich habe mir bereits viele Gedanken darüber gemacht und bin doch zu keinem Entschluss gekommen. Jetzt, wo ich Mahtab ein wenig kennen gelernt habe, erscheint mir die Vorstellung einer Reisegefährtin durchaus reizvoll. Aber ich habe nur ein zeitlich befristetes Visum, nur begrenzt Zeit, und ich bewege mich gern in meinem eigenen Rhythmus. Mahtab hat kaum Reiseerfahrung. Was ist, wenn sie mit einem gigantischen Koffer am Busbahnhof steht, sich laufend über Unannehmlichkeiten beschwert, ihr das Essen nicht schmeckt, sie permanent Hunger hat und der halbe Tag mit der Suche nach einem Restaurant vergeudet wird oder sie womöglich gar Heimweh bekommt?

»Werden deine Eltern dich einfach so mit mir reisen lassen, mit einer Fremden?«

»Ich habe noch nicht gefragt. Ich lebe bei meiner Mutter. Sie hat mich immer unterstützt. Es wird kein Problem geben.«

»Ich würde gerne bald weiterfahren, spätestens in zwei Tagen. Könntest du so schnell aufbrechen?«

»Ja, ich habe nichts Besonderes zu tun.«

»Gut. Ich würde mich freuen, wenn du mit mir kommst. In Yazd möchte ich in ein bestimmtes Hotel. Dort treffen sich die Globetrotter. Ich könnte ein Doppelzimmer für uns reservieren. Heute Abend wollte ich dort ohnehin anrufen.«

»Ist es teuer? Ich meine, wenn die Ausländer dort hingehen.«

»Nein, sicher nicht. Es ist ein Ort für Weltenbummler, weniger für normale Touristen. Dort sind Typen, die monate- oder jahrelang unterwegs sind, die so reisen, wie ihr beide es eines Tages machen wollt. Die haben meistens nicht viel Geld.«

»Wirklich? Solche Reisenden gibt es im Iran?«

»Ich habe jedenfalls davon gehört, dass sie sich in dem Hotel treffen. Mach dir wegen des Preises keine Sorgen.«

Mir ist bewusst, dass das Reisen für die meisten Iraner einen Luxus darstellt, aber Mahtab wird bestimmt eine ungefähre Vorstellung davon haben, wie viel Geld man an einem Tag benötigt. Mir macht es auch nichts aus, einen größeren Anteil unserer Hotelkosten zu übernehmen und sie zum Essen einzuladen. In Yazd soll ein Zimmer nicht mehr als zwanzig Euro kosten, wie mir gesagt wurde.

»Ich freue mich. Wie wollen wir nach Yazd kommen?«

»Am liebsten mit dem Zug, und am allerliebsten tagsüber, damit ich die Wüste sehen kann. Aber anscheinend gibt es nur sehr wenige Zugverbindungen und ansonsten nur Nachtbusse.«

»Ich wusste gar nicht, dass es eine Bahnlinie nach Yazd gibt. Sollen wir in ein Reisebüro und danach fragen? Hier um die Ecke gibt es eines.«

»Ja, gerne.«

Siawasch lächelt, als er von unseren Plänen hört. Auf dem schnellsten Wege gehen wir zum Ausgang des Haram und dann zum Reisebüro.

Frühsport

Giti weckt mich um halb sieben, damit wir unseren Frühsport bei erträglichen Temperaturen treiben können. Nach einem Tee und viel Wasser gehen wir zügig zum Park-e Melat. Giti freut sich, endlich eine Begleiterin zu haben, denn Ali lässt sich nicht dazu überreden, frühmorgens durch den Park zu eilen. Er habe Bedenken, dort Bekannte zu treffen, die ihn in Gespräche verwickeln oder sein Treiben gar belächeln könnten. Darüber könne er sich leider nicht hinwegsetzen, bedauert Giti. Und welche andere Frau in ihrem Alter liefe schon allein durch den Park? Das ist doch eher etwas für Jüngere. Aber wenn sie eine Partnerin hätte, dann wäre es etwas anderes, und sie würde dort mindestens dreimal in der Woche ein wenig Bewegung suchen.

Ich trage die gleiche gewagte Kleidung wie bei meinem Joggingausflug mit Nasrin: eine locker geschnittene schwarze Trainingshose, ein dunkelblaues Sportshirt, das meinen Hintern knapp bedeckt, ein leichtes Kopftuch und darüber eine offene Schirmmütze, die das Tuch daran hindern soll zu verrutschen. Giti trägt einen schwarzen Mantel und ein schwarzes Maghne'e.

Mahtab hatte Recht: Am frühen Morgen ist der Park voller Sportler. Meine Schritte beschleunigen sich, sobald ich die vielen Sporttreibenden aus der Ferne sehe. Noch trennt uns eine breite Straße vom Park.

»Warte, warte, nicht so schnell«, sagt Giti, »ich bin schon ganz aus der Puste.«

Mich juckt es derart in den Beinen, dass ich mich kaum bremsen kann. Eine Runde auf dem äußeren Weg des Parks sollen knapp fünf Kilometer sein. Wir verabreden, dass ich eine Runde laufe, während Giti in dieselbe Richtung geht, dann wende ich und komme ihr wieder entgegen. So verpassen wir uns nicht.

»Viel Spaß«, ruft sie mir hinterher.

Es sind Hunderte, die sich hier betätigen. Die meisten gehen, aber es gibt auch einige laufende Männer. Auf freien Flächen wird Federball gespielt, und hinter einer Hecke sehe ich Tischtennisplatten.

Endlich laufen! Richtig laufen! Ohne Rücksicht auf ein bestimmtes Tempo. Allein. Nur mit mir und meiner Lauflust. Schon nach wenigen Minuten spüre ich den vertrauten Rhythmus. Wenn ich doch nur eine kurze Hose tragen könnte, ein luftiges Shirt und meine Haare im Wind wehen lassen dürfte! Mir wird heiß, aber von dieser Kluft werde ich mich nicht um mein Vergnügen bringen lassen. Ich laufe in moderatem Tempo, aber trotzdem überhole ich alle anderen Läufer. Entgegenkommende erkennen mich als Ausländerin und offenbar auch als trainierte Läuferin und applaudieren. Es ist lustig, wenn sie klatschen und »Maschallah!« rufen. Ich winke ihnen zu. Viele Frauen gehen in Zweier- oder Dreiergrüppchen und unterhalten sich angeregt. Auf einem Abschnitt des Weges ist es derart voll, dass ich im Zickzack laufen muss. Immer wieder werde ich gegrüßt und freundlich angelächelt. Meine Kleidung ist deutlich freizügiger als die der meisten Frauen, und ich gewinne den Eindruck, dass sie mit ihrem Applaus auch diese kleine Rebellion honorieren. Giti hatte auch schon bemerkt, dass es viele Neiderinnen geben könnte. Als Ausländerin kann mir nichts passieren, denken sie sicher, zumindest war das auch die Einstellung der jungen Frauen in der »Mother Pension«. Angeblich würde mich kein Sittenwächter belästigen. Aber diese Gedanken sind jetzt Nebensache. Ich fühle meinen Puls, genieße meinen Herzschlag und jeden meiner Schritte. Ich muss mich bremsen, um nicht noch schneller zu laufen, denn die Hitze steigt mir schon jetzt zu Kopf. Es ist das Gefühl von Freiheit, das ich hier genieße, die Freiheit, meinen Körper an Grenzen zu führen, mich regelrecht auszulaufen, auszupowern, gern würde ich auf einem Rasenstück ein paar Spurts einlegen. Für kurze Momente gibt es nur meinen Körper und mich. Als ich in das nächste lächelnde und von einem Kopftuch gerahmte Sportlerinnengesicht schaue, denke ich daran, wie es sein könnte, wenn es in diesem Land so viel Freiheit geben würde, dass jede Frau und jeder Mann selber über die Art der Kleidung entschiede. Was wäre, wenn die Bevölkerung nicht mehr entrechtet und bevormundet würde? Wie viele Schals, Kopftücher, Maghne'es und Tschadors würden auf der Stelle fallen? Iran wäre bei einem Sturz des Regimes vermutlich ein Land, in dem die Bedeutung des Islam, entgegen den meisten anderen Ländern in der Region, abnehmen könnte. Wo eine Trennung von Religion und Staat dazu führen könnte, dass der Glaube wieder zu einer Privatsache würde, so, wie es früher schon einmal gewesen ist. Allerdings nur, wenn die Bevölkerung sich aus eigener Kraft von den Machthabern in der Islamischen Republik befreien könnte. Hoffnungen auf eine Demokratisierung, nach einem Einwirken der USA, die nicht wenige Iraner ernsthaft hegen, kann ich nicht teilen. Das Nachbarland Irak ist das tragische Beispiel eines Landes, das die Bush-Administration sich als Zielgebiet ihrer Bombenflüge und Einmarschpläne ausgesucht und dessen Diktator sie – unter falschen Anschuldigungen – in die Flucht geschlagen hat. Heute befindet es sich in einem Bürgerkrieg.

Wenn ich in die vielen Gesichter schaue, die mir hier entgegenkommen, und an meine Bekannten und Freunde im Land denke, dann überkommt mich manchmal eine furchtbare Angst. Was wird aus ihnen, wenn sich die Bush-Regierung aus irrigen Überlegungen, konstruierten Anschuldigungen, militärischen Strategien, subjektiven Empfindungen und eiskaltem Kalkül heraus ihre Heimat als nächstes Land in der Region vorknöpft? Iran ist von der höchst unsensiblen US-Regierung im Jahr 2002 mit dem Unheil verheißenden Attribut »Schurkenstaat« gebrandmarkt worden. Unberücksichtigt bleiben dabei die Andachten von Tausenden, die in Teheran direkt nach den Anschlägen mit leuchtenden Kerzen ihr Mitgefühl für die Opfer ausdrückten. Es sollen die größten Beileidsbezeugungen im gesamten Nahen Osten gewesen sein. Bisher hat der amerikanische Krieg gegen den Terror, der infolge des 11.September 2001 an unzähligen Fronten geführt wird und die Welt nachhaltig verändert hat, als eine seiner vielen tragischen Folgen ausgerechnet die Terrorgefahr erhöht. Die Vorstellung von amerikanischen Bomben auf Teheran, Maschad und Isfahan erscheint mir einerseits abwegig, aber andererseits ist der derzeitigen US-Regierung jede noch so irrsinnige Militäraktion zuzutrauen. Es macht mir Angst, und ich versuche die Gedanken daran zu verscheuchen, versuche nicht daran zu denken, dass hier im Park-e Melat Sirenen heulen könnten. Ich will mir nicht vorstellen, dass alle diese Menschen, die mich jetzt so freundlich anlächeln, in Panik geraten, Schutz suchen müssen und im Bombenhagel um ihr Leben und um das Leben ihrer Familien und Freunde flehen – und, ihrerseits instrumentalisiert, in den Krieg ziehen würden.

Ich sollte schleunigst an etwas anderes denken! Das Laufen lässt meine Gedanken, wie üblich, kreisen, manchmal schneller und tiefer, als mir lieb ist. Endlich lenken mich die aufgeschnappten Worte anderer Frühsportler ab. Eine Frau spricht übers Mittagessen, eine andere über ihr Gewicht, *haftad kilo,* siebzig Kilo. Das ist bei ihrer Größe wirklich etwas zu viel, denke ich. Nach einer Weile kommt mir eine laufende Frau entgegen. Sie ist sehr jung, keine zwanzig, und sie hat auch mich schon von weitem entdeckt. Sie läuft schnell, und in ihrer Begleitung ist ein junger Mann. Sie hat Spaß an der Bewegung, ihr Lauf ist locker und geschmeidig. Sie ist eine trainierte Athletin, die viele Kilometer laufen kann. Wir lachen uns an und nicken uns zu. Wenn ich hier häufiger laufen würde, überlege ich, würde ich sicher schnell einige Laufpartnerinnen finden. Ich könnte über Bänke springen vor lauter Elan. Meine Energie findet endlich ein Ventil. Ohne diesen Lauf könnte ich morgen auf keinen Fall für vierzehn Stunden in einen Bus steigen. Meine Beine würden vor Bewegungsgier hilflos zappeln und kribbeln. Dieser Zustand überkommt mich manchmal auf Reisen oder während langer Schlechtwetterperioden. Ein Leben ohne ausreichende Bewegung ist eine Qual für mich. Ich ziehe mein Tempo noch einmal an, die Runde ist gleich geschafft. Zwei Männer schließen zu mir auf und laufen eine Weile neben mir, ohne mich jedoch anzusprechen. Sie lächeln, und ich lächle zurück. Die meisten Männer tragen lange Trainingshosen und kurzärmlige Shirts. Nur einige wenige zeigen ein Stückchen Bein. Als ich eine Wasserstelle sehe, kühle ich meine Arme und trinke, so viel ich kann. Mittlerweile dürfte es fast dreißig Grad warm sein. In Deutschland würde ich bei diesen Temperaturen nicht laufen, sondern mich aufs Rad setzen und den Fahrtwind genießen.

Am Ende der Runde suche ich mir ein Plätzchen, weit genug entfernt vom geteerten Weg und den vielen Frühsportlern, und absolviere mein Dehn- und Gymnastikprogramm. Es ist nicht ganz einfach, eine Übung zu praktizieren, bei der man normalerweise den Hintern rausstrecken muss, ohne es in dieser Umgebung anzüglich wirken zu lassen. Ich bemühe mich um Diskretion und vermeide jede Körperhaltung, die meine Brust betonen könnte oder sonstige Attribute von Weiblichkeit hervortreten lässt. Dabei denke ich an die halbnackten gazellenartigen Läuferinnen, die ich bei der Übertragung von Leichtathletikwettkämpfen so gern anschaue und deren fein definierte Muskeln eine wahre Augenweide sind: Frauen, die vor Energie strotzen und ein Fest der Körperlichkeit feiern!

Giti schaut besorgt, als ich ihr entgegenkomme.

»Wo warst du so lange? Ich habe mir schon Sorgen gemacht.«

»Warum? Was soll mir denn passieren?«

»Ich weiß nicht. Du hast keine Papiere dabei. Nicht einmal Geld oder eine Telefonnummer.«

»Kein Problem. Ich habe Gymnastik gemacht. Wie geht es dir? Wie bekommt dir der Frühsport?«

»Es ist wunderbar. Irgendwie muss ich Ali zum Mitmachen überreden. Hier sind viele Männer seines Alters. Er muss sich wirklich nicht schämen. Aber leider ist Maschad in gewisser Weise nur ein Dorf. Ali ist hier aufgewachsen. Jeder kennt ihn. Und du kannst dir vorstellen, wie lange es dauert, wenn man unterwegs zehnmal ausführlich grüßen muss.«

»Und nach dem Befinden aller Familienangehörigen fragen muss!«, sage ich lachend.

»Ganz genau. Hast du auch so einen Hunger wie ich? Wir haben uns ein großes Frühstück verdient, denke ich.«

Auf dem Heimweg erzähle ich Giti von der Lehrstunde in der Toilette des Heiligtums. Sie versteht sofort, was ich meine und welche Art von »Schwester« sich dort aufspielte.

»Es tut mir leid, dass du so etwas erleben musstest. Es ist bestimmt nicht typisch für die vielen anderen Helferinnen, aber es ist trotzdem ein Problem. Wo gibt es denn so etwas: einer Pilgerin vorzuschreiben, wie sie sich zu waschen hat!? Weißt du, was ich glaube? Es sind nicht nur die Mächtigen in unserem Staat, die Probleme bereiten. Solche Leute wie die Frau, die du gestern erlebt hast, solche Übereifrigen zerstören unser Land. Sie sind schuld daran, wenn unsere Kultur zu Grunde geht, wenn Menschen sich von Rechtschaffenheit abwenden und wenn meine Landsleute sogar der Religion, dem Islam und dem heiligen Koran den Rücken zukehren. Es ist traurig, aber wahr: Diejenigen, die sich als wahre Gläubige ausgeben und anderen den wahren Glauben diktieren wollen, treiben Menschen in den Unglauben.«

Das heilige Essen des Imam Resa

Am Abend bin ich mit Setare verabredet. Ich habe sie gefragt, ob sie mit mir zum Abendgebet ins Haram geht. Wir verabreden uns an der Bushaltestelle, und nachdem ich mir ein Maghne'e ausgeliehen und einen Tschador in meiner Tasche verstaut habe, gehe ich in Richtung Universität. Setare wartet bereits auf mich, und ich bin überrascht, sie in hellem Mantel, goldfarben durchwirktem Kopftuch und sorgfältig geschminkt zu sehen. Wir küssen uns auf die Wangen.

»Du siehst toll aus. Ein schönes Kopftuch«, sage ich, und Setare lächelt, als hätte ich sie bei etwas Ungehörigem ertappt.

»Den Tschador habe ich in der Tasche«, sagt sie. »Dir steht ein Maghne'e aber auch sehr gut.«

»Ich trage es zum ersten Mal auf der Straße. Es ist irgendwie ganz praktisch, aber auch ungewohnt streng. Mit einem Maghne'e unterm Tschador komme ich besser zurecht als mit einem Kopftuch. Es sitzt einfach besser, und der Hals ist bedeckt.«

Als wir im Bus sitzen, reiche ich ihr ein Geschenk. Beim Anblick ihrer heutigen Garderobe erscheint es mir besonders passend. Aus meinem Fundus an Lippenstiften, Lidschatten, Nagellack und anderen Kosmetika, die mir ein Mitarbeiter einer Firma in Deutschland für meine Reise zur Verfügung gestellt hatte, habe ich eine kleine Auswahl in Brauntönen für sie zusammengestellt. Schon im Zug war mir aufgefallen, wie gut diese Farbe zu ihr passt. Mit europäischen Kosmetikartikeln kann man Iranerinnen eine große Freude machen. Auch in der »Mother Pension« hatte ich die Mädchen damit glücklich machen können. Ein gutes

Dutzend Sonnenbrillen, die ich über eine andere Quelle erhalten hatte, kommen als Gastgeschenk und Erinnerung an die Besucherin aus Deutschland ebenfalls gut an. Als ich Jasmin einen Lippenstift schenkte, lief sie aufgeregt in ihr Schlafzimmer und zeigte mir einen Stift, der kaum mehr einen Millimeter Farbe zeigte. Dieser Stift sei auch von mir, sagte sie, ich hätte ihn bei meinem letzten Besuch ihrer Mutter geschenkt, die ihn an sie weitergegeben habe. Und wann immer sie ihn benutze, habe sie dabei nicht nur an ihre Mutter, sondern auch an mich gedacht, ohne mich zu kennen. Es sei wunderbar, dass ich rechtzeitig gekommen sei. Noch sei der alte nicht gänzlich aufgebraucht, und nun habe sie wieder einen »Bruni-Stift«.

»Aber das sind ja meine Lieblingsfarben«, sagt Setare, »und wie cremig der Stift ist! Und der Nagellack passt auch dazu. Vielen Dank, *cheyli mamnun, taschakor.* Ich habe auch etwas für dich mitgebracht. Bitte schön!«

Das kleine Päckchen ist sorgfältig eingewickelt.

»Es ist nur eine Kleinigkeit. Hoffentlich gefällt es dir«, sagt sie.

Zunächst sehe ich ein grünes Tuch mit arabischen Schriftzeichen. In ihm befindet sich ein kleines Täschchen, in dem ein Gebetsstein liegt. Setare reicht mir noch ein Buch mit einem aufwändig gearbeiteten Buchdeckel. Inmitten eines eingestanzten Rahmens zeigt er das Foto des Haram-e Imam Resa.

»Es sind Gebete und Antworten auf religiöse Fragen. Die große Schrift ist arabisch, die heilige Sprache des Propheten – Friede sei mit ihm –, und die kleinere ist die persische Übersetzung. Das Buch erklärt unsere Rituale. Es gibt für jede Gelegenheit ein passendes Gebet, für Krankheit, Kummer, Erdbeben, Unglücksfälle und auch für schöne Anlässe wie Geburten und Genesungen.«

»Vielen, vielen Dank. Hoffentlich kann ich es eines Tages lesen.«

Setare fragt mich nach meinen Eindrücken in Maschad und ist freudig überrascht, dass ich bereits zweimal im Haram war.

Als wir an einem parkähnlichen Gelände vorbeifahren, erklärt sie mir, es gehöre Imam Resa.

»*Everything belongs to Imam Resa. The Park belongs to him, a big wood and many, many fabrications.*«

Setare meint den Besitz der Imam-Resa-Stiftung. Wie ich inzwischen in Erfahrung bringen konnte, dreht sich in Maschad offenbar kein Rad ohne eine Verbindung zu dieser religiösen Stiftung. Eine derartige Einrichtung zahlt keine Steuern, aber eine der größten, die »Stiftung der Entrechteten«, besitzt ein derart üppiges Firmenguthaben, dass sie im Jahr mehr Geld umsetzt, als der Staat an Steuern einnimmt. Der oberste Religionsführer im Land, Chamene'i, stammt auch aus Maschad und dürfte in engem Kontakt zu den religiösen Stiftungen stehen.

»*Imam Resa helps the people very much,* Imam Resa hilft den Leuten sehr.«

Setare ist überzeugt von der wohltätigen Arbeit der Stiftung und erzählt mir von Krankenhäusern, Schulen, Bibliotheken, Witwenrenten und Stipendien.

Wir fahren zunächst zum Basar, weil uns noch genügend Zeit bis zum Abendgebet bleibt. Dort möchte ich ein Maghne'e kaufen, damit ich in Deutschland auf die vielen Nachfragen, was unter einem kapuzenartigen Kopftuch zu verstehen sei, mit einer praktischen Demonstration reagieren kann.

Der Basar macht einen geschäftigen und keineswegs touristischen Eindruck. Das Angebot in den ersten Geschäften reicht von Tschadors, Maghne'es, Kopftüchern, Schmuck, Parfum bis zu Devotionalien aller Art einschließlich farbenfroher Gebetsketten. Meine Wahl eines rosafarbenen Maghne'es wird weder von Setare noch vom Verkäufer in besonderer Weise kommentiert, und so erscheint es mir passend zu sein. Als ich Setare sage, dass ich eine Gebetskette als Andenken an Maschad kaufen möchte, gehen wir gemeinsam von Stand zu Stand. Dort werden wir von den Mitarbeitern ausgiebig beraten, und ich bewundere kostbare Exemplare, die unter dem Ladentresen in Tücher eingeschlagen sind. Einige dieser Ketten scheinen nur als Schmuckstücke zu dienen, denn aufgrund ihrer enormen Größe sind sie nicht dafür geeignet, durch die Hand geführt zu werden. Manche Materialien strömen besondere Gerüche aus oder wechseln durch Körpertemperatur und Lichteinfall ihre Farbe. Wir vergleichen die Preise, und ich warte darauf, dass eine der zahlreichen Ketten mir auf Anhieb ins Auge springt und ich sie sozusagen als »meine« Kette erkenne. Doch dieser besondere Moment will nicht kommen, und so ziehe ich drei verschiedene Ketten in die engere Wahl. Schließlich entscheide ich mich für ein Exemplar mit kleinen Granatsteinen. Da der Verkäufer sehr lange mit einem Telefonat beschäftigt ist, müssen wir uns nach dem Bezahlen beeilen, um rechtzeitig zur Moschee zu gelangen. Mit uns strömen zahlreiche Menschen in Richtung Haram, die dort offenbar alle am Abendgebet teilnehmen möchten. Als wir die Gänge des Basars verlassen, ist es beinah dunkel, und der Himmel schimmert im bläulichen Abendlicht, und als wir auch noch den Muezzin rufen hören, habe ich Bedenken, es könnte schon zu spät sein.

»No problem«, sagt Setare.

Wir ziehen unsere Tschadors über, geben die Taschen ab und gehen zur Personenkontrolle. Wie am Tag zuvor werde ich willkommen geheißen, trage meinen Namen auf einem Formular ein und kann passieren. Setare spricht derweil mit den Kontrolleurinnen und betont mein besonderes Interesse am Heiligtum. Ich hoffe, dass sie ihnen nicht sagt, ich sei Autorin und möchte etwas über meinen Besuch schreiben, denn das zieht erfahrungsgemäß unnötige Fragen nach sich. Doch wir dürfen uns unbehelligt in allen Bereichen des Haram bewegen.

»Ich habe eine Überraschung für dich«, sagt Setare, und ich bin gespannt, was sie damit meint.

Sie führt mich durch Gänge und über Höfe, senkt ihren Blick und spricht beim Anblick besonders symbolträchtiger Elemente des Haram etwas vor sich hin. Sie streicht über alte Torpfosten und lächelt mich immer wieder an, ganz so, als wollte sie mir zeigen, wie schön es ist, das Haus eines vertrauten Freundes zu besuchen. Als wir den Alten Hof erreichen, stockt mir im ersten Moment der Atem. Tausende von Gläubigen sitzen dicht an dicht am Boden, mit ihren Gesichtern gen Mekka geneigt, und warten auf den Beginn des *Namas-e Dschama'at,* des Gemeinschaftsgebetes. Auf der einen Seite sitzen die Männer: Von hinten betrachtet bilden ihre Rücken ein Muster aus weißen, grauen, cremefarbenen, braunen und schwarzen Hemden. Die meisten Köpfe sind schwarz, viele grau, wenige kahl, und noch weniger Köpfe sind von Turbanen, Gebetsmützen oder traditionellen Kappen bedeckt. Die Frauenhälfte, in der deutlich mehr Gläubige sitzen, ist eine schwarze Woge mit wenigen blauen oder hellgeblümten Tupfern. Die doppelstöckigen Arkaden mit ihren türkisfarbenen Fayencen sind beleuchtet, an der schmalen Seite ragt der prächtige Iwan empor, und im Hintergrund strahlt ein goldfarbenes Minarett. Ich werde mich nicht einreihen können in die unzähligen Reihen der nebeneinandersitzenden Frauen. Wo soll ich während des Gebetes bleiben? Was soll ich tun? Wohin geht Setare? Es ist ein seltsames Gefühl. Meine Begleiterin scheint beseelt von der Gemeinde der Gläubigen, ihr Gesicht strahlt, sie freut sich auch darüber, dass ich in diesem besonderen Moment an diesem besonderen Ort sein kann. Sie nimmt sich einen der Gebetssteine, die in großen Gefäßen bereitliegen. Was ist, wenn ich Setare verliere, oder wenn mich jemand fragt, was ich hier als Ungläubige zu suchen habe? Ich verkrieche mich unter meinem Tschador. Setare zeigt mir die Stelle, an der sie ihre Schuhe abstellt, dorthin soll ich kommen, wenn ich sie aus den Augen verliere. Sie möchte weiter nach vorn. Für eine einzelne Frau findet sich immer ein Platz. Dann verschwindet sie in der Menge der Tschadors. Ich gehe an eine Wasserstelle im hinteren Bereich des Hofes, die von einem geschwungenen Dach gekrönt wird, stelle mich an eine der Säulen und versuche nicht aufzufallen. Das Gebet wird gleich beginnen, aber trotzdem verweilen hier noch einige Frauen, trinken Wasser, schauen über die Menge und machen keine Anstalten, sich einzureihen. Ich überlege, ob sie ihre Periode haben und deshalb nicht mit den anderen beten, aber dann fällt mir ein, dass Frauen in dieser Zeit ihres Zyklus nicht ins Heiligtum dürfen. Einige haben Kinder dabei, vielleicht warten sie deshalb hier. Am Ende der Männerhälfte sitzen erstaunlich viele Gläubige in Rollstühlen. Ich erkenne den Mann wieder, der seinen Stuhl per Elektroantrieb mit dem Mund fortbewegen kann. Seine Beschwerden zwingen ihn dazu, in einem speziellen Gefährt beinahe ausgestreckt zu liegen.

Die Teppichjungen beeilen sich, für die letzten Nachzügler Unterlagen auszulegen. Dort, wo es noch freie Flächen gibt, spiegeln sich die Lichterketten auf dem blanken Marmor wider. Von weitem sehe ich eine Frau winken. Zunächst verhalte ich mich ruhig, weil ich mir nicht sicher bin, ob ich gemeint bin, aber dann entdecke ich ein Stückchen des goldschimmernden Stoffes von Setares Kopftuch, das sich unterm Tschador hervorgestohlen hat. Ich winke zurück. Im nächsten Moment erhebt sich eine kräftige Stimme. Es ist der Vorbeter, der aus der Tiefe seines Körpers ein *Salawat!* in den Hof hineinruft. Es kommt Unruhe auf. Jene, die noch sitzen, stehen jetzt auf, es geht ein Rascheln von Tausenden Tschadors und ein Raunen und Murmeln um. Die Gemeinde antwortet mit einem *Salawat! Ala masal-e ala Mohamad wa al-e Mohamad,* was so viel bedeutet wie: Grüße an Mohamad und an alle Nachfolger Mohamads. Dann herrscht einen Moment lang vollkommene Stille. Die Gläubigen stehen bereit, ihre Körper sind zur heiligen Kaaba nach Mekka ausgerichtet. Ein Ritual, das seit über 1300 Jahren in genau dieser Form von praktizierenden Moslems in aller Welt zum Gebet vollführt wird. Das jeder Einzelne schon viele tausend Mal verrichtet hat und im Wissen um alle anderen Gläubigen bis an sein Lebensende verrichten wird. Die Sonne ist schon lange untergegangen, aber noch zeigt der Himmel ein bläuliches Schimmern.

Ich fühle ein Kribbeln auf der Haut, es ist ein Schauer, der über meinen Rücken kriecht und meine Kopfhaut vibrieren lässt. In meinen Ohren spüre ich ein sanftes Rauschen. Meine Augen werden feucht, und meine Mundwinkel beben. Der Anblick der betenden Menschen, die gemeinsam dem einen Gott, Allah, huldigen, rührt mich zu Tränen. *Allahu akbar! Allahu akbar! Allahu akbar! Allahu akbar!* Die volle Stimme des Vorbeters hallt über den großen Hof. Die Geborgenheit, die in diesem Moment von der Gemeinde ausgeht, erfüllt mich mit Rührung und Freude. Ich habe mir nie vorstellen können, inmitten eines islamischen Gemeinschaftsgebetes von Tausenden Männern und Frauen zu verweilen. Die zahllose Menge spricht die Worte des Vorbeters nach. Wie aus einem Munde ertönt ihr *Gott ist groß!* Es folgen die einzelnen Abschnitte der Gebetstexte, die nachgesprochen werden. In einem festgelegten Ablauf beugen die Gläubigen ihre Körper und werfen sich nieder. Diese Bewegung gleicht einem riesenhaften Geschöpf, einer menschgemachten Welle, in der jeder Einzelne einen Tropfen im Meer des Glaubens und der Anbetung Allahs darstellt. Mit ihrer Stirn berühren sie alle gemeinsam die Gebetssteine, die aus der für Schiiten heiligen Erde von Kerbala geformt wurden. Es ist dieselbe Erde, auf die sich schon der Imam Hussein im siebten Jahrhundert zum Gebet niederwarf. Auf dem Gebetstuch, dem *Dschanamas,* das Setare mir geschenkt hat, steht der Ausspruch des Imam Hussein: *Ich liebe das Beten.* Hussein ist nach der schiitischen Glaubenslehre der dritte *Imam,* der dritte *religiöse Führer,* nach seinem Vater Ali und seinem Bruder Hassan. Sein gewaltsamer Tod in Kerbala, im heutigen Irak im Jahre 680 ist zu einem Dreh- und Angelpunkt im schiitischen Glauben geworden. Eines der größten religiösen Feste im Iran, das Aschura-Fest, steht in direktem Zusammenhang mit seiner Ermordung. Noch immer befindet sich das größte schiitische Heiligtum in Kerbala. Während des Regimes Saddam Husseins war es iranischen Gläubigen zumeist unmöglich, dorthin zu pilgern. Nur für eine kurze Zeit nach dem Sturz Saddams konnte das dortige Haram für sie ein Ort der Huldigung und Einkehr sein. Inzwischen bedeutet eine schiitische Pilgerfahrt nach Kerbala ein unkalkulierbares Risiko. Am Schrein des Imam Hussein kommt es regelmäßig zu Bombenattentaten. Die Terroristen haben es gezielt auf das Leben möglichst vieler Gläubiger abgesehen. Aber hier, im schiitischen Schrein des Imam Resa, können sie ihre Stirn unbehelligt auf die heilige Erde senken und sich von ihr einen »Stempel« geben lassen.

Das Ritual wiederholt sich einige Male, und ich schaue gebannt auf die vielen tausend gebeugten Rücken, die für einen kurzen Moment eine fast durchgehende Fläche aus Körpern bilden. Dann verlassen einige den synchronen Rhythmus, strecken sich einen Wimpernschlag vor den anderen und tauchen im nächsten Moment wieder in der Menge unter. Unter meinem Tschador greife ich in die Manteltasche und hole mein Handy heraus, schalte die Kamerafunktion ein und mache ein Foto.

Mit der Beendigung des Gebetes gehe ich zu Setares Schuhen, die neben einem Teppich stehen.

»Ach, es war so schön. Ein *Namas-e Dschama'at,* ein Gemeinschaftsgebet bei unserem Imam, ist immer etwas ganz Besonderes. Ich fühle mich jedes Mal fröhlich und gestärkt. Und jetzt habe ich eine Überraschung für dich.«

In einem schönen kleinen Hof mit einer reich verzierten Wasserstelle gehen wir in ein Büro. Nach einer umständlichen Begrüßung von zwei Männern, die uns nicht in die Augen schauen, fragt Setare sie nach ihrem Bekannten. Er sei in einer anderen Abteilung, wird ihr gesagt. Nach mehreren Telefonaten ist der Gesuchte am Apparat, und sie vereinbaren einen Treffpunkt.

Als wir ihn gefunden haben, grüße auch ich ihn in aller Ausführlichkeit. Zum Glück habe ich ihm nicht automatisch die Hand gereicht, denn Berührungen zwischen fremden Männern und Frauen sind in religiösen Kreisen tabu. Der Mann ist etwa in meinem Alter, trägt einen gepflegten Kurzbart und hat eine natürliche Eleganz, der selbst die Tatsache, dass er ohne Schuhe und in Socken vor uns steht, nichts anhaben kann. Er ist der Schlüssel zu Setares Überraschung, denn er wird dafür sorgen, dass wir vom heiligen Essen des Imam Resa speisen dürfen. Dies ist nur weit gereisten Pilgern und besonderen Spendern vorbehalten. Auch von Giti hatte ich über das berühmte Essen etwas gehört, in dessen Genuss sie selber allerdings noch nie gekommen ist. Er führt uns auf einem langen Weg durch verschiedene Gebäude, und wir müssen uns anstrengen, um seinen schnellen Schritten zu folgen. Wie gut, dass ich Slipper trage, wir durchqueren mehrmals Bereiche, die mit Teppichen ausgelegt sind.

»Ich habe hier auch noch nie gegessen«, sagt Setare mit verschwörerischem Unterton. »Er war ein Schüler meiner Mutter und hat uns schon oft angeboten, seine Hilfe in Anspruch zu nehmen, wenn wir besondere Wünsche im Haram haben. Nun habe ich ihn zum ersten Mal um etwas gebeten.«

»*Dastet dard nakone!* Mögen deine Hände niemals schmerzen.«

Wir gehen eine Treppe hinauf, und er deutet in einen Trakt, der offenbar für Frauen vorgesehen ist. Dann verabschiedet er sich, ohne uns direkt anzuschauen. Wir bedanken uns unzählige Male und gehen dann in den Speiseraum. Ein überdimensionaler Kronleuchter im Zentrum des Saales ist das Erste, was mir ins Auge springt. Wir befinden uns im oberen Stockwerk auf einer Art großem Balkon mit hübscher Brüstung, der zum Hauptraum ausgerichtet ist. Der Leuchter hängt auf unserer Augenhöhe. Nur wenige Tische sind besetzt, und ich begreife, dass wir uns im Essensbereich der Haram-Mitarbeiterinnen befinden. Dass ich ausgerechnet bei der Staubwedelfraktion lande, irritiert mich ein wenig. Extrem verschleierte Frauen sitzen vor ihren Mahlzeiten und schauen uns neugierig an. Wir nicken ihnen zu und werden gegrüßt. Eine Helferin deutet auf zwei freie Plätze an einem Tisch mit vier anderen Frauen. Ich versuche mich so zu verhalten, als fände ich es absolut normal, als ausländische und nichtmoslemische Besucherin hier gelandet zu sein. Prompt verrutscht mein Tschador, und unsere Platzanweiserin weist mich darauf hin, dass ich auch im Frauentrakt korrekt gekleidet sein muss. Dabei zuckt sie reflexartig ihren Staubwedel, ohne ihn jedoch auf mich zu richten.

»Entschuldigen Sie bitte. Ich bin das Tragen eines Tschadors nicht gewohnt.«

»Nicht so schlimm«, sagt sie und mustert mich mit unver-

Maschad. Im Innenhof des Imam Resa Heiligtums. Blick auf den heiligen Schrein.

Im Heiligtum. Gläubige beim Gebet.

Maschad. Ein blitzschnelles Foto mit einem Mullah.

Yazd. Mit Mädchen in Schuluniform.

Das Silk-Road-Hotel von außen …

… und im Innenhof.

Polizistenattrappe am Straßenrand.

Wodka im Stanniolbeutel.

Vierköpfige Familie auf kleinem Motorrad.

Pir-e Sabs.
Wichtigste Pilgerstätte der
Zarathustragläubigen bei Yazd.

Mit Studenten in Kharanaq.

Yazd. Turm des Schweigens, Ort der Begräbnisrituale der Zarathustragläubigen.

Aufbahrungsstätte im Innern des Turms.

Isfahan. Touristin in der Imam Moschee.

Isfahan. Pol-e Chadju.

Isfahan. Siose Pol.

Liebespaar in der Imam Moschee.

Isfahan. Handwerkerinnen im Silberbasar.

Hassan, der Deckenbedrucker.

In den Bergen von Abjaneh.

Abjaneh. Touristinnen aus Teheran betrachten Einheimische.

Mit Mitreisenden im Nachtzug nach Maschad.

Mit Studentinnen in einem Teheraner Taxi.

Teheran.
Frühsport
im Park.

Teheran. In der Ferdosi Straße.

hohlener Neugier. Offenbar hat sie nicht oft Gelegenheit, mit einer Ausländerin zusammenzutreffen, denn nachdem wir am Tisch sitzen, bleibt sie in unserer Nähe an der Brüstung stehen. Es ist ein skurriler Anblick, wie sie mit ihrem besonders strengen Maghne'e, das nur eine kleine rautenförmige Fläche ihres Gesichts freigibt, dem schwarzen Tschador und einem regenbogenfarbenen Staubwedel nur wenige Meter vor dem gewaltigen Kristallleuchter steht. Ich werde alles daran setzen, ein Foto von ihr zu bekommen. Doch zunächst bekommen wir unser Essen. Es ist ein typisch persisches Gericht, das mir besonders gut schmeckt: *Gheymeh Bademdschan,* Lammfleisch in Auberginensauce, frisch gebackenes Brot, Salat, Joghurt und Wasser. Unsere Tischnachbarinnen suchen in ihren Gedächtnissen nach englischen Worten und scheinen sich über mein hilfloses Hantieren mit dem Tschador zu amüsieren. Nie im Leben hatte ich damit gerechnet, im Tschador essen zu müssen. Damit fällt mir schon das bloße Gehen schwer, und nun muss ich das Tuch auch noch beim Essen halten. Hier hilft nur offensives Verhalten, überlege ich. Wenn ich schon inmitten einer strengen »Schwesternschaft« sitze, obwohl noch vor drei Tagen kaum damit zu rechnen war, überhaupt ins Heiligtum zu gelangen, dann darf ich jetzt nicht zaudern. Schließlich stand ich schon am Grab von Imam Resa, habe das Abendgebet erlebt und verspeise nun auch noch das besondere Imam-Resa-Essen! Ich versuche das Mitleid dieser strengen »Schwestern« mit einer hilflosen Ungläubigen aus dem Abendland zu schüren. Das ist sicher besser, als verschüchtert zu riskieren, mit einem Staubwedel bedacht zu werden.

»Ich schaffe es nicht«, sage ich mit einem Lächeln, »alles rutscht. Wie machen Sie das nur? Wie kann man mit einem Tschador essen? Bitte helfen Sie mir!«

Setare lacht, und die vier Damen überschlagen sich mit Tipps. Als erste Wahl gilt ein Gummiband, das den Tschador zumindest einigermaßen sicher am Kopf hält. So habe man für kurze Momente auch beide Hände frei. Wie sich herausstellt, arbeiten die Damen in der berühmten Imam-Resa-Bibliothek. Sie wollen auch einiges über mich erfahren, und ich bezeichne mich als Orientalistikinteressierte mit einem Faible für die persische Kultur. Und dazu zähle zweifellos auch die Beschäftigung mit den iranischen Heiligtümern und ihren Besuchern. Sie geben mir Reisetipps und sind begeistert, als sie hören, was ich schon alles gesehen habe. Viel mehr als sie selber, sagt eine junge Frau, die mir gegenübersitzt. Ihre Haut ist so blass, dass ich davon ausgehe, sie habe noch nie in der Sonne gesessen. Wie würde sie einen Sommertag am endlosen Strand von St. Peter Ording empfinden? Wie den Nordseewind in ihren Haaren und das tosende Meer vor ihren Augen? Für einen kurzen Moment stelle ich mir vor, wie ein partiell gebräuntes Gesicht aussieht, wenn man die »Verschleierung« abnimmt.

Die Frau mit dem Staubwedel weicht nicht von unserem Tisch. Sie gefällt mir. Auch wenn ich noch immer große Probleme habe, das Wesen einer streng verschleierten Frau einzuschätzen, so wirkt sie auf mich sehr einfach und sehr sympathisch. Ich stelle mir vor, sie sei Mutter von vier oder mehr Kindern, könne hervorragend kochen und gebe sicher eine wunderbare Gastgeberin ab. Sie ist möglicherweise nicht viel älter als ich, aber genauso gut könnte sie Mitte fünfzig oder sogar sechzig sein. Vielleicht hatte sie nie die Möglichkeit höherer Bildung oder nicht die Fähigkeiten dafür. In Europa würde sie vermutlich den Job einer freundlichen Kassiererin im Supermarkt bekleiden. Als wir das leckere Mahl aufgegessen haben, gehe ich zu ihr.

Es macht sie ein wenig nervös, dass ich sie frage, wie es ihr geht und wie ihr die Arbeit im Haram gefalle.

»Sie spricht Persisch mit mir«, sagt sie zu Setare gewandt.

»Darf ich ein Foto von Ihnen machen? Es sieht so schön aus, wie Sie hier vor dem wunderbaren Leuchter stehen.«

Sie nickt verschämt und wird ein wenig rot. Ich hole mein Handy aus der Tasche, und sie stellt sich sogar in Positur. Doch irgendetwas scheint sie im letzten Moment zu verunsichern, denn sie geht zu einem Tisch, an dem eine Gruppe anderer Helferinnen sitzt, und fragt dort, ob sie sich von mir fotografieren lassen darf. Ihr wird abgeraten, und so kann sie sich leider nicht noch einmal in Positur bringen, und ich werde kein Foto von einer Schwester mit Staubwedel bekommen. Ich bedanke mich trotzdem bei ihr, und wir verabschieden uns.

Und draußen bedanke ich mich viele Male bei Setare, die sich rundum wohlfühlt.

»Ich weiß, dass es eine Ehre ist, hier zu essen. Ich werde immer daran denken«, sage ich und küsse sie auf die Wange.

Das Essen habe ihr besonders gut geschmeckt, sagt Setare, und sie findet es wunderbar, dass selbst unsere Brotreste und das kleine Überbleibsel Reis nicht weggeworfen werden, sondern sorgfältig eingesammelt und weitergegeben werden. Kein Krümel des Imam-Resa-Essens lande jemals im Müll.

Wir nehmen einen Ausgang, den ich noch nicht kenne, und bummeln durch ein angrenzendes Viertel. Vor einem Geschäft, das ausschließlich die moderne Version der Bildteppiche im Angebot hat, bleibe ich stehen. Es ist kaum zu fassen: Diese Arbeiten sind von Fotografien nicht zu unterscheiden. Die Motive sind derart vielfältig, dass ich mir vorkomme, als schaute ich durch das Fenster einer Postergalerie. Flamingoschwärme spiegeln sich in einem See, ein Tiger pirscht durch den Dschungel, und ein Hirte hütet Schafe. Wie werden sie nur derart exakt geknüpft? Setare weiß auch keine Antwort, und das Geschäft ist leider geschlossen. Erst auf den zweiten Blick entdecke ich den Verkäufer, der am Boden hockt und sein Abendgebet verrichtet. Schnell wende ich mich ab und gehe weiter. Doch schon im nächsten Moment öffnet er die Tür und bittet uns herein.

Ich würde nie auf den Gedanken kommen, mir einen derartigen Teppich an die Wand zu hängen, aber mich interessieren die Hände, die diese Knoten geknüpft haben. Im Geschäft gibt es auch eine Reihe von Portrait-Teppichen.

»Aber das ist ja ein Scheich«, sage ich zu dem Verkäufer, als er auf einen Teppich mit der Abbildung eines schwergewichtigen Arabers in traditioneller Kleidung deutet.

»Wir haben viele arabische Kunden. Sie schätzen unsere Qualität.«

»Und zahlen sicher gut.«

»Das natürlich auch«, sagt er mit einem Schmunzeln. Als ich ihm sage, ich sei Journalistin und würde gern einen Artikel über diese Art von Teppichen schreiben, wird meine Neugier endlich befriedigt. Er erklärt mir, wie jedes beliebige Foto zu einem Teppich werden kann. Mittels eines speziellen Computerprogramms wird exakt berechnet, welche Farbe jeder einzelne Knoten haben muss. Die Berechnungen werden auf das übliche Teppichmuster-Papier übertragen und können abgelesen werden. Da die Farben permanent gewechselt werden, können die Werke nur zu zweit geknüpft werden. Professionelle Knüpferinnen haben die Technik innerhalb von zwei Wochen erlernt. Industriell erzeugte Farben gäbe es in jedem beliebigen Ton. Er habe sich inzwischen ausschließlich auf die Fertigung dieser Teppiche spezialisiert.

»Kommen Sie! Hier habe ich einige besondere Stücke. Privatbestellungen!«

Verhüllt mit einer Decke stapeln sich hier mindestens zwei Dutzend Portrait-Teppiche. Zumeist handelt es sich um Araber, die in machtvoller Pose ihren Stolz und ihre Leibesfülle präsentieren. Aber es gibt auch einige persische Familien samt kopftuchfreier Frauen. Wirklich schön ist das Schwarz-Weiß-Porträt einer reifen Dame. Die Aufnahme könnte in den fünfziger Jahren entstanden sein.

»Die Großmutter eines Kunden aus Schiras. Sie war eine gebildete Frau. Er ist sehr stolz auf sie.«

Dann macht er es richtig spannend, indem er vier Teppiche auf einmal zurückschlägt und vorab auf den übernächsten deutet. Als er den letzten zurückschlägt, schaut mich das unverkennbare Gesicht Schah Resa Pahlevis an.

»Wow! Der Schah! Lange nicht gesehen, jedenfalls nicht im Iran. Warum hängen Sie ihn nicht ins Schaufenster?«

Er lacht wie ein diebischer Junge.

»Schreiben Sie, dass dieser Teppich nach Amerika geht. Dort haben wir viele Kunden, die sich Portraits des Schahs wünschen.«

Unser Bus ist sehr voll, und wir erwischen die letzten freien Plätze im Frauenbereich. Wir sind die einzigen Frauen ohne Tschador, und auch bei einem Blick aus dem Fenster bestätigt sich Mahtabs bedauernder Kommentar, dass die Anzahl der Tschadors proportional mit der Nähe zum Haram steigt. *Je weiter weg, desto besser,* formulierte sie ihre abschließende Bemerkung und ihre Hoffnung auf Yazd.

Der Bus wird immer voller, und so drängen sich einige Männer in den Frauenbereich. Setare und ich unterhalten uns auf Englisch, und fast alle Umstehenden recken ihre Hälse, schauen uns freundlich lächelnd an und scheinen sich über einen ausländischen Fahrgast zu freuen.

»Entschuldigen Sie bitte«, sagt plötzlich ein junger Mann auf Deutsch. »Sind Sie Deutsche?«

»Ja, richtig. Woher wissen Sie das?«

»Ich habe es geahnt.«

Nun wollen wirklich alle umstehenden Passagiere an der Begegnung teilhaben.

Woher kommt sie? Welche Sprache spricht sie? Was macht sie hier?

»Warum fahren Sie mit dem Bus?«, fragt mich der junge Mann in erstaunlich gutem Deutsch. Er kann sich absolut nicht erklären, warum eine reiche Europäerin mit einem öffentlichen Bus fährt. Ich versuche es ihm zu erklären, und er hat sich inzwischen sehr nah an uns herangekämpft. Er heißt Abolfasl, und ich gratuliere ihm zu seinem religiösen Namen. Er grinst und sagt, ein persischer Name wäre ihm lieber. Seit einigen Jahren besuche er einen Sprachkurs, und im letzten Jahr sei er für drei Wochen bei seinem Onkel in Stuttgart gewesen. Es gäbe tolle Autos in Deutschland. Er studiere Fahrzeugbau und würde alles dafür geben, eine Weile bei Mercedes zu arbeiten.

Setare schaut uns amüsiert an, und ich übersetze unser Gespräch. Mittlerweile erreichen uns auch die Fragen von Fahrgästen, die drei Reihen hinter uns sitzen.

Warum spricht er ihre Sprache? Wer ist die Frau? Hat sie einen iranischen Ehemann?

Laut hörbar sage ich auf Persisch, wer ich bin und woher ich komme, und ernte ausgelassenes Gelächter. An der Bushaltestelle, wo Abolfasl aussteigt, steht ein sehr mutiges Mädchen. Wie eine Dame in einem roten Kostüm auf einer Beerdigung sticht sie aus der Menge heraus. Sie trägt eine enge weiße Hemdbluse und ein leuchtend grünes Kopftuch, das sehr viel ihrer wunderschönen Haarpracht zeigt. Ein geflochtener Zopf baumelt über ihren Rücken. Ihre Jeans hat sie ein Stück hochgekrempelt. Ich möchte ihr am liebsten zurufen, wie hübsch sie aussieht und wie mutig sie ist, aber leider steigt sie nicht in unseren Bus und nimmt auch keinen Blickkontakt zu mir auf. Sie muss ein starkes Mädchen sein, denn sie scheint nicht einmal eine Begleitung bei sich zu haben. Ich möchte nicht wissen, wie viele selbst ernannte Sittenwächter dem Mädchen abfällige Kommentare zuraunen.

Setare will mich an der Hoftür abliefern und dann allein nach Hause gehen, aber das lasse ich nicht zu. Ich lade sie zu einem Tee ein und bin mir sicher, dass auch Giti sich darüber freut. Gemeinsam erzählen wir ihr von unserem Abend, und nicht nur Giti, sondern auch die herbeigerufene Jasmin ist neidisch auf unser Essen im Haram. Setare ist begeistert von der Aufmerksamkeit, die eine Ausländerin bei ihren Landsleuten erregt. Es ist schon spät, als wir ein Taxi für Setare rufen.

Die Wüste ist wie das Meer

Ich bin reisefertig, als Mahtab mit dem Taxi vorfährt. Sie trägt die praktische Kleidung einer Globetrotterin mitsamt einer voluminösen Sonnenbrille. Ihr Gepäck besteht aus einem mittelgroßen Rucksack.

»Von nun an bist du eine ausländische Touristin.«

»Wie meinst du das?«

»Keiner wird dich als Iranerin ansehen.«

»Wie kommst du darauf?«

»Warte es ab.«

Vor uns liegt eine vierzehnstündige Nachtfahrt mit dem Bus durch die Kavir-Wüste. Es gab leider keine andere Reisemöglichkeit für uns. Auf der neu geschaffenen Bahnstrecke, die eine wichtige Verkehrsachse vom Nordosten an der turkmenischen Grenze bis Yazd ist und von dort auf einer alten Route bis zum Persischen Golf reicht, gibt es leider nur zwei Personenzüge pro Woche. Fast alle Busse verkehren nachts, und so werde ich wieder nicht viel sehen von der Leere einer iranischen Wüste. Eine letzte Umarmung und ein letzter Kuss auf Gitis Wangen, und die Reise geht weiter.

Wir sitzen grinsend auf der Rückbank des Taxis und freuen uns auf das, was kommen wird. Mahtab hat zwei Tickets reserviert, die wir am Schalter abholen müssen. Kaum sind wir aus dem Taxi ausgestiegen, werden uns auch schon diverse Städtenamen zugerufen. Ich muss schmunzeln, denn genau so habe ich es von vielen iranischen Busbahnhöfen in Erinnerung. Wie schön, dass sich daran nichts geändert hat. *Tehran! Tehran! Tehran! Gorgan! Gorgan! Gorgan! Rascht! Rascht! Rascht!* Statt einer Antwort ernten die Mitarbeiter der verschiedenen Busgesellschaften unser Lachen und schauen uns verdutzt an.

»Madam, *where you go?*«, wird Mahtab gefragt, und ich lache noch lauter.

»*Scheytun*, Teufel!«, sagt sie zu mir, »woher wusstest du das?«

»*Advanced traveller!* Fortgeschrittene Reisende«, antworte ich, und sie strahlt.

»*Okay, Mrs. Germany, my big lesson begins now.* Jetzt beginnt mein großer Unterricht!«

Dann wendet sie sich an den Mann, der noch immer auf eine Antwort wartet.

»Warum sprechen Sie Englisch mit mir? Ich bin Iranerin«, sagt Mahtab zu ihm.

»Das glaube ich nicht.«

»Was? Warum nicht? Ich komme aus Maschad. Das hier ist meine Heimatstadt. Hören Sie nicht, dass ich Persisch spreche?«, sagt sie, wohlgemerkt nicht im unverkennbaren Dialekt der Maschadis, sondern in dem üblichen Umgangspersisch.

Am Schalter für die Fahrt nach Yazd bekommen wir unsere Tickets und sollen in der Halle auf die Abfahrt warten, die sich offenbar verzögert. Es käme rechtzeitig jemand zu uns, um Bescheid zu geben. Wir sind weit und breit die einzigen Frauen ohne Tschador. Viele der Wartenden scheinen Pilger zu sein, die zurück in ihre Heimatstädte fahren. Mahtab macht ihre Späße darüber, dass ich, auch wenn man es mir nicht ansähe, eine besonders eifrige Pilgerin sei, da ich dreimal im Haram war. Und sollte jemand daran Zweifel haben, werde sie als Beweis auf meine *Tasbih* zeigen. Welche Frau, und dazu noch Ausländerin, trage schon offen eine Gebetskette mit sich herum?

»Ist es komisch, dass ich damit herumspiele?«

»Nein, sie hängt doch an deiner Tasche. So wie ein Schmuckstück. Du hast sie nicht lose in der Hand wie gläubige Männer. Bei Frauen sieht man es wirklich kaum. Außerdem bist du nicht geübt im Spielen, es geht viel zu langsam.«

Wir bitten einen jungen Mann, uns zu fotografieren, und kommentieren unser Erscheinungsbild auf dem Display. Zunächst stellen wir fest, dass Mahtabs selbstgeschneidertes Kleid nur unwesentlich länger ist als meine Bluse, die ich wenige Tage vor meiner Abreise in der Schwangerenabteilung eines Kaufhauses erstanden habe. Sie ist luftig, bequem, länger als normale Blusen und hat zwei hübsche Seidenbänder, mit denen man sie auf Figur knoten kann. Mit gespieltem Entsetzen bemängelt Mahtab, dass mein Dekolletee fast skandalös weit ausgeschnitten ist. Dabei habe ich es extra mit einer Sicherheitsnadel verschlossen. Trotzdem ist sehr viel Hals zu sehen, denn mein Schal ist schmal und verrutscht ständig. Von unseren Haaren zeigen wir beide gleich viel, da unsere Kopfbedeckungen erst auf Ohrenhöhe ansetzen. Mahtab ist während der Chatami-Ära erwachsen geworden, und so hat sie die Zeiten der wesentlich strengeren Kleiderordnung nicht persönlich erlebt. Für sie ist es normal, die vordere Partie ihrer Haare zu zeigen. Ältere Frauen neigen reflexartig dazu, den Sitz ihres Kopftuches regelmäßig zu prüfen. Mahtab lässt es manchmal sogar noch weiter nach hinten rutschen. Für sie ist es ein Kleidungsstück, ohne das sie nicht auf die Straße gehen darf, es hat aber ansonsten keinerlei Bedeutung für sie. Ich kann mir keine Situation vorstellen, in der sie nicht sofort ihr Haupt entblößen würde, wenn sie es dürfte.

»Sehe ich wirklich wie eine Ausländerin aus?«

»Schau dich doch mal um! Der Unterschied zu mir ist jedenfalls geringer als zu den anderen Frauen in der Halle. Zumindest was deine Kleidung betrifft.«

»Bisher hat mich nie jemand als Ausländerin angesehen.«

»Jetzt reist du aber mit mir, und ich kann meine Fremdheit nun wirklich nicht verstecken. Und ehrlich gesagt, außer in Teheran habe ich noch keine Frau in einem braungemusterten Kleid zu einer weiten Jeans und derart bequemen Schuhen gesehen. Dein Schal könnte auch nicht weißer sein. Und die Sonnenbrille sieht aus, als wäre sie frisch aus Paris eingeflogen.«

»Hast du etwas gegen meine Schuhe?«

»Aber nein, es sind sicher die allerbesten Reiseschuhe, die man sich vorstellen kann. Ich wette, sie haben wahre Globetrottereigenschaften. Jedenfalls sieht man nicht viele Iranerinnen, die so wie du herumlaufen.«

»Stimmt. Was glaubst du, aus welchen Land ich kommen könnte?«

»Keine Ahnung. Vielleicht denken die Leute, du bist meine Tochter, und dein Vater ist Iraner. Ich habe dich kulturell verdorben, und deshalb läufst du jetzt so herum.«

»Quatsch. Das denken sie bestimmt nicht. Auf Mutter und Tochter tippt garantiert niemand.«

»Warten wir es ab. Altersmäßig kommt es doch hin.«

Als wir denken, die Abfahrt hätte schon lange ohne uns stattgefunden, kommt jemand von der Busgesellschaft und sagt, es gehe los. Er wirft sich Mahtabs Rucksack über die Schulter und zieht meine Rolltasche hinter sich her. Wir haben Mühe, mit ihm mitzuhalten, weil wir über diesen Anblick kichern müssen und uns gegenseitig auf seine kräftigen Schultern aufmerksam machen. Dieser Service erscheint uns ungewöhnlich, aber vielleicht werden zwei »Ausländerinnen« einfach nur etwas zuvorkommender behandelt. Er läuft quer über einen großen Hof und an erstaunlich vielen Fahrgästen vorbei. Ich erkenne erst jetzt die Ausmaße des Busbahnhofs, der sich über diverse Terminals erstreckt. Am Ende des Hofes steht unser Gefährt, das wir sicher niemals allein gefunden hätten. Ich bin sofort begeistert von dem knallroten Fahrzeug, das sich *Wild Horse* nennt, und auf dem ein weißes Rennpferd samt Jockey im vollen Galopp dargestellt ist. Und wem dieser Name noch nicht attraktiv genug ist, der findet als weitere Bezeichnung ein *Third Mileneum Phantum* samt einer *Mobail No.*, einer Mobilfunknummer. Was ein Totenkopf mit dem Wort *Danger* auf der Stirn zu bedeuten hat, der am Türfenster angebracht ist, wage ich nicht zu interpretieren.

»Schau dort nicht hin«, sage ich zu Mahtab, »das ruiniert nur dein Englisch.«

Im nächsten Moment verschwinden unsere Taschen im Bauch des Busses, und ein alter Mann mit erstaunlich wenig Zähnen und einem sympathischen Gesicht setzt sich ans Steuer. Unsere Plätze sind in der zweiten Reihe hinter dem Fahrer.

»*I like our driver,* mir gefällt unser Fahrer«, sage ich.

»Du machst einen Scherz.«

»Nein, schau ihn dir an! Er sieht nett aus, irgendwie witzig. Außerdem ist er bestimmt sehr erfahren, *very advanced.* Vielleicht fährt er die Strecke schon seit vierzig Jahren. *I trust him,* ich vertraue ihm. Er wird unser *Wild Horse* schon sicher in den Stall bringen.«

»Hm, sein Alter spricht für ihn. Hast du etwa Angst vor Busfahrten?«

»Nein, nur vor den vielen verrückten Autofahrern. Mit Busfahrern habe ich bisher nur gute Erfahrungen gemacht.«

Ein buntes Völkchen hat sich im Bus eingefunden. Vor uns sitzen zwei junge Frauen, die ohne männliche Begleitung unterwegs sind. Alleinreisende Frauen werden immer in die Nähe des Fahrers gesetzt. Vermutlich sollen wir dadurch vor Belästigungen geschützt werden. Gegenüber sitzt eine Frau mit zwei Kindern, dann folgen ein altes Ehepaar und noch einige Familien. Im hinteren Teil sitzen ausschließlich Männer.

Wir fahren zunächst in Richtung Westen, der untergehenden Sonne hinterher, und werden von einem wunderschönen Abendlicht begleitet. Im Norden sind einige Gebirgsausläufer zu sehen, und im Süden erstreckt sich eine eintönige Landschaft. Nach einer Weile verlässt der Bus die Autobahn und fährt in Richtung Wüste. Giti hat mir ein Proviantpäckchen mitgegeben, und auch Mahtab zaubert einige Leckereien aus ihrer Tasche, die ihre Mutter ihr mitgegeben hat. Mit diesen Schätzen müssten wir uns einige Tage über Wasser halten können. Die Damen haben es wirklich gut mit uns gemeint.

Der angebrachte Fernseher lässt nichts Gutes ahnen, und sämtliche Befürchtungen bestätigen sich, als der *Schagerd,* der Schüler, der den Fahrer begleitet, eine Videokassette einwirft.

»Ein indischer Film. Vielleicht bekommen wir ein paar tolle Tanzszenen geboten«, sage ich noch halbwegs optimistisch zu Mahtab.

»Du magst indische Filme? Ich kann sie nicht ausstehen.«

»Es gibt wirklich gute indische Filme. Ich habe mich inzwischen daran gewöhnt. Seit einigen Jahren kann man in deutschen Kinos, und selbst im Fernsehen, manchmal anspruchsvolle Produktionen sehen.«

»Wirklich? Bei euch gucken die Leute indische Filme?«

»Es gibt eine Art Boom. Mich nervt nur die Länge. Dreieinhalb Stunden sind einfach zu viel des Guten.«

Bereits nach fünf Minuten ist mehr als deutlich, dass dieser Film uns kein Vergnügen bereiten wird. Im Gegenteil: Es ist eine

Qual, sich den Streifen aus den achtziger Jahren, in dem fast ausschließlich geschossen und gekämpft wird, anzuschauen. Ab und zu taucht eine indische Schönheit auf, die aber in keinem greifbaren Bezug zu den wild um sich schießenden Männern steht. Der Fernseher ist derart laut gestellt, dass man leider auch den furchtbaren Geräuschen nicht entfliehen kann. Als nach einer Stunde immer noch keine Tanzszene gezeigt wird und der Handlung beim besten Willen nicht zu folgen ist, begreife ich, dass die musikalischen Teile für den iranischen Markt herausgeschnitten worden sind. Dadurch ist der Film wenigstens nach zweieinhalb Stunden beendet, und wir atmen erleichtert auf. Da es offenbar keine andere Kassette gibt, will der *Schagerd* den Film ein zweites Mal zeigen. Doch da hat er nicht mit dem Protest des alten Ehepaares gerechnet, dem wir uns sofort anschließen. Ein derartiges Kontrastprogramm zu ihrer Pilgerreise ist ihnen unerträglich.

Stunden später halten wir Rast in einem gesichtslosen Ort, der aus einem Dutzend Betonbauten besteht. Dreh- und Angelpunkt dieser Ansiedlung ist die Tankstelle. Wir trinken einen Teebeuteltee und stellen fest, dass es hier nichts Spannendes zu entdecken gibt. Wir sind dankbar dafür, dass das Schicksal uns nicht zu einem Leben an diesem Ort gezwungen hat. Immerhin bietet unsere Anwesenheit den Männern die Gelegenheit, zwei Exotinnen zu betrachten. Als ich ein Motorrad mit heulendem Motor näher kommen höre, schaue ich zur Straße. Der junge Fahrer fährt eine erstaunlich lange Strecke in einer erstaunlichen Geschwindigkeit auf dem Hinterrad seiner Maschine. Ich klatsche Applaus und bin mir sicher, dass diese Geste ihn auf die eine oder andere Art erreichen wird.

Mahtab kommt mit einer der jungen Frauen ins Gespräch. Einige Männer verschwinden im Gebetsraum, den es an jeder Raststätte gibt, und ich trinke derweil noch ein Delster Lemon. Schon wenige hundert Meter von uns entfernt verschwindet die Welt in tiefer Dunkelheit. Ich habe keine Ahnung, wo wir uns befinden, und ärgere mich, dass mein Reiseführer im Kofferraum ist. Ohne Karte kann ich mich nicht orientieren. Der *Schagerd* nennt mir den Namen der Ansiedlung, und ich notiere ihn. So kann ich wenigstens im Nachhinein die Route erkunden. Wovon lebt man in diesem Ort? Ob er auf einer alten Karawanenstraße liegt oder seine Existenz der Überlandstrecke verdankt, auf der Autobusse, Lkws und einige Pkws unterwegs sind? Zu dieser Abendstunde ist der Verkehr fast eingeschlafen.

Unsere nächste Rast findet jenseits einer menschlichen Ansiedlung auf einem staubigen Parkplatz statt. Ein schlichtes Gebäude dient als Restaurant, Kiosk und Gebetsraum. In der Dunkelheit des Platzes sehe ich mehrere Gestalten auf ihren Fußsohlen hocken. Sie tragen die traditionelle afghanische Tracht mit knielangen Hemden und überweiten Hosen. Ihre Haut ist sonnenverbrannt, bestickte und mit Spiegelscherben verzierte Kappen geben ihnen ein wildes Aussehen. Seit Stunden fahren wir mehr oder weniger parallel zur afghanischen Grenze. Auch wenn es über hundert Kilometer bis dorthin sind, so bedeutet diese Distanz in einer weitgehend menschenleeren Region eine Art Nachbarschaft. Diese Gegend ist Schmugglergebiet. Ob Drogen, Waffen oder Menschen: Hier wird seit jeher diversen illegalen Geschäften nachgegangen. Die iranische Armee hat alle Hände voll zu tun, die Grenzregion zu kontrollieren. Die Afghanen auf dem Rastplatz zeigen keinerlei Reaktion, sie hocken regungslos am Boden, und ich bin neidisch auf ihre flexiblen Sehnen, die ihnen diese Art des Sitzens ermöglichen. Sie schauen Mahtab und mich mit derselben zurückhaltenden Neugierde an, wie wir ihre fremdartige Erscheinung bestaunen. Im Iran bekommt man nur selten traditionell gekleidete Männer und Frauen zu Gesicht. Der Vater des letzten Schah hatte in den dreißiger Jahren, als er das Land in die Moderne zwingen wollte, Turbane für Männer und jegliche andere, althergebrachte Kleidung verboten. Die Menschen sollten sich europäisch kleiden. Den Frauen wurde der Tschador verboten, was dazu führte, dass viele Frauen sich in der neu verordneten Blöße nicht mehr auf die Straße trauten.

Obwohl ich in Deutschland enge Kontakte zu Afghanen habe,

wirken diese Männer auf mich, als stammten sie aus einer mir unbekannten Welt. Ich stelle mir vor, dass sie möglicherweise noch nie mit einer fremden Frau gesprochen haben. Die Gesichter der Männer sind unergründlich.

Derartiges ist mir als Sozialarbeiterin sogar in Hamburg passiert. Afghanischen Neuankömmlingen war es manchmal nicht nur unmöglich, mir in die Augen zu schauen, sondern manche hatten sogar Probleme, mich oder eine Kollegin überhaupt anzusprechen. Ohne eine »Anstandsdame«, nur zu zweit in meinem Büro zu sitzen, war für manche Flüchtlinge ausgeschlossen.

Auch nach dem Ende der Taliban und der Einsetzung einer neuen Regierung – die zumindest in den Städten auf eine gewisse Akzeptanz stößt – leben noch immer sehr viele afghanische Flüchtlinge im Iran. In den Hochzeiten der Flüchtlingsströme waren es über zwei Millionen, die Zuflucht vor Krieg, Gewalt, Willkür und Menschenverachtung suchten. Somit war und ist der Iran eines der Hauptaufnahmeländer für afghanische Flüchtlinge. Der eklatante Mangel an Bildung in Afghanistan zwang viele unausgebildete Flüchtlinge dazu, sich als billigste Hilfskräfte anzubieten. Die Männer mit ihren reflektierenden Mützen, die mitten in der Nacht auf diesem Rastplatz warten, arbeiten vielleicht im Straßenbau oder als Qanatreiniger. Für diese schwere Arbeit müssen sie sich in die Tiefe der Wasserkanäle hinablassen und dort der Dunkelheit, Kälte und Gefahr trotzen. Afghanen sind auch als Teppichknüpfer, Schneider oder Erntehelfer beschäftigt. Bei ihrem Anblick wird mir deutlich, wie vertraut mir das Reisen im Iran geworden ist und wie fremdartig ich mir einen Aufenthalt in Afghanistan vorstelle. Eines Tages möchte ich jedoch unbedingt das Land am Hindukusch bereisen und auf den Spuren von Freunden wandeln, die im deutschen und schwedischen Exil leben.

Es war unsere letzte Rast für die Nacht, und erst als wir Tabas erreichen, eine Oasenstadt in der Wüste Kavir, die weit weg von allem liegt, erwache ich aus einem unruhigen Halbschlaf. Tabas sei schön, hatte ich gehört, und so reibe ich mir die Augen, um wenigstens einen winzigen Eindruck zu bekommen. Nachdem die Stadt vor über fünfundzwanzig Jahren durch ein Erdbeben fast vollständig zerstört worden war, darf ich hier natürlich keine alten Lehmbauten erwarten. Straßenbarrieren zwingen den Bus zu einem gemächlichen Tempo. Wir erreichen den obligatorischen Kreisverkehr mit naiv anmutendem Springbrunnen samt künstlichem Schwanenpaar, den es in ähnlicher Form in jeder Kleinstadt gibt. Den meisten Gebäuden sind Gartenmauern vorgelagert, über die sich üppiges Blattwerk rankt. Die Stadt lebt vom Obst- und Dattelanbau, und wer tagelang mit einer Karawane oder viele Stunden mit dem Auto in der Wüste unterwegs war, der sieht eine Blume, einen Grünstreifen oder gar einen Baum mit anderen Augen. Wüstenreisende erkennen den Garten Eden bereits in einer Aneinanderreihung von Dattelpalmen. Die Farbe Grün hat hier eine andere Intensität und eine vollkommen andere Bedeutung als in regenreichen Gebieten. Der Fahrtwind kommt durch das geöffnete Fenster des Fahrers, und ich rieche frisch gemähten und gewässerten Rasen. Vermutlich setzen die Bewohner ihre Gärten nachts unter Wasser. Das kostbare Nass wird durch unterirdische Kanäle und unter Ausnutzung des natürlichen Gefälles aus bergigen Regionen hierher geleitet.

Noch bevor die Sonne aufgeht, erscheinen die Konturen der Landschaft in einem diffusen Licht. Die Straße zieht sich schnurgerade nach Südwesten, und mit jeder Minute erhellt das sanfte Licht der Morgendämmerung die schroffen Berge am Ausläufer der Ebene. Es ist eine fremdartige Landschaft, deren Exotik mich anzieht, weil sie meiner Vorstellung vom Orient entspricht. Hier fällt es nicht schwer, sich eine alte Karawanenstraße vorzustellen. Im Abstand von Tagesetappen findet man auch heute noch die Überreste oder erhaltenen Gebäude ehemaliger Karawansereien. Die Landschaft ist weitgehend unverändert, hier legen Menschen selten Hand an. Manche Bodenschätze werden ausgebeutet, aber bei der gewaltigen Größe der Kavir-Wüste fällt dies kaum auf. Die Wüste ist wie das Meer: zu groß, zu stark und zu lebensfeindlich für uns Menschen. Der Fahrtwind wird zunehmend wärmer und streichelt meinen nackten Unterarm, über den ich meine Bluse hochgeschoben habe.

Mich beflügelt die Vorfreude auf die Silhouette von Yazd, die bald vor uns auftauchen muss. Die Stadt trägt die Farbe der Landschaft, ein Gelbbraun der Trockenheit und Hitze, in der türkisfarbene Fayencen auf den Minaretten der Freitagsmoschee und den Kuppeln der Gotteshäuser weithin leuchten. Yazd ist die Stadt der Windtürme, die den Bewohnern schon Jahrhunderte, und damit lange vor der Entwicklung moderner Kühlsysteme, Erleichterung verschafften. Die viereckigen Türme mit ihren markanten Schlitzen ragen weit über die Dächer hinaus und dienen als Windfänger. Die Brise gleitet durch einen Sogeffekt nach unten, streicht an der Basis des Turmes manchmal sogar noch über ein Wasserbecken und versorgt den Raum mit gekühlter Luft. Ich kann Mahtab und mich schon durch die Gassen streifen sehen, wie wir die uralten Lehmbauten bewundern und in diese fremde Welt eintauchen. Yazd ist neben vielen Besonderheiten vor allem für seine zoroastrischen Bewohner bekannt. Hier leben noch etwa fünftausend Zarathustra-Gläubige, oder Sartoschti, wie die Anhänger nach ihrem Religionsstifter auch genannt werden. Es sind die Nachfahren jener Perser, die sich von den Arabern nicht zum islamischen Glauben bekehren ließen. Sie verehren nach wie vor das Feuer, dessen ewige Flamme seit über zweitausendfünfhundert Jahren in Yazd brennt und von Priestern gehütet wird.

»*Sobh becheyr, chub chabidi?* Guten Morgen, hast du gut geschlafen?«, frage ich Mahtab, als sie die Augen öffnet.

»*Not too bad,* nicht schlecht. Wie spät ist es?«

»Keine Ahnung, aber es ist gerade hell geworden und sieht wunderschön aus.«

Während ich mich kaum satt sehen kann an der leeren Straße und der weiten Ebene, die mich für einen kurzen Moment an Arizona erinnert, unterhält Mahtab sich mit einer der jungen Frauen aus der vorderen Sitzreihe. Bereits gestern Abend hatte Mahtab erfahren, dass sie trotz ihrer Jugend schon verheiratet ist und ihren Mann in Maschad besucht hat, wo er derzeit arbeitet. Sie selber stamme aus Yazd, und ich höre, wie Mahtab sie nach den dortigen Besonderheiten fragt. Mahtab ist neugierig auf die Stadt, über die ich ihr einiges erzählt habe und die mir bei meinem Besuch vor vierzehn Jahren so gut gefallen hat, dass ich sie unbedingt noch einmal sehen möchte. Inzwischen soll Yazd nach aufwändigen Sanierungsarbeiten noch schöner geworden sein. Ihrer besonderen Lage am Rande der Kavir-Wüste und zu Füßen der Milchberge, des Schir-Kuh-Massivs, mit über viertausend Meter hohen Gipfeln, verdankt sie ihre Rolle als bedeutende Handelsstadt im Zentraliran. Von dort wird die Oasenstadt über ein ausgeklügeltes Qanatsystem mit Wasser versorgt, eine architektonische Meisterleistung, dank derer nicht nur das kostbare Nass zu den Menschen kommt, sondern in den Häusern der Wohlhabenden zu jeder Jahreszeit angenehm temperierte Bereiche schafft. Wasser ist so reichlich vorhanden, dass im Umland Granatapfelplantagen gepflegt werden. Bei meinem ersten Besuch im Herbst 1992 kam ich in den Genuss reifer Paradiesäpfel, die mich mit ihrer tiefroten Farbe, den geheimnisvollen Perlen im Innern und ihrer unvergleichlichen Süße verzauberten.

Mahtab wird derweil über die Zarathustragläubigen aufgeklärt, und ihren staunenden Bemerkungen und dem verschwörerischen Tonfall der jungen Frau aus Yazd ist zu entnehmen, dass sie mit ganz besonderen Informationen aufwarten kann. Ich bin viel zu sehr mit meinen Erinnerungen und der Betrachtung der Landschaft beschäftigt, um mich in das Gespräch einzuschalten. Mahtab wird mir sicher alles Wichtige berichten.

»Stell dir vor!«, sagt sie nach einer Weile auf Englisch zu mir, »die Zarathustragläubigen werfen ihre Toten den Geiern zum Fraß vor.«

»Na ja, das kann man auch anders ausdrücken.«

»Es ist ganz furchtbar! Ein Priester wacht neben den Leichen, bis der erste Geier kommt. Wenn der zuerst das rechte Auge auspickt, dann kommt der Tote in den Himmel, und wenn er das linke auspickt, dann kommt er in die Hölle.«

In mir steigt sofort eine Wut hoch, die ich immer empfinde, wenn mir Ungerechtigkeiten und Verleumdungen begegnen.

»So ein Quatsch! Das ist purer Blödsinn.«

»Aber sie kommt aus Yazd. Sie muss es doch wissen.«

»Das soll also heißen, dass ein hässlicher Vogel darüber entscheidet, ob jemand ein guter oder ein schlechter Mensch war? Ob er ins Paradies kommt oder in der Hölle schmort?«

»Ja, sie hat es mir ganz genau erklärt.«

»Weißt du, was ich denke? Das ist eine ganz üble Geschichte, die von Ignoranten verbreitet wird, die keine Ahnung von der Religion der Zarathustragläubigen haben. Es ist leider sehr einfach, solch ekelhafte Geschichten in die Welt zu setzen. In der Religion der Zoroastrier gibt es heilige Naturelemente, zu denen auch die Erde zählt. Die Körper der Toten werden als unrein betrachtet und dürfen deshalb nicht mit der Erde in Berührung kommen. Aus diesem Grund gibt es das spezielle Bestattungsritual auf den Türmen des Schweigens.«

»Aber warum glaubst du ihr nicht?«

»Weil die Geschichte absolut absurd und diffamierend klingt und weil ich mich ein wenig mit dem Thema beschäftigt habe. Ich war in den Türmen des Schweigens, dort, wo sie ihre Toten aufbahren. Das Ritual ist allerdings schon lange verboten. Ich habe noch nie etwas von diesen Schicksalsgeiern gehört. In Yazd sollten wir der furchtbaren Geschichte nachgehen. Hoffentlich erzählen nicht noch mehr Leute solch ein dummes Zeug. Habt ihr in der Schule denn nichts über die Zarathustragläubigen gelernt? Sie sind doch immerhin eine tolerierte Minderheit in eurem Land.«

Mahtab schüttelt den Kopf.

Teil 3

Yazd. Wind und Wasser in der Oasenstadt

Unter Weltenbummlern

Als die Stadt auftaucht, sind es zunächst Neubaugebiete, die wir sehen. Erst als unser Blick nicht mehr verstellt wird von den mehrstöckigen Wohnhäusern und den typischen Stahlskeletten der Baustellen, die den Gebäuden bei Erdbeben Halt geben sollen, taucht die Altstadt auf. Aus der Ferne entdecke ich die schlanken Minarette der Freitagsmoschee, die hoch in den Morgenhimmel ragen. Immer wieder steigen Fahrgäste aus, aber uns fehlt die Orientierung, und so bleiben wir bis zum Busbahnhof sitzen. Noch erscheint mir keiner der Straßenzüge vertraut. Viel zu kurz war ich damals hier, und meistens habe ich mich auf Manutscher verlassen, der mich damals durch die Gassen führte und sämtliche Taxifahrten organisierte.

Einige Windtürme erscheinen mir viel prächtiger als in meiner Erinnerung. Ein altes Gebäude, das aus einer riesigen Kuppel besteht, wird von fünf mächtigen Türmen gerahmt. Ob es ein Eishaus ist? Der Bau sieht makellos aus und ist vermutlich erst in den letzten Jahren saniert worden.

Auch den Busbahnhof erkenne ich nicht wieder. War er nicht viel kleiner, und bestand er nicht nur aus einem einzigen Terminal? Immer wieder muss ich mir sagen, dass die iranische Bevölkerung im letzten Jahrzehnt um viele Millionen Menschen gewachsen ist, und mit ihnen auch jede einzelne Stadt. Es ist ein Phänomen, das ich aus meiner Heimat nicht kenne. Hier aber hat das Bevölkerungs- und damit das Städtewachstum eine Dimension, die nicht zu übersehen ist.

Zum Abschied machen wir ein Foto von unserem *Wild Horse*, das uns sicher durch die Nacht und nach Yazd gebracht hat. Leider ist der Fahrer nirgends zu finden, und so können wir uns nur von den jungen Frauen und dem alten Ehepaar verabschieden. Taxifahrer bieten ihre Dienste an, aber Mahtab übt sich als angehende Globetrotterin und fällt auf die überhöhten Ausländerpreise nicht rein.

»Besser, wir gehen ein Stück die Straße hinauf, in Richtung Stadt, und halten einen vorbeifahrenden Wagen an. Das ist sicher billiger«, schlägt sie vor.

»*Very good*. Aber was hältst du vorher von einem Gang zur Toilette, ein wenig Wasser im Gesicht und Zähneputzen?«

»*Very, very good*«, sagt sie mit ihrem italienischen »R«, das sie extra stark betont, weil ich es so lustig finde.

Es ist sieben Uhr morgens, und schon nach wenigen Schritten steht uns der Schweiß auf der Stirn. Die Temperaturen im Zentraliran erreichen im Mai bereits hochsommerliche Werte. Hier regiert die Hitze! Und auch das macht für mich den besonderen Reiz dieser Region aus. Unbändige Hitze kann mich in einen Zustand größten Wohlbefindens versetzen.

Unser Plan mit der Geldersparnis geht auf, auch wenn der Betrag für die Taxifahrt nach europäischen Maßstäben ohnehin extrem gering ist und unser kleiner Spaziergang sich kaum lohnt. Aber Mahtabs Ehrgeiz ist geweckt, und seitdem ich ihr riskanterweise versprochen habe, dass wir im Hotel englische Muttersprachler antreffen, ist sie vollkommen aus dem Häuschen. Sie sieht sich umgeben von Englischlehrern, die alle nur darauf gewartet haben, ihr die Tücken dieser Sprache beizubringen. Das Silk Road Hotel wurde mir von meinen Nachbarinnen und von Hartmut Niemann, dem Autor des Reise-Know-How-Führers Iran, empfohlen. Es sei eine Oase orientalischer Architektur, aufmerksamer Freundlichkeit, entspannter und weltoffener Atmosphäre und guten Essens. Es hat nur wenige Zimmer, aber mit Gitis Hilfe habe ich ein Doppelzimmer reservieren können.

Unser Ziel liegt in der Nähe der Freitagsmoschee. Als wir in eine Straße einbiegen, die direkt zur Moschee führt, habe ich meinen damaligen Besuch wieder klar vor Augen. Zu beiden Seiten der Zufahrt stehen Bäume, und kleine Geschäfte reihen sich aneinander, die zu dieser frühen Morgenstunde ihre Rollläden noch geschlossen haben. Irgendwo muss das Silk Road sein, und als wir endlich ein kleines Hinweisschild entdecken, bitten wir den Fahrer, uns abzusetzen. Bevor wir merken, dass das Schild noch nicht der Eingang zum Hotel ist, sehen wir das Taxi schon davonbrausen.

Es gibt niemanden, den wir fragen können, die Gegend wirkt wie ausgestorben. Ein Pfeil weist nach rechts, hinter die Häuserzeile, aber dort befindet sich nur ein staubiger Platz in der Größe eines Fußballfeldes.

»Merkwürdig, wo soll hier ein Hotel sein?«, fragt Mahtab.

»Ich weiß auch nicht. Schau mal, wie die Rückseite der Moschee aussieht! Als hätte es erst kürzlich ein Erdbeben gegeben.«

»Und wir sind das erste Hilfsteam, das die Krisenregion erreicht«, sagt Mahtab gut gelaunt. Ich soll ihr das Wort *earthquake* einige Male vorsprechen, und sie ist sich bereits sicher, dass es eines der Worte ist, die sie sich nicht merken kann. Merkwürdigerweise ist mir das persische Wort *selsele* sofort präsent. Unsere Kommunikation hat sich inzwischen zu einer zweisprachigen Variante entwickelt, die außer uns wohl kaum jemand verstehen kann.

Wir überqueren den staubigen Platz und finden nicht viel mehr als Ruinen und Abbruchhäuser vor, die bis zur leuchtend blauen Kuppel der Moschee reichen. Wir stellen uns vor, durstig aus der Wüste zu kommen und nach einem Gasthaus zu suchen. Die verfallenen Lehmbauten, eine Gasse aus festgetretenem Sand und graubraune Mauerreste bilden einen scharfen Kontrast zum tiefblauen Himmel. Dann entdecken wir auf einer Lehmmauer eine gelbe Markierung, auf der in arabischen und lateinischen Buchstaben der Name unseres Hotels und der Hinweis auf ein Internetcafé geschrieben stehen. Eine Holztür steht offen, aber sonst deutet nichts auf eine Herberge hin. Das Einzige, was wir von außen sehen, ist eine hohe und kürzlich sanierte Mauer. Elektrokabel hängen lose über der Tür und werfen erstaunlich akzentuierte

Schatten. Wie kann die Sonne um diese Zeit derart brennen? Irgendwo hinter der Mauer muss es sogar einen Baum geben, denn hoch oben wiegt sich Blattwerk in der sanften Morgenbrise.

»Das ist es! Wasser!«, sage ich lachend und wische mir den Schweiß von der Stirn.

»*The very famous Silk Road Hotel*«, sagt Mahtab im belustigten Tonfall einer Reisenden, die schon viele Enttäuschungen verkraftet hat. Sie scheint in ihrer neuen Rolle als angehende Weltenbummlerin vollkommen aufzugehen.

Ein schmaler Gang führt zu einem Büro, dessen Tür geöffnet ist, in dem aber niemand sitzt. Wir gehen weiter, und nach wenigen Schritten erreichen wir einen schönen Innenhof. Ein Schreibtisch unter offenem Himmel scheint die Rezeption zu sein. Ein junger Mann trägt ein Tablett mit Obst und Gemüse zu einer Art Podest, wo er ein Frühstücksbuffet aufbaut. Er ruft uns zu, dass gleich jemand komme, um sich um uns zu kümmern. Wir schauen über den Hof, und ich fühle mich auf Anhieb wohl.

Der Frühstücksplatz befindet sich in einem zum Hof offenen Raum, der so ausgerichtet ist, dass er immer im Schatten liegt. Traditionelle persische Häuser des Südens haben meistens einen derart exponierten Raum. Von hier sieht man über die Blumenbeete und den Springbrunnen. Die einzelnen Zimmer des Hauses gehen alle zum Hof hinaus, wo Sitzgelegenheiten aufgestellt sind, die an hölzerne Bettgestelle erinnern, auf denen Teppiche und Kissen ausgebreitet sind. Wasserpfeifen und gebrauchtes Teegeschirr sind Zeugen der letzten Nacht. Unter dem Podest scheint es einen weiteren Raum zu geben, denn wir hören Stimmen, die aus einer bogenförmigen Öffnung zu uns dringen. Ein Gang führt in einen kleineren Hof, und auch in der darüberliegenden Etage scheint es Zimmer zu geben. In luftiger Höhe sind große Leinentücher gespannt und dienen als Schattenspender. Trotzdem erreichen schon jetzt die ersten Sonnenstrahlen einen Teil des Hofes. In den traditionellen Häusern Zentralirans ist alles darauf ausgerichtet, sich möglichst weitgehend vor der Sonne und ihrer brennenden Kraft zu schützen.

Ob wir nicht frühstücken wollen, fragt uns der junge Kellner, und so suchen wir uns einen Platz auf dem Podest. Das Angebot des Buffets geht weit über die typische persische Morgenmahlzeit mit dünnem Brot, Käse, Honig und Tee hinaus. Hier duftet Kaffee, saftige Melonen und knackiges Gemüse sind appetitlich angerichtet, Oliven, Käse, Eier, Joghurt und Müsli machen mir die Wahl nicht leicht. Hier hat man sich ganz offensichtlich auf die Wünsche internationaler Reisender eingestellt. Die Gäste scheinen aber alle noch zu schlafen, und auch der Schreibtisch im Hof bleibt unbesetzt.

»Mir gefällt es hier. Es ist richtig schön«, sagt Mahtab.

»Das finde ich auch. Sehr schön sogar.«

An der Wand hängen zwei Poster der berühmten Zitadelle von Bam. Eines zeigt die Stadt vor dem Erdbeben und eines die unglaublichen Zerstörungen, die es am 26. Dezember 2003 angerichtet hat. Anhand dieser Gegenüberstellung werden die furchtbaren Ausmaße der Katastrophe umso deutlicher. Als ich 1992 durch die Gassen von Bam ging, war die Restaurierung der jahrhundertealten Stadt, die von der UNESCO als Weltkulturerbe anerkannt ist, so weit fortgeschritten, dass man sich mit ein wenig Fantasie vorstellen konnte, wie die Stadt einst aussah und was geschickte Handwerker möglicherweise daraus machen würden. Damals war ich die einzige Besucherin und wandelte nur mit einem herbeigeeilten Führer durch die Stadt. Der junge Mann übte sich in einem Deutsch, das er sich per Selbststudium beigebracht hatte. Was mag aus ihm geworden sein? Ob er seinen Traum verwirklichen konnte und als offizieller Touristenführer eine Arbeit fand? Ob er das Beben überlebt hat? Über die Jahre hinweg hörte ich immer wieder Berichte anderer Reisender über den Stand der Restaurierungen. Bam war zwischenzeitlich zu einer touristischen Attraktion ersten Ranges geworden. Die Bewohner des modernen Bam lebten bis 2003 zum Großteil in einfachen, nachlässig errichteten Häusern, was ihnen beim Erdbeben zum Verhängnis wurde. Noch heute, fast drei Jahre nach dem Beben, wohnen viele von ihnen in Containersiedlungen, und zuständige Beamte sprechen vor laufender Kamera darüber, dass nun bald mit dem Wiederaufbau begonnen werden könne.

Vor dem Beben haben Yazd-Touristen üblicherweise auch Bam im Südosten des Landes besucht, um die Architektur einer historischen Großstadt des alten Orients hautnah zu erleben.

An einer anderen Wand im Hotel finden sich Exkursionsvorschläge zu verschiedenen Orten der näheren Umgebung. Als ein weiterer Mitarbeiter des Hotels erscheint und einige Dokumente auf dem Schreibtisch sortiert, steht Mahtab auf.

»Ich kümmere mich um unser Zimmer.«

»Danke, dann genieße ich den Kaffee weiter. Welch ein Luxus so früh am Morgen.«

Unter einem Tuch verbirgt sich ein duftender Korb und überrascht mich mit dem bisher leckersten Brot dieser Reise. Es ist etwas dicker als die üblichen Fladen, knusprig gebacken und mit Sesam bestreut. Viele Iraner beschweren sich über die immer schlechter werdende Qualität ihres Brotes. Hier wird es noch auf die althergebrachte Art mit gutem Mehl gebacken. Die Brotpreise sind subventioniert, und auch die Menge des gelieferten Mehls pro Bäckerei unterliegt komplizierten Regelungen. Ich habe den Eindruck gewonnen, dass die Iraner sich auffallend häufig über das Thema »Brot« austauschen. Mir bieten die verschiedenen Weißbrotsorten eine Abwechslung zum dunklen Brot, das ich normalerweise zu Hause esse. Meistens schmeckt mir das iranische Brot, aber gewisse Sorten dürfen wegen ihrer Konsistenz und des Aromas einen Vergleich mit einem Blatt Löschpapier nicht scheuen.

Langsam kommt Leben auf das Podest, und während Mahtab mit einer Zimmerbesichtigung und diversen Formalitäten beschäftigt ist, werde ich von einem asiatischen Pärchen, zwei Männern unbekannter Herkunft und einer Frau gegrüßt. Ich sperre meine Ohren weit auf und habe gute Nachrichten für Mahtab.

»Unser Zimmer ist in einer Stunde fertig. Es ist da hinten, am Ende des Hofes. Mir gefällt es. Willst du es sehen?«, fragt sie, als sie zurückkommt.

»Später. Wenn es dir gefällt, wird es schon in Ordnung sein.«

»Ich habe kurz mit Siawasch gesprochen und ihm gesagt, dass wir gut angekommen sind. Er lässt dich grüßen. Vielleicht schickt er dir später eine SMS. Anrufen kann er mich hier im Hotel. Die Mitarbeiter sind sehr nett.«

»Danke für die Grüße. Ich könnte mich auch mal wieder zu Hause melden. Übrigens habe ich mehrere Überraschungen für dich: Erstens, das Brot ist spitze, zweitens, die beiden Männer kommen aus Australien oder Neuseeland. Ich bin mir nicht ganz sicher.«

»Wirklich?«

»Alles *native speakers,* Muttersprachler, aber das Beste kommt noch: Die Frau ist Engländerin! *Perfect british English. Your lesson begins now.*«

Mahtab reibt sich die Hände und strahlt.

»Soll ich sie einfach ansprechen?«

»Wen? Die Männer?«

»Ja, klar.«

»Wenn du dich traust. Für die beiden wird es sicher kein Problem sein, von einer jungen Perserin angesprochen zu werden.«

»Was soll ich sagen?«

»Vielleicht, dass wir gerade angekommen sind. Ob sie ein paar Tipps hätten, was man sich anschauen kann. So etwas in der Art. Willst du nicht bei der Engländerin anfangen?«

»Wieso denn? Ich will schließlich nach Australien auswandern.«

»Okay, okay, habe schon verstanden. Schnapp sie dir! Deine deutsche Mama erlaubt es dir, fremde Männer anzuquatschen. Vielleicht kannst du dich als *Moonlight* vorstellen. Das finden sie bestimmt exotisch.«

»Du willst mich ärgern, oder?«

Ich werde Zeugin eines Vorganges, der für viele Iraner ganz sicher nicht der Normalität entspricht. Während Mahtab, deren Name *Mondschein* bedeutet, sich den beiden braungebrannten Beaus zuwendet, die offensichtlich schon etwas länger unter südlicher Sonne verweilen, setzen sich drei Iraner zu der Britin an den Tisch. Sie haben eine professionelle Filmausrüstung dabei, und ich höre, wie sie Pläne für den heutigen Dreh besprechen.

Am Buffet komme ich mit der Britin ins Gespräch und genieße jedes Wort ihrer wunderbar klaren Aussprache. Sie lebt seit fünf Jahren in Teheran und arbeitet derzeit an einem Film, der englischen Zuschauern zeigen soll, dass es sich als Ausländer gut im Iran leben und auch reisen lässt. Als ich etwas über mich erzähle, ist sie ganz Ohr, und wir frühstücken gemeinsam mit ihren drei iranischen Mitarbeitern. Einer von ihnen ist Dokumentarfilmer, und die anderen beiden sind ihre Assistenten. Yazd sei wegen der bezaubernden Architektur und des schönen Lichts ein besonders lohnender Ort. Leider haben sie den Morgendreh verschlafen, was, wie sie mir zuflüstert, an den langsamen Assistenten liegt. Es sei ganz furchtbar, mit ihnen zu arbeiten, aber ohne einheimische Helfer sei die Arbeit nicht zu schaffen, und außerdem reiche ihr Persisch dafür nicht aus. Ohne einheimische Guides ginge gar nichts.

Sie fragt mich, ob ich am nächsten Morgen für ein Interview zur Verfügung stände, bei dem ich über meine ganz persönlichen Reiseerfahrungen und meine Besuche im Haram berichten könne.

»*No problem.*«

Inzwischen sind alle acht Tische auf dem Thron besetzt, und ich höre auch deutsche Stimmen von einem Pärchen mit einer kleinen Tochter. Ich bin schon jetzt auf die Reiseerfahrungen und Tipps der anderen gespannt.

»*I'm so happy,* ich bin so glücklich«, sagt Mahtab, »Simon kommt aus *New Zealand.* Ich verstehe ihn kaum. Peter ist Australier. Sein Englisch ist ein wenig besser zu verstehen. Stell dir vor, er ist mit dem Fahrrad unterwegs, ganz allein. Ach, es ist schön hier.«

»Ich fühle mich auch sehr wohl. Morgen habe ich ein Interview«, prahle ich ihr vor.

Wir machen uns lustig über die Globetrotter vom anderen Ende der Welt, die nach Mahtabs Meinung fast nichts über den Iran wissen, über mangelnde Persischkenntnisse und über uns selber, wie wir in dieser schönen Oase, umringt von staubigen Ruinen, gelandet sind.

»Komm, jetzt mache ich dich mit dem Manager bekannt, und dann zeige ich dir unser Zimmer.«

»Ach Mahtab, du bist einfach klasse.«

Genauso schlicht und liebevoll gestaltet wie das gesamte Gebäude ist auch unser Zimmer. Die gewölbte Decke entspricht der traditionellen Bauweise und schafft ein erträgliches Klima. Erst als wir die schweren Vorhänge zur Seite ziehen, entdecken wir die gemusterten Scheiben, die ein mildes Licht hereinwerfen. Eine einzelne bemalte Fliese, die ins Mauerwerk eingelassen ist, zieht meinen Blick auf sich und erinnert an die große Töpfer-Tradition in dieser Gegend. Das Motiv mit lustigen Fischen ist typisch für diese Wüstenregion, deren Bewohner unentwegt vom Wasser träumen. Ich gehe ins Bad und verteile meine Utensilien auf der Ablage.

»Ist es sauber?«, fragt Mahtab mit einem eindeutigen Naserümpfen, das mir signalisieren soll, wie viel Wert sie auf geputzte Bäder legt.

»Ist vollkommen in Ordnung. Alles da, was man braucht.«

»Wirklich?«

»Verglichen mit den Vorrichtungen, die am Amazonas als Toilette dienten, ist das hier Luxus pur.«

»Ich verstehe. Als Reisende dürfen die Ansprüche nicht so hoch sein. Sonst sollte man lieber zu Hause bleiben, wo alles schön sauber ist«, imitiert sie mich.

Nachdem wir uns frisch gemacht haben und unsere Sachen im Zimmer verteilt sind, schlüpfen wir in unsere luftigste Kleidung, denn inzwischen brennt die Sonne derart stark, dass es nur noch im Schatten auszuhalten ist. Mahtab hat keine offenen Schuhe dabei, aber zum Glück passen ihr meine brasilianischen

Flipflops. Ich erzähle ihr, dass sie von Hand bestickt sind, und die Familie einer Freundin am Amazonas mit dieser Arbeit ihren Lebensunterhalt verdient.

Die Tür lässt sich nur notdürftig schließen, ein winziges Vorhängeschloss soll Sicherheit suggerieren. Wir fühlen uns in diesem idyllischen Hof geborgen.

Vor der Freitagsmoschee bietet sich jetzt ein ganz anderes Bild als in der frühen Morgenstunde. Ein buntes Warensortiment ist in den kleinen Läden und auf den Gehwegen ausgestellt. Hübsche Stoffe, Tücher, Schmuck und bestickte Wandteppiche locken uns ins erste Geschäft. Hier gibt es auch Ansichtskarten, was im Iran keinesfalls eine Selbstverständlichkeit ist. Ich habe die Wahl zwischen fünf verschiedenen Motiven, wobei die große Attraktion offenbar die Aufnahmen der winterlichen Stadt sind. Irgendwann muss es hier geschneit haben, und ein eifriger Fotograf hat hübsche Motive geschossen. Auf der Rückseite ist leider nur sehr wenig Platz für einen eigenen Text, da es dort ausführliche zweisprachige Erläuterungen gibt. Ob diese ungewöhnliche Art der Ansichtskartengestaltung noch aus der Zeit stammt, als es viele Analphabeten gab, wage ich nicht zu beurteilen. Mir wird nichts anderes übrig bleiben, als meine eigenen Worte irgendwo in die Ecke zu quetschen. Der Verkäufer scheint ein lustiger Kerl zu sein. Er lacht über mein Persisch und empfiehlt uns seine Schals, die angeblich auch bei Hitze angenehm zu tragen sind.

»Woher wissen Sie das?«

»Es ist gutes Material.«

»Ich verstehe, aber woher wissen Sie, dass dieses Kopftuch angenehm zu tragen ist?«

Er grinst und behauptet erneut, es liege an der guten Qualität.

»Haben Sie es ausprobiert?«

Ein wenig irritiert, aber mit einem Schmunzeln schaut er uns an und weiß nicht recht, was er sagen soll.

»Vielleicht heimlich?«, fragt Mahtab ihn.

»Nachts, im Dunkeln, wenn es keiner sieht?«

»Die Tücher sind wirklich gut«, sagt er, als er sich von seinem Lachanfall erholt hat.

»Mir gefällt es auch. Es ist sehr schön. Ich komme später wieder.«

Er hat auch hübsche Fliesen im Angebot, und wir lassen uns die Preise sagen. In Yazd werde ich mich mit Souvenirs und Geschenken eindecken. Hier gibt es viel Schönes zu entdecken. Wir gehen durch das ungewöhnlich hohe Eingangsportal mit dem schlanken Doppelminarett in die Freitagsmoschee. Der Innenhof ist menschenleer, und seine schlichte Gestaltung mit den farblosen Ziegeln spiegelt die Farbe der Umgebung wider. In einem Bogengang treffen wir den Hausmeister und wenig später eine Frau bei einem Nickerchen an. Bevor wir sie in einer Nische entdecken, habe ich Mahtab die Geschichte der schlafenden Frau erzählt, die ich damals heimlich fotografiert habe.

»Sie schläft immer noch«, flüstert Mahtab.

Heute bin ich zurückhaltender. Dafür fotografieren Mahtab und ich uns gegenseitig vor den türkisfarbenen Fayencen und den hübschen Nischen. Mahtab trägt eine weiße Hose, einen leichten grauen Mantel und einen weißen Schal. Sie lehnt sich in eine der Nischen, und erst jetzt entdecke ich die vielen weißen Akzente im Muster der Fliesen. Es ist ein harmonisch wirkendes Motiv, ohne jede Spielerei. Hier gibt es keine Blumen- und Rankendekors, sondern stattdessen geometrische Formen und einzelne Schriftfriese. Vor der schlichten Gebetsnische haben einige Gläubige ihre Gebetsteppiche samt Gebetsstein, -tuch und -kette zurückgelassen. Es erinnert mich an übereifrige Schüler, die sich schon in der Pause die besten Plätze im Klassenraum reservieren. Es wird Zeit für das Mittagsgebet, aber niemand lässt sich blicken.

Sobald wir aus dem halboffenen Bereich des Gebäudes ins Freie treten, trifft uns die Hitze wie ein Schlag. Der unterirdische Sommergebetsraum mit den Wasserkanälen und dem Sammelbecken ist verschlossen, und auch der Hausmeister ist nirgends mehr zu sehen. Eine Tür trägt eine hübsche Beschriftung, zumindest für europäische Augen sieht sie kunstvoll aus, aber ich kann nur einzelne Worte entziffern, deren Bedeutung mir verschlossen bleibt. Mahtab schmunzelt über meine mühsamen Versuche und hilft mir bei der Übersetzung.

Beeile dich, deine Sünden zu bereuen, bevor du stirbst steht auf dem einen Flügel der Tür. *Beeile dich, gesegnet zu werden, bevor du stirbst* lautet die zweite »Aufforderung«.

Es ist nicht die geeignete Zeit für einen Stadtrundgang, aber wir wollen es wenigstens bis zum *Sendan-e Iskandar,* dem Alexandergefängnis, schaffen und versuchen schattige Wege zu finden. Die Altstadtgassen verlaufen in sanften Kurven, an einigen Stellen sind sie von Bogengängen überwölbt. Das Glück beschert uns manchmal einen Blick durch ein offenes Tor in einen üppigen Innenhof.

Ein alter Mann überholt uns auf seinem Fahrrad, vor der nächsten Kurve klingelt er, um Entgegenkommende zu warnen. Es ist ein schönes Geräusch, wenn der Hall seiner Glocke unter einem Bogengang gedämpft wird. Wir folgen ihm, weil ich ein Foto machen möchte. Von seinem Gepäckträger hängen Packtaschen herab, wie sie auch für das Beladen von Eseln benutzt werden. Zum Glück fährt er langsam, denn hier möchte auch ich mich nicht mehr bewegen, als unbedingt notwendig ist. An einer engen Stelle überholt er eine alte Frau im Tschador, die an einem Krückstock geht. Sie hat das schwarze Tuch so gebunden, dass eine Hand frei bleibt und ein braun gemusterter Ärmel hervorblitzt. Es gelingt mir, eine Aufnahme der beiden zu machen, die für die späteren Betrachter zeitlich sicher schwer einzuordnen ist. Kein Detail verrät, ob das indische Fahrrad des Alten, ein Fabrikat, das im Iran häufig benutzt wird, vor fünfzig, dreißig oder zehn Jahren importiert wurde. Auch die Gassen sahen vor hundert Jahren sicher nicht viel anders aus, obwohl einige Passagen liebevoll restauriert wurden und sich durch eine glattere Oberfläche von den Nachbargebäuden unterscheiden. Es gibt kein Anzeichen von Modernität, kein Elektrokabel und kein technisches Gerät. Der Himmel strahlt in einem ebenmäßigen Blau, während die wenigen anderen Farben nur in gedeckten Tönen vorhanden sind. Das Gassengewirr, in dem viele Häuser bewohnt sind und über Windtürme verfügen, macht den Kern des als Weltkulturerbe ausgezeichneten Bezirks aus. Nach einer Weile müssen wir einen schattenlosen Platz überqueren, und Mahtab fragt mich, ob ich immer noch für die Hitze des Iran schwärme.

»Stell dir vor, wir finden gleich ein kühles Plätzchen und ein Glas Wasser. Was kann es Schöneres geben?«, antworte ich ihr.

Vor dem Eingang zum Gefängnis gibt es ein Geschäft mit der typischen Keramik aus dieser Region. Hier hat man sich professionell auf die Wünsche von Touristen eingestellt. Ich denke daran, was Hartmut Niemann, der Iranexperte und Reiseleiter, mir kürzlich erläuterte. Das, was für iranische Verhältnisse als Reiseboom bezeichnet werden kann, habe ich selber nicht erlebt, denn die Hochzeit des Tourismus setzte erst nach meinem letzten Aufenthalt ein. Chatami war im Sommer 1998 Präsident geworden, die westliche Presse sprach von Reformen und der Öffnung des Landes. Es hatte sich zudem herumgesprochen, dass die Menschen sehr freundlich sind und Fremde mit offenen Armen willkommen geheißen werden. Von Jahr zu Jahr kamen mehr Reisende ins Land, und im Sommer 2001 gab es zum ersten Mal Engpässe in der Versorgung mit Hotelbetten. Doch der 11. September 2001, und in Folge der amerikanische Krieg gegen den Terror, bescherte dem Tourismus extreme Einbußen. Auch wenn keiner der Attentäter aus dem Iran stammte und keine offenkundige Verbindung des Landes zu Al Qaida existiert, ja es sogar in Folge des Attentats spontane Beileidskundgebungen gab, brach der Reiseverkehr aus Richtung Europa ein. Anfang 2002 schockierte US-Präsident Bush die Iraner mit der Nachricht, auch ihr Land gehöre neben dem Irak und Nordkorea zu der Achse des Bösen. Dieses Urteil konnte nur als Bedrohung empfunden werden. Unter seinem Vorgänger Bill Clinton und der damaligen Außenministerin Albright war es noch zu vorsichtigen Annäherungen gekommen, die zu einer Normalisierung im zerrütteten Verhältnis hätten führen können. Seit der Besetzung der amerikanischen

Botschaft in Teheran ab November 1979 und der 444 Tage andauernden Geiselnahme des dortigen Personals gibt es bis heute keine offiziellen Kontakte zwischen den beiden Staaten.

Die iranische Tourismusbranche atmete erleichtert auf, als sich in den beiden letzten Jahren wieder zunehmend westliche Reisegruppen ins Land trauten. Doch dieser positive Trend ist durch die Krise um die iranische Urananreicherung erneut bedroht. Bei der Internationalen Tourismusbörse in Berlin, im Frühjahr 2006, war die Stimmung unter den iranischen Anbietern eher pessimistisch. Der neue Präsident ist kein Aushängeschild für ihre Branche.

Auch das Gefängnis Alexander des Großen ist saniert, und wir zahlen den geforderten Eintrittspreis. Im Innern verkriechen wir uns zügig in das untere Stockwerk, wo in einem wohltemperierten Kellerraum ein kleines Teehaus eingerichtet ist und Erfrischungen angeboten werden. Der Legende nach soll Alexander der Große hier einen achämenidischen Würdenträger gefangen gehalten haben. Unsere Gehirne sind momentan nicht besonders aufnahmefähig, und so genießen wir die Kühle des Teehauses und ein Delster Lemon, ohne der besonderen Historie die gebührende Aufmerksamkeit zu schenken. Hier pausiert auch eine Gruppe Architekturstudenten, deren Dozent Mühe hat, seine Schüler zum Zuhören zu bewegen. Entweder unterhalten sie sich lautstark über private Angelegenheiten oder rufen ihre Bestellungen durch den Raum. Es wirkt so, wie Giti gesagt hat: Die Jugend hat ihren Respekt verloren. Noch vor einer Generation wäre ein derart ungehöriges Verhalten gegenüber einem Lehrer undenkbar gewesen. Giti macht das Satellitenfernsehen und das Internet für die extremen Veränderungen im Miteinander der Generationen verantwortlich. Einige Studentinnen sind mit ihren Mobiltelefonen und dem perfekten Sitz ihres Maghne'es beschäftigt. Diese jungen Leute werden wohl nie wieder auf einen Fingerzeig, einen strengen Blick, eine Drohung oder auf autoritäre Ansprachen mit Gehorsam und Unterwerfung reagieren. Zumindest in der Gruppe nehmen sie sich das Recht zur Rebellion.

Auch wir hören dem Lehrer nicht zu, obwohl er sicher etwas Interessantes zu berichten hat. Uns steckt die lange Busfahrt ohne durchgehenden Schlaf in den Knochen. Erst als eine ausländische Touristengruppe erscheint, spitzen wir unsere Ohren. Es handelt sich um elegante Herrschaften mittleren Alters, und wir rätseln über ihre Herkunft. Einige sprechen Französisch miteinander, aber ihrer Erscheinung nach zu urteilen, sind sie keine Franzosen aus dem Mutterland. Die Damen tragen farbige Seidenschals, die sie raffiniert gebunden haben. Ihre geschlitzten Kleider über leichten Hosen geben uns Anregungen für unsere eigene Garderobe.

»Wer zuerst herausfindet, woher sie stammen, bekommt ein Eis spendiert«, schlage ich Mahtab vor.

»Abgemacht.«

Die Aufgabe ist so leicht zu lösen, dass wir beide uns schon nach wenigen Sekunden aus unterschiedlichen Ecken des Raumes zublinzeln. Die Gruppe kommt aus Tunesien, und sie ist sehr angetan von ihrem bisherigen Reiseverlauf. Sie war bereits in Isfahan und fährt morgen weiter nach Schiras. Die Kommunikation fällt uns schwer, da niemand von ihnen Englisch oder Persisch spricht. Mahtabs Schularabisch ist so dürftig wie das Schulrussisch von DDR-Bürgern meiner Generation. Bald machen wir uns wieder auf den Weg in das kleine Keramikgeschäft vor dem Ausgang.

Ich kann mich kaum sattsehen an den vielen Motiven auf den Kacheln und denke an die alten Werkstätten im Basar von Isfahan, durch die Kurosch mich damals geführt hat. Nachdem ich schon lange wieder in Deutschland war, schickte er mir einige Kisten mit wunderschönen und von Hand bemalten Fliesen, aus denen ich Tische und Wanddekorationen fertigen ließ. Meinem mangelnden Talent fürs Geldverdienen ist es zuzuschreiben, dass daraus kein gewinnbringendes Geschäft entstand.

In dem Lädchen vor dem Gefängnis gibt es Motive in allen

erdenklichen Größen. Aus zwölf oder sechzehn Fliesen lassen sich Gartentische fertigen. Zumeist handelt es sich um florale Zeichnungen auf blauem Grundton, aber es gibt auch wahre Gemälde. Das Geschäft hat sich auf Reisende eingestellt, die nichts Schweres transportieren können. Einzelne Fliesen, Schalen, Becher oder Untersetzer mit typischen Motiven wie Fischen, Vögeln und Blumen verlocken zu einem Kauf. Mahtab fragt nach den Preisen und plaudert mit der Verkäuferin. Hierher müssen wir unbedingt zurückkommen. Oder soll ich gleich etwas mitnehmen? Aber die Hitze lähmt mich viel zu sehr, als dass ich etwas tragen könnte.

Wir quälen uns zurück in Richtung Hotel und fragen unterwegs nach einer Bäckerei. Das Yazder Brot hat es uns angetan. Dreimal kommen uns Schuljungen entgegen, die einen Stapel frisches Brot unterm Arm tragen. Wir stellen uns vor, dass sie es rechtzeitig zum Mittagessen nach Hause bringen. Als wir endlich vor dem Eingang der unscheinbaren Bäckerei stehen, ist sie bereits geschlossen, aber der Duft des köstlichen Brotes hängt noch in der Luft. Mittlerweile wirkt die gesamte Altstadt wie ausgestorben, und wir versuchen den Weg zum Silk Road Hotel zu finden.

Ein offen stehendes Tor lockt uns in einen Innenhof. Es ist niemand zu sehen, hier scheint es überhaupt keine Bewohner zu geben. Es handelt sich um ein großartiges Herrenhaus, das fast komplett saniert worden ist. Es ist wesentlich größer als unser Hotel und hat zwei Etagen. Auch hier haben die Räume eine Tür zum Innenhof, manche Zimmer sind aber auch noch zusätzlich miteinander verbunden. Wir entdecken ein Untergeschoss und den Ort, der sicher einmal die Küche war. Angrenzende Bereiche dienten vermutlich als Vorratsräume. Nachdem unsere Neugier einigermaßen befriedigt ist und wir die Arbeit der Restauratoren gebührend gelobt haben, setzen wir uns auf die erhöhte Terrasse, lassen unsere Beine baumeln und genießen den hübsch angelegten Innenhof, der über die obligatorische Wasserstelle und üppige Rosensträucher verfügt.

»So möchte ich auch wohnen. Dagegen ist Maschad hässlich und eintönig. Je länger ich hier bin, desto weniger begreife ich, warum ich bisher so wenig von meinem Heimatland gesehen habe.«

»Ich lasse mich auch immer wieder gern überraschen, ob im Ausland oder in Deutschland. Ich reise auch in meiner Heimat sehr viel. Manchmal an Orte, an denen fast nur alte Leute unterwegs sind. Ich habe gehört, dass auch innerhalb des Iran mehr gereist wird als früher. Mir ist es noch nicht aufgefallen, aber vielleicht kommt das ja noch.«

»Maschad war schon immer voller Pilger, aber das hat mit Reisen nicht viel zu tun. So wie jetzt, einfach durch die Gassen bummeln und sich alles anschauen, das gefällt mir, das nenne ich reisen. So ähnlich haben wir es neulich auch in Kaschan gemacht. Aber hier sind die Leute viel netter und offener.«

Wir malen uns aus, wie die Menschen einst in diesem Haus gelebt haben. Es war eine Welt für sich, komplett abgeschottet nach außen. Hier konnten sich die Frauen, sofern keine Fremden anwesend waren, unter freiem Himmel bewegen. Vielen armen Frauen aus der Stadt war das nur selten möglich. Ihr Leben spielte sich in den eigenen vier Wänden und allenfalls in winzigen Höfen ab. Auch dieses Haus hat ein besonderes Eingangstor mit zwei unterschiedlichen Türklopfern: Der längliche ist für männliche Besucher und der runde für weibliche, und beide machen jeweils ein anderes Geräusch. So wussten die Frauen des Hauses, ob sie sich zurückziehen oder verschleiern mussten. So schön dieses Haus und der Hof auch sein mögen, für den Großteil seiner Bewohnerinnen wird es nichts anderes als ein Gefängnis gewesen sein.

Plötzlich endet die Ruhe durch ausgelassenes Kindergeschrei. Vier Mädchen stürmen in ihren Schuluniformen in den Hof und laufen zielstrebig auf die Rosenbüsche zu. Noch bevor sie sich ausgiebig an der blühenden Pracht bedienen können, dröhnt eine Stimme aus einem der Räume und verjagt die kleinen Diebe. Wir sind überrascht, dass es außer uns hier doch noch jemanden gibt. Lachend rennen die Mädchen davon und wir ihnen hinterher.

In der Gasse stehen sie unter einem Schatten spendenden Gewölbe und amüsieren sich über ihren Streich. Wir grüßen sie, und schon bestürmen sie uns mit Fragen. Woher wir kommen, wollen sie wissen. Aus welchem fernen Land? Als wir Maschad sagen, kichern sie und schütteln den Kopf. In ihren leuchtend blauen Kitteln, den weißen Maghne'es und den prächtigen roten Rosen in ihren Händen sehen sie entzückend aus. Ob wir sie fotografieren dürfen, fragen wir.

Schon posieren sie vor einer Lehmmauer, halten die Sträuße in Richtung meiner Kamera und setzen schüchterne Mienen auf. Nach der Aufnahme stürzen sie sich sofort auf das Display, um sich zu bewundern. Mahtab macht noch ein Foto von mir mit den Mädchen, und ich freue mich, ebenfalls eine blaue Bluse zu tragen. Das Foto ist richtig niedlich, und ich nehme mir vor, es ganz bald meinem Liebsten nach Deutschland zu mailen.

Zurück im Hotel stellen wir fest, dass unser Zimmer klimatisiert ist. Schnell schließen wir die Tür, um der Hitze das Eindringen zu erschweren. Die Klimaanlage ist zentral geregelt, und zum ersten Mal empfinde ich kein Bedauern über eine derartige Anlage. Wir fallen auf die Betten und wollen nur noch liegen. Der Hof ist menschenleer, und auch in der Küche gab es für uns nichts zu ergattern. Wir haben die Essenszeit verpasst und nehmen uns ganz fest vor, in Zukunft besser aufzupassen. Immerhin haben wir noch einige Pistazien und Nüsse.

Erst am späten Nachmittag kommt wieder Leben in das Hotel, und wir machen es uns im schattigen Innenhof gemütlich. Das asiatische Pärchen sitzt auch in der Nähe, und wir bewundern die gewagte Kleidung der Frau, mit der sie auch von der Straße hereingekommen ist. Ihr Kopftuch hat sie im Nacken gebunden, was ihren Hals komplett unbedeckt lässt. Sofort probiere ich es mit dem schönen Tuch von Sahel aus, das bei der normalen Art des Bindens ständig verrutscht. Wenn die Asiatin sich so auf die Straße traut, dann werde ich es auch tun. Über einem Kleid trägt sie ein kurzes Jäckchen, was ihre weiblichen Formen betont.

Okay, denke ich, wir sind Ausländerinnen, warum sollten wir nicht ein wenig mutiger sein, schließlich wirkt es nicht anstößig. Meine Nachbarinnen hatten mir von zwei Niederländerinnen erzählt, die in kurzärmeligen Shirts das Haus verlassen hatten, aber schon nach wenigen Minuten wieder im Hotel waren, weil sie draußen eine Woge der Empörung ausgelöst hatten. Das würde ich niemals tun, aber ein wenig gewagter darf es schon sein.

»*Excuse me*«, sagt der Asiat und zeigt uns zwei Dokumente. Es handelt sich um Bahnfahrkarten, aber leider merke ich schon bei der ersten Nachfrage, dass sein Englisch bereits erschöpft ist. Das Pärchen kommt aus Korea, und sie sprechen weder Englisch noch Persisch. Wir sind verwundert, aber irgendwie teilen sie uns mit, dass sie nicht wissen, ob es die richtigen Fahrkarten sind. Sie wollen nach Kerman reisen, wissen aber nicht, ob diese Karten, die mit arabischen Schriftzeichen bedruckt sind, auch wirklich für ihr Ziel ausgestellt sind. Wir können sie beruhigen und versuchen, ihnen zu vermitteln, dass es sich um Schlafwagenplätze handelt und wann die Abfahrt ist. Sie bedanken sich lächelnd, und wir haben ein spannendes Gesprächsthema gefunden: Wie lässt es sich ohne Sprachkenntnisse und mit einem nur oberflächlichen Wissen über Land und Leute überhaupt reisen?!

»Wo sind meine Australier?«, fragt Mahtab.

»Oh, das Fräulein wartet auf Simon und Peter. Sie gefallen dir wohl!?«

»Ach, Quatsch. Ich habe Lust auf, wie nennst du das immer, Hörverstehensübungen?«

»Und ich würde gern mal wieder Deutsch sprechen. Ich gehe mal zu dem Pärchen mit dem Kind. Willst du mitkommen?«

Wie sich herausstellt, haben wir es bei ihnen mit wahren Globetrottern zu tun, die von Minute zu Minute Mahtabs Erstaunen mehr entfachen. Sie sind schon mit dem Fahrrad zum Kilimandscharo gefahren, wohlgemerkt von Deutschland aus. Steffen Hoppe ist Fotograf und war heute früh schon bei Sonnenaufgang auf den »Türmen des Schweigens«, den zoroastrischen

Bestattungsplätzen, um zu fotografieren. Er arbeitet an einer Fotoshow zum Thema »Alexander der Große«. Das Licht war nicht ganz perfekt, und er würde es gern noch einmal bei Sonnenuntergang probieren. Ob wir nicht mitkommen wollen. Gemeinsam könnten wir uns ein Taxi nehmen. Noch sei genug Zeit, um rechtzeitig vor der Abenddämmerung dort zu sein. Also verscheuchen wir Hunger und Müdigkeit und sind dabei.

»Alles ist so einfach, so unkompliziert. Jetzt sehen wir schon am ersten Tag die *dachme-ye sartoschti*. Einfach toll«, sagt Mahtab, als wir schnell in unser Zimmer gehen und uns feste Schuhe anziehen. »Ich will nur noch reisen. Das ist so wunderbar aufregend. Wie heißen die beiden?«

»Steffen und Regina. Die kleine Tochter hat einen seltenen Namen. Sie heißt Sandrine.«

»Die Kleine ist so süß.«

»Sie haben gesagt, ihre Tochter könne es nicht mehr aushalten, dass alle möglichen Leute sie anfassen, zärtlich in die Wange kneifen und ihr durchs Haar streichen. In Deutschland ist es nicht üblich, ein fremdes fünfjähriges Mädchen ungefragt anzufassen. Sie sei manchmal richtig genervt und laufe vor den Leuten davon.«

»Das tut mir leid. Aber ihre blonden Haare und die helle Haut sind so schön, dass man sie anfassen möchte. Die Eltern sprechen super Englisch.«

»Du kannst also noch eine Weile auf Simon und Peter verzichten?«

»*Scheytun,* du Teufel!«

Durch die geöffneten Scheiben des Taxis strömt angenehm warme Luft herein. Der Fahrer manövriert uns durch den dichten Verkehr. Die Stadt ist um diese Zeit sehr belebt, und wir drehen unsere Köpfe in alle Richtungen. Als es besonders eng wird und unser Wagen bremsen muss, werden wir von einer vierköpfigen Familie auf einem Moped überholt.

»*Wow,* das habe ich lange nicht mehr gesehen. Kurosch und

ich haben in Isfahan Familien auf ihren kleinen Motorrädern fotografiert. Leider sind die Bilder fast alle nichts geworden. Ich würde es hier gern noch einmal probieren. In Teheran und Maschad habe ich höchstens drei Personen auf einem Fahrzeug gesehen.«

»Zwei Frauen, ein Kind und der Fahrer, nicht schlecht«, meint Mahtab.

Die Stadt will kein Ende nehmen, und ich erinnere mich daran, dass die Türme einige Kilometer außerhalb in einer Ebene liegen. Der Begriff »Turm« für ein zoroastrisches *dachme* ist irreführend, denn in Yazd handelt es sich um zwei Berge, die man zunächst erklimmen muss, um schließlich über eine sie krönende Mauer das Innere des Bestattungsplatzes zu erreichen. Die Form der Berge erinnert an zwei Vulkane, die in der Weite der Landschaft thronen.

Als der Fahrer durch eine Neubausiedlung fährt, die aus schnurgerade angelegten Straßen und mehrstöckigen Wohnhäusern besteht, denke ich zunächst, er habe hier etwas zu erledigen. In diesem Viertel, das quasi in die Wüste gebaut wurde, gibt es noch keinen Baum und keinen Strauch. Abrupt endet die Straße am letzten Gebäude, und ich erkenne die »Türme des Schweigens«. Die Stadt ist fast bis zu den Füßen der Stätte herangewachsen. Der Fahrer bemerkt meine Überraschung und erzählt uns, dass in Zukunft weitaus mehr gebaut wird. Die Straßen seien bereits angelegt und die Türme bald umringt von Neubauten. Von oben würden wir es schon sehen. Ich erinnere mich daran, das Doppelminarett der Freitagsmoschee damals aus der Ferne nur vage erkannt zu haben, so weit entfernt liegt die Altstadt, und die weiteren Viertel reichten nur unwesentlich darüber hinaus. Um dem Heiligtum und dem angrenzenden Friedhof zumindest einen gewissen Schutz zu bieten, ist eine hohe Mauer gezogen worden. Unser Fahrer kennt einen Durchschlupf und wartet am Fuß der Berge auf uns. Wir versuchen den Aufstieg abzukürzen und bewältigen eine schweißtreibende Kletterpartie.

Ich bin noch immer perplex über das rasante Wachstum der

Stadt und gedanklich viel stärker mit dem modernen Iran beschäftigt als mit der vorislamischen Zeit, den Zarathustragläubigen und ihren Riten. Aber ich behalte meine Überlegungen vorerst für mich, denn für Mahtab wird es sicher ein besonderer Moment sein, sich der Begräbnisstätte und diesem fremdartigen Ort zu nähern. Schon im Bus war sie von den schaurigen Erzählungen der jungen Frau fasziniert und durch meine Einwände umso neugieriger geworden. Ich höre, wie sie Regina darüber berichtet. Hoffentlich haben wir in den nächsten Tagen die Gelegenheit, mit Zarathustragläubigen oder vielleicht sogar mit einem Priester über die Geschichte mit den »Schicksalsgeiern« zu sprechen.

Der Einstieg zur kreisrunden Aufbahrungsstätte auf dem Gipfel ist unverändert. Wir klettern über eine Mauer, die vor dem Verbot dieses Bestattungsrituals sicher einen Durchlass hatte. Bei einem Blick nach unten sehen wir unser Taxi erstaunlich klein am Wegesrand parken. Die tief stehende Sonne taucht die Landschaft und die ferne Gebirgskette in ein mildes Licht und lässt die Schatten wachsen. Mit unseren Sprachkenntnissen stoßen Mahtab und ich einmal mehr an unsere Grenzen und haben Mühe, unser Wissen über die Grundzüge dieser fremdartigen Religion auszutauschen. Auch wenn die Iraner sehr stolz auf ihre vorislamischen Wurzeln sind und die Zeit der Achämeniden- und Sassanidenkönige, die noch an Zarathustra glaubten, gern wachhalten und verherrlichen, so bedeutet dies nicht, dass sie über detaillierte Kenntnisse der alten Religion verfügen. Ich habe es schon häufig erlebt, dass Iraner das antike Persien idealisieren und die Araber für den Niedergang einer zivilen Gesellschaft verantwortlich machen, in der angeblich sogar Religionsfreiheit herrschte. In jedem iranischen Basar findet man Kunsthandwerk, das den Mythos ihres untergegangenen Reiches pflegt.

Das religiös-ethische Grundprinzip der Zoroastrier basiert auf dem Verhalten der Menschen, das mit den drei Regeln »gute Gedanken, gute Worte, gute Taten« beschrieben wird. Nach dem Tod wird die Seele eines jeden Gläubigen nach dieser Prämisse bewertet. Die Brücke ins Paradies steht nur jenen offen, bei denen die Beherzigung der drei Regeln im Laufe ihres Lebens überwog. Für alle anderen besteht die Brücke nur noch aus einem schmalen Grat, von dem aus sie in die Hölle abstürzen.

Die Gläubigen verehren neben dem ewigen und heiligen Feuer auch die Naturelemente Wasser und Erde, die unbedingt rein gehalten werden müssen. Ihre Toten, deren Körper als unrein gelten, dürfen mit keinem dieser Elemente in Berührung kommen. Aus diesem Grund wurde früher ein Vor-Bestattungsritus auf den Türmen vorgenommen. Für diesen Zweck befestigte man die Verstorbenen an Gestellen, ließ ihre Knochen von Raubvögeln abnagen und sammelte diese später ein, um sie in Felsenhöhlen endgültig zu bestatten. Die Gebeine der Verstorbenen werden nach dem Glauben der Zoroaster für den jüngsten Tag bereitgehalten, an dem die Seelen zu ihnen zurückkehren. Ähnliche Vorstellungen finden sich auch in den großen monotheistischen Nachfolgereligionen.

Nach der Eroberung durch arabisch-islamische Heere im siebten Jahrhundert wurde die alte Religion immer mehr geschwächt. In Scharen traten die Menschen zum Islam über. Viele Zoroastrier verließen ihre angestammten Gebiete und wanderten in Richtung Osten bis nach Indien. Heute lebt die größte Gemeinschaft mit ungefähr einhunderttausend Gläubigen in Bombay. Ihr weltweit bekanntester »Sohn« war Freddie Mercury, den manche Iraner gern als ihren Landsmann bezeichnen. Der Stolz auf die vorislamische Zeit kann im modernen Iran so weit gehen, einen Rockstar zu »adoptieren«, dessen Lebensweg in Sansibar begann, Indien streifte, aber vorwiegend in England verlief und mit dem Iran gar nicht in Berührung kam. Allerdings deutet sein richtiger Name, Farookh Bulsara, auf die Wurzeln seiner Urahnen hin.

Die Aufbahrungsstätte liegt in einer Vertiefung im Zentrum des »Turms«. Diese »Grube« ist von einem Ring umgeben, der so angelegt ist, dass ein Großteil der Yazder Gemeinde während der Zeremonie hier oben Platz fand.

Steffen sucht nach geeigneten Fotomotiven, Mahtab unterhält sich mit Regina, und ich mache einen Rundgang an der Mauer entlang und schaue mir das Umland an. Die Berge sind wirklich bald umzingelt von neuen Wohnvierteln. An manchen Stellen deuten die bereits angelegten Straßen auf weitere Bebauungspläne hin. Selbst hinter den Bergen, auf der der Stadt abgewandten Seite, ragen Stahlgerüste in den Himmel. Wenn man bedenkt, dass in Bombay die »Türme des Schweigens« inmitten bewohnter Stadtviertel liegen, dort auch noch genutzt werden, und manche Geier im Flug einen Teil ihrer »Beute« verlieren und damit für Unmut sorgen, so lässt sich hier immer noch von einer gewissen Abgeschiedenheit sprechen.

Als ich mich wieder umdrehe, haben wir Zuwachs bekommen. Ein Mann ist zu uns gestoßen, der uns sofort erklärt, dass er sich gern mit Ausländern unterhält. Von weitem habe er uns auf den Berg steigen sehen. Ich schätze ihn auf knapp vierzig Jahre. Er arbeite als Krankenpfleger, erzählt er uns, aber der Lohn reiche kaum aus. Sein Englisch ist sehr lückenhaft, und als er merkt, dass Mahtab Iranerin ist, hat er viele Fragen an sie. Er lobt sie für ihren Mut, mit einer Fremden zu reisen und das Land kennen zu lernen. Das hätte er auch schon lange machen sollen. Die jungen Leute seien viel offener, betont er. Als ich mich in das Gespräch einschalte, ist er sichtlich amüsiert, und seine Wangen zeigen tiefe Grübchen. Wir werden über seine familiäre Situation, seine Hobbys und seine Vorlieben für ausländische Fernsehkanäle aufgeklärt. Der ungewöhnliche Ort unserer Begegnung spielt dabei keine Rolle.

Steffen und seine Familie verlassen den ersten Berg und gehen in Richtung des kleineren »Frauenbergs«. Auch unser neuer Freund verabschiedet sich, weil er später noch ins Krankenhaus muss. Bevor Mahtab und ich über die Mauer klettern können, treffen bereits andere Besucher ein. Es sind sechs junge Männer, die einen Teil des Berges mit kleinen Motorrädern bezwungen haben. Zwei von ihnen haben ein leicht verwegenes Aussehen mit längeren Haaren und schläfrigem Blick. Die anderen sind so gut frisiert, als kämen sie gerade aus einem Frisiersalon. Mahtab schaut mich an, als ob sie wissen will, was ich davon halte, hier oben auf eine Gruppe fremder Männer zu stoßen.

»Ich gehe mal rüber zu ihnen. Vielleicht haben sie was Spannendes zu berichten.«

»Ich warte hier.«

Wie soll es anders sein? Innerhalb kürzester Zeit sind wir beim Thema Mehdi Mahdavikia und der Fußballweltmeisterschaft angekommen. Die sechs haben alle eine sehr dunkle Hautfarbe, fast so, als würden sie draußen arbeiten. Einige tragen blütenweiße Hemden, und ich frage mich, wie sie es geschafft haben, ohne Schmutzspuren über die Mauer zu kommen. Ich sehe eher nach einer Landarbeiterin aus, die vom Feld heimkehrt. Sie haben einen starken Dialekt, der für mich nach Afghanen klingt, aber über meine Frage, ob sie aus dem Nachbarland stammen, lachen sie nur. Die Langeweile treibe sie manchmal auf die »Türme«. Hier habe man seine Ruhe, es käme selten jemand hier rauf, zumindest nicht abends.

Die Dämmerung zaubert ein mildes Licht auf ihre kupferfarbene Haut. Nun kommt auch Mahtab näher, und sie wollen wissen, woher wir uns kennen. Ich bin mir nicht sicher, ob sie es in Ordnung findet, dass wir an diesem seltsamen Ort mit fremden Männern plaudern, von denen mindestens zwei den Eindruck von Drogenkonsumenten vermitteln. Aber immer, wenn ich mir die Frage stelle, was passieren könnte, will mir partout nichts Schlimmes einfallen. Ich stelle mir einfach vor, sie langweilten sich, und da brächte ein Ausflug zu ausländischen Touristen auf die »Türme« zumindest eine kleine Abwechslung. Ich würde es wahrscheinlich genauso machen.

Wir sehen, wie unsere Fotografenfamilie schon fast den zweiten Berg erklommen hat, und verabschieden uns von den jungen Männern. Als wir ein Stück hinabgeklettert sind, führen sie uns auf der abschüssigen Piste einige Kunststücke auf ihren kleinen Motorrädern vor. Mir stockt beim bloßen Gedanken an eine derart rasante Abfahrt der Atem. Hoffentlich werden wir nicht Zeugen eines Unglücks. Als wir die Umfassungsmauer des Frauenberges erreichen, setzt ganz in der Nähe ein Passagierflugzeug zur Landung an. Wie im Zeitlupentempo fliegt es vorbei, und mir fällt es immer schwerer, mich mit den Riten einer Religion, die vermutlich im achten vorchristlichen Jahrhundert ihren Anfang nahm, auseinanderzusetzen.

Auf der Rückfahrt durch die abendliche Stadt gelingt uns das erste Foto einer dreiköpfigen Familie auf ihrem kleinen Motorrad. Wir stehen an einer Ampel neben ihnen, und Mahtab fotografiert durch das offene Fenster. Der Tank der Maschine ist mit braunem Teddyfell bezogen, auf dem ein kleines Mädchen sitzt. Sie ist höchstens vier Jahre alt und schaut geradewegs zu uns herüber und in die Kamera. Ihr gelb gemustertes Kopftuch ist fest unterm Hals verknotet. Die Arme ihres Vaters, der den Lenker hält, geben ihr einen gewissen Schutz. Die Mutter, im schwarzen Tschador, sitzt hinten.

Im Hotel essen wir uns endlich an einer köstlichen Mahlzeit satt, trinken Tee und bestellen später noch eine Wasserpfeife. Im Laufe des Abends kommen wir mit unterschiedlichen Gästen ins Gespräch. Offenbar gesellen sich auch Restaurantbesucher zu den Hotelgästen in den schönen Hof. Das Hotel ist ausgebucht, und wir hören, wie ein europäisches Pärchen abgewiesen und in ein anderes Hotel geschickt wird. Am anderen Ende des Hofes sitzen vier Iranerinnen in lockerer Kleidung. Wir rätseln über ihre genaue Herkunft und können uns nicht vorstellen, dass es sich um Frauen aus der näheren Nachbarschaft handelt.

Endlich taucht auch Simon auf und setzt sich zu uns. Mahtab hatte Recht. Sein Englisch ist nicht nur schwer zu verstehen, sondern er spricht auch extrem leise und undeutlich. Er ist seit einigen Wochen unterwegs und hatte zunächst Bekannte in Aserbaidschan besucht. Keiner seiner Freunde und Kollegen zeigte Verständnis für seine Reisepläne. Auch am anderen Ende der Welt sind die Vorbehalte gegen den Iran offenbar stärker als wohlmeinendes Interesse.

»Dein Englisch verstehe ich von allen anderen am besten«, flüstert Mahtab mir zu, nachdem ich bereits bemerkt habe, wie sie Simons Worten angestrengt lauscht und ihm Verständnis signalisiert, obwohl sie manchmal nicht weiß, wovon er spricht.

»*Ich* kann dich aber nicht nach Australien begleiten. Und jetzt lasse ich dich mal eine Weile allein. Mich plagt das schlechte Gewissen. Ich muss dringend nach meinen Mails schauen. Das Cafenet bei der Freitagsmoschee soll ganz gut sein. Sie haben bis zehn geöffnet.«

»Kommst du alleine klar, oder soll ich lieber mitkommen?«

»Oh, Madam versteht doch noch etwas von der persischen Höflichkeit«, sage ich lächelnd. »Bleib lieber hier und beschäftige dich mit Hörverstehensübungen. Da vorn sitzt ein Schweizer Pärchen. Sie sprechen ein gut verständliches Englisch. Die beiden sind übrigens auch mit dem Fahrrad unterwegs, zumindest sind sie durch die Türkei geradelt.«

»Wann hast du das denn herausgefunden?«

»Tja, nicht nur du bist neugierig und quatschst die Leute an. Bis später! Ich gehe jetzt, es ist schon spät. Mach keine Dummheiten.«

»Niemals, Mama.«

Die vier PCs und die Klimaanlage in dem winzigen Cafenet laufen auf Hochtouren. Der junge Mann am Tresen ist mit Ausländern vertraut und spricht Englisch mit mir. Es ist keine leichte Aufgabe, ein E-Mail-Postfach aus der Ferne zu verwalten. Ich möchte mein deutsches Alltagsleben auf Distanz halten und der Neugierde widerstehen. Sicher handelt es sich bei vielen Posteingängen um Anfragen danach, ob ich noch unbehelligt reise oder bereits in einem Kerker sitze. Ich treffe eine harte Auswahl und öffne zunächst die iranischen Mails. Erfreut lese ich, dass es mit meiner Lesung in Teheran klappen wird. Einen Tag vor meinem Abflug kann ich in der Germanistischen Fakultät der Teheraner

Universität vor mehreren Seminarklassen mein Buch »Mögen deine Hände niemals schmerzen« vorstellen und mit den Studierenden diskutieren. Zur Absprache der Textstellen soll ich mich bitte rechtzeitig bei einer der Lehrenden melden. Die Regierung sei empfindlich, wie ich sicher wisse, und in meinem Buch seien gewisse Themen sehr direkt formuliert. Bisher habe ich noch nie vorab meine Lesepassagen bekannt gegeben. Es wird sicher nicht leicht sein, zusammenhängende Episoden zu finden, die unverfänglich meine Erfahrungen im Land wiedergeben und keine Kritik am herrschenden System beinhalten. Es ist merkwürdig, sich in der Rolle einer »Selbstzensorin« zu sehen. Trotzdem freue ich mich sehr auf die Lesung und die Begegnung mit den Studentinnen und Studenten der Germanistik. Die Neuigkeit muss ich sofort Sahel mitteilen, von der ebenfalls eine Mail auf mich wartet. Sie fragt, wo ich mich befinde, ob ich im Haram war und inzwischen unterwegs in den Süden bin. Sie hat sich mit Samad, ihrem Teheraner Internetbekannten, getroffen. Oh nein, das Rendezvous war ein Flop, lese ich, er habe sich schlecht benommen. Details wird sie mir später persönlich erzählen. Sahel tut mir leid. Warum kann sie sich nicht endlich in einen netten Mann aus Fleisch und Blut verlieben? Im Geiste gehe ich meine männlichen Freunde und Bekannten durch. Ist nicht einer dabei, der zu ihr passen könnte? Einer, der genug Mumm in den Knochen hat, sich auf eine iranische Verbindung einzulassen, die kein Spiel sein darf? Doch dann zensiere ich mich schnell selber! Meine Hilfe ist hier sicher nicht gefragt! Außerdem haben meine wenigen Kupplerinnenversuche bisher entweder zu Gefühlschaos geführt, oder aber sie sind schon nach dem ersten Treffen gescheitert. Darin habe ich keine glückliche Hand.

Farid schreibt mir, dass ihm langweilig geworden sei, seitdem ich unterwegs bin. Er habe ausführlich mit Giti telefoniert und sei von seiner Schwester über meine zahlreichen Besuche im Haram genauestens unterrichtet worden. Ob er sich um meinen Seelenzustand Sorgen machen müsse, will er wissen. Aber eigentlich wundere er sich bei mir über gar nichts mehr, schreibt er, und dass ich das heilige Essen serviert bekommen hätte, sei nun schon in der gesamten Nachbarschaft bekannt. Die neugierige Bassitschi-Frau aus der zweiten Etage sei ganz aus dem Häuschen, und ich solle aufpassen, dass sie mich nicht für sich vereinnahme, wenn ich wieder bei ihnen sei. Nasrin fragt, wann ich endlich zurückkäme, um mit ihr gemeinsam Sport zu treiben. Zum Schluss seiner Mail bittet Farid mich darum, wenigstens alle zwei Tage eine SMS zu schicken, damit sie wüssten, dass es mir gut gehe. Sie fühlen ganz offensichtlich eine gewisse Verantwortung gegenüber »ihrem« Gast aus Deutschland.

Von Kurosch habe ich nur eine kurze Nachricht erhalten. Der Ärmste ist im Prüfungsstress. Er schließt seine Ausbildung als Mechatroniker ab; alleine die Berufsbezeichnung flößt mir den größten Respekt ein. Ob ich schon in »unserem« Isfahan sei, möchte er wissen, und er schreibt, dass seine Familie mich erwarte. Ich solle doch bitte endlich seine Schwester oder im Aladin-Shop anrufen, einem Geschäft für Nomadenteppiche, mit dessen Mitarbeiter er befreundet sei. Der Gedanke an Isfahan löst Vorfreude und Melancholie in mir aus. Nicht zufällig habe ich meine Reiseroute so gelegt, dass ich mich langsam an die schöne und für mich so besondere Stadt am Sayande Rud herantaste. Was wird mich dort erwarten? Was werde ich bei der Rückkehr an die vertrauten Orte fühlen? Ich sende ihm ein paar Zeilen und wünsche viel Glück für die schweren Tage, die vor ihm stehen.

Bevor ich eine lange Mail an Thomas in Deutschland beendet habe, versagt das System. Es stürzt ab, und ich fluche dreisprachig. Bei einem erneuten Versuch sende ich meinem Liebsten nur das Foto von mir und den Schülerinnen, das wir heute aufgenommen haben. Dazu ein paar eilig verfasste Zeilen, denn ich habe keine Geduld mehr, weil ich zuvor schon eine halbe Ewigkeit auf den Aufbau eines Fotos von der Bundesligabegegnung zwischen dem HSV und Werder Bremen habe warten müssen, das mein Bruder mir zugesendet hat. Ich konnte es nicht lassen, die Mail zu öffnen, weil ich gerne sehen wollte, wie er sich mit meiner Eintrittskarte und unseren gemeinsamen Freunden amüsiert hat. Lustigerweise trägt er dabei eine Maske des brasilianischen Spielers Ailton, und ich lache lauthals auf. Aber das soll es für heute mit den Nachrichten aus meiner Heimat gewesen sein. Ich beende meine Sitzung und bitte meinen Liebsten, allen Freunden Grüße und das Foto weiterzuleiten. Da ich weiß, dass die Anteilnahme an einer Iranreise ungleich größer ist als an Reisen in viel abgelegenere Weltgegenden, werden regelmäßige Lebenszeichen ungeduldig erwartet. Der Iran erregt zumeist ein besonderes Interesse und ist den meisten derart unbekannt, dass sich kein rechtes Bild einstellen will. Nur die Meinung derer, die noch nie hier waren, fällt in einem Punkt eindeutig aus: Iran ist ein gefährliches Land. Vielleicht liegt es aber auch daran, dass vielen Menschen der immense Unterschied zwischen Irak, Iran und Afghanistan nicht klar ist. Die gesamte Region wird gern über einen Kamm geschoren und als ein einziges Krisen-, Kriegs-, Bomben- und Entführungsgebiet angesehen. Ob ich eine zweite Susanne Osthoff werden wolle, wurde ich im Vorfeld meiner Reise gefragt, und ich musste ein wenig überlegen, um eine derartige Gedankenakrobatik nachvollziehen zu können. Sogar gebildete Zeitgenossen verwechseln Iran und Irak nicht selten. Diesen Wissenslücken trete ich inzwischen mit einer gewissen Gleichmut entgegen.

Nachtgespräche

Mir gefällt das langsame Reisen. Als wir im Silk Road Hotel gefragt werden, wie lange wir bleiben, fühle ich mich unnötig gehetzt. »Solange wie wir mögen«, hätte ich gern geantwortet. Wir haben keine konkreten Pläne für unseren Aufenthalt, sondern lassen uns durch die Erzählungen der anderen Reisenden und unsere eigenen Interessen treiben. Am zweiten Tag machen wir eine Art Hotelbesichtigungstour durch die Stadt. Einige der schönsten historischen Gebäude sind restauriert und zu Hotels umgebaut worden. Manche, wie das »Mehr-Traditional-Hotel«, blicken auf eine jahrhundertealte Geschichte zurück. Es sind Schmuckstücke persischer Architektur, ausgestattet mit Windtürmen, großzügigen Höfen und unterirdischen Wasserkanälen, die in den Untergeschoßen für Kühlung sorgen. Das noble Mehr-Hotel finden wir eher zufällig bei einem Bummel durch die Gassen. Wir schlendern über den Hof, entscheiden uns schließlich für einen Platz am Schacht des Windturmes, ziehen unsere Schuhe aus und machen es uns in den Kissen bequem. Ein Mitarbeiter fragt uns, woher wir kommen, und bringt mit der Speisekarte auch eine Deutschlandfahne, die er vor uns aufstellt. Es ist die erste Deutschlandfahne, die mir derart nahe kommt und ganz konkret etwas mit meiner Anwesenheit zu tun hat. Das Exemplar ist mit goldenen Fransen verziert und ruht auf einem schicken Marmorständer. Das schwarz-rot-goldene Tuch ist fest und edel und einer Diplomatenkarosse würdig. Wir lassen uns mit dem Wimpel vor unseren nackten Füßen fotografieren. Am Abend wollen wir die Aufnahme meinen Nachbarinnen in Hamburg schicken und ihnen dafür danken, dass sie uns zusammengeführt haben. Wir bestellen ein uns fremdes Kräutergetränk und grübeln über die Auslastung des Hotels nach. Hier haben sicher einige hundert Gäste Platz, und der schöne Hof ist auch für große Feste geeignet, aber momentan scheint es schlecht ausgelastet zu sein. Mit der Rechnung reicht der Kellner uns eine Broschüre samt CD, aus der hervorgeht, dass das Hotel von der UNESCO prämiert worden ist. Wir ziehen weiter und suchen das Malek-o-Tojjar Hotel. Es versteckt sich in dem Gassengewirr des Basars, und der unscheinbare Eingang, der sich zwischen den lebhaften Basarständen befindet, ist leicht zu übersehen. Arabische Schriftzeichen auf blumigen Fliesen und eine traditionelle Tür mit den typischen Klopfern sind der einzige Hinweis auf das hinter Mauern verborgene Haus. Ein schmaler, sich windender Gang führt uns an unser Ziel. Ich fühle mich an den Zugang zu einem verwunschenen Weinkeller erinnert, denn auch die Temperatur in diesem Bogengang wird mit jedem Schritt angenehmer. Plötzlich stehen wir vor einer offenen Tür und treten in einen Raum ein, der von alten Holzfenstern mit Buntglasscheiben geschmückt wird und uns zum Innenhof führt. Von dort dringen Stimmen zu uns. Als uns im Durchgang ein Mitarbeiter entgegenkommt, begrüßt er uns freundlich und führt uns hinaus. Der hübsche Hof ist voller Besucher und wesentlich zurückhaltender restauriert als der im Mehr-Hotel. Dieses Gasthaus wirkt ursprünglicher und einfacher. Auf Luxus und Pomp wurde verzichtet. Dennoch hat es etwas Majestätisches, ist von formvollendeter Harmonie. Wir schlendern durch die verschiedenen Räume und erkunden das Dach.

»Das ist doch der Hof mit den Rosenmädchen«, sage ich, als wir von oben in das Nachbargebäude schauen.

»Tatsächlich, schau dich mal um, wir befinden uns mitten in der Altstadt.«

Wir staunen über die Ausmaße und das organische Ensemble aus Gebäuden und Gassen, aus dem das alte Zentrum besteht. Yazd zählt zu den ältesten Städten, und von hier oben kann man es sich auch gut vorstellen. Was sich vor uns ausbreitet, gibt meinen Orientfantasien Nahrung. Zweistöckige Lehmbauten, so weit das Auge reicht, viele von ihnen mit Windtürmen. In der Nachbarschaft liegt eine kleine Moschee mit einem winzigen Minarett, an dem ein Lautsprecher befestigt ist. Die Kuppel ist sandfarben und ohne jede Verzierung, zwei Windtürme dienen der Kühlung des Gotteshauses. In der Nachbarschaft gibt es einige verfallene Häuser. Grüne Tupfer, die über die ganze Stadt verteilt sind, deuten auf alten Baumbestand hin, der aus den Innenhöfen in den Himmel wächst. In der Ferne sieht man die schroffen Gipfel der Milchberge.

Aus dem Hof dringen die Düfte von köstlichem Essen zu uns herauf. Als wir Ausschau nach einem freien Platz halten, sehen wir einige bekannte Gesichter aus unserem Hotel. Die vier Iranerinnen sind auch dabei und grüßen uns von weitem. Eine Frau sitzt allein auf einem der großen Holzgestelle, und wir fragen sie, ob wir uns zu ihr setzen dürfen. Sie hat ihr schwarzes Kopftuch auf arabische Art gebunden, was ich hier bisher noch nicht gesehen habe, mir aber aus Hamburg vertraut ist. Sie ist sehr jung, ausgesprochen hübsch und hat eine dunkle Hautfarbe. Sie weckt unsere Neugier, und es dauert nicht lange, bis wir uns gebührend ausgetauscht haben. Die hübsche Frau stammt aus den Niederlanden und studiert in Kanada. Ihr Englisch ist ganz nach Mahtabs Geschmack, nicht zu kompliziert und wunderbar deutlich in der Aussprache. Iran sei seit langem ihr großer Traum, der sich nun auch endlich erfülle.

Ihre Iranroute erstaunt uns. Was sie in einer einzigen Woche besichtigen möchte, reicht für einen ganzen Monat. Sie empfiehlt uns ein Nomadenzelt in der Nähe von Persepolis, wo es köstliches Essen und sogar Übernachtungsmöglichkeiten gebe. Dann erzählt sie uns von den Irritationen, die ihr Auftreten überall auslöse. Niemand könne ihre Herkunft einordnen. Manche denken, sie sei Araberin, aber eine junge Araberin werde kaum allein durch den Iran reisen und schon gar nicht fremde Männer ansprechen und nach dem Weg fragen. Es sei manchmal absurd, wie sie von Frauen und Männern gleichermaßen angestarrt werde. Die Leute hier seien einfach keine Fremden gewohnt, zumindest keine dunkelhäutigen Frauen, die sich nicht unterwürfig verhielten.

Ob ihr die Reise trotzdem gefalle und ob sie ihre Vorstellungen und Fantasien bestätigt finde, will ich von ihr wissen.

»Ja, es gefällt mir. Schiras war sehr schön. Ich war im Hafisgarten, wo aus seinem berühmten Buch in englischer Übersetzung vorgelesen wurde. Es war eine besondere Atmosphäre. Und es gefällt mir, so wenige Touristen um mich zu haben. Alles wirkt sehr authentisch. Leider habe ich viel zu wenig Zeit. Und meine fehlenden Sprachkenntnisse machen es mir leider ziemlich kompliziert.«

Dann muss sie gehen, denn sie hat heute noch ein gewaltiges Besuchsprogramm zu bewältigen.

»Sie spricht das beste Englisch, das ich je gehört habe.«

»So schnell bin ich also abgeschrieben«, sage ich beleidigt.

Als wir das Malek-o-Tojjar verlassen, ist der Basar wie ausgestorben. Die Stände sind abgebaut, die Rollläden heruntergezogen, und kein Mensch ist mehr in den Gassen zu sehen.

»Was schlägst du vor?«, fragt Mahtab mich.

»Siesta. Wie jeder vernünftige Mensch in Yazd sollten wir eine Siesta halten.«

»Was ist das denn?«

Beim Überqueren eines schattenlosen Platzes fühlen wir uns wie unter einem Brennglas. Dort, wo wir zum Silk Road abbiegen müssen, gibt es ein öffentliches Telefon am Straßenrand.

»Verflucht, weißt du, was ich vergessen habe? Ich muss unbedingt meine Mutter anrufen. Sie macht sich sicher Sorgen. Ich habe mich überhaupt noch nicht bei ihr gemeldet.«

»Wieso hast du eigentlich kein Handy?«

»Ich hatte bis vor kurzem eins, aber es ist mir zu teuer geworden. Ich habe viel zu oft mit Siawasch telefoniert.«

»Ich würde auch gern mit deiner Mutter sprechen.«

»Das wäre toll, aber sie ist bestimmt nicht zu Hause. Sie ist eigentlich nie zu Hause. Ständig ist sie bei Freundinnen oder bei irgendwelchen Treffen. Es ist ein Glücksfall, sie zu erreichen, aber mein Bruder ist bestimmt da. Er übt für sein Concours, für die Aufnahme zur Universität. Wer für das Concours lernt, kennt kein Leben außerhalb der Bücher. Er sitzt garantiert am Schreibtisch.«

»Davon habe ich auch schon gehört. Es muss sehr schwer sein.«

»Ich mag nicht mehr daran denken. Es war eine furchtbare Zeit für mich!«

Eines der beiden Telefone ist besetzt, und das andere funktioniert nicht. Eine junge Frau im schwarzen Tschador steht in der glühenden Mittagshitze und flüstert in den Hörer. Wir halten es auch im Schatten kaum aus. Endlich legt sie auf und lässt uns vor. Sie möchte gleich noch jemand anderen anrufen, sagt sie, brauche aber eine kleine Verschnaufpause unterm Baum. Da die Gebäude um diese Zeit fast keinen Schatten werfen, bleibt uns nur dieser winzige Baum mit dem lichten Blätterdach.

»Wie halten Sie es aus, in Ihrem Tschador?«, frage ich freimütig, als Mahtab auf ihre Verbindung wartet und dann offenbar mit ihrem Bruder spricht.

»Ich habe keine Wahl. Ich bin Studentin.«

»Wird in Yazd der Tschador verlangt?«

»Ja, leider. Es ist unerträglich. Ich bin es nicht gewohnt. Ich komme aus Schiras, aber dort habe ich keinen Studienplatz bekommen. Hier ist es strenger. Yazd ist nur eine Kleinstadt.«

»Was studieren Sie?«

»Informatik. Computer sind mein Leben. Woher kommen Sie? Warum sprechen Sie unsere Sprache? Ist sie Ihre Tochter?«

»Mahtab, *asisam*«, rufe ich. »Sie denkt, du bist meine Tochter.«

»Warte, ich komme gleich.«

Mahtabs Mutter war nicht zu Hause, aber wie vermutet saß ihr Bruder über seinen Aufgaben für das *Concours*, das *Auswahlverfahren* für die Universität. In diesem Jahr werden wieder über zwei Millionen Jugendliche an der berüchtigten Prüfung teilnehmen, die nach französischem Vorbild eingerichtet wurde. Nur etwa ein Drittel von ihnen wird einen Studienplatz erhalten. Manche brauchen drei oder mehr Anläufe, um das harte Verfahren zu bestehen. Die große Zahl der Bewerber zeigt den enorm hohen Bildungsgrad im Land. Der Iran hat inzwischen eine der niedrigsten Analphabetenraten im gesamten Mittleren Osten, und in naher Zukunft werden jene, die unter dem Schah keinen Zugang zu Bildung hatten, zur kleinen Gruppe der Alten und Greise gehören.

»Was habe ich dir gesagt? Manche halten uns für Mutter und Tochter.«

»Nur weil du total verschwitzt bist und so müde aussiehst. Lass uns schnell in unser gekühltes Zimmer und eine Siesta machen. Ich halte es hier draußen nicht mehr aus.«

Am Abend trifft ein neuer Gast ein, und irgendwann setzt er sich zu Simon, Mahtab und mir an den Tisch. Andrew kommt aus Australien und ist schon seit einem halben Jahr auf Weltreise. Seine Aussprache ist so deutlich, dass Mahtab ihm konzentriert zuhört. Als er meine Digitalkamera sieht, bittet er mich um einen Gefallen.

»Meine Eltern haben mich schon lange nicht mehr gesehen. Sie wissen bald nicht mehr, wie ich aussehe. Könntest du ein Foto von mir machen und es ihnen mailen?«

»Kein Problem. Hattest du zu Beginn deiner Reise auch schon einen Bart?«

»Nein, ich lasse ihn wachsen, seit ich auf Tour bin.«

»Dann wird es höchste Zeit für ein Foto.«

Wir machen einige Aufnahmen von ihm und uns gemeinsam. Dann gehe ich kurz in unser Zimmer, verkleinere die Bilder auf meinem Laptop, um sie schneller verschicken zu können, speichere sie auf meinen USB-Stick, den ich Andrew gebe, damit er die Fotos eigenhändig verschickt.

»An der Ecke gibt es ein Cafenet. Falls wir uns verpassen, kannst du den Stick bei der Rezeption abgeben.«

»Wie teuer ist die Stunde im Cafenet?«

Bisher hatte ich mir kaum Gedanken über den Preis für die PC-Benutzung gemacht, aber bei Weltenbummlern zählt jeder Cent. Wenn ich genau überlege, dann habe ich meistens zwischen fünfhundert und tausend Tuman für eine Stunde, also maximal einen Euro bezahlt.

Andrews Erfahrungen als Reisender im Iran unterscheiden sich stark von unseren. Er wird fast nie von weitem angelächelt, ihm wird kein »*hello mister*« zugerufen, und keiner bietet ihm Hilfe beim Überqueren der Straßen an. Mahtab sei die erste Iranerin, mit der er spricht, obwohl er bereits seit einer Woche im Land ist.

Das läge an seiner Erscheinung, sage ich ihm unumwunden. Es gäbe da eine gewisse Ähnlichkeit mit einem Taliban. Unter lautem Gelächter stimmen Mahtab und Simon mir zu. Andrew hat schulterlange dunkle Haare, einen fast schwarzen, wild wachsenden Vollbart und grüne Augen. Wenn er seine Sonnenbrille trägt, sieht er sehr verwegen aus.

»Meint ihr wirklich, dass es daran liegt?«, fragt er.

»Ganz klar, du könntest ein Araber oder Pakistani sein, der Böses im Schilde führt«, sage ich, und wir steigern uns lachend in diese These hinein.

Es sei schon sehr auffällig, dass die Leute sofort freundlicher und aufgeschlossener werden, wenn sie begreifen, dass er aus Australien komme und auch keine orientalischen Wurzeln habe, berichtet er. Simon erzählt, dass er auf der Straße unentwegt von jungen Männern angesprochen werde, die Englisch mit ihm reden wollten. Im Cafenet komme er kaum dazu, seine Mails zu schreiben, weil es immer jemanden gebe, der sich mit ihm unterhalten wolle. Das sei Andrew noch nie passiert.

»*Even girls,* auch Mädchen?«, fragt er Simon mit einem Grinsen.

»*Very few,* nur sehr wenige.«

Später am Abend, als der Hof gefüllt ist mit ausländischen und iranischen Gästen, möchte Andrew ein wenig mehr über dieses seltsame Land erfahren, und wir machen es uns auf einem der Holzgestelle mit den vielen Kissen bequem. Neben uns lümmelt sich Peter. Er führt ein endloses Telefonat mit Australien auf dem hauseigenen Apparat. Er hatte bereits seit Stunden auf den Anruf gewartet. Ich starre auf seine nackten Füße, die das interessante Muster seiner Sandalen zeigen. Als Radfahrer ist seine Haut, überall dort, wo die Sonne sie erreicht, tief gebräunt, der Rest des Körpers schneeweiß, wie ein Blick auf seinen Bauch verrät, der unter seinem T-Shirt hervorlugt. Nebenan sitzt eine iranische Familie mit zwei Kindern und schaut sich neugierig um. Ich begreife, dass wir, die ausländischen Gäste, die Attraktion sind, deretwegen sie hier verweilen. Das Hotel ist für sie ebenso exotisch wie ihr Land für uns Reisende. Kein iranischer Mann würde sich in Anwesenheit von Fremden so unbekümmert auf dem Sitzgestell ausstrecken, gedankenverloren seinen Bauch kraulen und beim Telefonieren lauthals loslachen wie Peter. Die Ungezwungenheit im Miteinander der Gäste und die kleinen Freiheiten, die hier nicht sanktioniert werden, locken iranische Besucher herbei. Manche Frauen lassen ihr Kopftuch in den Nacken rutschen. Auch ich trage hier ein durchscheinendes indisches Hemd mit kurzen Ärmeln und eine Sporthose, mit der ich niemals auf die Straße gehen würde. Niederländisch, Schweizerdeutsch, Französisch, Russisch, Englisch in allen möglichen Akzenten und Persisch sind die Sprachen, die diesen Hof erfüllen.

Andrew erzählt mir, dass er weder eine Landkarte noch einen »Lonely-Planet-Reiseführer« bei sich hat. Und da er sich offenbar auch sonst nicht speziell auf seine Tour vorbereitet hat, möchte er die Gelegenheit nutzen und mit einer erfahrenen Iranreisenden sprechen. Ich muss lachen, denn tatsächlich fühle ich mich oft genug ebenso unerfahren, wenn auch nicht so hilflos und unbedarft wie manch anderer. Doch als er mir die Frage stellt, wie der Kerl doch gleich noch mal heißt, der dieses Land regiert, muss ich kräftig schlucken und fühle mich prompt als kompetente Expertin.

»Meinst du Ahmadineschad?« sage ich.

»*Oh, yes, and the other guy is dead, isn't he? I mean the first one, after the King.* Und der andere Typ lebt nicht mehr, oder? Ich meine den Ersten, der nach dem König kam.«

»Chomeini?«

»*Yeah, that's his name,* ja, so heißt er.«

Vier Ohren hören bekanntlich mehr als zwei, und so beginnt unser zweites Abendprogramm in unserem Zimmer, wo wir auf den Betten liegen und Beobachtungen austauschen.

»Weißt du, was der Manager mir erzählt hat? Jedes Mal, wenn er einem Gast den Anmeldebogen gibt, dann hofft er, dass bei der Frage nach dem Beruf nicht wieder Fotograf, Journalist, Schriftsteller, Filmemacher oder gar Politiker eingetragen wird. Die internationalen Gäste im Silk Road werden von den Behörden skeptisch beobachtet.«

»Das kann ich mir gut vorstellen.«

»Und du gehörst auch dazu.«

»Ich habe in diese Anmeldebögen noch nie *writer,* Autorin, eingetragen.«

»Wirklich nicht? Was schreibst du denn?«

»Ich nehme meine alte Berufsbezeichnung und schreibe sie in falschem Englisch, so dass eigentlich niemand etwas damit anfangen kann.«

»*Ba husch,* clever. Ich sage doch immer! Du bist ein *Scheytun-e bosorg!* Ein großer Teufel.«

»Welch ein Ehre! Ich dachte immer, *Scheytun-e bosorg* ist für die Amerikaner reserviert.«

»Stimmt, du hast Recht! Dann sagen wir lieber *Scheytun-e kutschik,* kleiner Teufel.«

»Der Manager mag dich.«

»Ich mag ihn auch. Von ihm habe ich viel über das Hotel, den Tourismus und die Veränderungen in der Stadt erfahren. Er findet es toll, dass ich mit dir reise, Englisch lerne und später ins Ausland will. Er wollte nicht glauben, dass es meine erste Reise ist.«

»Weil du keine Berührungsängste zu den ausländischen Jungs hast?«

»Keine Ahnung. Jedenfalls ist er ein netter Kerl. Er hat etwas Väterliches. Normalerweise habe ich mit Männern seines Alters Schwierigkeiten und halte mich eher fern. »

»Er ist bestimmt ein netter Vater. Schade, dass er kaum Englisch spricht. Ich sollte heute für ihn übersetzen. Ins Deutsche.«

»Was? Für wen?«

»Für eine Frau aus Deutschland, die seit drei Jahren in Teheran lebt, das Wochenende mit einer deutschen Freundin in Yazd verbringt und kein Persisch spricht.«

»Nach drei Jahren? Gibt es so etwas?«

»Klar, denk doch an die Engländerin! Sie lebt schon fünf Jahre hier und spricht nur wenig. Übrigens, beim Thema *sprechen* muss ich sofort an Simon denken. Wie findest du ihn?«

»Er ist nett, aber irgendwie langweilig. Er spricht einfach zu wenig, und wenn er etwas sagt, dann verstehe ich es meistens nicht.«

»Er ist clever. Ich habe länger mit ihm gesprochen. Er hat mir von seinen Erlebnissen in Aserbaidschan erzählt. Und außerdem haben wir kräftig über das Kaspische Meer gelästert. *To gossip in english is so much fun,* es ist ein Riesenspaß, auf Englisch zu tratschen. Es erinnert mich immer an meine Zeit in den USA, wo ich mit den anderen Ausländern über die Amerikaner getratscht habe.«

»Wie kann man über unser schönes Meer lästern?«

»Dir kann ich es ja sagen! Du bist bestimmt nicht so empfindlich, was deine Heimat betrifft. Die meisten ausländischen Touristen, die in diesem Land reisen, waren schon in vielen Ländern unterwegs. Sie haben an mindestens einem Dutzend wunderschöner weißer Strände gelegen, haben in türkisblauem Meer gebadet, sich eine Unterkunft in einem hübschen Ort mit kleinen Häusern gemietet und den Blick auf den Hafen und die Promenade genossen, bei Sonnenuntergang gegrillten Fisch gespeist und nachts am Feuer Wein getrunken.«

»Und? Was willst du damit sagen?«

»Iranische Orte am Kaspischen Meer haben fast nichts von alledem. Für die Teheraner ist das Kaspische Meer ein Fluchtpunkt vor ihrer feindlichen Stadt. Sie setzen sich ins Auto und sind nach spätestens vier Stunden dort. Sie sehen den Strand und das Wasser mit anderen Augen als Simon und ich. Die Teheraner schwärmen über das Kaspische Meer, als wäre es der Vorhof zum Paradies. Ständig prahlen sie herum, wie toll es dort ist. Das kenne ich selbst aus Deutschland, wo die Exiliraner ihre heimatliche Küste verherrlichen. Ich habe wirklich schon tausend Mal gehört, wie blau das Wasser ist, wie grün die Berge, wie lecker der Fisch ist und wie viel Freiheit es am Meer gibt. Du kennst das Gerede sicher viel besser als ich. *Sorry,* aber eine schöne Küste sieht anders aus. Simon weiß genau, was ein *Bilderbuchstrand* ist. Für einen Neuseeländer muss die kaspische Küste ein ziemlich kläglicher Anblick sein. Und ich bin mir absolut sicher, dass auch du eines Tages irgendwo auf der Welt an einem breiten und sauberen Strand liegen wirst und die Sonne auf deiner Haut fühlen kannst. Du wirst ganz selbstverständlich im Bikini neben fremden Männern liegen, unbeschwert im Wasser toben und deinen nackten Körper von den Wellen umspülen lassen.«

»Erzähl weiter!«

»Du nimmst es mir doch nicht übel, oder?«

»Mach es nur schlecht, unser schönes Kaspisches Meer! Strandleben gehört ohnehin nicht zu den propagierten Freizeitbeschäftigungen in meiner Heimat. Davon steht nämlich nichts im Heiligen Buch, wenn ich mich richtig erinnere. Habt ihr noch mehr gelästert? Vielleicht auch über meine Landsleute?«

»Das kann man mit Simon nicht. Er kennt doch keine Iraner. Über Iraner kann man am allerbesten mit anderen Iranern lästern. Dafür habe ich in Hamburg ganz spezielle Freunde. Ich bin übrigens manchmal diejenige, die euch verteidigt.«

»Danke, du bist wirklich sehr nett.«

»Ich habe in Simons Lonely Planet gelesen.«

»Du meinst den Reiseführer, den hier alle haben?«

»Genau, und in dem Abschnitt über Yazd steht exakt die gleiche Geschichte über das Bestattungsritual der Zarathustragläubigen, wie wir sie im Bus von der jungen Frau gehört haben.«

»Dann stimmt es also doch!«

»Nur, weil es in einem Buch steht? Nein, das glaube ich nicht. Ich denke eher, man hat den beiden Autoren die gleiche Geschichte aufgetischt, und sie haben es nicht überprüft. Hier im Hotel wird die Story doch auch ständig weitergetragen.«

»Lass uns morgen zum Feuertempel fahren und mit einem Zoroastrier sprechen. Und jetzt hole ich mir den Reiseführer aus dem Regal und lese es selber nach.«

Mahtab lässt die Geschichte keine Ruhe, und so steht sie noch einmal auf, um über den Hof zur erhöhten Terrasse zu gehen, wo eine Menge fremdsprachiger Bücher stehen, die die Reisenden hier zurückgelassen haben.

»Draußen ist es ganz wunderbar«, sagt sie beim Wiederkommen, »niemand ist mehr wach. Komm, lass uns auf das Dach steigen und die schlafende Stadt anschauen.«

Als wir oben sind, bietet sich uns ein Bild voller Friedfertigkeit und Ruhe. Die Freitagsmoschee ist zurückhaltend beleuchtet, und ich bedaure es, keine geeignete Kamera dabei zu haben. Dieses Bild wird es nur in meiner Erinnerung geben. Einzelne Straßenlaternen werfen ihr Licht auf die lehmfarbenen Mauern und lassen sie kupfern schimmern. Wir hören das Plätschern eines Springbrunnens und riechen gewässerte Beete. Die Luft ist angenehm warm und streichelt die Haut.

»Schöner als das Kaspische Meer«, flüstert Mahtab mir mit einem lustigen Unterton zu und stößt mich sanft in die Seite.

»Viel schöner! Es ist ein ganz besonderer Anblick. Diese Stadt berührt mich. Das Gefühl hatte ich schon damals, und inzwischen ist sie noch schöner geworden. Für mich ist das der Orient«, sage ich und zeige über das mild beleuchtete Häusermeer. Von hier oben können wir in den kleineren Hof des Hotels schauen, wo die Fotografenfamilie ein Zimmer bewohnt. Dort ist auch Peters Fahrrad abgestellt. Wir schleichen nach unten und entdecken eine Art Kellertreppe. Wie auf ein Zeichen hin gehen wir hinunter und öffnen eine Tür, die nur angelehnt ist. Erstaunt stellen wir fest, dass es hier einen Schlafsaal gibt. Mindestens fünf oder sechs Etagenbetten sind in dem Raum, der direkt unter der Terrasse liegt. Vorsichtig schließen wir die Tür.

»Hier schläft Andrew. Ich habe mich schon gewundert, dass er nur dreitausend zahlt«, flüstert Mahtab.

»Drei Euro? Das ist ja wirklich billig. Bin mal gespannt, was wir am Ende zahlen müssen. Du gehörst doch fast zur Belegschaft. Der Manager hat dich doch schon adoptiert. Ich frage mich, ob sie überhaupt alles aufschreiben, unser Essen, die vielen Getränke und unsere Wasserpfeifen? Bisher haben wir noch keinen Cent gezahlt.«

»Keine Ahnung. Stell dir vor, er hat mir vorgeschlagen, in Maschad ein traditionelles Hotel zu eröffnen.«

»Ich dachte, du willst auswandern.«

»Ja schon, aber er meinte, damit könne man gutes Geld verdienen, und in Maschad gibt es so etwas nicht.«

»Und wie willst du die Globetrotter nach Maschad locken?«

»Das Silk Road Hotel schickt sie zu mir.«

»Das habt ihr euch ja toll ausgedacht.«

Auf dem Rückweg zu unserem Zimmer entdecken wir einen Nachtwächter. Er sitzt auf einem der Holzgestelle und lehnt sich in die Kissen.

»Er hat mich gestern gefragt, wie viel du mir zahlst«, sagt Mahtab.

»Was? Wofür? Und wer ist er überhaupt?«

»Als ich gestern noch spät mit Siawasch telefoniert habe, hat er mich angesprochen. Er arbeitet hier, passt auf, dass nachts nichts passiert. Er dachte, ich sei dein *Guide,* deine Fremdenführerin. Er wollte wissen, was du mir dafür zahlst.«

»Das ist ja interessant. Was die Leute alles über uns denken! Du hast ihm doch hoffentlich gesagt, dass *du mich* für den Englischunterricht und die Kontaktvermittlung bezahlst.«

»Selbstverständlich. Was hältst du davon, wenn wir uns noch die neusten Fotos anschauen? Ich fand es gestern Nacht richtig gemütlich, als wir deinen Laptop angestellt haben und uns alle Aufnahmen angeschaut haben, die wir tagsüber gemacht haben. Ein wenig wie fernsehen.«

»Ja, sehr gern. Ich kann dir auch Fotos von zu Hause zeigen.«

Mein Wohnviertel in Hamburg erinnert Mahtab an französische Filme, wo die Leute den ganzen Tag in Straßencafés sitzen, Zigaretten rauchen und Kaffee trinken. Als ich ihr erzähle, wie sehr mir ein Gläschen Wein in einem Straßencafé fehlt, versucht sie mich zu trösten. Der Sommer stehe vor der Tür, die Zeit der kurzen Röcke und engen Blusen beginne. Ich solle mich nur noch ein wenig gedulden, dann könne ich wieder mit dem Fahrrad durch die Stadt fahren, wohlgemerkt auch nachts um drei.

»Woher weißt du? Ich meine … wie kommst du ausgerechnet auf das nächtliche Radfahren? Habe ich das erzählt?«

»Es gibt wohl kaum einen deutlicheren Unterschied zwischen deiner Welt und meiner. Du hast mir erzählt, dass du in Maschad, als du spät abends mit Setare aus der Moschee kamst, zwei Rennradfahrer gesehen hast und ihnen laut etwas zugerufen und applaudiert hast. Man sieht Rennradfahrer sehr selten, aber immerhin gibt es inzwischen einige, die sogar in dieser engen Sportkleidung fahren. Ich habe verstanden, wie gern du dich draußen bewegst und Fahrrad fährst. Ich finde es auch wunderbar, aber als Frau kannst du es hier total vergessen. Unvorstellbar! Nur junge Mädchen trauen sich zu fahren, und das auch nur in ihrer eigenen Straße. Ich kann mir lebhaft vorstellen, wie du nachts mit dem Fahrrad durch deine Stadt fährst. Ich sehe es vor mir.«

»Wenn du nach Deutschland kommst, dann machen wir zusammen eine tolle Fahrradtour«, sage ich und wünsche mir von ganzem Herzen, dass es eines Tages Wirklichkeit wird. Welch ein Gefühl wird es für Mahtab sein, wenn wir an der Elbe entlangfahren, so schnell wie die großen Containerschiffe auf ihrem Weg zum Meer, und unsere Haare im Wind wehen lassen.

Mahtab schaut sich die Bilder meiner Verwandten und Freunde an.

»Wie alt warst du, als du dich zum ersten Mal verliebt hast?«

»Du meinst richtig?«

»Was heißt richtig?«

»Na ja, mit Küssen und so?«

Nachdem wir uns darüber verständigt haben, was wir unter einer ersten Liebe und dem »ersten Mal« verstehen, ist Mahtab erpicht darauf, mehr über meine Erfahrungen in Sachen Männer, Liebe, Enttäuschung, Treue und Reue zu erfahren. Als ich ihr einige lustige Details über mein iranisches Abenteuer mit Kurosch erzähle, sitzt sie kerzengrade im Bett und schaut mich gespannt an.

»Dann weißt du ja selber, wie anstrengend es ist, eine verbotene Liebe zu leben.«

»In einigen Momenten hatte ich wirklich Angst. Es war sehr aufregend und hat auch einen gewissen Reiz gehabt. Aber seitdem ich wieder hier bin und sehe, wie die Pärchen miteinander umgehen, habe ich das Gefühl, die Situation habe sich entspannt. Es scheint irgendwie lockerer geworden zu sein. Siawasch und du, ihr macht doch weitgehend, was ihr wollt.«

»So würde ich es nicht sagen. Verglichen mit deinem Leben sind wir enorm eingeschränkt.«

»Natürlich, tut mir leid, dass ich es so einfach dahersage. Das war unüberlegt von mir. Entschuldige.«

»Und ihr habt wirklich in einer Höhle übernachtet? Mit Blick auf Persepolis? Das finde ich wahnsinnig aufregend. Das muss ich unbedingt Siawasch erzählen. Kurosch hat sich bestimmt total in dich verliebt.«

»Mag sein, aber wir hatten leider nur wenig Zeit füreinander. Weniger als zwei Wochen. Aber du hast Recht. Wir haben sehr schöne Momente miteinander verbracht. Es war eine aufregende Romanze mit einer gehörigen Portion Verliebtheit.«

»Aber ihr habt euch doch wieder gesehen!«

»Ja, ein halbes Jahr später in der Türkei.«

»Und jetzt lebt er doch in Deutschland.«

»Schon seit über sieben Jahren.«

Je näher ich Mahtab kennen lerne, desto mehr begreife ich, wie vertraut ihr die westliche Lebensart ist, obwohl sie bisher weder reisen konnte noch nähere Kontakte zu Ausländern hatte. Iranerrinnen und Iraner haben sich über viele Jahrzehnte, insbesondere unter dem letzten Schah, nach Europa und Amerika hin orientiert. Selbst die islamischen Machthaber, die seit mittlerweile fast achtundzwanzig Jahren geflissentlich versuchen, westliche Lebensformen als Dekadenz zu brandmarken, konnten daran bei großen Teilen der Bevölkerung nichts ändern. Viele behaupten sogar, die zwangsverordnete Frömmigkeit habe das

Gegenteil bewirkt. Insbesondere das Satellitenfernsehen bietet umfangreiche Einblicke in die westliche Kultur, leider allzu oft in fragwürdige Programme, die ein verzerrtes Bild bieten. Als besonderer Motor zur Kontaktpflege mit anderen Kulturen und Weltanschauungen fungiert das Internet.

Mahtabs Beschäftigung mit dem Westen geht weit über eine bloße Orientierung an einer vermeintlich besseren, weil freieren Lebensart hinaus. Sie bemüht sich darum, das andere und die anderen wirklich zu verstehen. Im Verstehen des anderen versucht sie auch das Eigene mit anderen Augen zu sehen. Sie erzählt mir, dass sie viele westliche Filme anschaut, und darunter seien nicht nur Hollywoodproduktionen. Gezielt besorgt sie sich zwei bis drei DVDs pro Woche, die in ihrem Freundeskreis kursieren. Irgendjemand lädt die Filme aus dem Netz herunter und verbreitet sie weiter. Es waren auch schon deutsche Filme darunter, die es in englischer Übersetzung gibt. Leider kann sie sich nicht erinnern, ob sie »Gegen die Wand« des deutsch-türkischen Regisseurs Fatih Akin gesehen hat, denn dann hätte sie ein gutes Stück Hamburg kennen gelernt, das auch meine Heimat ist. Wir tauschen uns über Filme aus, die wir beide kennen, aber es ist schwierig für mich, die englischen Titel zuzuordnen, die Mahtab im Original kennt. »Meet the Parents« und der Folgefilm »Meet the Fockers« haben sie beeindruckt und lange beschäftigt. Trotz des komödiantischen Grundtons habe sie viel daraus gelernt. Nach einer Weile begreife ich, dass es sich um »Meine Frau, ihre Schwiegereltern und ich« handelt. Mahtab gefallen die Rollen von Dustin Hoffman und Barbara Streisand, die die freizügigen Eltern des Filmhelden spielen. Als gereifte Hippies legen sie noch immer sehr viel Wert auf freizügige Liebe und Abwechslung im ehelichen Bett. Ob ich nicht so ähnlich denke und lebe, möchte Mahtab wissen, und ich bemühe mich darum, ihr meine Einstellung und meinen Lebenswandel näher zu bringen.

Meine Neugier auf ihre Erlebnisse ist nicht minder groß. Von Tag zu Tag wird mir deutlicher, dass Mahtab sich in ihrer Weltsicht, ihrem persönlichen Lebensweg und in ihrem Verhalten vom Gros der meisten jungen Leute unterscheidet, die ich hier bisher kennen gelernt habe. Es beginnt schon bei ihrer Stimmlage. Sie spricht laut, und sie lacht laut, und sie nimmt sich Raum, der in diesem Land üblicherweise den Männern vorbehalten ist. Mit einer bemerkenswerten Selbstverständlichkeit geht sie bis an die Grenzen des Erlaubten oder darüber hinaus. Sie nimmt sich Freiheiten, die sich die meisten jungen Frauen allenfalls theoretisch vorstellen können. Ja, sagt sie, irgendwie sei sie anders, zumindest anders als alle anderen in ihrer Familie. Aber das sei schon immer so gewesen. Schon als Kind habe sie sich anders verhalten als ihre Cousinen. Außerhalb der Schule habe sie nie ein Kopftuch getragen. Sie wollte es einfach nicht. Es gefiel ihr nicht, es entsprach nicht ihren Bedürfnissen, sie fühlte sich damit unwohl. Während andere Mädchen ihren Müttern, Tanten und älteren Schwestern nacheiferten, um mit dem Tragen des Kopftuchs erwachsener zu wirken, blieb Mahtab lieber ohne dieses unverkennbare Symbol einer erwachsenen Frau. Die Zeit der Kindheit ist für ein Mädchen spätestens mit neun Jahren vorbei. Dann wird es zur *chanum,* zur Frau. Das zentral organisierte *Dschaschn-e Taklief,* das Fest der Vorschriften, findet in den Schulen statt, und so ist diesem Ereignis nicht zu entkommen. Die Mädchen werden herausgeputzt, tragen festliche, weiße Kleider und weiße Maghne'es. Nach dieser Zeremonie wird von den kleinen Frauen, die immer noch Kinder sind, verlangt, die Gebete einzuhalten, an Ramadan zu fasten und natürlich auch ein Kopftuch zu tragen.

Mahtab sagt, sie sei bis zum Alter von zwölf oder dreizehn Jahren ohne Kopftuch nach draußen gegangen. Damals hatte sie bereits deutlich sichtbare weibliche Formen und konnte beim besten Willen nicht mehr als Kind durchgehen. Besonders in Maschad, wo viele Mädchen und Frauen ständig den Tschador tragen, war es unerhört, sich das Maghne'e nach Schulschluss vom Kopf zu streifen. Ihre Mutter hatte Angst um Mahtab, sie stellte sich vor, ihre Tochter würde belästigt oder von den Ordnungshütern mitgenommen. Schließlich musste auch Mahtab sich an die

Kleiderordnung für Frauen halten. Im familiären Umfeld hat sie bis heute nie ein Kopftuch getragen, auch wenn es Anlässe gab, an denen alle anderen Frauen eins trugen. Ihre Mutter hat ihr dabei nie Probleme bereitet. Sie ist modern eingestellt. Mit ihrem Vater war es ganz anders. Er war eher konservativ orientiert, aber ihr eigener starker Wille hat ihn beeindruckt. Er starb, als sie sechzehn war.

»Wie hast du Siawasch kennen gelernt?«

»Über die FMN, die *full moon night*.«

»Was ist denn das?«

»Die Vollmondnacht war ein lockerer Zusammenschluss am Anfang meines Studiums. Wir haben uns meistens zum Vollmond verabredet, um gemeinsam etwas zu unternehmen. In den Sommermonaten sind wir übers Wochenende in die Berge gegangen, haben dort die ganze Nacht gequatscht und Spaß gehabt.«

»In Teheran?«

»Ja, wir haben uns meistens an einem verabredeten Ort getroffen und sind dann ins Gebirge hochgewandert und über Nacht geblieben. Den Treffpunkt haben wir übers Internet weitergeleitet. Jeder konnte auch neue Freunde mitbringen. Normalerweise waren wir zehn bis zwanzig Leute, aber einmal kamen fast hundert. Wir haben alle gemeinsam in den Bergen campiert. Dort oben hatten wir unsere Freiheit, und niemand konnte uns kontrollieren. Wir haben gemacht, was wir wollten. Für manche von uns, die aus einem strengen Elternhaus kommen, war es wie im Paradies. Dort oben sagt dir niemand, was gut und schlecht, erlaubt oder verboten ist. Dort entscheidest du selbst.«

»Und Siawasch? War er auch dabei?«

»Eigentlich nicht. Er gehörte nicht zu uns. Einmal saß ich in der Bibliothek am Computer und habe eine Nachricht über das nächste Treffen der FMN bekommen. Er stand hinter mir und hat ganz frech gefragt, was ich gerade lese. Ich habe ihn dann eingeladen, mit uns zu kommen. Vom Sehen kannte ich ihn schon.

Ich wusste, dass er Kunst studiert und als Schwerpunkt Grafikdesign gewählt hat, genau wie ich.«

»Hast du dich sofort in ihn verliebt?«

»Nein, überhaupt nicht. Es hat Monate gedauert. Für mich war er zuerst nur ein Freund, aber dann habe ich gemerkt, dass ich doch viel mehr empfinde. Wenn ich ihn einige Tage nicht sehen konnte, dann fehlte er mir. Siawasch hatte mir schon länger gezeigt, dass er mehr von mir wollte als eine normale Freundschaft. Und seitdem ich in ihn verliebt bin, ist es wunderschön. Ich möchte immer mit ihm zusammen sein.«

»Warum heiratet ihr nicht? Das würde euer Leben erleichtern.«

»Komisch, dass ausgerechnet du diese Frage stellst. Du hast doch auch nie geheiratet, weder deine erste große Liebe noch einen anderen Mann, der dich liebt oder den du liebst. Mir geht es vielleicht nicht anders als dir. Du willst deine Freiheit nicht aufgeben. Und in der Islamischen Republik verliert eine Ehefrau eine Menge Freiheiten. Stell dir vor, ich bräuchte seine Erlaubnis, wenn ich das Land verlassen will. Oder stell dir lieber vor, du bräuchtest eine Erlaubnis, um deine Reisen zu unternehmen.«

»Das versuche ich erst gar nicht. Ich reagiere schon allergisch, wenn mein Freund mich fragt, was ich am Abend zuvor unternommen habe oder mit wem ich mich getroffen habe. Ich kann es überhaupt nicht ertragen, wenn ich nur den Verdacht habe, in meiner Freiheit eingeschränkt zu werden.«

»Siehst du! So ähnlich geht es mir auch. Und da ich in diesem Land ohnehin schon permanent bevormundet werde, werde ich in meinem privaten Bereich sehr gut aufpassen. Außerdem habe ich eine gewisse Abneigung davor, Verantwortung zu übernehmen. Als Ehefrau hätte ich das Gefühl, Verantwortung übernehmen zu müssen. Ich bin so stark mit mir beschäftigt, dass ich das jetzt nicht leisten könnte.«

»Ihr arbeitet auch irgendwie zusammen? Habe ich das richtig verstanden?«

»Ja, wir nehmen kleine Aufträge an, gestalten Werbung für Firmen, entwickeln Logos und Plakate. Dadurch verdienen wir ein wenig Geld. Gestern Abend habe ich so lange mit ihm telefoniert, weil wir über einen Auftrag sprechen mussten.«

Von Karawanen und Feuertempeln

An einem unserer Tage in Yazd haben wir uns einen Wagen mit Fahrer gemietet, und Simon möchte uns begleiten. Als der Fahrer pünktlich um acht Uhr erscheint und wir auf den Vorplatz hinausgehen, müssen Mahtab und ich schmunzeln. Inmitten der Ruinen alter Lehmbauten steht ein fabrikneuer Peugeot.

»Peugeot war nach dem Erdbeben als erstes Hilfsteam am Einsatzort«, sagt Mahtab auf Englisch zu mir.

Simon schaut uns verdutzt an, und Herr Husseini möchte auch gern wissen, worüber wir grinsen. Da ich ihm schlecht sagen kann, es sei unsere makabre Fantasie, die uns in dieser frühen Morgenstunde belustigt, klopfe ich stattdessen auf seinen Kofferraumdeckel.

»Sie haben ein sehr schönes Auto. Wir dachten, Sie kommen mit einem verbeulten Peykan«, sage ich zu ihm.

»Sie sprechen Persisch? Das ist ja wunderbar.«

Simon setzt sich nach vorn und wird von nun an häufig von uns vernachlässigt. Herr Husseini versucht gar nicht erst, sich in Zurückhaltung zu üben, sondern gibt seiner Neugier freien Lauf. Er fragt uns in der sympathischen und unnachgiebigen Art aus, die ich auf meinen Reisen, insbesondere in der Provinz, häufig erlebt habe. Unser Fahrer gibt unumwunden zu, dass er sich gedanklich auf einen langweiligen Tag mit Ausländern eingestellt hat, mit denen er sich nicht unterhalten kann. Ohne Englischkenntnisse sind seine Konversationsmöglichkeiten stark eingeschränkt. Wenn man mit einer Touristengruppe stundenlang durch die Wüste fährt, ohne sich unterhalten zu können, dann kann ein Tag sehr lang werden. Wir fahren zunächst durch einen Randbezirk und müssen vor einer Mädchenschule halten, weil die kleinen Schülerinnen die Straße überqueren.

»Schau mal, welche Farbe ihre Maghne'es haben«, sagt Mahtab, »kommen sie dir nicht bekannt vor?«

»Sie sind rosa.«

»Und fällt dir nichts auf?«

»Du meinst doch nicht etwa, dass nur ganz kleine Mädchen rosafarbene Maghne'es tragen?«

»Ganz genau!«

»Warum hat mir das niemand gesagt? Warum hat Setare mich nicht vom Kauf abgehalten?«

»Bestimmt wollte sie nicht unhöflich sein. Und außerdem trägst du es ja auch nicht. Du willst es doch nur in Deutschland zeigen.«

»Warum hast du nichts gesagt?«

»Ich finde es lustig, und dir gefällt die Farbe. Eine erwachsene Frau wirst du aber niemals mit solch einem Maghne'e sehen.«

»Ach, ich lerne nie aus.«

Mahtab und ich lehnen uns abwechselnd nach vorn und plaudern mit unserem gesprächigen Chauffeur. Er sei nicht so alt, wie er aussehe, sagt er, als wir die Stadtgrenze hinter uns lassen und in Richtung Nordosten auf einer einsamen Wüstenstraße unterwegs sind. Seine Frau sei seit Jahren krank. Das habe ihm die vielen grauen Haare beschert. Sein Leben bestehe hauptsächlich aus Kummer und Sorgen. Sein nettes Schmunzeln und die vielen Lachfalten lassen ganz andere Schlüsse zu.

»Da vorn ist ein Qanat, gleich neben der Straße. Können wir bitte halten?«, frage ich ihn, als wir Yazd schon weit hinter uns gelassen haben.

»Bitte! Kein Problem«, sagt er mit lautem Auflachen, und ich vermute, dass er sich über mein fehlerhaftes Persisch amüsiert.

Ich erzähle Mahtab von meiner Begegnung mit drei vollkommen verdutzten Kanalreinigern in der Nähe von Kerman, die ihr archaisch anmutendes Doppelrad über einem der Schächte aufgestellt hatten. Einen dieser Männer hatte ich damals nicht zu Gesicht bekommen, sondern nur seine ungläubige Stimme gehört, weil er tief unten im Schacht die Schuttablagerungen in einen Gummisack füllte, den seine Kollegen mit Hilfe des Doppelrades nach oben zogen. Ich hatte die Seilwindungen gezählt und war auf über zwanzig Meter Tiefe gekommen. Die Arbeiter hatten ihrem Kollegen hinuntergerufen, dass sie Besuch von einer blonden Frau aus dem Ausland hätten, woraufhin er antwortete, dort unten gäbe es eine Bauchtanz-Aufführung.

Im Wassermuseum von Yazd haben wir am Tag zuvor die Modelle wesentlich tieferer Kanäle gesehen. Hier sind zwar keine Arbeiter mit ihrer gefährlichen und mühsamen Tätigkeit beschäftigt, doch gibt uns die Aneinanderreihung der Schächte, deren Öffnungen sich im Abstand von fünfzig Metern in Form aufgeschichteter Hügel zu erkennen geben, einen Eindruck von der enormen Länge des unterirdischen Bewässerungskanals. Woher er kommt und wohin er führt, ist in dieser unwirtlichen Umgebung nicht auszumachen. Es ist ein beeindruckendes Gefühl, das kostbare Lebenselixier tief unter uns in einer uralten Wasserstraße fließen zu wissen. Herr Husseini wirft einen Stein in die Tiefe, und es dauert erstaunlich lange, bis wir das schwache Geräusch seines Eintauchens vernehmen. Wir wiederholen es einige Male, und insbesondere Simon ist fasziniert von den althergebrachten Systemen, die auch heute noch die Lebensadern des Landes darstellen. Mahtab ärgert ihn mit der Aussprache des Wortes »Qanat« oder »Ghanat«, dessen erster Anlaut kaum Ähnlichkeit mit einem englischen oder deutschen Laut hat, sondern irgendwo tief im Hals gebildet wird. Da ich das Wort angeblich korrekt ausspreche und Mahtab in den letzten Tagen feststellen musste, wie wenig die anderen Reisenden sich mit der persischen Sprache beschäftigen, ist mein Ansehen bei ihr enorm gewachsen. Simon hat jedenfalls keine Chance, ihre Lektion zu bestehen. Er setzt mehrmals an, verschluckt sich aber bei jedem Versuch, das schwierige Wort auszusprechen. Wir versuchen es mit »Salam«, aber leider kann er sich das englische »a« nicht verkneifen und spricht demnach eine Art »ä« aus, was sich sehr nachlässig anhört. Ich schlage vor, er solle sich das Wort einfach als »Sulum« vorstellen, um es erneut zu probieren. Aber auch mit diesem Trick will es nicht klappen. Im Umgang mit Fremdsprachen fehle ihm einfach die Übung, sagt Simon. In New Zealand sei es unnötig, eine andere Sprache zu lernen, und schließlich werde überall auf der Welt Englisch gesprochen. Mahtab lässt nicht locker, es ist ihre kleine Rache für sein undeutliches Englisch, das ihr so viel Mühe bereitet. Doch dann wendet sie sich wieder an unseren Fahrer, und nach einer Weile unterhält sie sich derart angeregt mit ihm, dass ich den Faden verliere. Wenn sie richtig loslegen, dann habe ich keine Chance mehr, ihr Persisch zu verstehen. Stattdessen mache ich einige Fotos unseres Fahrers im blütenweißen Hemd und achte darauf, dass auch sein moderner Wagen ins Bild kommt. Die Hitze lässt uns bald wieder ins Auto flüchten. Der Wechsel zwischen der Hitze und dem klimatisierten Wageninneren gefällt mir nicht, aber noch mag ich Herrn Husseini nicht davon abhalten, die technischen Möglichkeiten seines Fahrzeugs auszunutzen. Die ausgestorbene Straße verleitet ihn zum Rasen. Meine Taktik, ihn mit einem Gespräch über sein Auto davon abzuhalten, geht glücklicherweise auf. Allerdings muss ich mich dafür sehr weit nach vorne beugen, damit er sich nicht permanent zurücklehnt und nach hinten schaut, statt auf das zu achten, was jenseits der Windschutzscheibe vor sich geht.

»Das ist ein Samad X7. Der Wagen wird von der Iran Khodro Companie gebaut und kostet elf Millionen Tuman«, beantwortet er bereitwillig meine Fragen. Das Fahrzeug sei ein Peugeot, aber kein Importauto wie die vielen asiatischen Fahrzeuge, die überall herumfahren. Im Gegensatz zu einem alten Peykan, der bis zu vierzehn Liter Benzin auf hundert Kilometer schlucke und der ebenfalls von Iran Khodro gebaut würde, verbrauche der Samad nur acht Liter. Er bezweifelt dennoch, dass in diesem Auto die Zukunft liegt. Wer könne sich einen derart teuren Wagen schon leisten? Ich rechne schnell nach. In der Tat, 10 000 Euro entsprechen mehr als zwanzig Monatsgehältern, wenn man das Einkommen eines für hiesige Verhältnisse gut bezahlten mittleren Angestellten zugrunde legt. Auch wenn der Peykan seit kurzem nicht mehr gebaut werde, so seien seine Ersatzteile weiterhin im Handel erhältlich, die meisten davon würden sogar noch produziert, und Herr Husseini ist sich sicher, dass die Leute so lange an ihren alten Karren herumschrauben würden, bis sie vor Altersschwäche auseinanderfielen.

Unser erstes Ziel ist die Ortschaft Charanaq, eine Oase in der gleichermaßen beeindruckenden und unwirtlichen Wüste. Die Gedanken an Felder, Obstbäume, Fruchtbarkeit und eine reiche Ernte wollen sich nicht recht bei mir einstellen. Weit und breit sind wir von einem steinigen Tal umgeben, das bis an eine Gebirgskette heranreicht, die sich mal zu schroffen Gipfeln erhebt und dann wieder in kantigen und wie zufällig entstandenen Hügeln zur Ebene hin absenkt. Hier herrschen allein Ruhe und Unveränderbarkeit. Ich kneife meine Augen zusammen und kann plötzlich eine graue Bettdecke vor mir sehen, die ein Riese an seiner Bettstatt zurückgelassen hat. Rau und kratzig liegt sie da und wird von einer gnadenlosen Sonne aufgeheizt. Um diese Tageszeit ist nicht die geringste Spur von Sanftheit auszumachen. Der Himmel erstrahlt in einem makellosen und unnachgiebigen Blau. Eine Wolke, die sich hierher verirrte, wäre wie eine Schneeflocke an einem Sommertag.

Die Verbindungsstraße führt ein Stück entfernt an Charanaq vorbei, so dass der Ort vom Autoverkehr unberührt bleibt. Die ersten Gebäude sind neueren Datums, und mit ihren Mauerbegrenzungen und den großen Metalltoren erinnern sie an Autowerkstätten. Erst als wir weiter in den Ort hineinfahren und neben einer Wasserstelle halten, erhaschen wir einen ersten Blick auf den alten Ort und die bewässerten Felder im rückwärtigen Tal. Das Grün der bepflanzten Flächen setzt sich derart lebendig von der Farbe der Wüste ab, dass es mir vorkommt, als hätte ich nie zuvor eine saftigere Wiese gesehen. Die Ruinen und teilweise wiederaufgebauten Häuser bilden in ihrer schlichten Farbigkeit und den runden Formen ein harmonisches Ganzes, das sich in den Obstbäumen und Feldern fortsetzt. So als wäre das Miteinander nicht nur dem Überleben geschuldet, sondern folge zuvorderst ästhetischen Gesetzen.

»Möchten Sie etwas trinken?«, fragt Herr Husseini und öffnet den Kofferraum. Ich würde gern sofort loslaufen und den Ort erkunden, aber eine derartige Unhöflichkeit unterdrücke ich lieber. Für unseren Ausflug hat Herr Husseini sich umfassend gewappnet. Ein großer Kühlbehälter, der zur Hälfte mit Eiswürfeln gefüllt ist, und diverse Flaschen Wasser scheinen das geeignete Mittel gegen die Gefahren der Wüste zu sein. Ich lehne höflich ab, weil mir Eiswasser weder schmeckt noch bekommt. Dafür nehme ich gerne einen Tee aus seiner Thermoskanne, und auch Simon hält sich lieber an ein warmes Getränk. Mahtab kann das nicht verstehen, bei der Hitze gebe es doch nichts Besseres als Eiswasser, meint sie. Ich halte mich mit guten Ratschlägen zurück, aber dafür ist Simon offenbar in Ernährungsfragen bewandert und singt ein Loblied auf erwärmte Getränke.

Zunächst besuchen wir die restaurierte Karawanserei, deretwegen Charanaq in den einschlägigen Reiseführern als Sehenswürdigkeit empfohlen wird. Ihre Ausmaße sind enorm, und wäre da nicht die viel zu gut gemeinte Sanierung, die dem weitläufigen Gebäudekomplex den Anschein eines Neubaus gibt, könnte man sich um Jahrhunderte zurückversetzt fühlen in die Zeit, als der Ort eine wichtige Zwischenstation für die unzähligen Händler darstellte, die auf der Seidenstraße ihre kostbaren Waren transportierten. Wir sind die einzigen Besucher und staunen über die Winter- und Sommerlager, die Schlafplätze für Diener und Knechte, gleich neben den Kamelen, Eseln und Pferden und den Einzelzimmern für die reisenden Herrschaften. Nischen, Bögen, gewölbte Dächer, Windschächte, symmetrische Höfe, Wasserbecken und schmuckvolle Verzierungen an den Giebelumrandungen weisen auf die große Bedeutung dieser Karawanserei hin, die in vorautomobiler Zeit eine Tagesreise von Yazd entfernt lag. Wir steigen auf das Dach und genießen den besonderen Anblick der Oase. In der Ferne steht, mit bloßem Auge kaum auszumachen, ein Kleinbus auf einem Hügel, und erst jetzt werden mir die wahren Entfernungen deutlich. Die Luft ist hier so klar, dass man viel weiter als üblich sehen kann. Der Hügel, auf dem das Fahrzeug steht, hat bereits eine enorme Höhe, aber nun wirkt es, als stände ein Spielzeugbus auf einer kleinen Aufschüttung inmitten einer endlosen Landschaft.

Es werden nicht mehr viele Bewohner sein, die der Landflucht widerstanden haben, und doch hat der Ort etwas Paradiesisches: Dort, wo das unterirdische Qanat an die Oberfläche kommt, sprießt das Leben. Alte Bäume ragen über das Dach hinaus. Ich entdecke halb vertrocknete Granatäpfel vom letzten Jahr, die nicht geerntet worden sind. Die letzten Blüten des ausklingenden Frühjahrs bilden rote Farbtupfer, die in ihrer Leuchtkraft nicht stärker sein könnten. Irgendwo steht eine Ziege auf einem Hausdach. Von weitem sehen wir einen Bus ankommen, der schließlich direkt vor der Karawanserei hält. Eine Schar junger Männer stürmt heraus und erfrischt sich an der Öffnung des Qanats.

Im Eingangsbereich entdecken wir ein Gästebuch. In den zurückliegenden Monaten haben sich Reisende aus unterschiedlichen Ländern herbegeben. Die meisten Eintragungen sind in persischer und englischer Sprache, aber wir entdecken auch koreanische, chinesische und japanische Kommentare. Manche haben die Adressen ihrer Websites hinterlassen, und ich notiere mir eine Seite aus Deutschland. Unter »www.heart-of-silkroad.de« verbirgt sich ein deutsches Ehepaar, das mit seinem Geländewagen bereits mehrmals die Seidenstraße entlanggefahren ist und sich für Hilfsprojekte in Afghanistan engagiert. Fast wären wir uns hier begegnet, denn ihr Eintrag ist erst vor wenigen Tagen erfolgt. Als wir uns einschreiben wollen, werden wir von der eingetroffenen Gruppe umringt. Dieser an sich banale Akt erscheint den Studenten sehenswerter als die Karawanserei. Woher wir kämen, wie wir hießen und wie uns das Land gefalle, sind die ersten Fragen auf ihrer umfangreichen Liste. Ihr Dozent hat einige Mühe, sie für das Bauwerk zu gewinnen. Als ich einige Worte auf Persisch eintrage, ist die Anerkennung besonders groß. Es spielt keine Rolle, dass meine Schreibversuche denen von Erstklässlern ähneln. So selbstverständlich, wie Europäer erwarten, dass in aller Welt ihre Schrift benutzt wird, so ungewöhnlich wirkt es hier, dass eine Deutsche sich an den arabischen Schriftzeichen versucht.

Wir ziehen weiter in das alte Charanaq, das mit seinem Wachturm eine weitere Attraktion aufzuweisen hat. Durch alte Gassen, auf denen sich knapp zwei Esel begegnen können, laufen wir wahllos, folgen mal diesem, mal jenem Weg und haben den Eindruck, in einem Labyrinth gelandet zu sein. Manchen Häusern fehlt das Dach, anderen eine Wand, aber die vorhandenen Ruinen reichen aus, um sich lebhaft ein traditionelles Dorf vorstellen zu können. Einzelne Bauten sind bereits wieder in einen guten Zustand versetzt. Eines der Häuser liegt an einem Hang und hat in der unteren sowie in der oberen Ebene einen Zugang von der Straße. Die Decke ist halb eingestürzt, aber Mahtab und ich drängen uns an dem klaffenden Loch vorbei, um den Ausblick über die fruchtbaren Felder zu genießen. Die Oase ist kaum größer als drei Fußballfelder, aber das zarte Grün der Bäume und das kräftige der Kräutergärten und Futterweiden verkünden die Botschaft der Fruchtbarkeit. Jedes einzelne Blatt und jeder einzelne Halm scheinen dem Betrachter mitteilen zu wollen: »Sieh her, wie schön das Leben ist, wenn es Wasser gibt.« Der Garten endet abrupt an einer alten Mauer, und von da an zieht sich die graue Steinwüste bis zum Horizont. Am unteren Ende der Ortschaft finden wir das alte *Hamam*. Das Badehaus muss bis in die jüngere Vergangenheit hinein genutzt worden sein, einige der vorgenommenen Umbauten deuten auf die siebziger Jahre hin, als unbedarft schlichte Fliesen und Gasleitungen in dem Gewölbebau verlegt worden sind. Herr Husseini wundert sich über unser Interesse und die von uns angestellten Mutmaßungen, die er, vielleicht nur aus Höflichkeit, unterstützt. Ein echtes Interesse an diesen alten »Trümmern« hat er nicht. Dafür ist sein Ehrgeiz entfacht, als wir einen steilen Weg und eine Mauer hinaufklettern wollen. Keinesfalls möchte er sich als langweiliger Fahrer präsentieren, der den halben Tag in seinem Auto sitzt und auf seine Fahrgäste wartet. Er bleibt bei uns. In einer schmalen Gasse treffen wir auf die Studenten.

»Dürfen wir ein Foto von Ihnen machen?«, fragen sie Simon und mich auf Englisch.

»*Yes, why not.*«

Wir suchen einen Platz, der uns vor dem Hintergrund der Felder zeigt. Simon und ich stehen etwas erhöht in der hinteren Reihe, und ein gutes Dutzend junger Männer steht vor uns. Mahtab hat zwei Fotoapparate gereicht bekommen, um die Aufnahmen zu machen. Im letzten Moment nehme ich mein Kopftuch ab und schüttle mein Haar, was die Jungen erst sehen werden, wenn sie das fertige Bild in den Händen halten werden. Bevor sich einer von ihnen umdrehen kann, habe ich es schon wieder umgelegt. Mahtab und Simon setzen ein breites Grinsen auf.

Als wir den Wachturm erreichen, sind bereits einige Studenten hinaufgeklettert. Er ist so konstruiert, dass er sich gut sichtbar in Schwingung versetzen lässt. Drei Personen finden oben Platz und schaukeln so stark, wie sie können. Ihre belustigten Rufe hallen durch den Ort.

Nachdem wir uns an der Wasserstelle erfrischt haben, brechen wir auf. Herr Husseini ist gut gelaunt. Als er auf der Überlandstraße in Richtung Yazd losbraust, frage ich, ob er nicht die alte Wüstenstraße nehmen könne, über die ich etwas gelesen habe.

»Das dauert viel länger.«

»Aber es ist kürzer.«

»Die Straße ist sehr schlecht. Dort gibt es nichts zu sehen.«

»Er hat Angst um seinen Wagen«, sagt Mahtab auf Englisch.

Schließlich willigt er ein, und so fahren wir in gemächlichem Tempo auf einer Schotterpiste dahin und ziehen eine große

Staubwolke hinter uns her. Wir kurbeln die Scheiben herunter, lösen unsere Kopftücher und genießen die Wüste. Es sagt sich so leicht, dass es »nichts« zu sehen gibt. Hier besteht das »Nichts« aus trockenem Buschwerk, das wie in einem Westernfilm über die Ebene gepustet wird. Bizarre Felsformationen, eine gnadenlose Hitze und ein makelloser Himmel vervollkommnen das »Nichts«. Herr Husseini dreht seinen Kassettenrecorder auf, und einen Moment lang sind wir einsame Teenager am Ende der Welt. Ein Scherbenhaufen am Straßenrand soll angeblich das Überbleibsel eines Saufgelages sein. Wenig später kommen wir an einem Steinbruch vorbei. Eine steil aufragende Felswand zeigt die Narben der messerscharfen Eingriffe. Ein Baufahrzeug steht auf einem Schotterfeld und wirkt ebenso klein und verlassen wie der Bus oberhalb von Charanaq. Weit und breit ist niemand zu sehen. Meinetwegen könnte die Fahrt ewig so weitergehen. Aber noch bevor die Kassette zu Ende ist, entdeckt der Fahrer unser nächstes Ziel, den Wallfahrtsort Pir-e Sabs, der wie ein Adlerhorst an einem Berg klebt.

Pir-e Sabs besteht aus einem Dutzend Gebäuden, die hoch über dem Tal schweben. Die Geländer der vorgelagerten Balkone und Terrassen sowie einzelne Fensterrahmen sind türkisfarben gestrichen und leuchten weithin. Alle Häuser öffnen sich nicht nur mit großen Fenstern, sondern teilweise gänzlich ohne Außenwand zur Ebene hin, ein modern anmutender Baustil, der keinerlei Ähnlichkeit mit anderen Ansiedlungen aufweist. Am oberen Ende des Ortes, umgeben von einer gigantischen Felswand, wächst ein Baum aus der Leblosigkeit heraus. Dort werden die heilige Höhle und die mysteriöse Quelle liegen, überlege ich. Pir-e Sabs ist der am meisten besuchte Wallfahrtsort der Zarathustragläubigen. Einmal im Jahr, vom 14. bis zum 18. Juni, kommen über zehntausend Pilger aus aller Welt hierher und campieren auf den Terrassen. Der Legende nach hat sich die letzte an Zarathustra glaubende Prinzessin, die Tochter des sassanidischen Herrschers Yazdegerd III., in dieser abgelegenen Berggregion vor der islamischen Expansion versteckt. Damals muss das lebensfeindliche Bergmassiv, inmitten der grenzenlosen Wüste, wie das Ende der Welt gewirkt haben. Prinzessin Nikbanou soll vor den sie verfolgenden arabischen Truppen geflohen sein. An der Stelle des jetzigen Schreins soll sie gebetet und um Schutz vor dem Feind gefleht haben. Ihr Rufen wurde erhört, der Berg hat sich geöffnet und der Prinzessin ein sicheres Domizil geboten.

Nikbanous Flucht soll im Jahre 640 stattgefunden haben. Die Eroberungspolitik der arabischen Truppen und die Expansion des Islam, weit über die Grenzen der arabischen Region hinaus, hatten zehn Jahre zuvor eingesetzt. Während des Festes wird der Prinzessin gedacht und werden die alten, vorislamischen Riten der Feueranbeter zelebriert. In dieser Zeit gibt es mitten in der Islamischen Republik eine Zusammenkunft, die ansonsten unvorstellbar ist. Unverschleierte Frauen, Musik und Gesang unter freiem Himmel sowie der Genuss von Wein inmitten Tausender Gleichgesinnter verwandeln den unwirklichen Ort in eine Oase der Andersartigkeit.

In der restlichen Zeit des Jahres verweilt hier nur ein einzelner Priester, der das heilige Feuer bewacht, das in der Felsenhöhle brennt.

Bevor wir den Wagen parken, kommen wir an dem trostlosesten Fußballplatz vorbei, den ich je gesehen habe. Er würde wunderbar in eine Fotoausstellung passen, die ich kürzlich über Bolzplätze in aller Welt gesehen habe. Eines der metallenen Tore steht windschief auf dem mit Steinen übersäten Schotterplatz. Das andere ist umgestürzt, andernorts wäre es längst verrostet. Wer sich hier auf ein Spiel einlässt, wird sich auf üble Blessuren einstellen müssen.

Der Parkplatz ist schattenlos. Wir gönnen uns noch eine kurze Erfrischung, wobei ich die Reste meines inzwischen erwärmten Wassers mit dem Eiswasser von Herrn Husseini vermische.

Oben angekommen, sind wir zunächst zu keinem Wort mehr fähig. Die schmuckvolle Tür zur Höhle trägt das typische Dekor mit königlichen Wächtern aus vorislamischer Zeit, wie man es auf den Steinreliefs in Persepolis findet. Ein Granatapfelbaum und die Nähe zur Quelle bringen Abkühlung. In einiger Entfernung hat eine Familie ein *Sofre,* ein Tischtuch, auf dem Boden ausgebreitet und bereitet ein Mittagessen vor. Für den mühsamen Aufstieg werden wir mit einem grandiosen Ausblick belohnt. Sonnige Terrassen, die für alle Besucher zugänglich sind, werden zur Abenddämmerung die schönsten Plätze sein. In der Ferne sehen wir ein zartes Band, das sich durch die raue Steinwüste schlängelt. Es ist die Straße, auf der wir später zu unserem nächsten Ziel aufbrechen. Hier oben wird deutlich, dass die gesamte Anlage vorwiegend der gemeinsamen Zeremonie dient, die zum Sommeranfang gefeiert wird. Neben der schweren Tür gibt es einen Spalt, durch den wir ins Innere sehen können. Es handelt sich offenbar um eine überbaute halboffene Höhle, die auch eine große Felsspalte sein könnte. Neben der Quelle wächst ein sehr alter Baum, der ebenfalls verehrt wird. Der Legende nach soll er einst der Holzstock der Prinzessin Nikbanou gewesen sein, später habe er Wurzeln geschlagen und sei zu eben diesem Baum herangewachsen. Auf einem Schild steht in englischer Sprache, dass wir unsere Schuhe ausziehen sollen, Frauen ihr Haar bedecken und während ihrer Menstruation nicht eintreten sollen.

Nachdem wir uns eine Weile umgesehen haben, kommt der Priester. Er ist um die sechzig, hat ein verschlossenes Gesicht und geht in seiner schlichten Kleidung, den Kopf mit einer weißen Mütze bedeckt, wortlos an uns vorüber. Weiß ist die Farbe, in der sich die Männer üblicherweise kleiden. In seiner Begleitung ist eine junge Frau, die Simons Interesse weitaus stärker erregt als alle bisherigen Sehenswürdigkeiten. Ihre Kleidung entspricht der neusten westlichen Streetwear: ausgewaschene Jeans und eine figurbetonte Armeejacke. Ihren Schal hat sie nachlässig übers Haar gelegt. Ihr sorgfältig aufgetragenes Make-up erinnert ein wenig an eine Hip-Hop-Queen. Sie trägt ein schweres Buch unter dem Arm. Der Priester öffnet das Tor, und wir treten in den Raum, in dem das heilige Feuer brennt. Das Erste, was hier ins

Auge springt, ist ein üppiger Kronleuchter. Mir waren schon am Fußballplatz die Betonmasten für die Stromleitung aufgefallen, die von irgendwoher aus der Wüste auf den kleinen Ort zulaufen. Das heilige Feuer glimmt auf einer offenen Silberschale, die einem Altar gleich im Zentrum des Schreins steht. Nachdem der Priester ein Holzscheit nachgelegt hat, setzt er sich gemeinsam mit der Frau auf eine Bank. Sie schlägt das Buch auf und hält es so, dass er daraus lesen kann. Zarathustragläubige beten fünfmal am Tag. Es treffen weitere Besucher ein, die allem Anschein nach iranische Touristen sind. Pir-e Sabs ist auch bekannt unter dem Namen Tschak Tschak, was von dem Geräusch des aus der Quelle tropfenden Wassers herrührt. Tschak! Tschak! Der Legende nach vergießt der Berg Tränen um die letzte Prinzessin eines untergegangenen Reiches. Einzelne Wasserperlen tropfen in gleichmäßigem Rhythmus aus der Felswand herunter. Erstaunlicherweise steht mitten im Heiligtum ein leuchtend roter Plastikeimer, um diese Tropfen aufzufangen, gleich in der Nähe des heiligen Feuers auf dem grünen Marmor und unter dem üppigen Lüster. Zufällig finden die scharfen Sonnenstrahlen ihren Weg durch Nikbanous Baum und das halboffene Dach, um diesen Flecken wie mit einem Scheinwerfer auszuleuchten. Eine Touristin streckt ihre Hände nach dem heiligen Wasser aus, und ich beeile mich, möglichst unauffällig eine Aufnahme davon zu machen. Das Gebet ist lang, und auch die übrigen Besucher widmen ihre Aufmerksamkeit mehr der Umgebung als den Worten des Priesters. Nur Mahtab und Simon schauen wie gebannt auf das ungleiche Paar. In dem zur Talseite vergitterten Teil der Höhle sind auf Fliesenmalereien das heilige Feuer und Priester dargestellt. Fremdartige Schriftzeichen erinnern an eine der vielen indischen Schriften, und ein Kalender macht die Unterschiede zwischen persischer, moslemischer und westlicher Zeitrechnung deutlich.

Nach einer Weile gehe ich hinaus, grüße die Familie, die beim Picknick sitzt, und werde auf einen Tee eingeladen. Es ist Wochenende, und sie sind aus Meybod hier hochgekommen, um den Tag im Freien zu verbringen, weil es hier schattig, luftig und ruhig sei. Sie haben Teppiche und Decken ausgelegt, auf einem Gaskocher erwärmen sie ihr Mittagessen, und das *Sofre* ist mit Silbertabletts und Obstschalen gedeckt. Ein kleines Mädchen von etwa zwei Jahren trägt lustige rosafarbene Kleidung und einen dazupassenden Schlapphut. Nachdem wir uns eine Weile ausgetauscht haben und ihr kleines Baby mehrmals seine Hand nach mir ausgestreckt hat, reicht der Vater es mir, und ich wiege das Kleine im Arm. Die Familie wirkt einfach und bescheiden, die Mutter der Kinder ist streng verschleiert, und eine ältere Frau zeigt ein zahnloses Lachen. Die Haut des Vaters ist tief gebräunt, und sein kurzer Bart und die schwieligen Hände geben ihm das Aussehen eines hart arbeitenden Mannes. Als Simon herauskommt, wird auch er eingeladen, und ich spüre, wie sehr es ihn ärgert, dass er sich nicht verständlich machen kann.

»Ich beneide dich um deine Sprachkenntnisse. Ich verstehe nie, was sie mir sagen. Und ich weiß auch nie, wann ich ein Einladung annehmen kann.«

»Ich habe auch kurz gestutzt, weil es sehr mühsam ist, den Tee hier heraufzuschaffen, aber als ich den Kocher gesehen habe, wusste ich, dass sie Nachschub zubereiten können. Wasser gibt es wohl auch genug.«

Herr Husseini schlägt die Weiterfahrt nach Meybod vor. Eigentlich stand die alte Stadt an der Seidenstraße nicht auf unserem Programm. Wir wollten den halben Tag hier draußen verbringen, aber da es kein Lokal und somit auch nichts zu essen gibt, müssen wir ohnehin weiterfahren. Mahtab und ich setzen uns auf die Rückbank und schauen gedankenverloren in die Wüstenlandschaft.

»Der Priester hat Verse aus dem *Divan* von Hafis vorgetragen. Ich überlege schon die ganze Zeit, wie ich ihn dir übersetzen kann. Es ist furchtbar schwer, selbst wenn ich alle englischen Worte kennen würde. Du solltest später deinen Persischlehrer in

Deutschland danach fragen. Er kann das sicher besser. Du hast mir doch gesagt, dass er ein Spezialist für Hafis ist.«

ma bedin dar na pey-ye heschmat-o djah amade-im
as bad-e hadesse indja panah amade-im
Wir sind zu dieser Tür/zu dieser Welt nicht um der Würde und des Pompes Willen gekommen
Aufgrund unseligen Geschicks/Geschehens haben wir hierher unsere Zuflucht genommen.

Die Verse, im Persischen *Ghasel* genannt, haben einen Bezug zur iranisch-islamischen Mystik, nach der *Adam,* was übersetzt *Mensch* bedeutet, aufgrund eines unseligen Geschickes oder Geschehens aus dem Paradies vertrieben wurde. Nach der Vertreibung sind die Menschen durch eine Tür zu dieser, unserer Welt gekommen.

Die schnurgerade Straße flimmert vor unseren Augen, und die Telegrafenmasten wirken wie übertriebene Boten der Moderne.

»Ist die Stromleitung extra für Tschak Tschak gelegt?«, frage ich Herrn Husseini.

»Nein, dort wohnt doch fast niemand. Die Leitung führt über den Berg in andere Ortschaften.«

»Was dich alles interessiert«, wundert sich Mahtab.

Auf der Suche nach einem Lokal in Meybod erkenne ich verschiedene Gebäude wieder, viele davon sind in der Zwischenzeit aufwändig restauriert worden. Damals war ich fasziniert von den alten Lehmbauten und der Fremdheit in dem kleinen Ort. Ich traue meinen Augen kaum, als wir an einem gigantischen alten Eishaus vorbeifahren, das ich als Trümmerhaufen in Erinnerung habe.

»Hier habe ich ein Foto gemacht. Es waren nur noch Ruinen. Ich kann nicht glauben, dass sie es wieder aufgebaut haben.«

Herr Husseini hält und schlägt einen Besuch vor.

»Erst essen«, sagt Mahtab, »schau mal, wer da geht! Unsere

vier Damen aus dem Hotel! Wir treffen sie wirklich überall. Wir sollten endlich etwas mehr über sie herausfinden.«

»Frag sie doch, ob sie ein Restaurant kennen.«

Wir halten neben ihnen und erfahren quasi nebenbei, dass sie aus Teheran kommen und ein verlängertes Wochenende in Yazd verbringen. Sie seien Touristinnen, die schon viel über diese Region gehört, es bisher aber nie geschafft hätten, in den Süden zu kommen. Es sei eine wunderbare Abwechslung zur Großstadt. Das Atmen sei eine wahre Freude. Das Restaurant, in dem sie gegessen hätten, habe leider gerade geschlossen.

»Immer kommen wir zu spät. Ich habe Hunger«, beginne ich ungeduldig zu werden.

Herr Husseini kennt ein einfaches Lokal an der Hauptstraße, wo es noch etwas zu essen für uns gibt. Simon habe ein Problem, sagt Mahtab. Er sei Vegetarier.

»Au weia, dann gibt es wohl nur eine Schale Reis mit Joghurt.«

»Nein, das geht auch nicht«, sagt sie auf Persisch zu mir, »das isst er nicht. Er ist … wie heißt das? Veganer!«

»Was? Und dann treibt er sich im Orient herum? Wie soll das denn gehen? Hier wird doch fast immer nur Kebab angeboten.«

»Psst, nicht so laut. Schau ihn dir doch an! Nur Haut und Knochen.«

»Vielleicht spricht er deshalb auch so leise. Ihm fehlt die Kraft. Er braucht unbedingt mal wieder richtiges Futter.«

»*Scheytun!*«

Simon bestellt Cola. Der Koch ist ein älterer Mann mit schmutziger Schürze, der uns sein bestes Essen serviert. Die Mischung aus Kebab und Gemüsegerichten mit Fleisch ist weit entfernt von einer Veganermahlzeit, und Simon tut mir leid. Als der Koch nichts mehr zu tun hat und unser ausgelassenes Lachen hört, setzt er sich zu uns.

»Kann ich noch etwas für Sie tun? Fehlt Ihnen noch etwas?«, fragt er.

»Ein Bier!«, sage ich, »das wäre jetzt genau das Richtige.«

Als er aufstehen will, bremse ich ihn.

»Nein, nein, ich meine ein richtiges Bier!«

»Ach so! Das hätte ich auch gern.«

»Ich auch«, stimmt Herr Husseini zu.

»Sie hätten letzte Woche hier sein sollen! Keine hundert Meter von hier entfernt, da vorn an der Kreuzung, gab es einen Unfall. Ein Lkw war ins Schleudern gekommen und dann sogar umgekippt. Wissen Sie, was er geladen hatte? Wodka! Die Ladefläche war voll davon. Die Polizei hat vielleicht gestaunt. Überall war Blaulicht. Sie haben Verstärkung aus Yazd geordert und alles abgeriegelt. Der arme Kerl hat gesagt, er wüsste nicht, was er geladen hat. Das wird ihm nicht helfen. Der muss ewig schmoren.«

»Konnten Sie was abstauben?«

»Keine Chance. Woher kommen Sie?«

»Aus Deutschland.«

»Dort gibt es das beste Bier, nicht wahr?«

»Wir hatten doch früher auch ganz gutes«, gerät Herr Husseini ins Schwärmen, und ich höre Farids Stimme, wie er mir im Detail den Geschmack der alten Marke beschreibt. Nach einem ausgiebigen Austausch über Schwarzmarktpreise und Qualitätsunterschiede machen wir uns wieder auf den Weg.

Herr Husseini möchte uns unbedingt noch den Taubenturm und die berühmten Töpferwerkstätten zeigen. Als wir vor dem Wagen auf Mahtab und Simon warten, erzähle ich ihm von meinem früheren Besuch in Meybod und erwähne mein kleines Abenteuer mit dem Opiumrauchen. Ob der Genuss des Rauschmittels bei reiferen Herren noch immer so beliebt sei, möchte ich wissen. Er lächelt mich vielsagend an und teilt mir mit gesenkter Stimme mit, dass es kein Problem darstelle, wenn ich es erneut probieren wolle. Er könne jemanden anrufen. Nein, nein, lehne ich ab. Auch wenn ich selber nicht abgeneigt wäre, es auf die traditionelle Art, mit einer hübschen Pfeife und in passendem Ambiente noch einmal zu versuchen, so weiß ich doch, dass Mahtab absolut kein Interesse daran hat und es sogar rundherum ablehnt.

Herr Husseini fährt uns zu einer Töpferwerkstatt, und ich pruste beim Anblick des englischsprachigen Schildes, das über der Tür hängt, laut los. *Handykraftsexibition*.

»Oh ja, auf eine *Sexibition* habe ich jetzt Lust«, sage ich.

»Alles handgemacht«, sagt Simon.

»*Ba dast*, mit der Hand«, kichert Mahtab, und Herr Husseini fragt, was wir denn nun schon wieder so lustig fänden.

»Ach nichts«, sage ich, weil mir keine passende Erklärung einfallen will.

Inzwischen sind wir zu müde, um die ausgestellte Ware angemessen zu würdigen, aber immerhin vergewissern wir uns, dass es die gleichen Fliesen und Gegenstände, die ich als Souvenirs mitnehmen möchte, auch in Yazd gibt.

Bevor wir Yazd endgültig verlassen, besuchen Mahtab und ich den Feuertempel von Yazd. Wir können ihn nicht auf Anhieb finden, und selbst der Taxifahrer ist sich unsicher. Schließlich steigen wir viel zu früh aus und lassen uns einmal mehr von der heißen Wüstensonne rösten. Das Gelände verbirgt sich hinter einer hohen Mauer. Der Tempel ist umgeben von einem gepflegten Garten. Über eine breite Treppe gelangt man in das flache Gebäude, das in der Mitte von dem Symbol Frawahrs geschmückt ist. Frawahr stellt ein Wesen mit einem Menschengesicht und schwingenden Flügeln dar. Der Rumpf ist von einem Kreis umgeben. Jedes Detail von Frawahr ist symbolträchtig und nur zu verstehen, wenn man sich mit dieser Religion, in deren Zentrum der »gute Gedanke«, die »gute Rede« und die »gute Tat« stehen, eingehend beschäftigt hat.

Im Tempel sind Schriftstücke ausgestellt, die wir nicht entziffern können. Das heilige Feuer, das hier seit über zweitausend Jahren brennen soll, verbirgt sich hinter einer Glasscheibe. Ihm komme als Symbol die besondere Funktion des Guten zu, des Lichts und der Reinheit. Die Zarathustragläubigen werden auch Feueranbeter genannt.

Endlich können wir uns um unser Anliegen kümmern. Der

Mann, der den Tempel und den Garten beaufsichtigt, ist zwar kein Priester, aber ein Zarathustragläubiger. Mahtab erzählt dem etwa fünfzigjährigen Mann die fragwürdige Geschichte von den Raubvögeln beim Bestattungsritual. Er stellt ihr einige Nachfragen und wirkt sichtlich beunruhigt. Nein, davon habe er noch nichts gehört. Es sei eine Schande, dass so etwas verbreitet wird. Er werde sich an das zuständige Ministerium wenden, damit sie eine Aufklärungskampagne starten. Ich frage mich, welches Ministerium das sei und welches Interesse sie dort haben könnten, sich für die kleine Gemeinde einzusetzen. Aber meine Sprachkenntnisse reichen bei weitem nicht aus, um ihn danach zu fragen, und Mahtab ist bereits froh, ihr Anliegen endlich an eine vermeintlich richtige Person weitergeleitet zu haben. Doch dann bitte ich Mahtab doch noch um Übersetzung, wobei das Problem bereits mit dem eingeschränkten englischen Wortschatz beginnt. Auf Persisch stelle ich mich vor und erzähle von meinem Interesse für das Land und die Menschen im Iran, erwähne meinen Besuch in diesem Tempel vor vierzehn Jahren und unseren Besuch in Tschak Tschak. Ich möchte wissen, sage ich nun auf Englisch zu Mahtab, ob die Zarathustragläubigen als anerkannte Minderheit Diskriminierungen ausgesetzt sind.

Die Situation habe sich verbessert, sagt er mit leiser Stimme. Früher seien die Moslems von Yazd viel religiöser gewesen. Während der Schahzeit hätten alle moslemischen Frauen den Tschador getragen und auf die Worte des Freitagspredigers gehört. Nach der Revolution, und besonders seit Ende des Krieges, spüre man die Unzufriedenheit mit der jetzigen Situation. Es gäbe inzwischen viele Frauen, die keinen Tschador mehr tragen, und so würden die zoroastrischen Frauen nicht mehr auffallen. Früher seien sie immer deutlich zu erkennen gewesen und hätten manchmal auch Anfeindungen erlebt. Er selber hätte in der Schule auf einer eigenen Bank sitzen müssen, abseits der muslimischen Schüler. So etwas gäbe es jetzt nicht mehr. Heute schämten sich die jungen Leute für die Vorurteile ihrer Eltern und Großeltern gegenüber den Zarathustragläubigen. Aber wie unsere Geschichte beweise, kursierten weiterhin merkwürdige und diffamierende Geschichten. Ihre Gemeinde habe kaum Möglichkeiten, etwas dagegen zu tun. Es gäbe weder im Fernsehen noch im Radio eine Sendung, die sich mit ihrer Religion befasse. Von der neuen Regierung erwarte er auch keine positiven Signale.

Ein langer Abschied

Die Busse nach Isfahan verkehren stündlich, und so werden wir auch nicht unruhig, als unsere Verabschiedung vom Silk Road Hotel sich in die Länge zieht. Mahtab plaudert mit Simon und Andrew, und ich sehe, wie sie ihre E-Mail-Adressen austauschen.

Die deutsche Frau aus Teheran wartet auf das Taxi zum Flughafen. Ich nutze die Gelegenheit, um sie nach ihrem Leben als Ausländerin in Teheran zu fragen. Ihre Kinder besuchten die englische Schule, erzählt sie, und privat habe sie auch nur mit Englischsprachigen zu tun.

»Haben Sie etwas vom Karikaturenstreit mitbekommen?«, frage ich sie. Die Entrüstung über die Verunglimpfung des Propheten Mohammeds anhand von Karikaturen in einer dänischen Zeitung hatte auch hier hohe Wellen geschlagen.

»Oh ja, nach dem Angriff auf das dänische Konsulat sind alle Dänen sofort ausgeflogen worden. Als es Tage später zu Protesten vor dem englischen Konsulat kam, wurde die englische Schule von Behördenseite gewarnt. Ich war zufällig vor Ort, als sie anriefen. Wir hatten die Wahl, das Gelände sofort zu verlassen oder die Tore zu schließen und uns zu verbarrikadieren. Die Schule hat nur einen kleinen Wachdienst und bietet keinen wirklichen Schutz. Wir sind geblieben. Schließlich gibt es in diesem Land ja normalerweise keine Demonstrationen, die nicht von Regierungsseite gesteuert sind. Es gab keine unkontrollierten Massen, die auf der Jagd nach Ausländern durch die Straßen zogen. Solche Bilder kenne ich nur aus dem Fernsehen. Es verlief glimpflich. Ein paar Schreihälse standen vor dem Tor und skandierten die üblichen Sprüche. *Nieder mit den USA! Nieder mit Israel!* Das war es schon. Ich hatte nie Probleme, obwohl man mich sicher auch für eine Dänin halten könnte. Die Menschen waren freundlich wie eh und je.«

»Ich habe gehört, dass die größte Veränderung seit dem Karikaturenstreit in der Umbenennung dänischer Kekse liegt. Aus *Schirini Danmarki* sind *Schirini Gol Mohamadi* geworden, nicht wahr?«

»Ja, das stimmt. Und ein dänisches Delikatessengeschäft musste schließen.«

Während ich mit der Deutschen plaudere, kann ich zwei junge Niederländer beobachten, die ihrerseits Mahtab beobachten. Zu gern würde ich ihr einen Hinweis geben. Die beiden sind erstaunlich jung, allenfalls Anfang zwanzig, und tun so, als seien sie in die englische *Tehran Times* vertieft. In Wirklichkeit peilen sie an der Zeitung vorbei und studieren, was Mahtab macht und was sie sagt. Ich bin mir sicher, dass die beiden bisher noch keinen Kontakt zu einer Iranerin hatten. Ich kann förmlich ihre Bedenken vor einem Gespräch mit ihr sehen. Vielleicht stellen sie sich vor, ein Zusammentreffen mit einer Iranerin führe zwangsläufig zu einer Verhaftung. Solche Geschichten kursieren immer noch und machen sicher einen Teil der schaurigen Anziehungskraft und Exotik dieses Landes aus. Irgendwie muss ich Mahtab unauffällig bitten, sie besonders frech anzusprechen. Es sieht wirklich lustig aus, wie sie als schlecht getarnte »Agenten« hinter dem Blatt hervorschauen.

Irgendwann bitten wir den Manager um unsere Rechnung, und Mahtab verschwindet für mindestens eine Stunde in seinem Büro. Ich beschäftige mich derweil mit dem Fragebogen, den jeder Reisende hier erhält. Die Überschrift der zweiseitigen Erhebung lautet »You and Iran«. Von allen englischen Schriftstücken, die mir auf meinen Iranreisen begegnet sind, ist dies das erste, das in modernen und ausgefeilten Formulierungen verfasst ist. Die ersten Fragen beziehen sich auf das Personal und das Essen im Hotel, andere auf die Räumlichkeiten, und an einer Stelle werden die Reisenden danach gefragt, ob sie die Installation von Solarenergie auf dem Dach des Hotels befürworten. Besonders interessant sind die Fragen nach den kulturellen Unterschieden zwischen der eigenen und der iranischen Kultur. Die Gäste sollen mitteilen, ob sie Schwierigkeiten mit bestimmten Verhaltensweisen der Iraner haben, was sie daran möglicherweise nicht verstehen und akzeptieren können. Auf die Frage, was meine Landsleute über den Iran wissen sollten, könnte ich ein ganzes Buch schreiben. Ob man Ideen zur Verbesserung des iranischen Tourismus und zur Verstärkung des interkulturellen Dialogs habe, wird am Ende gefragt.

»Du wirst es nicht glauben«, sagt Mahtab, »wir haben einen Supersonderpreis bekommen. Und ein Hotelzimmer in Isfahan hat er auch gleich organisiert. Es macht nichts, wenn wir dort erst spät am Abend ankommen. Ich habe gleich bei Siawasch angerufen und ihm Bescheid gesagt. Er kommt morgen und kann sich dort auch ein Zimmer nehmen.«

»Super, ich freue mich schon auf ihn. Wie hast du den Sonderpreis bekommen?«

»Keine Ahnung. Jedenfalls haben wir für das Zimmer, unser Essen, den Tee, deine vielen Delster Lemon und die Wasserpfeifen pro Tag weniger bezahlt, als sie dir am Telefon für ein Zimmer pro Nacht gesagt haben.«

»Weniger als zwanzig Euro?«

»Ja, deutlich weniger.«

»Tja, wenn man mit einer erfahrenen Globetrotterin wie dir unterwegs ist, wird es richtig billig. Und das Zimmer in Isfahan?«

»Noch billiger, aber es ist bestimmt kein schönes Hotel. Es ist so, wie du gesagt hast, dort gibt es keine traditionellen Hotels, jedenfalls keine günstigen.«

»Ist es in der Nähe vom Fluss?«

»Ganz wie du es gewünscht hast, Madam.«

»Beim Gedanken an Isfahan werde ich langsam nervös. Wie gut, dass du dabei bist. Dort gibt es so viele Erinnerungen. Heute Nacht zeige ich dir die schönen Brücken und die wunderbaren Teehäuser.«

»Lass uns losfahren.«

Die Verabschiedung zögert sich erneut heraus, und als ich den Mitarbeitern alles Gute für die Zukunft und ihr Hotel wünsche, gibt einer der Kellner mir zu verstehen, dass es leider nicht nur in ihrer Hand läge, wie sich der Tourismus in ihrer Stadt entwickle. Die letzte Wahl und der neue Präsident seien das Schlimmste gewesen, was ihnen passieren konnte. Und nun auch noch der Streit um die Urananreicherung! So verscheuche man die Fremden, die doch so wichtig für die Entwicklung des Tourismus seien. Außerdem brächten sie neue Gedanken ins Land, und das könne wirklich nicht schaden. Er selber habe jedenfalls viele neue und gute Erfahrungen mit den Weltenbummlern gemacht. Nachdem wir uns von allen verabschiedet haben, mit einigen von ihnen Wangenküsse ausgetauscht und ein letztes Mal über den Hof geschaut haben, begleitet der Manager uns bis zum Taxi.

»Mögen Ihre Hände niemals schmerzen«, erklingen mein Dank und mein Abschiedsgruß.

»*Choda hafez,* Gott schütze Sie!«

Teil 4

Isfahan. Wehmut am Sayande Rud

Für Frauen verboten

Es ist bereits dunkel, als wir die Stadt erreichen. Der Busbahnhof ist voller Menschen, und Mahtab will mit ihrem erprobten Trick erneut Geld sparen. Doch von den vielen Souvenirs ist meine Tasche inzwischen viel zu schwer geworden, um sie mit meiner lädierten Schulter tragen zu können. Ich würde mich gern in das erstbeste Taxi setzen, aber Mahtab ist erst zufrieden, als sie außerhalb des Bahnhofsgeländes einen annehmbaren Preis verhandelt hat.

Als wir auf der Rückbank sitzen und ich im Vorbeifahren die ersten vertrauten Gebäude entdecke, überkommt mich ein mulmiges Gefühl. Sind wirklich schon neun Jahre vergangen, seitdem Kurosch mich in den verwunschenen Gängen des Basars angesprochen hat? Meine Erinnerungen sind so klar, als sei es erst gestern gewesen. Ich höre seine Stimme, sein Lachen, seinen Übermut und denke an unsere Verrücktheiten. Als der Fahrer in die *Tschahar Bagh,* die Straße der Vier Gärten, einbiegt, weiß ich mich an einem Ort, zu dem ich eine besondere Verbindung habe. Ein Ort, wie es nicht viele für mich gibt. Ein Ort, der nicht nur schön ist, sondern Erinnerungen bewahren kann. Hierher haben mich alte und ureigenste Fantasien geführt, in Gesellschaft von Abenteuerlust und Wagemut haben sie mir Glück und Freude geschenkt. Die *Tschahar Bagh* liegt mitten im alten Isfahan! Am Ende dieser Straße spannt sich die *Siose Pol,* die Brücke der dreiunddreißig Bögen, über den Fluss. Isfahan! Der Klang des Namens ruft ein besonderes Echo hervor. Perle des Orients! Stadt der Sehnsüchte, Schönheit und Harmonie! Von Handwerkern aus nah und fern erschaffen! Hand in Hand haben Moslems, Christen und Juden unter der Weitsicht eines starken Königs ihre Kunst zu perfekter Blüte reifen lassen. Seit Alters her zieht Isfahan Fremde in den Bann. Beladen mit Hoffnungen, Wünschen und Fantasien, schritten Reisende schon vor Jahrhunderten durch das Stadttor, um wenig später staunend die *Vier Gärten* zu erreichen. Eine schöne Reiseerzählung stammt aus dem siebzehnten Jahrhundert, und so wie der Gesandte Engelbert Kaempfer die zwei Doppelreihen dicht aufragender Platanen beschrieb, die einen *Grünen Dom* bildeten und den Fremden Schatten spendeten, fällt es nicht schwer, seinen damaligen Anblick vor Augen zu haben. Noch immer fließt das hellklare Wasser durch die steinernen Gräben entlang der Allee, doch das Plätschern, das der damalige Gesandte vernommen hat, geht heute im Lärm der Großstadt unter. Und auch die müßigen Bürger, die rauchend und trinkend bei den Schankwirten verweilten, um Dichtern und Possenerzählern zu lauschen, gehören einer längst vergangenen Epoche an.

»Was ist mit dir?«, fragt Mahtab, »denkst du an Kurosch?«

Sie drückt meine Hand, und ich bin froh, sie an meiner Seite zu haben.

Vor der Brücke biegt unser Fahrer nach links ein. Unser Hotel ist in der Nähe des berühmten Schah-Abbasi-Hotels, eines Fünfsternehauses, das als schönstes Hotel des Landes gilt. Dort werden wir vielleicht einmal einen Tee trinken.

Nachdem wir unser einfaches Zimmer bezogen haben und mit Wehmut an das Silk Road denken, begeben wir uns auf einen Bummel an den Fluss. Mahtab ist aufgeregt und voller Vorfreude. Von der besonderen Atmosphäre dieser Stadt ist sie bereits nach wenigen Momenten ergriffen. Die Luft ist frisch und deutlich kühler als in Yazd. Menschenströme bewegen sich zum Fluss. Mahtab weiß nicht, wohin sie zuerst schauen soll. Es sind überwiegend junge Leute, die manchmal in Gruppen beisammen stehen, ihre Scherze machen und sich präsentieren. Aus Autos heraus werden junge Mädchen angesprochen. Schon haben wir die Kreuzung erreicht. Auf der anderen Straßenseite befindet sich die Flusspromenade.

Mein Herz beginnt heftig zu klopfen. Die Straßenlaternen des gegenüberliegenden Ufers spiegeln sich im Wasser. Als ich unsicher am Straßenrand stehe, und Mahtab uns energisch auf die andere Seite führt, überkommt mich Wehmut. Die Stadt ist erfüllt von Kuroschs Abwesenheit und zeigt mir in ihrer alten Vertrautheit ein neues Antlitz. Mahtabs erster Blick auf die nächtliche Brücke erinnert mich an jenen Abend, als ich selbst zum ersten Mal hier stand. Ihre Augen sind gefesselt von den sich spiegelnden Lichtern der dreiunddreißig Bögen im dahinfließenden Sayande Rud. Ergriffen betrachtet sie die fein gefügte Harmonie aus glitzerndem Wasser, sanften Bögen und sternenklarem Himmel. Sie kann sich kaum sattsehen an dieser Schönheit. Ich frage mich, ob es die Kühle des Flusses ist, die uns nach den Tagen in der Wüstenstadt frösteln lässt. Sie schaut mich an, scheint in meinem Blick etwas zu entdecken, und streicht über meinen Arm.

»Denkst du an ihn?«

»Ja. Es kommt mir vor, als hätten wir erst gestern hier gestanden. Er würde vieles dafür geben, wenn er nur für eine einzige Nacht wieder hier sein könnte. Der nächtliche Fluss fehlt ihm am meisten.«

Wortlos sitzen wir am Ufer, versunken in die eigenen Gedanken. Ich lasse die Isfahaner Tage mit Kurosch Revue passieren. Nicht weit von hier waren wir damals vor den Sittenwächtern geflohen. Sein wunderbarer Leichtsinn hatte uns in Gefahr gebracht, doch keine Regel dieses Landes konnte unser Verliebtsein zähmen. Wir zogen gemeinsam durch die Gassen des Basars, küssten uns im Palast, und im Schutz nächtlicher Teehäuser berührten sich unsere Fingerspitzen.

»Lass uns zum Teehaus unter der *Pol-e Tschubi,* der Holzbrücke, gehen. Dort ist es besonders schön.«

Die kleine Brücke ist im Vergleich zu den beiden großen eher unscheinbar, aber das Teehaus liegt mittig unter den Bögen und nur knapp über der Wasseroberfläche. Die Fenster sind zur anderen Seite hin ausgerichtet, und so wundere ich mich nicht, als wir von weitem noch keine Beleuchtung sehen. Ich beschreibe Mahtab, wie wir damals von dem Kellner gewarnt worden waren und wie es uns gelang, uns rechtzeitig vor dem Eintreffen einer Gruppe religiöser Beamter zu verdrücken.

»Nanu, was ist denn das?«, sage ich. Der Zugang zum Teehaus ist verschlossen, und allem Anschein nach wurden hier schon lange keine Gäste mehr bedient. »Das ist aber merkwürdig. Dann lass uns zur *Pol-e Chadju* gehen. Dort gibt es auch ein Teehaus und Wasserpfeifen.«

Der Fluss führt sehr viel Wasser und rauscht laut strömend an uns vorbei. Die *Chadju* ist die größte Brücke, und schon von weitem sehen wir sie unter einer sanften Beleuchtung in all ihrer orientalischen Pracht strahlen. Der Fluss wird von der exakten Anordnung der dreiundzwanzig Bögen und Pfeiler gezähmt, um sich auf der anderen Seite über prächtige Felsenstufen hinabzuergießen. Wir sehen die Schatten der abendlichen Müßiggänger, die in den Nischen des kunstvollen Bauwerks verweilen. Das Wasser fließt an den mächtigen Mauern unterhalb der Säulengänge vorbei. Ein pavillonartiger Bau in der Form eines halben Achtecks thront im Zentrum der *Pol-e Chadju* und gibt ihr eine majestätische Ausstrahlung.

Kurz vor der Brücke treffen wir auf zahlreiche Spaziergänger und auf einen Kontrollposten der Sittenwächter. Allein die Anwesenheit der Uniformierten genügt, um Stimmen zu dämpfen und Gelächter verstummen zu lassen. Wir überqueren die Brücke, bewundern die farbigen Fliesen oberhalb der überwölbten Galerien und setzen uns in eine der Nischen.

»Ich schicke ihm eine SMS«, sage ich, »es wäre gemein von mir, ihn nicht daran teilhaben zu lassen.«

Ich halte Ausschau nach dem Teehaus unterhalb der Brücke und bin mir vollkommen sicher, hier mit Kurosch eine Wasserpfeife geraucht zu haben. Aber wir finden nur einen vergitterten Raum, in dem verstaubtes Mobiliar zu erkennen ist.

»Hier stimmt was nicht«, sage ich zu Mahtab, die aber allem Anschein nach auch ohne ein Teehaus zufrieden ist und sich an den vielen jungen Leuten kaum sattsehen kann.

»Sie sind genauso modern gekleidet wie in Teheran. Ich kann es kaum glauben. Ich dachte, es sei hier viel provinzieller. Das Gegenteil ist der Fall! Schau sie dir an! Genau wie an unserer Uni. Und das alles an diesem schönen Ort.«

Mahtab kommt aus dem Schwärmen nicht mehr heraus, und ich kann ihre Begeisterung nachempfinden, denn die Entdeckung eines Ortes, der die Seele berührt, hat etwas Wohliges und Aufrüttelndes. In solchen Momenten stelle ich mir immer vor, länger zu verweilen. Ich frage mich, wie es sein muss, hier zu leben, und ob ich nicht alle Pläne über den Haufen werfen und mich auf der Stelle dort ansiedeln sollte. Manchmal bin ich sogar bekümmert über die vergeudete Zeit, die ich nicht an jenem Ort gelebt habe, und bin mir sicher, dass nur jene glücklich sein können, die diesen Ort »Heimat« nennen dürfen.

Ich sehe das Funkeln in Mahtabs Augen und spüre ihr Bedauern, selber nur ein Mädchen aus Maschad zu sein, aus einer Stadt ohne Fluss und Brücken. Vielleicht denkt sie sogar an meine Worte, dass eine Stadt ohne Fluss oder Meer kein Ort zum Leben sein kann. Wir bummeln auf der anderen Uferseite zurück und haben nach einer Weile wieder die Dreiunddreißig-Bögen-Brücke vor uns. In der Nähe gibt es noch immer den Bootsverleih mit den überdimensionalen Tretbooten in Schwanenform.

»Wer sagt es denn«, atme ich erleichtert auf, »es gibt doch noch ein Teehaus. Jetzt brauche ich aber wirklich etwas zu trinken und eine Wasserpfeife. Wir absolvieren ein außerplanmäßiges nächtliches Touristenprogramm und bekommen noch nicht einmal einen Tee angeboten.«

Schon von weitem strömt uns der Duft von Wasserpfeifen entgegen und lässt unsere Schritte schneller werden. Das *Tschai-Chune,* das Teehaus, steht oberhalb der Uferpromenade, dicht an der Straße.

»Tschai, Tschai, ich will Tschai«, rufe ich übermütig.

»Ich auch, ganz dringend.«

Unsere Vorfreude wird jäh zerstört, als wir die ausschließlich männlichen Besucher, das Verbotsschild für Frauen und den bedauernden Blick des Wirtes sehen.

»Was soll das heißen?«, fragt Mahtab ihn.

»Frauen ist der Zutritt verboten. Hier werden Wasserpfeifen geraucht.«

»Na und? Das stört uns nicht. Wir rauchen selber«, entgegnet sie.

»Entschuldigung! Es ist verboten! So verstehen Sie doch! Ich darf Sie hier nicht hereinlassen«, sagt der Wirt. Einige junge Männer grüßen uns und zeigen bedauernde Gesten.

»Lass uns gehen. Hier bekommen wir ja doch nichts«, sage ich.

»Was ist das für eine Stadt? Wieso dürfen Frauen nicht ins Teehaus?«

Ich bin zu überrascht für Vermutungen, Flüche und Wutausbrüche. In mir brodeln Bedauern, Vorahnung und Enttäuschung. Noch einmal überqueren wir eine Brücke, lassen uns von der Schönheit einnehmen, verweilen in einer Nische, und ich überlege, ob ich es ihm überhaupt schreiben soll. Am Ausgang der Brücke stehen Dutzende von Jugendlichen, kichern und scherzen im Schutz des Halbdunkels.

»Schon wieder Sittenwächter«, sagt Mahtab. »Was ist hier nur los? So viele habe ich schon ewig nicht mehr gesehen. Auf der *Tschahar Bagh* stand sogar einer ihrer Wohnwagen.«

»Habe ich nicht gesehen.«

»Zeige ich dir gleich. Wollen wir nach Hause gehen?«

»Ohne einen Tee?«

»Was schlägst du vor?«

»Lass uns in das Nobelhotel gehen. Einer Ausländerin mit Tochter werden sie den Zutritt wohl kaum verwehren.«

»Du bist traurig.«

»Ein wenig.«

Um sechs Uhr weckt mich der Verkehrslärm. Die helle Morgensonne scheint in unser Zimmer und lockt mich hinaus. Mahtab schläft noch tief und fest, und so schlüpfe ich lautlos in meine

Sportkleidung. Mir bleibt nichts anderes übrig, als das langärmelige Shirt mit dem großen Puma über der Brust zu tragen, dazu meine locker geschnittene Sporthose, ein Kopftuch und eine offene Schirmmütze, denn etwas anderes gibt mein Gepäck nicht her. Es ist das erste Mal, dass ich hier allein Sport treibe, aber in Isfahan will ich die Gelegenheit unbedingt nutzen und am Sayande Rud entlanglaufen. Meine Traurigkeit und Wut von gestern Abend haben sich noch nicht gelegt, und fast trotzig gehe ich in meiner ungewöhnlichen Kleidung auf die Straße hinaus. Vor dem Abbasi-Hotel stehen teure Mercedeslimousinen der Polizei, und auch auf den Gehwegen patrouillieren Uniformierte. In ihrer Nähe traue ich mich nicht zu laufen, und so gehe ich mit schnellen Schritten bis zur *Tschahar Bagh*. Ohne Mantel oder lange Bluse fühle ich mich fast ein wenig nackt, aber mein Trotz lässt mich auf dem Mittelgang der Straße der Vier Gärten loslaufen. Sollen sie mich doch wegen meiner sportlichen Betätigung anstarren, aber nach den Erfahrungen in Maschad gehe ich eher davon aus, in dieser Morgenstunde eine große Anzahl an Frühsportlern an der Flusspromenade anzutreffen.

Der Verkehr ist zum Glück noch nicht ganz so dicht wie üblich, und so schaffe ich es bereits beim ersten Versuch und mit dem nötigen Selbstvertrauen, allein über die Straße zu huschen. Ich laufe Treppen hinunter und nehme den unteren Promenadenweg in Richtung *Pol-e Chadju*. Die Temperaturen versprechen einen schönen Sommertag, der Himmel strahlt in makellosem Blau, der wilde Sayande Rud glitzert in der Morgensonne, und in der Ferne leuchten die Berge. Unvorstellbar, dass dieser Fluss vor einigen Jahren, einen heißen Sommer lang, ausgetrocknet war. Am gegenüberliegenden Ufer tanzen die Schwanenboote in der Strömung. Als ich die *Pol-e Tschubi* erreiche, komme ich langsam ins Schwitzen. Bisher ist mir noch kein Frühsportler begegnet. Vielleicht treffen sie sich in dem Park hinter der *Pol-e Chadju*, überlege ich. Mir kommen nur vereinzelte Spaziergänger entgegen und einige Männer mit Aktentaschen, die offenbar zur Arbeit gehen. Bis auf neugierige Blicke kann ich bei ihnen keine

Reaktion auf meine Aktivität erkennen. Als mir auch bis zur nächsten Brücke keine anderen Sportler begegnen, bin ich ein wenig unsicher. Doch dann sehe ich eine Frau auf der anderen Seite des Flusses laufen. Sie trägt einen langen Mantel und ein Kopftuch. Der Fluss ist so breit, dass sie mich nicht registriert. Ich mache einen Abstecher in den Park, aber dort sind leider auch keine weiteren Aktiven. Als ich über die schöne *Chadju* laufe und das jahrhundertealte Pflaster unter meinen Füßen spüre, muss ich unwillkürlich an die Karawanen denken, die mit ihren Waren, von Schiraz kommend, ihr Ziel hier fast erreicht hatten. Bis zum Basar sind es nur noch wenige hundert Meter. Auch der damalige Gesandte rühmte diese Brücke, *ihre besondere Schönheit, das überlegene Kunstwerk, die reiche Mannigfaltigkeit der Gesimse und die schönen Formen der erkerartigen Vorbauten.* Sie ist vor beinahe vierhundert Jahren vollendet worden, in einer Zeit, als die Safawiden unter Schah Abbas I. Isfahan im Jahre 1598 zu ihrer Hauptstadt machten. Ich bleibe stehen, schaue durch eine der Brückennischen und atme tief durch. Wer mag nicht schon alles über diese Brücke gegangen sein? Ob darunter auch andere fitnessbegeisterte Ausländer waren? Kurosch wird es mir kaum glauben, wenn ich ihm erzähle, dass ich morgens um sechs Uhr allein auf der *Pol-e Chadju* gestanden habe, um zu verschnaufen und den Blick auf den Fluss und das Ufer zu genießen. Erst wenn ich ihm ausführlich davon berichte, wird er das Bild vor Augen haben und sich amüsieren. In seiner typischen Art wird er sich ausmalen, was die Passanten bei meinem Anblick wohl dachten, was sie zu Hause darüber erzählten und wie rätselhaft sie das Verhalten von Ausländern fanden.

Isfahan! Ich bin wirklich wieder hier! Die Erinnerung ist klar, viel klarer als an anderen liebgewonnenen Orten. Durch das Aufschreiben meiner Erlebnisse haben sich andere Bilder verfestigt, manchmal denke ich an meine Formulierungen und gleiche sie mit meinen jetzigen Empfindungen ab. Da ich in den letzten Jahren regelmäßig über diese Stadt berichtet habe und bei Lesungen manchmal über meine eigenen Sätze schmunzeln musste, ist mir jeder Anblick vertraut. Dort drüben hat der Zuckerwürfelzerhacker gesessen, erinnere ich plötzlich bei einem Blick über das Ufer. Zucker wird noch immer von Hand geschlagen. Das habe ich bereits von Giti erfragt.

Isfahan! Innerhalb von drei Jahrzehnten wurde die Stadt mit ihrer fein durchdachten Straßenführung, den repräsentativen Brücken und Prachtbauten, darunter zahlreiche Paläste und Haremsgebäude und das labyrinthartige Gassengewirr des Basars, errichtet. Allein dreißigtausend Armenier wurden hier zwangsweise angesiedelt, um mit ihrer Handwerkskunst und ihren Verbindungen als Händler zur Blüte Isfahans beizutragen. Im siebzehnten Jahrhundert genoss die »Perle des Orients« den Ruf, eine der schönsten Städte der Welt zu sein. Damals lebten bereits über eine halbe Million Menschen hier, eine unvorstellbare Zahl für die damalige Zeit. Ihr besonderer Ruf verbreitete sich schnell in alle Himmelsrichtungen. Noch heute ist diese Pracht zu bewundern, teilweise aufwändig restauriert und für die Besucher herausgeputzt. Ich bin gespannt darauf, ob die prächtigste Moschee des Landes, die ehemalige Schah-Moschee und jetzige Imam-Moschee, von Handwerkern eingerüstet ist oder in makelloser Schönheit erstrahlt. Mir läuft beim Gedanken an den *Meydan-e Naqsch-e Djahan,* den einst größten umbauten Platz der Erde, dessen Name »das Ebenbild der Welt« bedeutet, ein wohliger Schauer über den Rücken. Ich weiß genau, aus welcher Position wir den schönsten Blick über den Platz genießen werden. Zum Sonnenuntergang werde ich mit Mahtab und Siawasch in ein Teehaus mit Dachterrasse gehen, wo ich damals oft mit Kurosch saß.

Ich laufe auf der oberen Promenade durch einen parkähnlichen Grünstreifen. Gärtner wässern die Beete und schauen kurz auf, als sie mich näher kommen hören. Fast entgeht mir die Läuferin, die auf der unteren Promenade zurückkommt. Sie ist schon etwas älter und leicht übergewichtig. Vermutlich folgt sie einem ärztlichen Rat, sich mehr zu bewegen, überlege ich.

»*Sobh becheyr chanum,* guten Morgen, meine Dame«, rufe

ich ihr zu und winke. Irritiert schaut sie hoch und nickt mir zu. Als ich auf dem gesamten Rückweg keine weiteren Frühsportler antreffe, muss ich mir eingestehen, dass die Stadt für mich dadurch ein wenig an Sympathie einbüßt. Ich liebe es, am Wasser entlangzulaufen, und noch mehr liebe ich es, wenn ich dabei Gleichgesinnten begegne und mit ihnen ins Gespräch komme. Auf diese Art habe ich schon manch fremde Stadt näher kennen gelernt, und es gibt Uferstreifen an fremden Flüssen, Seen und Meeresufern, die mir ähnlich vertraut sind wie die heimische Elbe. Beim Gedanken daran, wie ich mit Kurosch am Elbufer entlanggelaufen bin, muss ich lachen. Übermütig hatte er sich ausgemalt, wie es sein würde, wenn wir beide am Sayande Rud entlanglaufen würden. Natürlich stellte er sich die Verwirklichung dieser Fantasie als vollkommen ausgeschlossen vor, denn noch auffälliger könnte man sich der Öffentlichkeit wohl kaum präsentieren.

Für den Rückweg wähle ich eine Nebenstrecke, um das Hotel Abbasi zu meiden. Einige hundert Meter vor unserem Hotel ist die Durchfahrt für den Autoverkehr gesperrt. Einer Polizeistreife, die gelangweilt am Straßenrand wartet, weiche ich durch einen Zickzack-Kurs aus und erreiche schließlich unsere Herberge.

Anstatt direkt in unser Zimmer zu gehen, folge ich dem Treppenhaus nach oben und finde einen Zugang zum Dach. Hier oben sind in wahllosem Durcheinander Bettgestelle, ausrangierte Kommoden und Unrat abgestellt. Unter freiem Himmel und unbeobachtet mache ich meine Dehn- und Kraftübungen. Wenn ich mich ein wenig über die Brüstung beuge, kann ich bis zum Haupteingang des Abbasi schauen. Dort entdecke ich ein großes Plakat mit arabischen und lateinischen Buchstaben. *The First Conference Of Islamic Countries Police Chiefs. Developing police cooperation between Islamic countries a necessity of 21st century,* was wohl bedeuten soll, dass hier zur Zeit die erste Konferenz der Polizeiführungen islamischer Staaten stattfindet und die Entwicklung der polizeilichen Kooperation zwischen den islamischen Ländern im 21. Jahrhundert eine Notwendigkeit ist.

Na prima, denke ich, da haben wir uns ja einen feinen Termin für unseren Isfahanbesuch ausgesucht. Nur wenige Schritte von uns entfernt tagt die versammelte islamische Polizeiprominenz.

Im Frühstücksraum sitzen nur eine Handvoll Gäste. Der Kellner bringt uns Tee, Brot, Honig und Käse und lässt keinen Zweifel daran, dass diese Aufgabe weit unter seiner Würde liegt. Wir verkneifen uns eine Lobeshymne auf unser geliebtes Silk Road Hotel und überlegen stattdessen, was wir in Isfahan unternehmen werden. Siawasch hat uns per SMS mitgeteilt, dass er schon bald hier sein wird. Ein Zimmer in unserem Hotel hat er sich bereits reserviert. Da wir uns nicht länger gedulden können und keine Lust haben, in dem ungemütlichen Frühstücksraum zu warten, schlage ich einen Bummel zur *Tschahar Bagh* vor. Die große Straße könne er ohnehin leichter finden als unsere Seitenstraße. Ich kann meine Unruhe kaum bändigen und muss hinaus, muss in die Stadt, zum Basar, zum großen Platz und in die Moschee. Noch immer habe ich weder Kuroschs Schwester angerufen noch im Aladin-Teppichgeschäft mein Kommen angekündigt. Ich werde dort einfach auftauchen, alles Weitere muss sich finden.

Während Mahtab und ich durch die Straße der Vier Gärten bummeln, sprudeln meine Isfahaner Erinnerungen nur so aus mir heraus. Meine neue Freundin ist eine dankbare Zuhörerin und löchert mich mit Fragen. Manchmal wundere ich mich über mich selber, staune darüber, welches Risiko ich damals bereitwillig für eine Romanze mit Kurosch einging. Ungestüm durchlebten wir jene Tage, bevor die ständigen Nachfragen nach der Art unserer Verbindung uns nach Schiras flüchten ließen.

Ich höre, wie Mahtab aus einer Telefonzelle heraus mit Siawasch spricht und ihm unseren Standort erklärt. Das klingt sehr lustig, weil weder sie noch er sich auskennen. Unerwartet spricht mich ein Mann an.

»Entschuldigen Sie, darf ich Sie etwas fragen?«, sagt er in gebrochenem Englisch.

»Ja, bitte«, antworte ich auf Persisch, woraufhin er das förmliche Begrüßungsritual nachholt. Er möchte wissen, woher ich komme, und nachdem meine Herkunft offenbar mit seinem Interessensgebiet übereinstimmt, hat er eine Reihe sehr spezieller Fragen. Er sei Tierarzt und möchte erfahren, was seine Kollegen in Deutschland verdienen und wie teuer die Behandlung von erkrankten Tieren sei.

Ich möchte nicht unhöflich sein und gebe mein gesamtes Wissen preis, das zu einem Großteil aus den frühen neunziger Jahren stammt, als meine kleine Hündin Dixie zunächst einen Schwangerschaftsabbruch hatte, später eine Gebärmutterentzündung und dann ein Herzleiden. Er staunt über die enormen Kosten für Untersuchungen, Spritzen, Impfungen, Narkosen und Operationen. Mahtab schaut irritiert von der Telefonzelle herüber, als sich noch zwei junge Frauen an unserem Gespräch beteiligen oder zumindest zuhören wollen. Sein Fachgebiet sei die Rinderzucht, und er wirkt nicht sonderlich enttäuscht, als ich ihm sage, dass ich mich damit kaum auskenne. Das Leben eines Tierarztes in der Großstadt, mit festen Sprechzeiten und der Behandlung von Vögeln, Hamstern, Schildkröten, Katzen und Hunden, erscheint ihm nach einer Weile äußerst verlockend, denn seine weiteren Nachfragen beziehen sich auf die Visaregelungen für die Einreise nach Deutschland. Als Mahtab ihr Telefonat beendet hat, bedankt er sich herzlich bei mir und verabschiedet sich.

»Dich kann man auch keine Minute allein lassen. Wer war das denn?«

»Ein Kuharzt.«

»Aha! Verstehe! Siawasch ist gleich hier. Er hat bereits einige Leute nach dem Weg gefragt und wird hin- und hergeschickt. Es hörte sich an, als wäre er ganz in der Nähe. Den Fluss hat er jedenfalls schon gesehen.«

Wir halten Ausschau nach ihm, und ich starre in vorbeifahrende Peykans, weil ich ihn vor meinem inneren Auge wie selbstverständlich mit einem Peykan anrauschen sehe. Zwischen dem Gehweg und der Straße gibt es einen der berühmten Wassergräben der Vier Gärten und immens hohe Bordsteine. Ungeachtet dieser Hürden wird auf unsere Blicke in die vorbeifahrenden Autos mit Hupen und Abbremsen reagiert, weil es sich offenbar um Taxen handelt, die uns für potentielle Fahrgäste halten. Wie wir an dieser Stelle den Graben bezwingen sollten, ist mir schleierhaft.

»Da ist er«, ruft Mahtab, »auf der anderen Straßenseite habe ich ihn gesehen. Jetzt muss er bestimmt bis zum Ende durchfahren, um dort zu wenden.«

»Wo denn? Welcher Wagen?«

»Jetzt ist er schon weg.«

Dann endlich hupt es, und Mahtab schreit vor Freude auf.

»*Wow!* Was ist das denn für ein Wagen?«, sage ich eher zu mir, als eine Antwort zu erwarten. Siawasch sitzt in einem schweren Geländewagen, und in Sekundenschnelle springt Mahtab neben ihn und drückt ihm einen schnellen, aber sehr feuchten Kuss auf den Mund.

»*Char puli?* Bist du etwa eselsreich?«, frage ich ihn in frecher und vermutlich sogar unflätiger Manier, was von einer Ausländerin gesagt ziemlich lustig klingen muss, denn die beiden lachen laut auf.

»Wer bringt dir denn solche Ausdrücke bei?«

»So etwas habe ich von Farid. In einem Geschäft in Schiras habe ich zu einem Verkäufer mal *damet garm* gesagt.«

Die beiden können sich kaum halten vor Lachen, denn dieser Ausdruck ist für Frauen wirklich nicht geeignet, denn er bedeutet in etwa *halte deinen Hintern warm*. Als ich es damals sagte, stand Kurosch neben mir und verschluckte sich vor lauter Überraschung. Farid hat sich immer einen Spaß daraus gemacht, mir derartige Redensarten beizubringen.

»Der Wagen gehört übrigens meinem Vater.«

»Dann ist der eben eselsreich. Hätte ich mir doch gleich denken können, dass du ein verwöhnter Bengel bist.«

»Was? Sprich bitte langsamer.«

Mahtab hat mein Kauderwelsch aus Englisch und Persisch verstanden und übersetzt für ihn. Sie ist ihrem Liebsten inzwischen fast auf den Schoß gekrochen, kuschelt sich eng an ihn und flüstert ihm süße Dinge ins Ohr. Siawasch schaut derweil mit einem Auge auf die Ordnungshüter, die es hier an jeder Ecke gibt.

»Was ist nur los in Isfahan? Wo kommen die vielen Polizisten her?«, will er wissen.

»Internationale Polizeikonferenz«, antworten wir wie aus einem Munde.

»Unsere Bruni ist ein *Scheytun-e bosorg,* ein großer Teufel«, teilt Mahtab ihrem Liebsten mit, »sie hat schon schlimme Dinge gemacht.«

»Etwa in unserem Land?«, fragt er mit gespielter Empörung.

»Überall auf der Welt.«

»Dein Schatz übertreibt.«

»Wir werden sehen!«

»Heute Morgen war sie joggen, ganz allein. Ich habe noch geschlafen.«

»Sehr gut«, sagt Siawasch, »ratet mal, was ich erst gestern gelesen habe? Die körperliche Fitness einer fünfundvierzigjährigen Schweizerin entspricht der Fitness einer fünfundzwanzigjährigen Iranerin.«

»Soll das ein Kompliment sein?«, frage ich.

»Ich weiß nicht. Ich kann es nicht bestätigen. Jedenfalls ist es irgendwie traurig.«

»Wenn ihr mich fragt: Die Untersuchung stimmt! Unsere deutsche Freundin ist jedenfalls viel sportlicher als ich. Sie will sich immer nur bewegen, gehen, laufen, laufen, laufen. Wenn es möglich gewesen wäre, hätten wir Yazd vermutlich per Fahrrad besichtigt«, sagt Mahtab.

»Wohin soll ich fahren?«, fragt Siawasch.

»Was haltet ihr davon, wenn wir den Wagen abstellen und auf den Meydan-e Imam, den großen Platz, gehen. Dort gibt es viel zu sehen, und ich möchte auch einen Bekannten treffen.«

»Du kennst dich aus. Du bist unser *Guide,* unsere Fremden-führerin«, sagt Mahtab.

Als wir den Wagen in einer der engen Gassen rund um den Basar losgeworden sind, brennt die Sonne bereits so stark wie an einem heißen Sommertag. Ich bin froh, mich luftig angezogen zu haben. In der Annahme, Isfahan sei an ausländische Touristen gewöhnt, trage ich das schmale Tuch von Sahel zum ersten Mal hinter dem Kopf gebunden. So verrutscht es nicht und ist wunderbar bequem. Nun bin ich vorne zwar relativ unbedeckt, weil die weite Bluse sogar einen kleinen Ausschnitt hat, aber ich behelfe mich mit einer Brosche, die der Sittsamkeit Rechnung trägt. Meine offenen Sandalen sorgen für angenehme Kühlung, und Mahtab ist ebenfalls froh über meine brasilianischen Flip-flops, die sie nur noch zum Schlafen auszieht. Wir erreichen den Platz auf der gegenüberliegenden Seite vom Ali-Qapu-Palast. Als Erstes schaue ich zur Moschee.

»Seht mal! Wie schön! Wir haben Glück! Nur ein winziges Gerüst am Minarett. Die Kuppel ist frei. Welch ein Blau! Die berühmte Imam-Moschee ist im Jahre 1630 fertiggestellt worden. Die Längsseiten des Platzes sind über einen halben Kilometer lang und hundertsechzig Meter breit. «

Mahtab und Siawasch schauen mich überrascht an, blicken über den Meydan-e Imam und bewundern die Pracht der Moschee und des Platzes, der von zweistöckigen Arkaden umlaufen wird.

»Das steht alles in meinem Buch, deshalb weiß ich es so genau. Normalerweise kann ich mir Zahlen nur schlecht merken. Ihr braucht nicht nachzurechnen. 1630 nach unserem Kalender entspricht dem Jahr 1008 nach eurem Kalender. Die Stiftungsdaten finden sich in der Moschee. Die hat mir damals der Ticketverkäufer gezeigt. Ich bin gespannt, ob er noch da ist.«

Meine beiden Begleiter recken ihre Hälse und wissen kaum, wohin sie schauen sollen. Ich fühle mich zurück an einem vertrauten Ort und zwinge mich, nicht ständig von damals zu berichten. Nichts scheint sich verändert zu haben. Wir meiden die Sonne und umrunden den Platz im Schatten der Arkaden. In die Gassen des umliegenden Basars werfen wir vorerst nur flüchtige Blicke. Die vordere Ladenzeile hat jeweils einen Eingang zum Platz und einen zur Hauptgasse, die unter einem Gewölbegang liegt. Hier befinden sich, in direkter Nachbarschaft zu den Geschäften, die Werkstätten der Handwerksmeister. Isfahan ist berühmt für seine Teppiche, seine Silber- und Kupferschmieden, Miniaturmalereien, bedruckten Decken und für Bilderrahmen und Schatullen mit aufwändigen Einlegearbeiten. Meine Begleiter sind in das Muster einer Decke vertieft, als ich in der gegenüberliegenden Werkstatt zwei Frauen Silber schmieden sehe. Ich bin überrascht, denn nie zuvor habe ich in der Öffentlichkeit Frauen handwerkliche Arbeiten verrichten sehen. Sie sind mit großen Silbertabletts beschäftigt, in die sie mit speziellen Hämmern und Meißeln raffinierte Muster schlagen.

»*Chaste nabaschid,* mögen Sie nicht müde werden!«, grüße ich angemessen mit den Worten für Menschen, die man bei der Arbeit antrifft.

Sie grüßen mich und halten eine Weile inne. Ich bewundere ihre Kunstfertigkeit und teile ihnen meine Überraschung mit. Seit drei Jahren würden sie diese Arbeit machen, erzählen sie mir, und es gäbe außer ihnen noch andere Handwerkerinnen. Sie hielten sich nicht in abgelegenen Höfen auf, sondern arbeiteten genau wie die Männer unter den Augen der Passanten und Kunden. Gegen ein Foto haben sie nichts einzuwenden. Mahtab und Siawasch treffe ich bei einem Eisverkäufer wieder.

»Möchtest du auch?«, fragt Siawasch.

»Nein danke, das ist mir viel zu süß.«

»Isfahaner Eis ist berühmt.«

Gegenüber der Eisdiele gibt es einen auffallend modernen Imbiss mit einem hellen Glastresen und offener Küche. »Tourist Burger« steht in Englisch und Persisch auf kunstvollen Kacheln. Das Lokal fügt sich mit seinen braunen Kacheln in den Bogengang des Basars ein. Unter dem Hinweis »Fast Food« ist eine

Reliefarbeit nach Art des Palastes von Persepolis eingefügt. Die Darstellung zeigt Untertanen des persischen Reiches, wie sie dem König zum Neujahrsfest ihre Gaben darbieten. In der gleichen Machart sind eine Pizza, ein Hamburger, eine Tüte Pommes Frites und große Plastikbecher samt Strohhalmen dargestellt. Eine umlaufende Leuchtreklame verkündet »*Welcome to Isfahan*«. Metallstühle und Glastische vervollkommnen das moderne Ambiente.

»Lass uns schnell weglaufen. Hier werden *Tourist Burger* angeboten«, sage ich zu Mahtab.

»Was soll das heißen?«

»Schau mal, was da steht! Hier werden Touristen zu Burgern verarbeitet.«

Sie lacht laut auf und geht zu Siawasch, um ihm den Scherz zu erzählen. In der Zwischenzeit treffe ich auf eine Mädchengruppe.

»*Hello Misses, where are you from?* Wo kommen Sie her?«

»*Schoma, as kodscha hastid?* Wo kommt ihr her?«, frage ich auf Persisch, und sie kichern los.

»Aus Hamadan. Wir sind auf Klassenreise.«

Im Nu bin ich von einer Handvoll Mädchen im Teenageralter umringt, die ihr Englisch praktizieren wollen. Sie sind modern gekleidet und scheinen ihren Ausflug in die große weite Welt zu genießen. Hamadan sei furchtbar langweilig, erzählen sie mir. Hier sei es viel besser. Man treffe Ausländer, und fast alle jungen Leute trügen schicke Kleidung. Es gäbe kaum Tschadors. Eine der jungen Damen filmt uns mit ihrer Kamera, und ich soll in Richtung des Mikrofons sprechen. Sie löchern mich mit Fragen, und übermütig erzähle ich ihnen von meinen Reisen. Sie wollen zunächst nicht glauben, dass ich schon oft allein unterwegs war. Doch, sage ich, ich habe mich während meiner letzten Reise sogar in einen Isfahaner verliebt. Sie kichern verschwörerisch und wollen mehr hören. Irgendwann bekommt Mahtab das Gefühl, mich vor den Mädchen retten zu müssen. Ihr Eis hat sie schon lange aufgegessen und erzählt den Schülerinnen, dass wir weitergehen müssen. Nein, rufen die Mädchen, »wir müssen ihre Adresse aufschreiben. Wir wollen ihre Website sehen. Sie soll etwas über uns schreiben.«

»Kein Problem, das mache ich«, verspreche ich ihnen. Mir sind solche Gespräche von allen meinen Iranreisen vertraut, und ich gebe den aufgedrehten Teenagern gern etwas von mir preis. Und wenn ich an die geschlossenen Teehäuser unter der Brücke denke, dann bin ich doppelt froh über die Offenheit der Mädchen aus einer Provinzstadt, die selten die Gelegenheit haben, fremde Menschen zu treffen und Neues kennen zu lernen. Jedes Lachen und jeder noch so belanglose Dialog sind kleine Schritte zum besseren Verständnis und zur Akzeptanz des anderen.

»Mit einer Ausländerin dauert alles ein wenig länger«, klärt Mahtab ihren Schatz auf.

»Das scheint mir auch so.«

»Ich hätte nie gedacht, dass Ausländer in Isfahan immer noch Aufsehen erregen. Aber anscheinend gibt es bei weitem nicht so viele Besucher, wie ich erwartet habe. Schade, dass sie sich von der unsinnigen Politik in Washington und Teheran vom Reisen abschrecken lassen«, sage ich.

Endlich erreichen wir die Moschee. An einem kleinen Schalter bekommen wir die Eintrittskarten für das weiträumige Gebäude, das im weitesten Sinne als Museum betrachtet wird. Nur wenige Besucher gehen in die *Masdsched-e Imam,* die mit ihren doppelstöckigen Arkaden, den verschwenderischen Fayencen, den von Licht durchfluteten Höfen, den schattigen Nischen und dem Hauptgebetssaal mit seiner gewaltigen Kuppel zu den schönsten Bauwerken des Orients zählt. Die architektonische Vollkommenheit ist legendär, der Baumeister hat mit Raffinesse auf die Ausrichtung des mit Silber beschlagenen Tores nach Süden und die geforderte Ausrichtung des *Mirabs,* der Gebetsnische, in Richtung Mekka reagiert. Das dominierende Blau der Fayencen preist den Himmel und das Göttliche. Der angestrebten Harmonie des Daseins wird hier ein von Menschen gemachtes Abbild geschaffen. Das Becken im Innenhof der Moschee ist gefüllt mit dem Wasser der Reinheit und der Unschuld. Wir beobachten einen einzelnen Gläubigen, der die rituelle Waschung vollführt. Er benetzt sein Gesicht und seinen Scheitel, hält seine Füße unter einen Wasserhahn und sucht sich eine schattige Ecke, in der er sich gen Mekka wendet. Der Haupthof ist fast vollständig von zeltartigen Bahnen beschattet, die an Gerüsten befestigt sind. Ich stelle mir vor, wie ärgerlich es für weitgereiste Fotografen sein muss, wenn sie die provisorisch anmutenden Gestelle mit dem groben Tuch vorfinden und ihnen keine ungetrübte Aufnahme der gesamten Anlage gelingen kann. In meiner Erinnerung gibt es ein ganz besonderes Bild dieses Ortes, wie ich ihn damals als einzige Besucherin in der Abenddämmerung erlebt habe. Ein Blick in das Wasserbecken und die Spiegelung der Welt um mich herum löste tiefe Empfindungen von Harmonie und Zufriedenheit in mir aus. Hier wurde der Himmel, blau in blau, auf die Erde geholt und die Erde in den Himmel gebracht. Die sonst unsichtbare Achse zwischen Nadir und Zenit trat durch die Spiegelung ans Licht und vereinte alle Dimensionen.

Wir gehen in den halboffenen Kuppelsaal und treffen auf drei weitere Besucher, die genauso beeindruckt um sich schauen wie jeder, der diese Moschee zum ersten Mal betritt. Ein gesprochenes Wort in der Mitte des Saals wird in perfekter Akustik in jeden Winkel des halboffenen Raumes getragen. Einer der Besucher klatscht unter dem Zentrum in die Hände und erntet einen klaren und lauten Klang. Ein Blick nach oben trifft auf ein meisterliches Medaillon. Ein verwirrendes Rankenmuster entfaltet sich in verschlungenen Windungen. Das Medaillon ist so fein gearbeitet wie ein Seidenteppich, der im Lichtschein schimmert. Die Ranken winden sich in feiner Farbabstimmung, führen im Randbereich der Kuppel einen Hauch von Gelb in ihrem hellen Dekor auf himmelblauem Untergrund. Das Gelb wird intensiver, je näher es dem Zentrum und höchsten Punkt der Kuppel kommt, bis es gesättigt und kraftvoll wie eine Sonne erstrahlt.

Nachdem ich mir einen der Wintergebetsräume angesehen habe, erreiche ich einen Seitenflügel im abgelegenen Bereich der Moschee. Hier stapeln sich hastig zusammengeschlagene Teppiche für das Gemeinschaftsgebet. In einer schattigen Nische entdecke ich ein junges Paar. Die Frau sitzt an die Wand gelehnt und schaut verträumt in den Hof, während der junge Mann seinen Kopf in ihren Schoß gebettet hat. Liebevoll spielen ihre Hände miteinander. Sie trägt einen leichten gelben Schal, einen dunklen Mantel und Jeans. Ihre nackten Füße hat sie ausgestreckt. Die Sportschuhe der beiden stehen ein wenig abseits am Rande des Teppichs. Ein Koran und zahllose Gebetssteine liegen im wahllosen Durcheinander, wie vergessene Reliquien eines fernen Rituals, in den Nischen. Das Paar verweilt unter Fayencen, auf denen Blütenkompositionen in Sternblumen gipfeln und über den Köpfen der Liebenden ein Himmelsgewölbe bilden. Es ist für mich vollkommen ausgeschlossen, das hübsche Paar nicht zu fotografieren. Aber ich möchte sie nicht stören und halte so viel Abstand, dass sie mich nicht bemerken.

»*Scheytun!*«, flüstert Mahtab in mein Ohr.

»Ich kann nicht anders. Das glaubt mir doch sonst keiner.«

»Siawasch und ich sitzen dort drüben.«

»Ich komme gleich.«

Bevor wir zum Ausgang der Moschee gehen, kommen uns zwei junge Männer auf Fahrrädern entgegen. Ich überlege nicht lange und mache auf der Stelle kehrt.

»Sorry, aber ich muss den Jungs hinterher«, sage ich rasch und eile ihnen nach. Eines meiner Lieblingsfotos aus dem Iran ist die Aufnahme eines abgestellten Fahrrades in der Imam-Moschee. Damals stand es, wie ein ungewöhnliches Element eines Stilllebens in einer Nische unter dem gleichen Rankenmuster wie das Liebespaar von eben.

»*Bebachschid*, entschuldigen Sie«, spreche ich die beiden an, »Sie haben schöne Fahrräder ... äh ... ich meine ... ich finde es interessant, dass Sie mitten in der Moschee mit Fahrrädern unterwegs sind ... wie soll ich sagen? Ich war vor Jahren schon hier und habe ein schönes Foto von einem Fahrrad gemacht.«

Die beiden schauen sich kurz an und warten ganz offensichtlich auf weitere Erklärungen. Ihre verdutzten Gesichter bringen mich zum Lachen, und ich muss mich zusammennehmen, um weitersprechen zu können.

»Ich komme aus Deutschland, aus Hamburg, und dort kann man sich nur schwer vorstellen, dass in der größten und schönsten Moschee des Iran zwei Radfahrer unterwegs sind.«

»Wir arbeiten hier, die Moschee ist groß, und der Weg ist weit.«

Mit ihren schwarzen Bundfaltenhosen und den frisch gebügelten Hemden sehen sie nicht nach Restauratoren aus. Ihre Gesichter sind glattrasiert, und folglich werden sie kaum einer *Maktab,* einer Koranschule, angehören oder auf andere Weise eine theologische Verbindung zur Moschee haben.

»Aus Hamburg? Kennen Sie Mehdi Mahdavikia?«, fragt einer der beiden, und ich bin froh, meine Tasche sorgfältig gepackt und die Autogrammkarten dabei zu haben.

»Natürlich kenne ich ihn. Ich bin traurig, dass es mit der Meisterschaft nicht geklappt hat.«

»Wir auch. Immer gewinnen die Bayern. Haben Sie Karten für die Fußballweltmeisterschaft?«

»Nein, leider nicht. Ich habe an allen Verlosungen teilgenommen. Ohne Erfolg. Entschuldigen Sie, darf ich ein Foto von Ihnen machen? Es wäre eine schöne Erinnerung an meinen Besuch in der Moschee.«

»Bitte, machen Sie ein Foto.«

Die beiden stehen glücklicherweise unter den schattigen Zeltbahnen, durch die das starke Sonnenlicht gefiltert wird. Der Größere lehnt sich leger an sein Fahrrad und setzt eine seriöse Miene auf, während der andere lächelt. Zum Dank gebe ich ihnen die Autogrammkarten und versuche ihre amüsierten und überraschten Gesichter einzufangen. Belustigt halten sie die Karten in die Kamera.

Wir kommen nur langsam voran, denn gleich neben der Moschee nimmt ein Teppichgeschäft unsere Aufmerksamkeit in Anspruch. Es ist ein safrangelbes Kunstwerk mit einem kräftigen roten und grünen Muster, das es mir angetan hat. Ein junger Mann mit langen Haaren und ausgezeichneten Englischkenntnissen erläutert das Muster, die Farben und das Material. Dazu wird ein Tee serviert, und schon rinnt die Zeit dahin.

Auf Empfehlung des Verkäufers essen wir in einem schönen Restaurant zu Mittag. Das Lokal liegt hinter den Arkaden und ist entgegen der üblichen Gestaltung sonnendurchflutet. Es bietet eine große Anzahl Sitzplätze an langen Tafeln und wird sicher gern von Reisegruppen besucht. Im unteren Bereich sitzt eine große Gruppe Jugendlicher, die Jungen an einem Tisch und die Mädchen an einem anderen. Wir ziehen unsere Schuhe aus, setzen uns auf ein traditionelles *Tacht* und machen es uns bequem. Hier gibt es eine Menge zu entdecken, denn der Wirt hat sich Mühe mit der Dekoration gegeben. Keine Spur vom Ambiente einer gekachelten Wartehalle unter Neonlicht, wie man sie in iranischen Restaurants häufig antrifft. An den Wänden und auf den Tischen finden sich bedruckte Isfahaner Decken. Über unserer Sitzecke hängt ein altpersisches Motiv: König Dariusch auf seinem Thron, umgeben von Wächtern und einem Bittsteller. Über der Szene schwebt Frawahr, das gleiche geflügelte Wesen wie am Feuertempel von Yazd. Leckere Düfte erfüllen den Raum, und wir bestellen typische Gerichte mit halben Erbsen, Auberginen, Aprikosen und Lammfleisch in einer kräftigen Soße, Joghurt, sauer eingelegtes Gemüse und gemischten Salat. Mahtab öffnet ihren Schal, legt die Enden über die Schultern und lässt ihn weit nach hinten rutschen. Siawasch legt seinen Arm auf dem Kissen hinter ihrem Rücken ab, streichelt verstohlen ihren Arm und flüstert ihr süße Worte zu. Nach dem Essen lasse ich die beiden eine Weile allein und unterhalte mich mit dem Wirt, der mir einen französischen »Lonely Planet« zeigt, den ein Gast hier vergessen hat.

»Ich habe sofort in allen möglichen Hotels angerufen und

Bescheid gesagt, aber niemand hat das Buch vermisst«, sagt er, »wie soll ich die Besitzerin finden? Sie ist eine nette Französin. Hier steht eine Adresse, die ich nicht entziffern kann.«

»Das scheint nur eine Notiz zu sein, vermutlich von jemandem, den sie unterwegs kennen gelernt hat. Wann war sie hier?«

»Letztes Jahr im Herbst.«

Im französischen Reiseführer wird sein Restaurant lobend erwähnt, und wir schauen uns zum Vergleich die Angaben in meinem deutschen Führer an, wo das Restaurant ebenfalls empfohlen und wo wegen der vielen Gäste zu einer Reservierung geraten wird. Ich wundere mich darüber, dass Kurosch mich nicht in die »Traditional Banquet Hall« geführt hat. Vermutlich war er hier viel zu bekannt, und man hätte ihn gefragt, wer seine weibliche Begleitung sei. Der ältere und äußerst charmante Wirt erzählt mir, dass bereits sein Vater das Lokal betrieben habe. Demnächst werde er eine Dachterrasse mit Blick auf die Moschee fertigstellen.

»Ausländer lieben es, draußen zu essen«, erklärt er mir und hofft auf Bestätigung.

»Setzen Sie Wein auf die Karte. Das lieben wir genauso sehr.«

Er lacht und behauptet, dass er damit sicher auch viele iranische Gäste anlocken könnte. Es sei nur fraglich, ob das Lokal die erste Stunde mit der veränderten Speisekarte überstehen würde.

»Können Sie mir sagen, wo der Aladin-Shop ist?«

»Wollen Sie zu Said? Das Geschäft liegt zwischen der Lotfollah-Moschee und dem Haupttor zum Basar.«

Auf dem Weg dorthin versucht eine alte Frau im Tschador mit uns Schritt zu halten. Ich spüre, wie sie mich neugierig mustert. Sie möchte mit mir ins Gespräch kommen, und so gehe ich etwas langsamer.

»*Garm-e!* Warm!«, sagt sie schließlich und fächelt sich mit der freien Hand Luft zu.

»*Dar Yazd garmtar-e, indscha chonak-e,* in Yazd ist es wärmer, hier ist es kühl«, sage ich, und die Frau strahlt mich an. Sie hält den Tschador so stramm, dass nur ein kleiner Teil ihres Gesichts frei bleibt. Sie ist klein und gehört zu der älteren Generation von Isfahanerinnen, die üblicherweise unscheinbar durch die Gassen huschen. Sie lacht und möchte offenbar mehr von mir hören.

»Ich liebe die Wärme. In Deutschland ist es kalt. Hier ist es viel schöner.«

»Was ist mit Kanada?«, fragt sie mich.

»Auch kalt.«

»Mein Bruder lebt dort.«

»In welcher Stadt? Kanada ist sehr groß.«

»*Nemidunam,* ich weiß nicht.«

Ich nenne einige Städte, und bei »Toronto« ist sie sich schließlich absolut sicher. Dort lebe er. Manchmal schicke er Briefe, zu Neujahr seien auch Fotos dabei.

»Dort ist es sehr schön«, sage ich, »im Sommer nicht zu heiß und im Winter kalt.«

»Ich gehe zur Schule«, sagt sie und zeigt auf eine Gasse, die in der Nähe der Lotfollah-Moschee abzweigt. Ich stelle mir vor, dass sie dort ein Kind abholen möchte, aber sie zieht an meinem Ärmel, damit ich mich ein wenig zu ihr hinunterbeuge.

»*Man chodam madrese miram,* ich selber gehe zur Schule.«

Es sei eine Schule für Erwachsene, gibt sie mir zu verstehen.

»*Schoma kar-e chubi mikoni,* das machen Sie gut, ich finde es toll. Ich gehe auch zur Schule und lerne Persisch. Schreiben fällt mir sehr schwer. Es sieht aus wie bei Kindern aus der ersten Klasse.«

»*Are, are,* ja, ja, genau, bei mir ist es auch so.«

»*Dast-e schoma dard nakone,* mögen Ihre Hände niemals schmerzen!«, sage ich zum Abschied, und sie winkt mir zu, bevor sie durch das Schultor tritt.

Als wir vor der Lotfollah-Moschee stehen, frage ich meine müde wirkenden Begleiter, ob sie überhaupt noch Lust auf eine weitere Besichtigung haben.

»*Why not?* Warum nicht«, sagt Mahtab, und Siawasch lächelt gut gelaunt.

»Die Moschee ist klein und wunderschön. Ihr solltet sie unbedingt sehen. Es wird nicht lange dauern.«

Im Inneren fühlen wir uns auf Anhieb wohl. Sanftes Licht fällt durch eine Reihe von Fayencegittern und beleuchtet die farbenprächtigen Muster. Unwillkürlich muss man nach oben schauen und die Perfektion bewundern, mit der die grelle Mittagssonne gefiltert wird. Nachdem zwei junge Frauen gegangen sind, die zuvor mit ihren Architekturzeichnungen vor der Gebetsnische beschäftigt waren, sind wir allein. Mahtab und Siawasch setzen sich in eine Nische und lassen das Bauwerk auf sich wirken. Ich versuche mich in die Zeit vor einigen hundert Jahren zurückzuversetzen. Was den heutigen Besuchern als Museum für die Baukunst des siebzehnten Jahrhunderts dient, war die Hofmoschee von Schah Abbas, in der sein Schwiegervater, der Libanese Sheik Lotfallah, gelehrt hat. Genau gegenüber, auf der anderen Seite des Imam-Platzes, liegen der Ali-Qapu-Palast und dahinter die ehemaligen Anlagen des königlichen Harems. In zahlreichen Büchern und Filmen, deren Seriösität eher zweitrangig ist, bieten diese Gemäuer das passende Ambiente für orientalische Märchen über entführte Prinzessinnen, versklavte Haremsdamen und weitgereiste Wunderheiler. Tatsächlich fällt es nicht schwer, sich eine derartige Szenerie vorzustellen. Der große Meydan-e Imam, das ehemalige »Ebenbild der Welt«, war damals ein Polofeld, der Herrscher residierte auf dem Balkon des Palastes und schaute den Reitern zu, wie sie um den Ball kämpften. Auf Miniaturzeichnungen wird diese Szene auch heute noch gern dargestellt und in den Souvenirgeschäften rund um den Platz angeboten. Es bleibt zu hoffen, dass hastig reisende Touristen den Bildern und den aufwändig verarbeiteten Rahmen mehr als nur flüchtige Blicke gönnen und die Kulisse wiedererkennen. Auch wenn es jetzt Peykanströme sind, die zäh auf dem Meydan dahinfließen und sich einen Kampf um Parkplätze liefern, so haben die alten Mauern ihre Pracht bewahrt und regen weiterhin die Fantasie an.

Ich stelle mich neben ein dreifach gedrechseltes Keramikseil in leuchtendem Türkis und kann meine Hand nicht davon lassen, folge den Windungen und stelle mir vor, wie es vor knapp vierhundert Jahren an dieser Stelle eingefügt wurde. Mahtab schaut kurz herüber und registriert, dass ich von hier aus den Eingangsbereich im Blick habe. Sie setzt sich auf den Schoß ihres Liebsten, schiebt ihr Kopftuch in den Nacken, befreit ihr Haar und findet den verliebten Blick in seinen schönen Augen. Er streichelt zärtlich über ihre Wange, um nach dem nächsten Wimpernschlag in einen Kuss mit ihr zu verschmelzen.

Als wir den Aladin-Shop betreten, erkenne ich Said sofort wieder. Die markanten leuchtend grünen Augen und der dichte Bart sind mir auf Anhieb vertraut. Er hat damals gelegentlich mit Kurosch zusammengearbeitet, und ich habe ihn ein- oder zweimal im Geschäft angetroffen. Auch er weiß sofort, wer ich bin.

»*Salam aleykum*. Willkommen in Isfahan.«

Wir begrüßen uns, ich stelle meine Begleiter vor, und dann wird uns auch schon Tee gereicht.

»Kurosch ruft jeden Tag hier an und fragt, wo du bleibst. Er macht sich Sorgen. Langsam dachte ich auch schon, dir sei etwas passiert«, sagt Said in einem hervorragenden Englisch. Damals war er auf Kuroschs Übersetzung angewiesen.

»Aber warum denn? Dafür gibt es überhaupt keinen Grund. Ich habe ihm aus Yazd eine Mail geschickt und gestern eine SMS, auf die er nicht reagiert hat.«

»Ich glaube, seine vielen Prüfungen machen ihn nervös.«

»Mag sein. Es geht ihm wirklich nicht gut. Du hast ihn in Deutschland besucht, nicht wahr?«

»Ja, im letzten Winter. Leider nur für ein paar Tage. Er musste ständig lernen. Was für ein Stress!«

»Hier im Aladin-Shop geht es bestimmt ruhiger zu.«

»Kurosch wollte die Freiheit. Jetzt sitzt er über seinen Aufgaben und bekommt graue Haare.«

»Keine Angst, er hat seine Freiheit genossen. Das kann ich bezeugen«, sage ich mit einem Lachen, damit Said nicht denkt, ich hätte ein Problem mit unserem gemeinsamen Freund.

Als Kurosch es endlich auf halsbrecherischen Wegen nach Deutschland geschafft hatte, lag unsere Liebe bereits zwei Jahre zurück. In der Zwischenzeit hatten wir uns einmal in der Türkei getroffen, weil er als Iraner für die Reise in das Nachbarland kein Visum braucht. Die Tage am Mittelmeer verliefen ganz anders als unser iranisches Abenteuer. Dort traten die erheblichen Unterschiede zwischen uns viel stärker zu Tage als in Isfahan. In der Türkei war er genauso fremd wie ich, und es machte den Eindruck, als überforderte ihn diese Fremdheit. Dort war er nicht derjenige, der sich auskannte und mit Witz und Charme eine Lösung für jedes Problem fand. Seine Unerfahrenheit als Reisender, seine Reaktionen auf die fremden Sitten verunsicherten und ärgerten ihn. Er hatte das Gefühl, unendlich viel nachholen und lernen zu müssen. Es kam ihm vor, als sei er meilenweit entfernt von meinem Erfahrungsschatz. Ihn quälte die Frage, warum ich, eine Ausländerin, in seinem Heimatland relativ unproblematisch zurechtkam und er sich in der Türkei wie ein hilfloser Junge fühlte. Mal schob er die Schuld auf das Regime im Iran, das die Bevölkerung vom Kontakt mit der westlichen Welt abschneidet, mal waren es die Familienstrukturen und mal die Schule, die ihre Kinder in Unmündigkeit verharren ließ. Als er mich nach wenigen Tagen nur noch in der Rolle der reifen und erfahrenen Frau gegenüber einem unerfahrenen jungen Mann wahrnehmen konnte, gab es keinen Platz mehr für romantische Gefühle. Im Laufe des zweiwöchigen Beisammenseins entwickelte sich bei Kurosch eine handfeste Sinnkrise, aus der er nur mit Geduld und innerer Stärke wieder herauskam. Es war ein schmerzlicher und tränenreicher Abschied an einer verregneten Kreuzung in Antalya. Trotz allem hielten wir regelmäßig Kontakt zueinander, schrieben uns Briefe und führten lange Telefonate. Er gewährte mir tiefe Einblicke in seine Gemütslage, fragte mich um Rat und ließ sich zu neuen Entdeckungen ermuntern. Wir sprachen sehr offen miteinander und klammerten kein Thema aus. Durch unsere

Freundschaft und den vertraulichen Austausch über unsere Seelenzustände wuchs sein Interesse an Kontakten zu Ausländern. Er war infiziert von dem Virus der »Freiheit«, wie er es nannte, fasziniert von den Möglichkeiten, die eine freie Gesellschaft den Menschen bietet. Er war überzeugt davon, dass ein freier Geist nur in einer freien Welt gedeihen kann. Unter den Bedingungen eines totalitären Regimes sei dies unmöglich, schlimmer noch, die meisten Menschen in seinem Land würden nicht einmal merken, wie sie ihrer ureigensten Fähigkeiten und persönlichen Entwicklungschancen beraubt würden. Die Globetrotter, die in Isfahan Station machten, zogen ihn an wie ein Magnet. Er verbrachte viel Zeit mit den unterschiedlichsten Menschen aus aller Welt, deren Umgangsformen fremdartig waren und ihn faszinierten. Seine gewohnte Umgebung reagierte abweisend auf sein ungewöhnliches Verhalten. Seine Kleidung war kompromisslos und teilweise provokant westlich, was in Isfahan Ende der neunziger Jahre nicht unbemerkt bleiben konnte. Immer häufiger kam es zu Konflikten mit Sittenwächtern und Behörden, denen seine Erscheinung und sein lockerer Umgang mit den sonderbaren Fremden ein Dorn im Auge waren. In dieser Zeit entwickelte der Iran sich zu einem »Geheimtipp« unter Weltenbummlern. Die Freundlichkeit der Menschen, die herausragenden Sehenswürdigkeiten, der unterentwickelte Tourismus und die niedrigen Preise lockten Individualreisende oder kleine Gruppen aus Europa, Amerika und Australien in das Land. Einige von ihnen trafen in Isfahan auf Kurosch, der sich in den wenigen Rucksackhotels aufhielt und seine Fähigkeiten als Stadtführer, Vermittler und manchmal auch als Reisegefährte anbot. Er verliebte sich in eine Schweizer Sprachschülerin und entdeckte ständig neue Perspektiven. Wenn er am Abend mit den Fremden in den Teehäusern unter den Brücken saß und die Frauen genauso laut sprachen und lachten wie die Männer, dann war ihm – im Gegensatz zu den ausgelassenen Touristen – deutlich bewusst, dass sie damit eine der vielen Regeln seiner restriktiven Gesellschaft überschritten. Er spürte die Blicke der Ordnungshüter aus den Brückennischen, die auf die laute und sittenlose Ausgelassenheit herabsahen und die sie nur deshalb duldeten, weil es sich bei den Ruhestörern um ungläubige Fremde handelte. Kurosch fand Oasen der Freiheit inmitten der Weltenbummler, und er tat manchmal so, als sei er selber einer von ihnen. Kaum ein anderer Isfahaner kam so nah heran an die Fremden. Diese Nähe schürte in der Stadt der geschäftstüchtigen Basaris einen gewissen Neid. Sie witterten gute Umsätze mit den vermeintlich reichen Ausländern. Wenn Kurosch den Kauf eines Teppichs für Ausländer arrangierte, dann wollte er sie dabei nicht betrügen und sprach sich lautstark gegen die überhöhten Preise mancher Händler aus. Mit einem derartigen Gebaren machte er sich in den verwunschenen Gassen des Basars immer unbeliebter. Wenn er sich weigerte, die finanzkräftigen Ausländer in bestimmte Geschäfte zu führen, die für unlautere Geschäftsmethoden berüchtigt waren, riskierte er, öffentlich bedroht zu werden. Der Kauf eines Teppichs, einer kostbaren Miniaturzeichnung oder einer aufwändigen Silberarbeit sprach sich rasend schnell herum. Manche Basaris machten ihm das Leben schwer, besonders jene, die enge Kontakte zu den Ordnungshütern hatten. Vorladungen bei der Polizei wegen Nichtigkeiten, Anschuldigungen wegen unerlaubter intimer Kontakte und angeblichen Alkoholkonsums führten zu entwürdigenden Verhören und unverblümten Anschuldigungen.

Irgendwann kaufte er sich einen schrottreifen amerikanischen Oldtimer, mit dem er Fremde an die entlegensten Orte fuhr. Manchmal schickte er mir Fotos von diesen Ausflügen und schilderte mir in seiner temperamentvollen Art die lustigen Details dieser Abenteuer. Einmal war er mit einer illustren Gruppe, die aus Engländern, Südafrikanern und Australiern bestand, in einer abgelegenen jüdischen Ortschaft gelandet. Sie hatten eine Panne und schafften es nicht mehr bis nach Schiras. Die ungewöhnlichen Einheimischen boten ihnen Unterkunft, und die Reisenden fanden sich selber in der Rolle von Exoten wieder. Sie wurden in einen Raum geführt und bewirtet, während die Dorfbewohner durch die Fenster schauten und die Fremden begutachteten.

Unter ihnen war auch eine dunkelhäutige Engländerin, die das besondere Interesse der Dörfler erregte. Kurosch wurde ebenfalls als Ausländer angesehen, ganz so, wie es Mahtab in meiner Gesellschaft ergeht. Nur durch die damalige Autopanne wurde Kurosch bewusst, dass es im Iran noch jüdische Dörfer gibt. Als einzige Besonderheit hatte er am Ortseingang eine Gruppe Revolutionswächter registriert, die jedes Kommen und Gehen beobachteten.

Irgendwann hatte Kurosch den Punkt erreicht, an dem er der Reaktionen seiner Umgebung und des wachsenden Drucks der Ordnungshüter überdrüssig war. Er konnte und wollte sich nicht mehr anpassen, wollte sich nicht mehr verstellen, konnte den üblichen Vorstellungen über das Miteinander von Frauen und Männern nicht mehr folgen. Er hielt es in der Enge der iranischen Gesellschaft nicht mehr aus und plante seine Flucht.

»Darf ich von hier aus Kuroschs Schwester anrufen?«, frage ich Said, der sich gerade darüber wundert, warum wir in einem derart unkomfortablen Hotel abgestiegen sind.

»Natürlich. Siba hat sich auch schon einige Male hier gemeldet und nach dir gefragt.«

»Das tut mir wirklich leid. Ich wusste nicht, dass ich erwartet werde. Ich hätte mich melden sollen.«

Als ich am Telefon meinen Namen nenne, spricht Siba sofort Englisch mit mir. Sie werde in einer Stunde bei mir sein, sagt sie. Ich solle im Geschäft auf sie warten.

Im Aladin-Shop werden überwiegend Nomadenteppiche angeboten. Damals habe ich mir einen tiefroten Belutschi gekauft, der klein genug war, um ihn in einer großen Tasche zu transportieren. Seit neun Jahren ist er eine schöne Erinnerung an meine Reise, und ich entdecke immer wieder etwas Neues in dem Muster. Mal sind es winzige helle Punkte, die darauf hindeuten, dass die Wolle beim Färbevorgang an jener Stelle mit einem Faden zusammengebunden war und die Flüssigkeit nicht aufnehmen konnte.

Dann ist es eine abweichende Nuance, weil der Nomadenfamilie die ursprüngliche Farbe ausgegangen war. Ich begrüße jede einzelne Unregelmäßigkeit und stelle mir die Hände vor, die die Wolle gefärbt und verarbeitet haben. Im Aladin-Shop hängen mehrere schöne Stücke an den Wänden, und ich ahne, dass sich unter dem großen Teppichstapel einige Schätze verbergen. Ich erzähle Said von dem safrangelben Teppich, der mir vorhin so gut gefiel. Den genannten Preis hält er für übertrieben. Endlich habe ich jemanden, der meine Fragen zum Thema Teppiche beantworten kann. Ob er auch mit den neumodischen Bildteppichen handle, frage ich ihn. Said winkt energisch ab. Niemals würde er oder ein anderes traditionelles Geschäft solche Waren anbieten.

»Um die Farbenvielfalt für die von Computern errechneten Bildteppiche zu erhalten, ist es notwendig, chemische Produkte einzusetzen. Mit der Zeit bleichen sie aus. Solche Teppiche verlieren an Wert im Gegensatz zu hochwertigen Produkten, deren Wert im Laufe der Jahre steigt.«

Ich könnte ihm stundenlang zuhören. Dabei kommen mir die Geschichten über finanzstarke Touristen, die von skrupellosen Geschäftemachern übers Ohr gehauen werden, sehr bekannt vor.

»Kann ich etwas für euch tun? Möchtet ihr etwas Bestimmtes sehen oder einkaufen? Kann ich euch irgendwie behilflich sein?«, fragt Said.

»Ich würde sehr gern in das alte Teehaus im Basar gehen. Kurosch hat es mir damals gezeigt. Dort hängen alte Bilder der Stadt an der Wand. Ich würde es nicht wiederfinden und erinnere mich nur an eine winzige Karawanserei und eine unscheinbare Tür, die ins Teehaus führt.«

»Ja, ich weiß genau, was du meinst. Es ist keine fünf Minuten von hier. Lass uns hingehen.«

Ich erzähle Mahtab und Siawasch von dem urigen Teehaus und dass an der Wand hinter dem Tresen eine Fotografie von Adolf Hitler hängt. Damals durchfuhr mich ein Schreck, eine

Reaktion, die der Wirt von anderen Ausländern kannte. Einheimische hätten sich nie darüber aufgeregt. Wir folgen Said, und erst im letzten Moment erkenne ich das Teehaus wieder. Seltsamerweise geht er an der Tür vorbei.

»Wir müssen den hinteren Eingang für Familien nehmen«, sagt er und rüttelt an einer unscheinbaren Tür. »Merkwürdig, es ist abgeschlossen. Ich schaue vorne nach, was los ist.«

Wir folgen ihm ins Innere, wo der Wirt ihm mit gesenkter Stimme etwas sagt und zu uns herüberschaut. Ich trete näher heran, bis ich einen freien Blick in das schummrige Teehaus habe. Die traditionelle Einrichtung mit alten Lampen, von Teppichen verzierten Wänden und Bänken, Miniaturzeichnungen und alten Fotografien wirkt unverändert. Das Lokal ist gut gefüllt, und die überwiegend älteren Männer, die hier verweilen, trinken Tee, essen eine Kleinigkeit oder rauchen Wasserpfeife. Mit Kurosch habe ich im hinteren Teil gesessen, der für Frauen in Begleitung gedacht ist.

»Tut mir leid«, sagt Said, »wir kommen hier nicht rein.«

»Warum nicht?«

»Er sagt, der Zutritt ist für Frauen verboten. Ich verstehe das auch nicht. Vor drei Tagen war ich mit einem spanischen Pärchen in diesem Lokal. Seit heute ist es für Frauen geschlossen.«

Ich sehe die Wut in Mahtabs Blick und spüre meine eigene Enttäuschung und Hilflosigkeit.

»Was ist nur los in Isfahan? Warum sind die Teehäuser unter den Brücken geschlossen, warum dürfen keine Frauen herein?«, frage ich.

»Die Teehäuser am Fluss sind schon seit Monaten geschlossen. Es war dort wirklich schlimm mit den Jugendlichen. Selbst vierzehnjährige Mädchen haben stundenlang Wasserpfeife geraucht. Irgendwann hat man es verboten. Unsere Jugend weiß nicht, wie sie sich benehmen soll. Sie übertreiben alles. Die Mädchen schminken sich zu stark, die Jungen rauchen nicht eine Pfeife am Abend, sondern zehn. Sie kennen kein Maß. Nun ist eben alles verboten. Das kommt davon.«

»Aber was ist mit diesem Teehaus? Haben sich hier auch die Jugendlichen getroffen?«

»Nein, niemals, deshalb verstehe ich es auch nicht. Der Wirt hat nur gesagt, es gäbe eine neue Bestimmung: Keine Frauen!«

Als Siba im Geschäft auftaucht, bin ich noch immer sehr aufgebracht. Ich habe noch nie ein Foto von Siba gesehen, aber in ihren Gesichtszügen finde ich Kurosch wieder. Sie ist Anfang zwanzig und besucht einen Englischintensivkurs.

»Kurosch hat immer gesagt, ich müsse unbedingt Englisch lernen. Wenn ich im Leben etwas erreichen und mich entwickeln wolle, dann gehe das nur über gute Englischkenntnisse. Sie seien der Schlüssel zu allem, hat mein Bruder zu mir gesagt.«

»Du sprichst hervorragend. Woher kommt der amerikanische Akzent? Von deinen Lehrern?«

»*Really,* wirklich«, fragt sie mit einem texanisch anmutenden »R« und scheint sich sichtlich darüber zu freuen. »Klingt es wirklich amerikanisch?«

»*Absolutely!*«

»Ich weiß nicht. Meine Lehrerin ist Iranerin.«

Gemeinsam mit Mahtab und Siawasch bummeln wir über den Teil des Platzes, den wir noch nicht gesehen haben. Siba überschlägt sich mit ihren Fragen an uns. Ganz offensichtlich ist sie überrascht, dass Mahtab und Siawasch nicht verheiratet sind und trotzdem zusammen reisen. Allmählich erkundet sie die genauen Umstände unserer Bekanntschaft und unserer Reiseroute, und in ihren Fragen erkenne ich die Wissbegier ihres Bruders wieder.

»Meine Eltern würden mich niemals mit einer Ausländerin reisen lassen. Ich dürfte auch in keiner fremden Stadt studieren. Das ist vollkommen ausgeschlossen. Ein Mädchen darf so etwas nicht, sagen sie.«

»Aber deine Familie ist doch an Ausländer gewöhnt. Kurosch hat doch viele Besucher mit nach Hause gebracht.«

»Ja, natürlich, meine Eltern hatten nie etwas dagegen. Damals hat die Schweizerin sogar bei uns gewohnt. Aber das ist etwas anderes. Kurosch ist ein Mann, ich bin nur ein Mädchen.«

Mitten in den Gassen des Basars diskutieren wir derart engagiert, dass wir kaum einen Blick für das besondere Ambiente haben.

Bevor die Dämmerung anbricht, gehen wir zu dem schönen Teehaus mit der Dachterrasse. Der unscheinbare Aufgang ist leicht zu übersehen, aber ich habe die Aussicht von oben derart klar vor Augen, dass ich genau weiß, an welcher Stelle zwischen den unzähligen Läden des Basars die steile Treppe hinaufführt. Ich mache Mahtab und Siawasch das Panorama schmackhaft, schwärme von dem warmen Licht über der mächtigen Kuppel der Imam-Moschee und dem Farbenspiel des Himmels über der Stadt und den fernen Bergen.

»Hier ist es, hier geht es hinauf«, sage ich mit einem Blick auf die extrem hohen Stufen.

Im selben Moment kommt uns ein junger Mann entgegen und grüßt.

»Wohin möchten Sie?«, fragt er uns.

»In das Teehaus«, sagt Siba.

»Wer sind Sie?«, will er von uns wissen, und wir sind derart überrascht, dass wir nicht begreifen, worauf seine Frage abzielt.

»Das Teehaus ist nur für Ausländer geöffnet«, sagt er mit einem Blick zu mir.

»Ich verstehe nicht? Was soll das heißen?«

»Ausländer in Begleitung eines Dolmetschers. Bei einer Gruppe von Ausländern dürfen auch zwei Begleiter hinein. Sie sind eine Ausländerin und drei Iraner. Das geht nicht.«

»Das darf doch wohl nicht wahr sein«, rege ich mich auf, »mal dürfen keine Frauen hinein, mal keine Iraner. Wir gehen alle oder keiner!«

Etwas abseits des Aufganges empören wir uns über diese absurde Regel. Siba wirkt hilflos und scheint keine Erfahrung mit solchen Situationen zu haben. Ich bin mir nicht einmal sicher, ob sie das Teehaus überhaupt kennt. Mahtab und Siawasch halten sich mit Kommentaren zurück.

»Du willst unbedingt hinauf. Für dich hat der Ort viele Erinnerungen. Lass dich nicht verärgern. Geh du mit Siba hinein. Ihr möchtet euch doch sicher über Kurosch unterhalten. Siawasch und ich bummeln derweil durch den Basar. Es ist kein Problem für uns. Setzt euch auf die Terrasse. Du musst die Stimmung einfangen! Für dein Buch! Nun geh schon!«, sagt Mahtab.

Widerwillig und betrübt steige ich die steilen Stufen hinauf. Ich muss mir immer wieder sagen, dass es eine Art journalistisches Interesse ist, das mich hinauftreibt. Ich möchte sehen, wer dort oben sitzt, wer hineingelassen wird und ob die Betreiber sich nicht schämen, ihre Landsleute auszusperren. Siba kann meinen Unwillen nicht nachvollziehen. Sie kennt sich offenbar mit den üblichen Gepflogenheiten in öffentlichen Cafés nicht aus. Fast mürrisch bestelle ich Tee und Gebäck. Nach einer Wasserpfeife ist mir nicht zumute. Am Nebentisch sitzt eine Gruppe japanischer Touristen mit ihrem Reiseführer. Ein Pärchen in der robusten Kleidung von Weltenbummlern spricht mit deutlichem amerikanischen Akzent, aber auch wenn es mich eigentlich brennend interessiert, wie sie sich als Amerikaner im Land der Mullahs fühlen, so fehlt mir in diesem Moment der Antrieb für ein Gespräch mit den Fremden.

»Kurosch hat mir viel von dir erzählt. Vielen Dank für deine Geschenke. Ich habe mich sehr darüber gefreut.«

Im ersten Moment weiß ich nicht, wovon Siba spricht. Es muss mindestens sieben Jahre her sein, dass ich in einem Päckchen ein Geschenk für sie beigelegt habe. Bei den iranischen Teppichhändlern in der Hamburger Speicherstadt, die häufig zwischen den Ländern pendeln, habe ich manchmal etwas für Kurosch abgegeben. Zeitweise hatten wir beide versucht, mit Kunsthandwerk aus Isfahan zu handeln, aber meine Geschäftsuntüchtigkeit machte dem Vorhaben einen Strich durch die Rechnung.

»Ist Mahtab wirklich erst vierundzwanzig?«, fragt Siba mich, »nur zwei Jahre älter als ich. Ich glaube, sie macht, was sie will. Ihre Eltern sind bestimmt nett.«

Wir plaudern über meine neue Freundin, meine Eindrücke von Maschad und die Besuche im Heiligtum.

»Und du hast tatsächlich das heilige Essen von Imam Reza gegessen? Wenn ich das meiner Mutter erzähle! Unglaublich.«

Dann versucht Siba mich in der typisch persischen Art von einem Besuch bei ihrer Familie zu überzeugen. Ihre Mutter würde mich erwarten, und auch ihr Vater und die kleine Schwester freuen sich sehr. Siba macht es mir nicht leicht und bietet unzählige Argumente auf, aber ich möchte auf diesen Besuch wirklich verzichten. Kurosch und ich sind schon lange kein Paar mehr. Seine jetzige deutsche Partnerin war im letzten Jahr in Isfahan und bei Kuroschs Familie zu Besuch. Ich empfinde es als unangemessen, dort als ehemalige Freundin vorstellig zu werden. Kurosch und ich sind noch immer gut befreundet, und es besteht eine enge Vertrautheit zwischen uns, aber darüber möchte ich mit seiner Familie nicht sprechen. Es genügt, wenn wir beide wissen, was wir einander bedeuten.

Kurz vor Mitternacht huschen Siawasch und ich über den Flur und tauschen unsere Zimmer. Für das Liebespaar ist es seit Monaten die erste Gelegenheit, eine gemeinsame Nacht zu verbringen. An der Rezeption ahnt niemand, dass wir drei zusammengehören, und keiner von uns verschwendet einen Gedanken an eine mögliche Kontrolle. Unsere Konstellation ist eine gute Tarnung und wird keinen Verdacht erregen. Für Mahtab und Siawasch ist es unmöglich, ein gemeinsames Zimmer zu buchen. Sie würden sofort nach der Rechtmäßigkeit ihrer Verbindung gefragt werden und müssten Heiratsdokumente vorlegen. Auch Mahtab allein könnte sich hier oder in einem anderen Hotel schwerlich einmieten. Eine alleinreisende Iranerin würde Verdacht erregen, denn solch ein Verhalten entspricht nicht den Gepflogenheiten. In der Islamischen Republik wird streng darauf geachtet, dass in den (Hotel-) Betten nur legitimierte Paare beieinanderliegen. So absurd wie mir die Vorschriften erscheinen, so außerordentlich normal, notwendig oder gar natürlich werden sie von einem

Großteil der Bevölkerung in diesem Land empfunden. Vermutlich wird auch nur eine Minderheit jemals von diesem Problem betroffen sein. Nach wie vor werden die Übertretungen der Sittengesetze streng bestraft. Ehebruch und Homosexualität können im Extremfall zur Todesstrafe durch Steinigung führen. Nach iranischem Recht wird unter »Ehebruch« jede sexuelle Beziehung zwischen einem Mann und einer Frau verstanden, die nicht miteinander verheiratet sind. Es gab in den letzten Jahren eine Reihe von Todesurteilen für dieses Delikt, aber – so weit man den Quellen trauen kann – keine Vollstreckung. Ende der neunziger Jahre war auch ein Deutscher von dieser Gesetzgebung betroffen. Das Todesurteil gegen Helmut Hofer wegen sexueller Kontakte zu einer Moslemin wurde schließlich aufgehoben, und der Geschäftsmann konnte nach zweijähriger Haft endlich nach Deutschland ausreisen.

Mahtab und Siawasch werden heute Nacht hoffentlich nicht an die verachtenden Gesetze ihres Landes denken, die gegen internationale Menschenrechtsstandards verstoßen. Genau wie Millionen anderer Liebespaare werden sie sich hoffentlich ihren Gefühlen hingeben und das Beisammensein genießen.

Über den Dächern der Stadt

Nach dem Frühstück gehe ich allein durch die Stadt. Ich möchte auf den Spuren meiner Erinnerungen wandeln und im Basar nach der kleinen Werkstatt von Hassan, dem Deckendrucker, suchen. Ob er überhaupt noch arbeitet? Schon damals war er nicht mehr ganz jung. Ob er mich erkennt und sich daran erinnert, wie Kurosch und ich in seiner Werkstatt saßen und er mitfühlend nach einem Ausweg für unsere »verbotene Liebe« suchte?

Gedankenverloren wähle ich Straßen, die mich zum Basar führen werden. Als ich zum wiederholten Male versuche, mein Kopftuch neu zu binden, weil es ständig verrutscht, verliere ich irgendwann die Geduld. In einem kleinen Park entblöße ich mein

Haar, kämme mich, binde mir einen neuen Zopf und knote das Tuch erneut hinterm Nacken. Ich merke, dass ich neugierig beobachtet werde, aber inzwischen ist es mir egal, und außerdem sind es keine skeptischen Blicke, die mich treffen.

Als endlich alles richtig sitzt und ich weitergehe, kommt mir ein Mann entgegen und lächelt freundlich.

»*Must be hard for you,* es muss schwer für Sie sein«, sagt er im Vorbeigehen.

»Ja, aber nicht nur für mich.«

»*You are right,* Sie haben Recht.«

»*Have a nice day,* einen schönen Tag noch.«

»Das wünsche ich Ihnen auch.«

Es ist ein anderes Gefühl, allein durch die Straßen zu gehen. Ich habe mich schnell daran gewöhnt, mit Mahtab zu reisen und sie an meiner Seite zu wissen. Wenn ich allein unterwegs bin, gibt es kaum jemanden, der mich nicht anschaut oder mir nicht zulächelt. Jeder registriert meine Fremdheit, die andersartige Kleidung, die helleren Haare, die unterm Kopftuch hervorschauen, und die wenigen Zentimeter mehr an Körpergröße, die ich über dem hiesigen Durchschnitt liege. Das Erscheinungsbild der meisten Frauen ist durch die Kleiderordnung derart homogen, dass Abweichungen sofort auffallen.

Ohne es beabsichtigt zu haben, bin ich beim Palast der Vierzig Säulen angekommen. Ein kurzer Blick durch das Eingangstor muss heute genügen: Die Anlage ist noch hübscher, als ich sie in Erinnerung habe, und ich freue mich über den Anblick der zwanzig Säulen des Gartenpalastes, die sich in ihrer schlanken Erhabenheit aus Zedernholz im Wasserbecken spiegeln. Von hier aus sind es nur wenige Schritte zum Ali-Qapu-Palast und dem Meydan-e Imam. Als ich eine Gruppe von Männern in schwarzen Bundfaltenhosen, kräftigen Oberlippen- oder Vollbärten und mit dunklen Sonnenbrillen in den Palast gehen sehe, vermute ich schon von weitem, dass es keine Iraner sind. Ich folge ihnen, um meinem Impuls für detektivische Beobachtungen nachzugeben.

Ich tippe auf Konferenzteilnehmer, die statt ermüdender Vorträge über die Polizeiarbeit in islamischen Staaten einer Besichtungstour durch die »Perle des Orients« den Vorzug geben. Ich schaue ihnen unauffällig nach und bin mir sofort sicher, dass ich keinem von ihnen bei der vermeintlichen Ausübung seiner Tätigkeit begegnen möchte. Meine Fantasie geht mit mir durch, und ich stelle mir jeden Einzelnen dieser Männer in einer entwürdigenden Verhörsituation vor.

Ich folge ihnen in den Palast und schreite über Treppenstufen, die Kunstwerke aus bemalter Keramik sind. Ich frage mich, ob die Männer die fröhlichen Blüten auf gelbem Untergrund überhaupt sehen. Der Palast mit seiner verwirrenden Konstruktion verfügt über halbe und eingeschobene Etagen. Als ich kurz nach der Gruppe die offene Vorhalle über dem ehemaligen Polofeld erreiche, postieren die Männer sich bereits für ein Gruppenfoto und wandeln sich in meiner Wahrnehmung zu harmlosen Touristen. Außer ihnen bin ich die einzige Besucherin auf dem Balkon, aber sie fragen mich nicht, ob ich ein Gruppenfoto von ihnen machen könne. Nun höre ich arabische und einige gebrochene englische Sprachfetzen. Ein fülliger und fast glattrasierter Mann hat die Gesichtszüge eines Turkmenen. Seit dem Niedergang der Sowjetunion hat der Iran neue islamische Nachbarn bekommen. Inzwischen bin ich mir sicher, dass es sich um Konferenzteilnehmer handelt. Ob die Frauen in dieser Stadt ihretwegen nicht mehr in das traditionelle Teehaus im Basar gehen dürfen? Ob ihretwegen für eine noch striktere islamische Ordnung gesorgt wurde? Dieses Land und seine Offiziellen sind auch den Einheimischen zu unberechenbar und zu willkürlich, um abschließende Antworten auf Tausende offener Fragen zu bekommen.

Der Blick hinüber zur Lotfollah-Moschee ist wunderschön. Die cremefarbene Kuppel mit ihrem zarten Dekor findet in stilvollen Teppichmustern reiche Nachahmung. Auch wenn mir nicht nach einer Besichtigungstour zu Mute ist und dieser Palast mich an einen besonderen Kuss im Musikzimmer erinnert, bleibe ich nicht unbeeindruckt von dem fantasievollen Bauwerk, das ich bereits mehrmals besucht habe.

Ich nehme den Haupteingang zum Basar, gehe durch das hoch aufragende Portal und finde mich im Treiben der Vormittagsstunden wieder. Im Deckengewölbe gibt es Öffnungen, durch die die schnurgeraden Sonnenstrahlen ihr Licht wie Scheinwerfer auf die Waren werfen. Ich probiere verschiedene Abzweige und finde schließlich die kleine Karawanserei, in der Hassans Werkstatt lag. Der Hof wirkt einfach und unverändert. Über eine Holztreppe und einen schmalen Balkon gelangte man zu ihm. Bedruckte Decken hängen zum Trocknen über hölzernen Balkonbrüstungen. In der unteren Etage werden Nomadenteppiche und Silberarbeiten angeboten. Eine Vase, bei der die Größenangabe »mannshoch« weit untertrieben wäre, ist reich verziert. Welcher Raum wäre groß genug, das beeindruckende Kunstwerk aus Silber zu fassen? Vor dem winzigen Geschäft hängen Kupferlampen, wie sie mir Kurosch damals geschenkt hat und die mich bis heute mit ihrem schönen Licht- und Schattenwurf erfreuen. Ein Hinweisschild mit einer japanischen Aufschrift erinnert mich daran, dass Hassan in Japan einen gewissen Bekanntheitsgrad hat. Dort war in verschiedenen Magazinen ausführlich über sein Kunsthandwerk berichtet worden. Japanische Touristen sollen sich auch nach dem 11. September 2001, im Gegensatz zu Europäern, nicht von Reisen in den Orient abhalten lassen. Mit ihnen sind noch immer Geschäfte zu machen. Wie Trophäen hingen die fremdsprachigen Artikel mit seinem Portrait in Hassans Werkstatt. Bei näherem Hinsehen muss ich feststellen, dass die Arbeitsräume im oberen Stockwerk geschlossen sind. Schließlich entdecke ich in einer Ecke des Hofes einen Hinweis auf den berühmten Deckendrucker. Und tatsächlich, als sei die Zeit stehengeblieben, sitzt er am Boden, eine halbfertige Decke vor sich ausgebreitet, und arbeitet. Er sieht genauso aus wie vor neun Jahren, schaut durch seine dicken Brillengläser zu mir auf und grüßt. Ich muss schmunzeln, denn neben ihm an der Wand ist der englischsprachige Zeitungsausschnitt aus den siebziger Jahren angebracht, der auch schon in seiner alten Werkstatt hing. Die Aufnahme eines blonden Fotomodels am Meydan-e Asadi in Teheran, das zu einem knappen Oberteil einen weiten Hippierock aus Hassans Werkstatt trägt, ist inzwischen noch stärker ausgeblichen.

»*Salam, hale schoma tschetor ast,* wie geht es Ihnen«, frage ich ihn, um mich dann vorzustellen.

»Ja, ja, ich weiß«, sagt er, »wie geht es Kurosch? Ich habe lange nichts mehr von ihm gehört.«

Wir plaudern über unseren gemeinsamen Freund, und dann erzähle ich ihm, dass ich bei den Lesungen aus meinem Iran-Buch immer eine seiner Decken dabei habe. Ich solle mich umsehen und schauen, ob ich schöne Exemplare entdecke. Und wenn es mir nichts ausmache, könne ich ihm bitte auch einen Brief übersetzen, der aus Deutschland gekommen sei. Ich überfliege die Zeilen, in denen ein Ehepaar aus Oftersheim an ihren Besuch in seiner Werkstatt erinnert. Sie seien mit einer Studiosus-Reisegruppe unterwegs gewesen und schwärmten noch heute, einige Jahre später, von der Freundlichkeit der Menschen und dem schönen Kunsthandwerk im Iran. Sehr gern würden sie einige Decken bestellen und fragen nach den Zahlungsmodalitäten.

»Ich rufe sie an, wenn ich wieder in Deutschland bin«, verspreche ich Hassan, der mir seine Karte samt Kontonummer reicht.

Nachdem ich mir unzählige seiner schönen Decken angeschaut habe, entscheide ich mich für einige Exemplare in einem ungewöhnlichen Format, die sich auch als Wanddekoration eignen. Später kommt Hassans Sohn in die Werkstatt und lädt mich ein, bei seiner Familie zu Mittag zu essen. Seine Frau sei die beste Köchin der Welt, wovon ich mich persönlich überzeugen könne. Mit einer gehörigen Portion *taarof* wiederholt er seine Einladung. Im freundlichen Ablehnen und der Erfindung von Ausreden bin ich inzwischen so geübt, dass wir nach geraumer Zeit das Thema wechseln können. Ob er mir denn sonst irgendwie helfen könne? Reisende hätten doch meistens einen Wunsch auf dem Herzen. Schließlich frage ich ihn, wo ich Euro in Tuman tauschen könne. »Kein Problem!«, sagt er, »kommen Sie!«

Es dauert nicht lange, und ich finde mich anstatt in einer Bank oder Wechselstube in einer kleinen Seitenstraße wieder und bekomme von einem fremden Mann mit einem ungewöhnlichen dunkelblonden Vollbart ein Bündel Geldscheine gereicht. Hassan ist vertrauenswürdig, sage ich mir in einer Situation, in die man als Touristin eigentlich nicht geraten sollte. Sein Sohn wird auch kein schlechter Mensch sein, rede ich mir ein. Und der Bärtige führt sicher auch keinen Betrug im Schilde. Was wird Mahtab sagen, wenn ich ihr erzähle, wie ich meinen Ausflug verbracht habe? Ich hole hundert Euro aus der Tasche und verzichte auf das Nachzählen des Papierstapels.

Gut gelaunt marschiere ich mit den hübschen Decken und ausreichend Bargeld für weitere Souvenirs geradewegs zu Said in den Aladin-Shop. Er schlägt mir eine Insiderführung inklusive des Einkaufens von Mitbringseln vor, und so machen wir uns in der größten Mittagshitze auf den Weg.

Nach wenigen Minuten habe ich im alten »kaiserlichen Basar« die Orientierung verloren. Auf Augenhöhe glitzern die Auslagen der Juweliere, nebenan wird Keramik angeboten, und ein Stückchen weiter hören wir das Gehämmer der Kupferschmiede. Von oben schaut ein überdimensionales Portrait von Chomeini auf uns herab. Schon bald merke ich, dass Said mir den Basar von seiner besonderen Seite zeigen möchte. Dort, wo der orientalische Markt ursprünglich und wie aus einer längst vergangenen Zeit wirkt, folgt den schlichten Gängen plötzlich ein reich verzierter Kuppelbau und zieht meinen Blick nach oben. Einer Kathedrale gleich, spannt sich ein Gewölbe über einer Wegkreuzung. Said führt mich in einen Nebengang, und im nächsten Moment stehen wir unerwartet vor einer Handvoll Männer, die sich an den Wänden herumdrücken und hektisch und verschwörerisch in ihre Mobiltelefone sprechen.

»Hier ist die Goldbörse«, flüstert Said mir zu, »komm, wir gehen hinein.«

Nimmt die Schönheit denn nie ein Ende?, denke ich, als wir in einen außergewöhnlich hübschen Hof treten, in dem ebenfalls eifrig telefoniert wird. Verspielte Keramik, Bogengänge und Arkaden lassen an einen Gartenpalast denken, aber stattdessen werden hier harte Geschäfte abgewickelt.

Später führt er mich über ausgetretene Stufen durch einen schmalen Aufgang zu einer Werkstatt auf dem Dach des Basars. Erst hier oben ist zu spüren, wie unerträglich heiß die Sonne inzwischen brennt. Wir gehen in einen primitiven Raum, in dem drei Männer auf dem Boden sitzen und Decken mit den typischen Isfahaner Mustern bedrucken. Nach meiner Schätzung haben sie das Rentenalter bereits erreicht und zählen zu den alten Meistern in diesem Gewerbe. Ihr Arbeitsplatz liegt fernab der staunenden und fotografierenden Touristen und gibt ein anderes Bild dieses Kunsthandwerks ab. Ich setze mich zu ihnen, schaue mir das verschlissene Tuch vor dem Fenster an, das als Vorhang und Schattenspender dienen soll.

»Ab wann scheint die Sonne herein?«, frage ich.

»Um diese Jahreszeit erst um fünf, aber in einigen Wochen schon um vier.«

Ich kann mir nicht vorstellen, wie sie es hier bei noch größerer Hitze aushalten. Said nennt die erschreckend niedrigen Preise, die sie für ihre Arbeit erzielen, und fragt wie nebenbei nach der Summe, die ich Hassan gezahlt habe. Zu Hunderten stapeln sich die Decken in diesem Verlies. In einem Regal liegen Dutzende Druckstöcke in der unübertroffenen Vielfalt der hiesigen Muster, jeder einzelne von Hand geschnitzt. Vor der Tür sind die frisch bedruckten Stoffe zum Trocknen ausgelegt.

Said sagt ihnen, ich würde etwas über sie schreiben, und so habe ich beim Fotografieren ein besseres Gefühl, als wenn sie mir nur als neugieriger Touristin einen flüchtigen Blick in ihre Welt erlaubten.

»Komm ein Stückchen hier entlang«, sagt Said, und wir klettern über einen Mauervorsprung. Erst jetzt merke ich, dass wir uns über dem Meydan-e Imam, in unmittelbarer Nähe des mächtigen Eingangsportals, befinden. Viel höher noch als der exponierte Aussichtsposten des Teehauses, in dem ich mit Siba saß. Nicht nur der Platz, sondern die gesamte Stadt ist von hier aus zu sehen. Es gibt nur ein einziges Gebäude, das weit über die Basardächer hinausragt. Said deutet auf das moderne Haus mit den Baukränen.

»Sie bauen es wieder ab«, sagt er, »das Hochhaus wird auf die erlaubten Etagen gekürzt. In Isfahan gibt es strenge Regeln. Es soll eine historische Stadt mit einer historischen Silhouette bleiben.«

Später führt er mich in ein erst kürzlich entrümpeltes Hamam aus der Zeit von Schah Abbas. Die halbverkommene Ruine sei einst sein luxuriöses Privatbad gewesen. Hier habe der Kaiser sich mit seinen Haremsdamen vergnügt. Ein alter Mann und sein Gehilfe scheinen in der Baustelle nicht nur zu arbeiten, sondern auch zu campieren. Es sei ein Jammer, dieses Juwel aus dem siebzehnten Jahrhundert ungenutzt zu lassen, findet Said. Er deutet auf eine zerstörte Malerei, die angeblich eine nackte Frau zeigte. Das Bad hat enorme Ausmaße und erinnert mich an ein Hamam in Yazd, in dem heute ein Restaurant untergebracht ist.

»Ja, ich weiß, in Yazd sind sie schlauer als hier. Sie wissen, was den Besuchern gefällt. Dort haben sie inzwischen die schönsten Häuser zu traditionellen Hotels umgebaut. In Kaschan versuchen sie es auch. Das musst du dir unbedingt ansehen. Dort entsteht der Traum von einem orientalischen Hotel. Isfahan ist zu konservativ für neue Ideen«, kommentiert Said meinen Hinweis.

Auf dem Dach des Hamam sei früher ein Kamel getrabt, um Wasser hinaufzuziehen, das über ein ausgeklügeltes System ins Innere geleitet wurde, um dort das schöne Geräusch fließenden Wassers zu erzeugen. Said stellt sich in das ehemalige Becken und beginnt zu singen. Seine tiefe und reine Stimme erfüllt den

Raum. Ohne jegliche Hemmungen erhebt er seinen Gesang und lässt selbstvergessen die Akustik auf sich wirken.

»Bravo! Wunderschön! Ich wusste nicht, dass du singen kannst.«

»Mit meinem Gesang trete ich manchmal sogar im Fernsehen auf.«

»*Mobarak,* Glückwunsch! Es klingt sehr professionell.«

Am Abend bewundern Mahtab und Siawasch meine Souvenirs. Ich habe Bilderrahmen, Decken, *Pulaki,* karamellisierte Zuckerplättchen, und Gas-e Isfahan, die berühmte Isfahaner Süßigkeit, in enormen Mengen eingekauft. Said hatte mich in einen traditionsreichen Betrieb zur Nougatherstellung geführt. *Gazz Shirin* steht mit großen Buchstaben und in Anlehnung an die englische Schreibweise über dem Eingang des Geschäfts. *Persian Nougat, since 1909* ist neben einer würdevollen Abbildung des Firmengründers zu lesen und lässt besondere Qualität erwarten. Der Sohn des alten Patriarchen ist inzwischen selber ein betagter Mann, aber Said konnte ihn an den Tresen locken, damit ich mit ihm sprechen und ihn fotografieren konnte.

Vor dem Schlafengehen schlagen wir uns den Bauch mit der köstlichen Süßigkeit aus weißem Nougat und Pistazien voll. Ich habe gelernt, dass der Anteil der Pistazien in Prozent angegeben wird und entscheidend für die Qualität und den Preis ist. *Shiringazz.com* bietet zwischen achtundzwanzig- und fünfunddreißigprozentiges »Gas« an. Der »Nougatmeister« hatte mich stolz auf seinen weltweiten Onlinevertrieb aufmerksam gemacht. Ich werde die Päckchen trotzdem auf althergebrachte Art transportieren und einen Großteil an Farid und seine Familie verschenken. Wer in Isfahan war, darf keinesfalls ohne diese Süßigkeit heimkommen.

Mahtab hat im Laufe des Tages sechs unterschiedliche Ausländer wiedergetroffen, die wir aus Yazd kennen. Die dunkelhäutige Holländerin aus Kanada reist inzwischen mit einem blonden Hünen aus Island, und das Schweizer Pärchen aus dem

Silk Road ist sogar in unserem Hotel untergebracht. Siawasch wundert sich über die Überschaubarkeit der Weltenbummler-szene in seinem Heimatland.

Angst

Bevor wir Isfahan verlassen, bin ich noch einmal mit Siba verab-redet. Sie kommt mit ihrer Freundin Fahime, und zu dritt fahren wir in einem alten Renault 5 durch die Stadt. Siba will ihre Freun-din mit meinen Reiseerfahrungen beeindrucken, und es amüsiert mich, wenn sie ihr erzählt, wie ich das heilige Essen des Imam Resa verspeisen durfte. Im Nachhinein bin ich Setare noch viel dankbarer für jenen Abend im Heiligtum von Maschad. Denn ich wusste gar nicht, welch einen Eindruck solch ein Erlebnis auf viele Iraner macht. Gestern hatte ich mit Kurosch telefoniert, der im fernen Deutschland bereits über meine Teilnahme an dem Mahl informiert war. Seine Mutter hatte ihm mit großer Bewun-derung davon erzählt und ihn mit Fragen nach *Chanum-e Bru-ni* gelöchert. Wer genau ich überhaupt sei, wollte sie unbedingt wissen. Ob ich besondere Beziehungen hätte. Wieso ich im Hei-ligtum herumspazieren könne, am gesegneten Mahl teilnehmen und dann auch noch Bücher darüber schreiben könne.

Unser Gespräch war sehr lustig, denn ich ersparte Kurosch die enttäuschenden Details meines Isfahanbesuches und prahlte stattdessen mit der Besichtigung des alten Badehauses, weil ich wusste, dass er das verwunschene Gemäuer inmitten des Basars nicht kennen konnte. Zu seiner Zeit war es voller Schutt und unbe-achtet gewesen. Wir malten uns gemeinsam aus, welche weiteren Schätze sich in dieser Stadt noch verbergen mögen. Leider war Kurosch bereits über Saids Karriere als Sänger informiert, und so konnte ich darüber keine spannenden Neuigkeiten berichten. Mein Frühsport in seiner Heimatstadt beeindruckte ihn eindeu-tig stärker als sämtliche Besuche in islamischen Heiligtümern. Ich hatte ihn schon lange nicht mehr so viel lachen gehört.

Sibas Freundin ist sehr hübsch, und ihr rasanter Fahrstil trägt sicher auch dazu bei, dass uns permanent junge Männer aus anderen Fahrzeugen Komplimente zurufen und ihre Telefonnummern reichen möchten.

»Schlimm, diese Männer! Iraner wissen wirklich nicht, wie man sich benimmt. Sie denken, es sei richtig, sich so wie irgendwelche Rapper in den Videoclips von MTV aufzuführen«, regt Fahime sich auf.

»Denkst du wirklich, es liegt daran?«, frage ich sie.

»Na sicher. Der Gegensatz zwischen den strengen Regeln in unserem Land und dem, was man im westlichen Fernsehen oder im Internet sehen kann, ist so extrem, dass viele Jugendliche sich nicht orientieren können. Was glauben Sie, was in den Teehäusern los war? Die Jungen und Mädchen in unserem Land kennen ihre eigenen Grenzen nicht. Alles ist durcheinandergeraten. Sie wissen nicht, wohin sie gehören.«

»Aber du bist doch selber noch sehr jung.«

»Ich bin verheiratet und habe ein Kind. Da wird man automatisch vernünftiger und sieht die Welt mit anderen Augen.«

»Wirklich? Wie alt bist du?«

»Zwanzig. Mein Mann und ich lieben uns sehr. Ich kenne ihn schon seit sechs Jahren.«

»*Mobarak,* Glückwunsch.«

»Danke«, sagt sie lachend, »wohin soll ich eigentlich fahren?«

»Ich würde gerne noch einmal an den Fluss und auf die Brücken.«

In Rennfahrermanier wendet Fahime auf einer vierspurigen Straße und ignoriert das Hupen der anderen Verkehrsteilnehmer. Nach wenigen Minuten haben wir die Uferpromenade erreicht und parken den Wagen.

Die beiden jungen Frauen kennen sich von ihrem gemeinsamen Englischunterricht. Fahime ist neidisch auf Sibas flüssige Sprachkenntnisse. Sie selber habe noch nie persönlichen Kontakt zu Ausländern gehabt. Englisch lerne sie, weil es für einen späteren

Beruf hilfreich und für die Anwendung bestimmter Computer-programme unerlässlich sei.

Am Straßenrand steht ein merkwürdiges Fahrzeug, das vorne wie ein Lkw und hinten wie ein Bus aussieht. Beim Näherkom-men kann ich die deutsche Aufschrift lesen: Rotel Tours – Das Rollende Hotel. Dieses Land ist trotz seiner geografischen Größe in Punkto Reisende wirklich überschaubar! Als ich mit Sahel in einem Teheraner Park spazierenging, lernten wir ein deutsches Pärchen kennen, das auf die Rotel-Reisegruppe wartete. Nun werden sie sicher irgendwo in der Nähe sein und sich wundern, mir schon wieder über den Weg zu laufen.

»Der Iran ist fast fünfmal so groß wie Deutschland und hat zehn Millionen weniger Einwohner, aber wenn ich in Berlin, München oder Stuttgart bin, treffe ich fast nie Bekannte. Hier sehe ich dieselben Leute innerhalb von wenigen Wochen an voll-kommen unterschiedlichen Orten gleich mehrmals wieder.«

»Unser Land besteht doch fast nur aus Wüsten«, übertreibt Siba schamlos, »und da kommt natürlich jeder nach Isfahan.«

Als wir die Siose Pol erreichen, sehe ich einige Gäste auf der Terrasse eines Teehauses unter den Nischen sitzen. Es sind aus-schließlich Männer, aber ich möchte es trotzdem versuchen. Ich schlage vor, wir sollten es wieder mit der Fremdenführer- und Dolmetschergeschichte von gestern probieren. Fahime schaut ein wenig irritiert, aber sie scheint zu allem bereit zu sein. Siba nickt, aber ich bin mir nicht ganz sicher, ob meine Idee ihr wirk-lich gefällt. Am Eingang werden wir zunächst vom Wirt abge-wiesen. Ich schalte auf naive Touristin und spreche Englisch mit ihm, erzähle ihm, wie schön ich die Brücke finde, wie sehr ich mich darauf gefreut habe, hier zu sein, und dass ich alles dafür geben würde, einen Tee trinken zu dürfen. Ich habe keine Ah-nung, ob er meine Worte versteht, aber ich sehe ihm an, dass er genau weiß, was ich will.

»Und wer seid ihr?«, fragt er Siba und Fahime auf Persisch.

»Ihre *Guides,* ihre Fremdenführer. Sie kommt aus Deutsch-land.«

»*Please, let us in,* lassen Sie uns bitte rein«, bettle ich und lächle freundlich.

»Na, dann los, aber nur, weil ihr ihre *Guides* seid. Und nicht lange.«

Wie schade, dass jetzt nicht der richtige Zeitpunkt für eine Diskussion mit ihm ist und ich ihm meinen Unmut nicht direkt mitteilen kann. Immerhin sind wir hineingekommen, bestellen Tee und eine Wasserpfeife und kommen mit einer Gruppe junger Männer ins Gespräch, die uns gegenüber sitzt. In Jeans und Sportschuhen, Ringel-Shirts und mit rasierten Gesichtern sehen sie aus wie viele andere Jugendliche auf der ganzen Welt. Sie verbummeln den Nachmittag am Fluss. Es dauert nicht lange, und wir sprechen über die Fußballweltmeisterschaft, das iranische Team und seine Stars. Unsere Stimmen werden lauter, und die Jugendlichen lachen, als ich Persisch spreche. Der Wirt kann uns nicht hören, denn das Wasser rauscht nah an uns vorbei. Ich überspiele meine Wut darüber, dass Siba und Fahime und alle anderen Frauen eigentlich nicht hier sitzen dürfen. Sie sind davon ausgeschlossen, unter den Bögen der alten Brücke zu verweilen und die Frische des Flusses bei einem Tee zu genießen. Als unsere Wasserpfeife kommt, merke ich dem Wirt nichts an. Doch Fahime schaut nervös zu Siba, steht schließlich auf und holt ihre Geldbörse aus der Tasche. Ich begreife nicht, warum sie es so eilig hat. In der Zwischenzeit setzt sich ein ausländisches Pärchen an den Nebentisch. Als Fahime vom Tresen zurückkommt, schaue ich sie fragend an.

»Kein Problem«, sagt sie, aber ich merke, dass die Situation ihr Unbehagen verursacht.

Als ich mit den jungen Männern gerade über Mahdavikia und Karimi plaudre, kommt ein Mann durch einen versteckt liegenden Seiteneingang. Er hat ein Gittertor aufgeschlossen und steht plötzlich zwischen unserem Tisch und den jungen Männern. Er ist groß und kräftig, zwischen dreißig und vierzig Jahren alt und trägt einen Vollbart. Ihm reicht ein einziger Blick, um meine Begleiterinnen aus der Fassung zu bringen. Er sagt kein Wort, geht nur stumm und langsam an uns vorbei in Richtung des Wirtes. Die Gespräche verstummen, Sibas Mundwinkel flattern.

»Sollen wir gehen?«, frage ich.

»Nein, nein, trinke deinen Tee und rauche weiter«, sagt sie aus persischer Höflichkeit. Ich sehe ihre weit aufgerissenen Augen und die unruhigen Hände.

»Was kann passieren?«, will ich wissen.

»Er ruft die Polizei«, sagt Fahime, richtet ihr Kopftuch und umklammert ihre Handtasche.

»Sie nehmen unsere Namen auf und rufen bei unseren Eltern an. Alles kommt in eine Akte«, sagt Siba, und ihre Stimme zittert.

»Dann gehen wir jetzt! Schnell!«

Ich verabschiede mich rasch von den Männern, die bedauernd die Schultern zucken, und wende mich kurz an die Ausländer. Ich erkläre ihnen, was gerade vor ihren Augen passiert, ohne dass sie etwas davon mitbekommen können.

»Iranischen Frauen ist der Zutritt verboten«, sage ich im Vorbeigehen.

»Was? Warum denn? Das wussten wir nicht.«

Ich weiß nicht, ob ich ihnen in diesem Moment eine schöne Reise wünschen soll, und beeile mich, mit Siba und Fahime Schritt zu halten. Sie schauen sich suchend um, wollen wissen, wo der »Bassitschi« abgeblieben ist. Sollte es zur Aufnahme ihrer Personalien kommen, dann könnte es sicher erheblichen Ärger verursachen. Die beiden machen wirklich nicht den Eindruck, als sei es ihnen egal, ob die Polizei ihre Eltern oder den Ehemann über ihren Besuch in einem Teehaus informiert. Mahtab und ihre Mutter würden darüber nur lachen, denke ich, aber meine Begleiterinnen eilen derart schnell zum Renault, dass es wie eine Flucht wirkt.

Als wir lossausen und außer Sichtweite sind, überschlagen wir uns mit Flüchen. Zwischendurch entschuldigt sich Siba sogar für das Verhalten des bärtigen Mannes. Es ist ihr peinlich, dass eine Ausländerin diese Herabsetzung miterleben muss.

Vor dem Hotel verabschieden wir uns. Ich habe ein kleines Geschenk für Siba, und auch sie reicht mir eine Tasche.

»Einiges davon ist für meinen Bruder. Dieses kleine Päckchen ist für dich.«

»Vielen Dank. Gott schütze dich!«

Ich möchte die Stadt nur noch verlassen, der »Perle des Orients« den Rücken zukehren und auf bessere Zeiten hoffen.

Abjaneh. Frühling in den Bergen

Ein Foto des Bergdorfes hat mich nach Abjaneh gelockt. Vor Monaten habe ich es zufällig gesehen und Erkundigungen eingeholt, wie sich der Ort erreichen lässt. Nun steht uns der robuste Wagen von Siawaschs Vater zur Verfügung, und fehlende Busverbindungen und die Abgelegenheit des Ortes stellen kein Problem mehr dar. Zunächst nehmen wir die Autobahn in Richtung Norden. Die Benutzung ist gebührenpflichtig, und ich frage mich, ob hier deshalb so wenig Verkehr ist. An einer Mautstation hat Siawasch die geforderte Gebühr gezahlt. Ich habe es mir auf der Rückbank bequem gemacht. Die Autobahn ist großzügig ausgebaut, die Fahrbahn der Gegenrichtung ist auf manchen Teilstrecken sehr weit von uns entfernt. Doch an einer Stelle, an der wir genau sehen können, wer in Richtung Süden fährt, entdecke ich eine Kolonne von Wohnmobilen. Ich recke meinen Hals und versuche Nummernschilder zu erkennen.

»Deutsche, das sind Deutsche!«

Siawasch reißt vor Schreck das Lenkrad nach rechts.

»*Bebachschid*, entschuldige!«, sage ich in normaler Lautstärke.

»Das muss toll sein«, sagt Mahtab, »von Europa aus mit einem Wohnmobil durch Asien fahren.«

»Schade, dass sie in die andere Richtung fahren. Es würde mich brennend interessieren, wie sie hier zurechtkommen.

Wenn sie schlau waren, dann sind sie nicht durch Teheran gefahren.«

Ich erzähle ihnen, dass es viele europäische Senioren gibt, die auf diese Art reisen, und dass ich vor einigen Jahren von einer Gruppe Wohnmobilfahrer zu einer Lesung ins Frankenland eingeladen worden bin. Der 11. September 2001 hatte ihre Pläne durchkreuzt, und anstatt durch die Türkei, Iran und Pakistan nach Indien zu reisen, mussten sie mit einem Aufenthalt in Marokko vorliebnehmen, und so lud mich Professor Uhlich kurz entschlossen zu einer Lesung mit Diashow ein, um wenigstens visuell einen Ausflug nach Persien zu unternehmen. Ich sollte ihnen den »verpassten« Iran näherbringen. Ein anderes Paar hatte sich nicht abschrecken lassen. Ingrid und Hermann machten sich im Herbst 2002 mit einem VW-Bus auf die Reise und schickten mir – unbekannterweise – ihre erste Mail aus dem Iran. Sie hätten mein Buch dabei und wollten mir unbedingt mitteilen, dass es sie auf ihrer Reise begleite und eine kurzweilige und hilfreiche Lektüre sei. Oft verwendeten sie den Satz: *Und was hat Bruni dazu gesagt?*, um daraufhin in meinem Buch nachzuschauen. Ermuntert durch meine Antwort auf ihre Mail, blieben wir über Monate in Kontakt, und ich konnte ihre lange Reise von fünfundzwanzigtausend Kilometern über mein heimisches Postfach verfolgen.

Im Recorder läuft eine Kassette, die wir in Yazd gekauft haben. Der Sänger ist derzeit der unumstrittene Star der iranischen Popmusik. Ich hatte Mahtab gesagt, dass ich mehr über den großen Hit erfahren möchte, weil er so häufig gespielt wird. Ich habe ihn aus den geöffneten Fenstern vorbeifahrender Autos, in Geschäften, in Taxis und Hotels gehört. Die Leute spielen ihn nicht nur von ihren privaten Kassetten und CDs, wie sie es allerorten mit verbotener Musik handhaben, sondern dieses Stück ist auch ganz offiziell im Radio zu hören. Der Rhythmus ist derart modern und international, dass es mich wundert, ausgerechnet diesen Song nicht auf dem Index der verbotenen Musik

zu finden. Mit effektvollen Echoklängen und elektronisch ver-
änderter Stimme trifft er offenbar den Geschmack der Jugend.
Üblicherweise gilt Popmusik, in den Augen des zuständigen Mi-
nisteriums, als westliche Dekadenz und steht im Widerspruch
zu den von der Regierung ausgegebenen islamischen Prinzipien.
Das Lied ist ein Ohrwurm, und ich singe den Refrain manchmal
mit, ohne begreifen zu können, worum es darin geht. Immerhin
kann ich die Hauptzeilen sogar ohne Hilfe übersetzen.

»*Donya dige mesle to nadare* – die Welt hat niemanden wie
dich«, singe ich mit.

Mahtab hat mich bisher mit Erklärungen über den Song ver-
tröstet, bis wir ihn irgendwo in Ruhe hören und Satz für Satz übersetzen können. Sie selber sei nicht besonders angetan davon, gibt
sie mir zu verstehen, und auch Siawasch wundert sich über meine
Wahl. Er selber höre viel lieber klassische persische Musik.

»Später!«, sage ich, »wenn wir auf der Gebirgsstraße sind.
Lass uns auf der Autobahn bitte den Benyamin-Hit hören. Dein
Schatz möcht mir den Inhalt erklären.«

»Muss es wirklich Benyamin sein?«

»Ja, es muss. Tut mir wirklich leid«, sage ich ohne wirkliches
Bedauern, denn das Lied geht mir nicht aus dem Sinn.

Mahtab lässt ihr Kopftuch in den Nacken rutschen und
schmiegt sich an Siawasch. Sie haucht ihm Kosenamen ins Ohr,
und er streicht über ihr Haar.

»*Donya dige mesle to nadare*«, singe ich wieder mit und muss
mich deswegen auslachen lassen. Wir fahren schnell und überholen die wenigen Fahrzeuge, die unterwegs sind. Nur einmal,
als Siawasch, abgelenkt von unseren Gesprächen, den Druck auf
das Gaspedal verringert, saust auf der rechten Spur ein Lkw an
uns vorbei. Für Abwechslung sorgt wenig später ein Peykan, der
uns als »Geisterfahrer« auf der linken Spur entgegenkommt.
Mir schießt ein Adrenalinstoß durch den Körper! Wenn er ausgerechnet jetzt seinen Fehler bemerkt und herüberzieht ..., doch
der Entgegenkommende rauscht vollkommen unaufgeregt an
uns vorüber.

»Könnt ihr mir bitte erklären, was der Wagen auf unserer Seite zu suchen hat?«

»Das kann keiner erklären. Das ist der Iran! Vielleicht macht es ihm Spaß, gegen die Regeln zu verstoßen, vielleicht ist es eine Art Abkürzung für ihn. Vielleicht geht er davon aus, dass wir, die Entgegenkommenden, einen Fehler machen. Vielleicht denkt er auch, das alles sei überhaupt kein Problem, und wir würden ihn schon rechtzeitig sehen. Damit hat er sogar Recht. Es ist nichts passiert. Er fährt einfach nur in die falsche Richtung. Für ihn ist es wahrscheinlich die richtige Richtung.«

»In Deutschland würde er eine saftige Strafe erhalten und müsste bestimmt den Führerschein abgeben. Warum fahren eigentlich so viele Autos in der Nacht ohne Licht oder nur mit Standlicht? Und dann huschen auch noch Frauen im schwarzen Tschador über die Straße. Der totale Wahnsinn!«

»Das mit der Beleuchtung kann ich dir sogar erklären. Die Fahrer glauben, dass sie damit ihre Batterie schonen. Sie wollen Energie sparen. Batterien sind teuer.«

In unregelmäßigen Abständen stehen Polizeiwagen-Attrappen am Wegesrand. In Originalgröße und manchmal sogar mit einer winkenden Polizistenpuppe. Mit diesem aufwändigen Täuschungsmanöver sollen Raser beeindruckt werden. Die Konstruktionen gebe es seit dem Neujahrsfest vor drei Jahren, sagt Siawasch. Da sie von Beginn an extrem erfolgreich waren und die Zahl der Unfalltoten sich rapide verringerte, blieben sie an Ort und Stelle stehen, und es wurden weitere aufgestellt. Manche Attrappen sehen, wirklich beeindruckend echt aus. Die Krönung der Illusion war eine Wohnwagen-Attrappe. Wohnwagen stehen häufig als mobile Polizeistationen am Straßenrand. In ihrem Innern werden Personalien aufgenommen und Verkehrssünder befragt. In der Hitze der Wüste würden die Beamten ohne diesen klimatisierten Raum ihren Dienst nicht lange durchhalten.

»Mahtab, eine echte Kontrolle!«

»Na und!?«, sagt sie und schaut desinteressiert aus dem Fenster, während Siawasch ihr Kopftuch ein wenig nach oben schiebt. Wir fahren unbehelligt vorbei, und ich bitte sie, die Kassette zurückzuspulen.

Ich denke darüber nach, was Siawasch über die Freude am Regelverstoß gesagt hat. Als Mahtab und ich mit dem Bus nach Isfahan gefahren sind, haben sich unser Fahrer und ein Passagier in der ersten Reihe mindestens zwanzig Mal an- und abgeschnallt. Sobald eine Kontrolle auftauchte, schnallten sie sich an. Das Anschnallgebot ist eine Regel, gegen die es sich offenbar mit Freude unermüdlich verstoßen lässt. Ich hatte daraufhin bei entgegenkommenden Busfahrern auf ihren Gurt geachtet. Offenbar waren sie alle in die Rebellion gegen die Regel vernarrt.

»So, jetzt zu dem Sänger. Benyamin singt ein religiöses Lied. Was wie ein Popsong klingt, ist eine Art Remake einer religiösen Hymne. Deshalb ist dieses Lied erlaubt«, sagt Mahtab und reißt mich aus meinen Gedanken.

»Was? Das glaube ich nicht. Dieser iranische Enrique Iglesias sieht mir ganz und gar nicht nach religiösem Sängerknaben aus.«

»Wer? Was?«

Auf dem Cover ist ein außerordentlich gutaussehender junger Mann mit schulterlangen Haaren abgebildet, der ganz sicher die Herzen junger Mädchen auf der ganzen Welt erweichen könnte. Einem Vergleich mit dem heiß begehrten Latin-Popsänger Enrique Iglesias hält Benyamin Bahadori zumindest rein äußerlich stand. Die Aufmachung des Covers entspricht in jeder Hinsicht einer zeitgemäßen internationalen Produktion, ohne jegliche Hinweise auf einen islamisch-religiösen Inhalt. Mahtab und ich tüfteln an einer Übersetzung, während Siawasch sich in Geduld übt. Das Lied heißt *Chatereha*, Erinnerungen.

Auf dieser Welt gibt es niemanden wie dich,
Und es kann auch niemanden wie dich geben.
Sag mir!
In welcher Straße kann ich dich finden?
Alle Herzen schlagen nur für dich!

*Niemand kann aus meinem Herzen und meiner Seele lesen
so wie du.
Ich schließe meine Augen und erinnere mich an dich
Ich brauche dich in meiner Seele!
Wenn du nicht bei mir bist, ist es sehr schwer.*

*Die Welt hat niemanden wie dich.
Welche Straße kann mich zu dir führen?*

»Was ist daran religiös?«, frage ich.

»Benyamin selber hat es behauptet. Wenn er dieses Lied singt, sagt er, dann denke er an unseren Imam Hussein, an seine Leiden und seinen furchtbaren Tod in Kerbala.«

Wir fahren an der Stadt Natanz vorbei. Hier soll sich, laut zahlreicher Presseberichte, die größte unterirdische Atomforschungsanlage des Landes befinden. Hier soll die umstrittene Urananreicherung vonstatten gehen. Flugabwehrraketen schützen die Anlage. Die Vorstellung, dem Herzen der iranischen Kernforschung derart nah zu sein, löst gemischte Gefühle in mir aus. Neben der Straße breitet sich eine Wüstenlandschaft ohne nennenswerte Vegetation vor uns aus. Von der Stadt oder einer Industrieanlage ist auch auf der Höhe der Autobahnabfahrt von Natanz nichts zu sehen. Es passiert selten, dass meine Fantasie mit mir durchgeht, aber ausgerechnet hier male ich mir düstere Szenarien aus. Keinesfalls möchte ich in eine Kontrolle geraten, bei der unsere Personalien aufgenommen werden und nach dem Zweck meiner Reise gefragt wird. Ich stelle mir vor, dass mir eine Agententätigkeit unterstellt werden könnte. Plötzlich denke ich wieder an den inhaftierten deutschen Angler, der im Persischen Golf in die Fänge der iranischen Sicherheitsbehörden gelangt ist. Vielleicht gehört nicht viel dazu, sich im Netz dieser Kräfte zu verfangen. Vielleicht darf man einfach nicht zum falschen Zeitpunkt am falschen Ort sein. Als meine Hamburger Nachbarinnen im letzten Herbst hier in der Nähe mit einem Taxi unterwegs waren, behauptete der Fahrer mit erstaunlich lapidaren Worten, dass hier Atombomben gebaut würden. Er sagte es so beiläufig, als wiese er seine ausländischen Fahrgäste auf eine besondere Sehenswürdigkeit hin, und fügte hinzu, das sei kein Geheimnis, da es ohnehin schon jeder wisse. Solche Behauptungen kann man natürlich nicht für bare Münze nehmen, und ich kann mir lebhaft vorstellen, wie der Fahrer sich vor den beiden Ausländerinnen wichtig tun wollte. Aber nichtsdestotrotz bin ich beeinflusst von den vielen Berichten über die derzeitige Krise, für die noch keine annehmbare Lösung gefunden wurde. Die Kraft der negativen Bilder in meiner Fantasie ist stärker als die Vernunft, und ich befürchte, dass der amerikanische Präsident und seine treuen Gefolgsleute sich ausgerechnet diesen Frühlingstag ausgesucht haben, um die Anlage zu bombardieren. Siawasch plagen ähnliche Fantasien, und wir reagieren mit makabren Scherzen. Als ich ihm erzähle, dass man den Namen der Stadt Natanz in Deutschland zeitweise täglich in den Nachrichten hören konnte, zeigt er sich überrascht. Warum werde der Fokus auf das iranische Programm gelegt, will er wissen, und nicht auf das pakistanische, indische oder israelische, die nicht minder kritisch betrachtet werden sollten. Eine Bombe in der Hand ihrer pakistanischen Nachbarn und der aggressiven Israelis dürfe doch nicht mit anderen Maßstäben gemessen werden, findet er.

Nach einem erschöpfenden Meinungsaustausch fühlen wir uns furchtbar hilflos und können nur auf ausreichend Weitblick bei den politisch Verantwortlichen aller Seiten hoffen, damit eine Katastrophe verhindert wird. Unvorstellbar, dass dieses Land schon bald in eine militärische Auseinandersetzung geraten könnte. Es darf einfach nicht sein, sage ich still vor mich hin.

Auf der Landkarte in meinem Reiseführer suchen wir die richtige Ausfahrt. Unser Ziel ist nirgends ausgeschildert, aber wir fahren zielstrebig in Richtung Westen auf das Ghobrud-Gebirge zu. Auf der Aufnahme von Abjaneh war das Dorf in der rötlichen Farbe der umgebenden Landschaft zu sehen. Häuser schmiegten sich an einen gleichfarbigen Berg, das Dach des einen Hauses als Zugang des anderen. Das Foto war über ein fruchtbares Tal hinweg aufgenommen worden, mit dem Grün von Pappeln als wunderbarer Kontrast vor den schroffen Bergen und den schlichten Häusern ohne jegliche Anzeichen von Modernität. Unser Weg führt auf einer verlassenen Landstraße durch eine karge Landschaft, in der ein Baum wie ein Relikt aus einer anderen Welt und ein bestelltes Feld utopisch erscheinen. Aus den Lautsprechern erklingt wunderbare persische Musik, bei der die Töne der Ney, einer einfachen Flöte, dominieren. Die Flöte scheint mit ihrem Spieler zu leiden, scheint über die Härte des Daseins, der Trockenheit, der Unbill und des Unglücks zu trauern, um im Spielen und Gespieltwerden und in der eigenen Melodie Trost zu finden. Keiner sagt ein Wort, wir lauschen den rührenden Klängen und tauchen ein in die Kargheit. Schlicht wie die Musik ist auch die Landschaft um uns herum. Doch irgendwann kommen der Horizont und die Berge näher. Als seien sie noch unberührt und existierten nur für sich allein, wachsen die Gipfel in den Himmel. Unsere Straße bildet die einzige Spur menschlichen Daseins. An einer Kreuzung entscheiden wir uns für einen Abzweig, der in eines der Täler des von Norden nach Süden verlaufenden Gebirges führt. Der Motor heult auf, als die Straße merklich ansteigt. Das Tal wird enger, und ganz plötzlich, hinter einer Kurve, verwandelt sich die Landschaft. Mit imposanter Eindringlichkeit stehen Bäume am Wegesrand. Ein Rinnsal kommt aus den Bergen herabgeflossen. Es sind die letzten Meter, bevor das Wasser am Wüstenrand versickert. Ein Blick zurück zeigt die leblose Weite in Richtung Kavir-Wüste. Hunderte von Kilometern nichts als Sand, Geröll und Salzseen. Nach der nächsten Kurve spielt die zurückgelassene Welt keine Rolle mehr, sie ist außer Sichtweite und scheint nicht mehr zu existieren, ist nur mehr Illusion. Unerwartet tauchen wir ein in die Fruchtbarkeit eines abgeschiedenen Tals. Auf einem Abschnitt von wenigen hundert Metern ist die Straße feucht, ganz so, als hätte der strahlend blaue Himmel erst vor kurzem seine Regenwolken ausgeschüttet. Wir kommen nur langsam voran, drehen die Scheiben herunter und genießen die frische Luft. Die Temperatur sinkt stetig, und ein Blick auf die fernen Berge lässt an einigen schattigen Hängen sogar Schnee entdecken. Die Straße windet sich mal in engen Serpentinen, mal in langen Schleifen den Berg hinauf. Die Vegetation wird üppiger, selbst mächtige Laubbäume sind bald keine Ausnahme mehr. An manchen Stellen können wir durch das satte Grün hindurch auf einen wilden Gebirgsbach schauen. Eine kleine Ansiedlung am Wegesrand wirkt verlassen. Hier zeigen sich Hänge und abzweigende Täler noch in Gelbbraun, aber je höher wir kommen, desto mehr mischt sich eine rötliche Farbe in den Grund. Der faszinierende Farbton von Abjaneh taucht in der Landschaft erst auf, als wir den Ort fast erreicht haben. Gespannt schaue ich nach vorn und warte auf den Anblick, der mir von dem Foto vertraut ist. Unverhofft tauchen die ersten Häuser auf, und wir haben das Dorf erreicht. Einige Fahrzeuge stehen am Straßenrand, und eine Frau in Tracht kommt uns entgegen. Wir parken den Wagen vor einem kleinen Geschäft. In einem Durchgang stehen drei Frauen und sehen zu uns herüber. Auch sie tragen die farbenfrohe Tracht, für die Abjaneh bekannt ist. Für uns ist es ein ungewohnter Anblick. Weder meine Begleiter noch ich haben diese Farbenvielfalt bei iranischer Kleidung jemals zuvor gesehen. Bis auf einige Nomadenfrauen in farbenfrohen Gewändern, die mir in Schiras und auch in den Bergen bei Schahr-e Kord begegnet sind, kenne ich nur den typischen Tschador oder die einfarbigen Mäntel der Städterinnen. In Abjaneh tragen die Frauen mehrere Stoffschichten übereinander. Ein weiter dunkler Rock, der bis knapp unters Knie reicht, bildet eine Art Unterrock. Darüber tragen sie schillernd bunte Überkleider, von denen keines dem anderen gleicht. Das kleingemusterte Blumenmotiv in Rot- und Orangetönen, das eine der Frau schmückt, bildet einen derart starken Kontrast zu den üblichen Mustern, dass ich meinen Blick nicht von ihr lassen kann. Als eine der Frauen sich zur Seite dreht, kommt ein andersfarbiges Blumenmuster in blauem Grundton zum Vorschein, das die Rückenpartie bildet. Darüber trägt sie ein weißes Kopftuch mit roten Rosen, das weit über ihren Oberkörper reicht. Sie grüßt uns, und auch die anderen Frauen erwidern unser »Salam aleykum«, nachdem wir ausgestiegen sind. Der erste Anblick ist oft der intensivste, und so sauge ich das fremdartige Bild in mir auf. Als wir mit ihnen ins Gespräch kommen, höre ich, wie Siawasch sie danach fragt, wo wir am besten unser Zelt aufschlagen und campieren können. Es gebe nur den einen Weg, er führe an der Moschee vorbei und zu den Feldern. Die Moschee sei sicher ein guter Platz für die Nacht, meint eine der Frauen.

Als wir ein Stück weitergefahren sind, beobachte ich eine interessante Szene.

»Kannst du bitte noch einmal anhalten«, sage ich zu Siawasch, »ich möchte kurz aussteigen.«

Neben einem Kleinbus mit Teheraner Kennzeichen steht eine Gruppe älterer Frauen in schwarzen Tschadors. Als ich auf ihrer Höhe bin, grüßen wir uns, und sie lächeln mich freundlich an. Aufgrund ihrer strengen Kleidung und der speziellen Wimpel am Bus vermute ich, dass sie auf einer religiösen Pilgerfahrt sind.

»Wir sind heute sehr früh in Teheran aufgebrochen, und dann haben wir uns diesen hübschen Ort angeschaut. Weiter unten gibt es eine sehr alte Moschee. Haben Sie sie gesehen?«

»Nein, wir sind gerade erst angekommen.«

»Gleich fahren wir zu einem Emamzadeh bei Kaschan«, sagt eine der Frauen.

»Die Ausländerin weiß doch nicht, was ein Emamzadeh ist«, sagt eine andere Frau.

»Doch, es ist ein Ort, an dem man besonders gut beten kann.«

Sie lachen und nicken zustimmend.

»Dort werden wir übernachten. Es ist etwas Besonderes, die Nacht in einem Emamzadeh zu verbringen. Wir werden gemeinsam beten. Das ist sehr schön. Verstehen Sie? Das Morgengebet, bevor die Sonne aufgeht. Danach werden wir zur Grabmoschee von Fatima nach Ghom fahren und am Abend wieder nach Hause.«

»Machen Sie häufiger solche Fahrten?«

»Oh ja, seitdem meine Kinder aus dem Haus sind und mein Mann gestorben ist, bin ich mindestens einmal im Monat unterwegs. Ich war schon fünfmal in Maschad und dreimal in Isfahan. Es ist nicht teuer. Die Übernachtung ist manchmal kostenlos.«

Die Frauen haben es eilig, sie verabschieden sich und gehen in das kleine Geschäft, um sich ein Andenken zu kaufen. Nun hole ich meine Kamera heraus und fotografiere zwei Pilgerinnen in ihren tiefschwarzen Tschadors, wie sie über die Straße hinweg eine der bunt gekleideten Frauen beobachten, die auf den Stufen vor ihrer Haustür sitzt. Ich habe die beiden von hinten im Bild, es ist die schwarze und unförmige Silhouette zweier anonymer Wesen. Eine der Frauen hält ihren Kopf ein wenig schief, so als würde sie besonders konzentriert sein und den farbenfrohen Anblick der Einheimischen nicht ganz fassen können. Im Geiste habe ich bereits den Titel für diese Aufnahme formuliert und freue mich auf die Verwirrung der Betrachter, wenn ich wieder zu Hause bin: »Touristinnen aus Teheran betrachten Einheimische in Abjaneh.«

Bevor es zu dämmern beginnt, müssen wir einen Schlafplatz gefunden haben. Die befestigte Straße endet abrupt. Danach gibt es nur noch die engen Gassen der alten Ansiedlung. Die Lehmhäuser sind in gutem Zustand und locken uns zu einem ersten Spaziergang, den wir aber vorerst verschieben müssen. Das Nachtlager geht vor, und so gehen wir in die andere Richtung. Schon nach wenigen Schritten haben wir den Dorfrand erreicht, wo ein wilder Bach über die Ufer tritt und eine Art Picknickplatz unter Walnussbäumen zum Teil überflutet. Das idyllische Plätzchen macht einen einladenden Eindruck, die Moschee ist gleich um die Ecke, aber vielleicht lässt sich noch etwas Besseres finden, deshalb gehen wir in Richtung eines kleinen Waldstücks. Das Geräusch des fließenden Wassers begleitet uns, es riecht nach feuchtem Waldboden und Fruchtbarkeit. Die frische Luft und die angenehme Temperatur zaubern ein Dauerlächeln auf unsere Gesichter. Mitten im Wäldchen treffen wir einen Mann, der zunächst Siawasch grüßt, um dann auch mir die Hand zu reichen. Diese ungewöhnliche Geste gegenüber einer Fremden, noch dazu in einer ländlichen Region, wirkt umso ungewöhnlicher, da er nun auch noch versucht, mich auf die Wangen zu küssen. Sofort lasse ich seine Hand los, und Siawasch gibt ihm zu verstehen, dass seine Geste nicht erwünscht ist. Nach einer Weile bemerken wir, dass der Mann offenbar geistig behindert ist. Er setzt eine merkwürdige Grimasse auf und juchzt. Dann verschwindet er in Richtung des Dorfes, und wir beeilen uns, ihm hinterherzugehen, denn inzwischen ist es dunkel geworden. Der kleine Rastplatz erhält ein wenig Licht von der beleuchteten Moschee. Wir beratschlagen über unseren Schlafplatz, ohne zu einer Lösung zu kommen. Stattdessen meldet sich der Hunger. Wenn wir frisches Brot auftreiben könnten, dann wäre unser Proviant perfekt.

In Isfahan hatte ich alkoholfreies deutsches Bier entdeckt. Die Flaschen »Jever fun« waren mir zwischen allen anderen Waren sofort ins Auge gesprungen. Das Verfallsdatum ist beinah erreicht, aber trotzdem konnte ich meine Finger nicht von dem seltenen Getränk lassen. Wie viele Jahre mag das Bier schon im Nahen Osten unterwegs gewesen sein? Manche Waren werden von Land zu Land weiter verschoben. Die Flaschen scheinen für den arabischen Markt produziert worden zu sein, denn sämtliche Inhaltsangaben auf dem Etikett, und vor allem der Hinweis »alkoholfrei«, sind in arabischer Sprache verfasst. Heute Abend wird uns das Bier hoffentlich schmecken.

Als sei sie extra für uns geschaffen, finden wir sofort die örtliche Bäckerei, vor der bereits eine Handvoll Kunden warten. Wir grüßen und gesellen uns zu ihnen. Die Wartenden rücken ein wenig zusammen und schauen uns mit freundlicher und unverhohlener Neugier an. Die Atmosphäre erinnert mich an abgelegene Orte am europäischen Mittelmeer. Ältere Frauen und

Männer stehen gemeinsam vor der offenen Backstube oder sitzen auf Mauervorsprüngen und plaudern. Während die Brotfladen an den heißen Wänden des Backofens kleben und der Schein des Feuers Behaglichkeit ausströmt, verkürzt der Bäcker uns die Wartezeit. Er nimmt Bestellungen auf, die offenbar trotz der geringen Auswahl von nur zwei Brotsorten für wortreiche Komplikationen sorgen. Der Behinderte taucht auf und kichert, schließlich verschwindet er mit wankenden Schritten in der Dunkelheit. Jemand bemängelt die knappe Mehlzuteilung und die schlechte Qualität des Brotes und schwärmt von den Backwaren vergangener Zeiten. Unter den wartenden Dörflern gibt es nur eine junge Frau. Sie trägt als Einzige keine Tracht, sondern einen schmalen Kurzmantel und Jeans. Sie schaut uns neugierig an, und es dauert nicht lange, bis sie mit Mahtab ins Gespräch kommt. Nein, sie wohne nicht hier, sie käme aus der Stadt, aus Kaschan, und besuche ihre Tante. Noch vor dem Morgengrauen würden sie gemeinsam zur Rosenernte nach Ghamsar fahren, wo sie zehn Stunden auf den Feldern Blüten pflücken werden.

»Wie weit sind Sie mit der Ernte?«, fragt Siawasch, der uns am Nachmittag von den unendlich großen Rosenfeldern bei Ghamsar vorgeschwärmt hat und den besonderen Honig pries, der dort produziert wird.

»Es ist bald vorbei. Nur noch wenige Tage. Die Sonne ist schon zu stark.«

Während wir auf unser Brot warten, kommen wir mit weiteren Dörflern ins Gespräch. Schnell wird deutlich, dass sie seit langem an Fremde gewöhnt sind. Der hübsche Ort lockt viele Besucher aus Teheran, Isfahan und manchmal auch aus dem Ausland an. Nicht nur die Trachten der Frauen, die idyllische Lage und die erhaltene Architektur machen das Dorf zu einem Ausflugsziel. Der Ort ist auch wegen seiner langen Treue zur Lehre Zarathustras bekannt. In der Abgeschiedenheit konnten manche Eigenarten und auch ein spezieller Dialekt bewahrt werden, der dem Mittelpersischen ähnelt und andernorts schon lange ausgestorben ist. Die Ruinen eines Feuertempels und vor allem eine hübsche Moschee locken Besucher an. Am Abend sind sie jedoch fast alle wieder abgereist.

Als wir mit unseren Brotfladen zum kleinen Rastplatz gehen, fühlen wir uns schon ein klein wenig heimisch. Wir haben einen Gaskocher dabei, bereiten einen Tee und essen zu Abend. Zum Nachtisch gibt es »Jever fun« für Siawasch und mich. Es schmeckt auch ihm sehr gut, und er bittet mich, den geschmacklichen Unterschied zwischen alkoholfreiem und alkoholhaltigem Bier zu beschreiben.

»Es ist weniger der Geschmack als die Wirkung. Manche Leute merken den Unterschied erst, wenn sie nicht betrunken werden. Dieses Bier ist gut gemacht, finde ich. Es schmeckt fast wie echtes Bier. Es ist weniger bitter.«

Irgendwann ist es so finster, dass wir uns entschließen, das Zelt an Ort und Stelle aufzubauen. Wir finden sogar eine Toilette und einen Waschraum, der vermutlich den Ausflüglern dient, die an diesem idyllischen Örtchen zum Picknicken verweilen. Es wirkt wie der perfekte Platz für das Ende des Neujahrsfestes. Am dreizehnten Tag nach Neujahr bleibt kein Iraner im Haus, denn das würde Unglück bringen. Der besondere Tag wird draußen in der Natur verbracht und sorgt im Umkreis der großen Städte für ein unübertroffenes Verkehrschaos.

Mahtab und Siawasch sind begeisterte Camper. Im Iran ist das Zelten vor kurzem regelrecht in Mode gekommen. Bei vielen Straßenhändlern sieht man einfache Iglu-Zelte, die dort zur Demonstration aufgebaut sind oder an Haken von Vordächern effektvoll herabhängen und Kunden anlocken sollen. Die beiden haben noch nicht viel Übung im Campieren, und bei einem Blick auf die Ausrüstung frage ich mich, worauf wir liegen sollen und womit wir uns zudecken können. Mit Unbehagen denke ich an meine schmerzende Schulter und versuche den harten Boden zu ignorieren. Was bleibt uns anderes übrig, als uns mit den Gegebenheiten zu arrangieren? Was ist schon eine Nacht, denke ich? Sie geht schnell vorüber, und morgen können wir vielleicht in einem Hotel in Kaschan übernachten. Mahtab kann den Mangel an geeignetem Campingzubehör nicht wortlos akzeptieren und beschwert sich bei Siawasch für seine Unaufmerksamkeit. Sie hat immerhin einen Wärme spendenden Freund an der Seite, denke ich.

Als das Zelt aufgebaut ist und wir sämtliche Unterlagen und Decken im Innern verteilt haben, setzt Mahtab sich hinein und findet es sehr gemütlich. Ich habe eine kleine Stirnlampe dabei, mit der wir ausreichend Licht haben. Das Dorf scheint bereits zu schlafen, nur das Rauschen der Walnussbäume und des Wassers dringt zu uns durch. Wir blicken in einen sternenklaren Himmel und genießen die Vorfreude auf den morgigen Tag. Aus meinem Gepäck hole ich mein wärmstes Kleidungsstück und inspiziere die Ladefläche nach weiteren brauchbaren Utensilien für eine kühle Nacht.

Unerwartet tauchen aus der Dunkelheit die Lichter von Autoscheinwerfern und das Motorengeräusch eines Peykans auf. Der Wagen fährt am Rastplatz vorbei in Richtung Wäldchen. Wenig später kommt er zurück und parkt nicht weit von uns entfernt. Fünf Männer steigen aus. Einem Impuls folgend bedecke ich mein Haar und verkrieche mich im Zelt. Sie haben Mahtab und mich nicht gesehen.

»Verdammt, was wollen die denn hier?«, sagt Siawasch.

»Was machen sie?«, fragt Mahtab.

Ich schaue um die Ecke, und Siawasch wirft mir einen Blick zu, der mich zur Vorsicht mahnt. Doch ich habe keinesfalls die Absicht, etwas Unvorsichtiges zu tun. Fünf fremde Männer in der Nähe unseres Schlafplatzes sind mir wirklich nicht geheuer.

»Das darf doch nicht wahr sein! Können wir nicht mal eine einzige Nacht ungestört zelten?«, spricht Siawasch seinen Ärger aus.

Es sieht nicht danach aus, als wollten die Männer nur eine kurze Rast einlegen. Sie breiten eine Plane aus, und wenig später sehe ich ihre Schlafsäcke. Es ist sicher von Vorteil, wenn sie nicht wissen, wer in unserem Zelt campiert. Ich habe das Gefühl, mich unsichtbar machen zu müssen. Wir können nicht einschätzen, wer die Fremden sind. Zumindest sind sie nicht besonders jung, eher zwischen dreißig und vierzig Jahren alt, soweit wir es von hier aus sehen können.

»Mahtab, sprich bitte nicht so laut«, bittet Siawasch.

»Habe schon verstanden.«

»Willst du nicht hingehen und mit ihnen sprechen?«, frage ich, »du könntest doch mal schauen, was für Typen es sind.«

»Lass uns warten. Vielleicht wollen sie nur grillen und eine Pfeife rauchen. Sie machen Feuer.«

»Das sieht mir eher nach einem Nachtlager aus.«

Ich fühle mich unwohl in meiner Rolle als »Unsichtbare«. Es ist weniger der Standort, der mir Unbehagen verursacht, denn das Dorf ist nah, und ich befürchte auch keinen Überfall. Es ist unsere Konstellation, die uns in gewisser Weise schutzlos macht. Ein unverheiratetes iranisches Paar und eine Ausländerin in einem winzigen Zelt. Die Dunkelheit und die Kühle der jungen Nacht sind bittere Nahrung für meine Skepsis. Was bis eben noch das reine Vergnügen war, hat nun eine schwer einzuschätzende Wendung genommen.

Mahtab und ich sitzen wie zwei Eingesperrte im Zelt, während Siawasch sich um den Kocher und das Gepäck kümmert. Ich würde auch gern draußen herumlaufen, noch einmal an den Bach gehen und meine Hände waschen, den Himmel betrachten und ins schlafende Dorf schauen.

»*Bebachschid,* Entschuldigung!«, hören wir einen der Fremden rufen. Dann kommt er in unsere Richtung. Siawasch geht ihm entgegen, und wir können nicht verstehen, was sie sagen.

»Auch das noch! Er hat gefragt, ob ich weiß, wo hier die *Gheble,* die Gebetsrichtung, liegt. Die scheinen religiös zu sein«, sagt Siawasch, als er wieder bei uns ist.

»Und nun?«, fragt Mahtab.

»Das weiß ich doch auch nicht.«

»Wenn ihr mich fragt, dann sieht die Sache etwas anders aus. Die Jungs wollen sich einen schönen Abend machen, vielleicht ein bisschen was trinken und Spaß haben. Die Frage nach der

Gheble war nur ein Test, um zu erkunden, ob wir religiös sind«, werfe ich ein.

»*Scheytun-e bosorg!* Du hast bestimmt Recht«, sagt Mahtab und kichert, »so wird es sein, die fünf wollen eine Party veranstalten.«

»Also beschwören kann ich das nicht!«

Die Theorie gefällt uns, und langsam können wir uns ein wenig entspannen. Unsere Nachbarn haben Musik dabei und hören klassische persische Stücke. Wir versuchen unter dem einen Schlafsack, der uns zur Verfügung steht, ein wenig Wärme zu finden.

Es wird eine unruhige und sehr kalte Nacht. Als ich den harten Untergrund und die unangenehmen Temperaturen nicht mehr ertragen kann, schlüpfe ich aus dem Zelt. Ich muss mich bewegen, um warm zu werden. Mit meinem ewigen Hin- und Herrollen habe ich Mahtab und Siawasch sicher gestört. Irgendwann öffne ich möglichst lautlos den Wagen, krümme mich auf die Sitzbank und sehne den Morgen herbei. Ich träume von meinem warmen Bett daheim, für wenige Sekunden kann ich es sogar spüren, im Traum bin ich unter die Decke geschlüpft, doch dann wache ich sofort wieder auf und höre meine eigenen Zähne klappern. Ich denke an die Menschen, die regelmäßig frieren müssen, die kein festes Dach über dem Kopf haben und verzweifelt nach Wärme suchen. In wirren Träumen steigert sich mein Mitleid, gepaart mit Selbstmitleid. Wenn eine einzige kalte Nacht mich derart quält, überlege ich, wie halten es die vielen Obdachlosen und Verarmten unserer Welt über Jahre hin aus? In meinen Träumen lande ich unter einer zugigen Brücke und merkwürdigerweise auch in einem Biwak im Hochgebirge, wohin ich mich ganz sicher niemals begeben werde.

Als die ersten Sonnenstrahlen über den Berg kommen, fühle ich mich sofort erleichtert. Meine steifen Glieder entspannen sich ein wenig, ich klettere lautlos aus dem Wagen, greife nach meinem Fotoapparat und nehme den Weg, der zum Tal hinabführt. Mein Ziel ist ein sonniges Plätzchen, um mich aufzuwärmen. Meine

Schulter tut derart weh, dass ich es nun doch mit Schmerzmitteln versuchen werde. Aber bis dahin muss ich irgendwie noch eine Weile durchhalten. Siawasch hat mir eine Massage angeboten, und weil Mahtab auf seine heilenden Hände schwört und mir gut zugeredet hat, werde ich es so bald wie möglich probieren.

Ich gehe an alten Lehmmauern entlang, die vom Regen ausgewaschen sind. Die Äste von Obstbäumen ragen darüber empor, irgendwo jault ein Hund und kräht ein Hahn. Das Dorf erwacht, und nach einer Weile habe ich einen schönen Blick auf die unteren Häuser. Ich setze mich auf einen Stein und bin dankbar für die wärmenden Strahlen. Sie wecken meine Lebensgeister und mildern die Schmerzen. Die Luft ist von einer besonderen Reinheit, und ich atme tief durch. Als ich meine Augen wieder öffne, mag ich ihnen kaum trauen. Es ist ein Anblick wie aus einem Bilderbuch. Eine alte Frau in bunter Kleidung sitzt auf einem Esel und kommt mir entgegen. Ihre langen Zöpfe schauen unter ihrem Tuch hervor. Sie treibt das Tier mit Rufen und ihren Hacken an.

»*Sobh becheyr*, guten Morgen«, grüße ich, als sie auf meiner Höhe ist.

Sie hält an und fragt nach meinem Befinden. Kalt sei es, sehr kalt, sage ich. Ich hätte die Nacht im Freien verbracht.

»Oh, das geht doch nicht. Warum sind Sie nicht in mein Haus gekommen? Möchten Sie einen Tee trinken?«

»Vielen Dank. Nein, nein, ich habe Tee getrunken.«

Ich begleite sie ein Stück und muss unentwegt lächeln. Sie ist sehr klein, und auch der Esel ist eher eine Miniaturausgabe. Die Packtaschen an seiner Seite reichen kaum an meine Hüfte, und die Frau im Sattel ist auf Augenhöhe mit mir. Ich beneide sie um ihren üppigen Rock, der wie eine warme Decke ihre Beine umspielt. Als wir unseren Schlafplatz erreicht haben, mustert sie zunächst den schweren Wagen und dann das winzige Zelt. Es ist ein beeindruckendes Bild, wie sie direkt neben dem japanischen Geländewagen in ihrer Tracht auf dem Esel sitzt. Sie ähnelt einer Puppe, denn sie ist nicht nur ausgesprochen klein, sondern die

Proportionen sind durch den immens weiten Rock unnatürlich verändert. Ihre Füße, mit denen sie den Esel antreibt, sind winzig und schauen aus dicken Strumpfhosen hervor. Als Siawasch aus dem Zelt kommt und sie einige Worte mit ihm wechselt, hole ich meine Kamera aus der Tasche. Dieses Bild muss ich unbedingt einfangen. Und dann passiert das, was für professionelle Fotografen ein Alptraum sein muss. Die Batterien sind vollkommen leer. Wie kann das so plötzlich passieren? Woher soll ich Ersatz nehmen? Im kleinen Geschäft habe ich gestern kein technisches Zubehör gesehen. Und das Dorf? Wie soll ich das Dorf fotografieren? Ich bin untröstlich. Die Frau gibt ihrem Tier die Sporen und verschwindet hinter der Moschee.

»Das liegt an der Kälte. Du musst die Batterien in die Hand nehmen und reiben«, rät Siawasch mir. Bei einem Blick ins Zelt sehe ich, dass sie in der Nacht den Gasbrenner angezündet haben.

Im kleinen Lädchen bekommen wir einen Tee. Eine Frau ist hier die Chefin und kümmert sich um die Kundschaft. In ihrem weiten Rock geht sie mit sehr bedächtigen Schritten hinter dem Tresen hin und her und beantwortet meine Fragen nach den Stoffen, die zum Verkauf angeboten werden. Der Samowar brodelt, aber ansonsten gibt es keine kulinarischen Genüsse, und wir begnügen uns mit ein paar trockenen Keksen.

Später gehen wir durch das Tal, um das Dorf aus der Ferne zu betrachten. Unterwegs begegnet uns die kleine Frau. Aus den Satteltaschen schauen nun zwei Zicklein heraus. Wir treffen auf alte Männer und Frauen, die auf dem Weg zu den Feldern sind. Manche sitzen auf Eseln, und andere gehen zu Fuß. Als wir eine Wiese erreichen, sehen wir die bunten Farbtupfer der Frauenkleider zwischen dem frischen Grün. Mahtab und Siawasch sprechen mit einigen Dörflern, die am Wegesrand beschäftigt sind. Ich kann ihren Dialekt kaum verstehen. Nein, sagt ein alter Mann, hier sei der Sommer noch nicht angekommen. Noch seien sie mit der Aussaat beschäftigt und mit dem Mähen frischen Grases für die Tiere. Mahtab möchte wissen, ob es denn schon *Gotsche sabs,* unreife Pflaumen, gebe. In der Stadt werden sie überall angeboten, und sie habe schon reichlich davon gegessen. Sie gehörten zu ihren Lieblingsfrüchten.

»Nein, nein, wir leben in den Bergen, hier kommt alles viel später«, sagt der Alte und möchte ganz genau wissen, welches Obst in der Stadt angeboten werde und was es dort koste.

Es ist ein mühsamer Aufstieg, bis wir die Stelle erreicht haben, an der sich das Dorf so präsentiert, wie ich es zum ersten Mal auf einem Foto gesehen habe. Es ist wunderschön, viel schöner als auf dem Bild, denn die Pappeln am Talgrund tragen das frische Grün des Frühjahrs. Wir stehen in der Nähe alter Festungsmauern, die aus einer Zeit stammen, als Abjaneh noch Tagesreisen von den großen Verbindungsstraßen entfernt lag. Lebten in diesem Ort auch heute noch junge Menschen und würde das Geschrei von Kindern durch die Gassen hallen, dann könnte Abjaneh die Illusion einer heilen Welt heraufbeschwören. Einer Welt, die fernab des Weltenlärms existiert. Hier spielen die Gebaren der Mächtigen, die Reden von Führern und Präsidenten eine andere Rolle als in den Straßen von Teheran, Maschad oder Isfahan.

Wir reiben die Batterien in unseren Händen, und ich mag nicht daran denken, dass sie ihre Energie gänzlich verloren haben. Wir haben einen genauen Plan: Das erste Foto macht Siawasch von Mahtab und mir vor der Kulisse des Tals mit dem Dorf, das zweite mache ich von den beiden, dann versuchen wir ein drittes ohne Personen und dann ein Bild mit Selbstauslöser von uns dreien.

Uns gelingen drei Aufnahmen, und wir jubeln über das Tal hinweg.

Teil 5

Teheran.
Abschied von Freunden

Exil

Unwirklich taucht die Stadt vor uns auf. Mit dem Anblick der Gipfel im Norden, dem ausufernden Häusermeer und dem irrsinnigen Verkehr geht ein besonderer Abschnitt dieser Reise zu Ende. Obwohl es einen enormen Umweg für Mahtab und Siawasch darstellt, haben sie es kategorisch abgelehnt, mich an einer Metrostation abzusetzen. Stattdessen fahren wir gemeinsam zu Farid. Autobahnbrücken, Zubringerstraßen, sechsspurige Fahrbahnen, ungastliche Gebäude, verlassene Ruinen und vor allem die Autokolonnen sind so plötzlich aufgetaucht wie die Mitglieder einer riesenhaften Ameisenkolonie, die aus allen Richtungen herbeiströmen und geschäftig und scheinbar unkoordiniert ein Ziel suchen. Auf verwirrenden Umgehungsstraßen versuchen wir in einem Bogen durch verschiedene Außenbezirke in Richtung Karadsch zu kommen. Wie wir den Wohnort von Farid finden sollen, ist mir ein Rätsel. Ich kenne die grobe Richtung, aber ich habe nicht geahnt, dass derart viele Straßen in Richtung Westen führen. Als wir bereits über eine Stunde in die scheinbar richtige Richtung fahren und ich noch immer nichts wiedererkenne, rufe ich ihn schließlich an.

Seine Beschreibung hilft mir nicht viel weiter, denn ich kann mich in einer gesichtslosen Umgebung nur schwer orientieren. Hier erscheinen fast alle Stadtteile gleichermaßen lebensfeindlich. Die Straßen und Gebäude sind nur der Zweckmäßigkeit verpflichtet: Hier finden Menschen ein Dach über dem Kopf, und Straßen verbinden sie mit dem Rest der Welt. Farid nennt mir einige markante Bauten, die ich wiedererkennen müsste.

Irgendwann kommt mir etwas bekannt vor. Tatsächlich, es ist die kleine Autowerkstatt mit dem entsetzlichen deutschen Namen »Hitler«, die nicht viel größer als eine Garage ist und nur aus einer ölverschmierten Grube besteht. Der Mechaniker hat sich auf Volkswagen spezialisiert. Das von Hand bemalte Schild zeigt das VW-Logo und den in arabischer Schrift verfassten Namen »Hitler«. Farhad hatte mir das gespenstisch wirkende Schild und die Werkstatt gezeigt. Mit einem bedauernden Grinsen hatte er mir die verquere Logik des Werkstattbesitzers erläutert, der aus Werbezwecken den Namen des deutschen Alptraums als Markenzeichen für die Qualität seiner Arbeit auf sein Firmenschild gebannt hat.

Nun weiß ich zumindest, dass wir uns nicht vollkommen verfahren haben. Nach einem erneuten Anruf finden wir endlich den richtigen Ortsteil.

Farid wartet vor dem Haus, und ich freue mich, dass er meine neuen Freunde kennen lernen kann. Mahtab und Siawasch wissen bereits eine Menge über Farid und sind in freudiger Erwartung.

Als wir die Wohnungstür öffnen, höre ich die vertrauten Klänge meiner Muttersprache, ausgerechnet gesprochen vom Fernsehkoch Tim Mälzer. Seine unverkennbare Intonation, die enorme Sprechgeschwindigkeit und sein breites Norddeutsch bringen mich sofort zum Lachen. *Und jetzt noch fix umrühren, und fertig ist der Salat!*

»Nasrin! *Salam!* Du schaust eine deutsche Kochshow?«, frage ich auf Persisch, als ich mich wieder einigermaßen gefangen habe.

»Ich liebe Tim Mälzer«, sagt sie auf Deutsch, und ich weiß, dass sie nicht viel mehr als diese Worte in meiner Sprache sagen kann.

»Aber du verstehst ihn doch gar nicht.«

»Doch, ein bisschen, aber das ist mir egal. *Schmeg nich, gib nich* schaue ich mindestens einmal in der Woche. Tim ist so lustig. Wenn er schnell spricht und schnell kocht, dann bin ich begeistert. Außerdem schaue ich mir manchmal etwas ab. Er hat gute Tricks für die Küche. Aber was ist eine Kasserolle? Farid weiß es nicht, und es steht auch nicht im Wörterbuch. Tim sagt das oft: Kasserolle, Kasserolle.«

»Das ist Deutsch?«, fragt Mahtab mit einem Blick auf den Fernseher.

»Ja, eine beliebte deutsche Kochshow. *Schmeckt nicht, gibt's nicht.*«

»Das könnte ich nie im Leben aussprechen. Wie gut, dass ich Englisch und nicht Deutsch lerne. Sprich doch bitte mal mit Farid Deutsch. Ich möchte wissen, wie es sich bei euch anhört.«

Farid und Nasrin schauen uns fragend an, denn ihr englischer Wortschatz ist beschränkt. Sie möchten wissen, was Mahtab gesagt hat. Nach einer Weile ist das Sprachenchaos perfekt.

»Deine Freundin ist gut drauf«, sagt Farid auf Deutsch zu mir, nachdem wir zusammen gegessen, geplaudert und gelacht haben.

»Das finde ich auch. Freut mich, dass sie dir gefällt.«

»Von dieser Sorte Frauen gibt es hier viel zu wenige. Sie ist echt klasse, und meine Frau ist sicher auch begeistert von ihr. Darauf könnte ich wetten.«

»Worüber sprecht ihr?«, fragen alle wie aus einem Munde auf Persisch.

»Über Kochrezepte!«, sage ich.

»Haha, so viel Deutsch verstehe ich auch. Das stimmt nicht«, sagt Nasrin.

»Über Fußball«, sagt Farid, »Bruni hat mir gesagt, dass sie mit Jasmin Fußball geschaut hat.«

»Ihr könnt uns viel erzählen, mit eurer komischen Sprache, die im Hals kratzt«, sagt Nasrin.

»Wir waren heute übrigens schon für zehn Minuten in Europa«, sage ich auf Persisch.

»Ja, genau, erzähle davon«, bittet Mahtab mich.

In der Nähe der heiligen Stadt Ghom haben wir an einer Autobahnraststätte gehalten. Schon von außen war das moderne Gebäude ein enormer Kontrast zu den Lehmbauten von Abjaneh, die wir hinter uns gelassen hatten. Doch spätestens nach dem Öffnen der Eingangstür befanden wir uns in einer völlig anderen Welt. Die gesamte Anlage hatte nichts gemein mit den üblichen Raststätten am Rande der Fernstraßen. Hier waren wir mit wenigen Schritten in Europa angekommen. Ich wäre am liebsten sofort wieder hinausgelaufen, denn der Übergang kam zu abrupt. Ich wollte noch nicht wieder ankommen in der mir so vertrauten Welt steriler Böden, endloser Kühltheken, überflüssiger Produktpaletten und uniformierter Angestellter. Wir folgten den Hinweisschildern zur Toilette. Ein großer und blankgeputzter Raum mit Spiegelwänden, fleckenlosen Waschbecken und vielen Türen verschlug uns die Sprache. Mahtab wählte eine der Kabinen, und als auch ich bereits einen Türgriff in der Hand hielt, hörte ich ein Rufen.

»*Miss, here, bia indscha*, kommen Sie hierher, meine Dame!«

Eine Frau im Kittel und mit Gummihandschuhen wies mir den Weg zu einer ausländischen Sitztoilette. Dann eilte sie zu Mahtabs Kabine und klopfte energisch an die Tür.

»*Miss, come here.*«

Ich hörte Mahtabs Lachen. »Ab morgen werde ich endlich wieder Iranerin sein«, rief sie mir auf Englisch zu.

»*Come here, please*«, wiederholte die Frau, bis Mahtab ihr unter Lachen eine Antwort auf Persisch gab.

»Es würde mich brennend interessieren, ob es dort Pinkelbecken für Männer gibt«, sagt Farid auf Deutsch zu mir, »ich habe etwas über die Raststätte bei Ghom gehört. Angeblich soll es dort die ersten öffentlichen Pinkelbecken seit der Revolution geben.«

»Warum fragst du Siawasch nicht einfach?«

»Es ist ein bisschen peinlich.«

»Okay, ich frage ihn später. Als blöde Touristin darf man alles fragen.«

Nach der Revolution kam es zur Demontage von Urinalen, jenen sanitären Konstruktion, die Männer stehend benutzen können. Denn das Urinieren im Stehen ist angeblich nicht mit dem Islam vereinbar. Bei diesem Bedürfnis müssen Männer hocken, um das Beschmutzen ihrer Kleidung durch Spritzer zu vermeiden. Insbesondere im großen Asadi-Fußballstadion führte der

Einbau »neuer« sanitärer Einrichtungen nach der Revolution zu erheblichen Platzproblemen und Wartezeiten während der Halbzeitpausen, da die korrekte islamische Vorgehensweise deutlich zeitaufwändiger ist. Enge iranische Freunde, die ich nach den Gründen für diese, zugegebenermaßen schwer nachvollziehbaren, Vorschriften fragte, können sich auch keinen genauen Reim darauf machen. Es ist einfach eine der vielen Absonderlichkeiten im Land. An abgelegenen Landstraßen habe ich einige Male Lkw-Fahrer neben ihren Fahrzeugen hocken gesehen, ohne anfangs zu begreifen, was sie dort machten. Eine derartige Vorschrift könnte in manchen Hamburger Stadtteilen, besonders an den Wochenenden, für angenehme Sauberkeit sorgen, denn sie würde die Männer ganz sicher davon abhalten, ihr dringendes Bedürfnis an Häuserwänden und in Hauseingängen zu erledigen.

»Ich habe euch etwas mitgebracht«, sage ich und öffne die Tasche mit den Isfahaner Süßigkeiten und einer Spezialität aus Ghom, die wir an der Raststätte eingekauft haben.

Nasrin ist begeistert von der großen Auswahl an aromatisiertem *Pulaki,* den kandierten Zuckerplättchen mit Zitronen-, Kaffee-, Sesam- oder Schokoladengeschmack. Gemeinsam stürzen wir uns auf die süßen Leckerein.

Als Mahtab und Siawasch sich verabschieden wollen, möchte ich den Moment gern noch eine Weile hinausschieben.

Werden wir uns jemals wiedersehen? Wohin wird ihr Weg sie führen? Was wird aus ihrem Traum? Ich kann kaum schlucken. Mir sitzt ein fester Kloß im Hals. Während Siawasch sich von Nasrin und Farid verabschiedet, schauen Mahtab und ich uns einfach nur an. Eine letzte Umarmung, dann gehen sie zur Tür hinaus, die Treppe hinunter.

»Halt!«, rufe ich Mahtab hinterher. Dann greife ich nach den brasilianischen Flipflops in meiner Tasche und laufe ihr nach. »Du kannst doch nicht ohne sie gehen.«

Sie küsst mir die Wange und sagt kein weiteres Wort.

Nasrin und Mithra wollen mir Karadsch zeigen, damit ich nicht denke, es sei überall so trostlos wie in ihrer Vorstadt. In Karadsch sei es viel schöner und die Menschen seien viel moderner. Mit dem Taxi dauere es nur eine halbe Stunde. Wir stellen uns an den Straßenrand und halten einen Wagen an. Die beiden Frauen verhandeln den Preis. An einer großen Kreuzung müssen wir umsteigen und dem nächsten Taxi winken.

»Du siehst hübsch aus mit deinem hellen Mantel und dem bunten Kopftuch. So habe ich dich noch gar nicht gesehen«, sage ich zu Mithra.

»Bei uns in der Siedlung traue ich mich nicht, so herumzulaufen. Und dieses winzige Kopftuch ist vollkommen ungewohnt. Ich weiß gar nicht, wie ich es tragen soll.«

Sie beschreibt mir die Blicke und das Geschwätz der Nachbarn, wenn eine Frau sich moderner kleidet als üblich. Hier beobachte jeder jeden, wie in einem Dorf, mit dem großen Unterschied, dass sie in einem Wohnblock in einer jungen Stadt leben, in der die Nachbarn aus den unterschiedlichsten Gegenden des Landes stammen. Vielleicht sei das sogar noch schlimmer als in einem richtigen Dorf, überlegt Mithra. Sie sehne sich nach der Zeit, als sie noch in Teheran lebte, unter modernen Menschen. Aber die hohen Mieten in den nördlichen Stadtteilen können sie sich nicht mehr leisten.

»Bei mir ist es genauso«, sagt Nasrin, »in unserer Nachbarschaft laufe ich strenger herum, als es eigentlich notwendig ist.«

»Das kommt mir auch so vor. Warum tragt ihr beide meistens Schwarz? Es gibt doch so schöne farbige Mäntel oder Kleider«, sage ich.

»Eigentlich hast du Recht. Wir sollten uns bunter und gewagter kleiden, und das nicht nur, wenn wir nach Teheran fahren. Hier tragen nur die jungen Mädchen bunte und kurze Mäntel. Wir fühlen uns zu alt dafür.«

»Wie bitte? Ihr seid zehn Jahre jünger als ich! Und mich schickt ihr mit einer Bluse auf die Straße.«

»Du bist Ausländerin. Das ist doch etwas ganz anderes. Aber

eigentlich hast du Recht, den Leuten hier muss man auch mal zeigen, was möglich ist.«

Mithra kramt in ihrer Tasche, und ich vermute, sie sucht ihre Zigaretten. Sie hat den Fahrer schon mehrmals durch den Spiegel beobachtet, und anscheinend macht der ältere Mann in ihren Augen einen toleranten Eindruck, denn sie druckst nicht lange herum.

»*Bebachschid, Agha,* entschuldigen Sie, mein Herr, darf ich eine Zigarette rauchen? Ich puste den Rauch auch aus dem Fenster.«

»Machen Sie, was Sie nicht lassen können.«

Dann unterhalten sie sich mit dem Fahrer über mich. Immer wenn Nasrin jemandem erzählt, ich sei die Freundin ihres Mannes, ist die Überraschung groß. Der Fahrer stellt interessierte Fragen nach den genaueren Zusammenhängen und bekommt bereitwillig Auskunft. Unverschleierte Neugierde scheint hier ein Volkssport zu sein. Nasrin macht es Spaß, die Leute mit der Geschichte der ausländischen Freundin ihres Mannes zu provozieren. Das hat sie auch schon mit dem Gemüsehändler um die Ecke gemacht. Der Mann stammt aus einem kleinen Ort bei Tabris und spricht Persisch mit starkem Aseri-Akzent, so dass ich ihn kaum verstehen konnte. Er hatte vermutet, ich sei die Frau eines Ausländers, der vor Jahren einmal bei Farid zu Besuch gewesen war. Nach der skandalösen Enthüllung, dass ich nicht einmal verheiratet sei, verstand er die Welt nicht mehr. Wie Nasrin es nur zulassen könne, mich unter ihrem Dach zu dulden, wollte er von ihr wissen. Das wäre bei ihm zu Hause unmöglich. Unverheiratet und dann auch noch über Nacht bleiben! Genauso schlimm sei es, dass sie mich mit ihm allein im Auto fahren lasse. Er hatte Farid und mich gestern Abend gesehen, als wir vom Einkaufen kamen. Eine Frau und ein Mann allein! Das könne kein gutes Ende nehmen! Aber das sagte er erst, als ich bereits auf der Straße auf Nasrin wartete, wo ich ihn nicht hören konnte.

»Was verlangen Sie, wenn Sie uns bis ins Zentrum von Karadsch fahren?«, fragt Mithra den Fahrer, denn offenbar findet sie Gefallen an dem älteren Herrn, der sie rauchen lässt. Es gibt sicher nicht viele Frauen, die im Taxi rauchen. Die beiden verhandeln einen neuen Preis, und so müssen wir nicht mehr umsteigen.

In Karadsch möchte ich einige Erinnerungsstücke einkaufen. Üblicherweise bringe ich mir von Reisen praktische Utensilien für den Haushalt mit, die ich beinahe täglich benutze und die mich so an die Orte erinnern, an denen ich sie erstanden habe. Ich erfreue mich an Wäscheklammern aus Brasilien, Wischtüchern aus Italien, Handtuchhaltern aus Schweden und Fußsalbe aus Indien. Auch hier finden sich interessante Dinge, und die Verkäuferin wundert sich über meine Wahl. Neben schrillen roten und goldenen Topfschwämmen bin ich auch an Plastikdosen mit fest schließenden Deckeln interessiert. Darin möchte ich kulinarische Mitbringsel transportieren, wie jahrzehntealten eingelegten Knoblauch, winzige eingelegte Knoblauchknospen, Orangenblütenmarmelade und sauer eingelegte Kräuter und Gemüse. Auf einem Bauernmarkt nördlich der Hauptstadt hatte ich das Gefühl, ein »foodhunter« zu sein, eine »Jägerin« auf der Suche nach ungewöhnlichen Zutaten und Speisen. Bei einer fülligen und rotwangigen Bauersfrau aus Gilan war ich fündig geworden. In unzähligen Schraubgläsern bot sie Köstlichkeiten an, überraschte mich mit süßen und sauren Saucen, Granatapfelpaste, Marmeladen und verschiedenen Knoblauchspeisen, die typisch für den iranischen Norden sind. Eine giftgrüne Sauce hatte es mir besonders angetan, aber selbst Farid konnte mir nicht erklären, worum es sich dabei handelt und wie die schrille Farbe zustande kommt.

»Schließen diese Plastikdosen auch wirklich fest?«, frage ich die Verkäuferin.

»Aber ja, neulich hat eine Frau sie gekauft, die damit nach Kanada geflogen ist.«

»Hat die Frau aus Kanada angerufen?«, frage ich.

»Was? Warum?«

»Na ja, um Ihnen zu sagen, dass nichts ausgelaufen ist«, sage ich mit einem Lächeln, und Nasrin stupst mir in die Seite. Inzwischen haben sich einige Schaulustige versammelt, die Anteil haben wollen an dem Kauderwelsch und den merkwürdigen Fragen einer Ausländerin.

Im Nachbargeschäft werden Wasserpfeifen und umfangreiches Rauchzubehör angeboten. Der kleine Laden könnte fast unverändert in meiner Hamburger Nachbarschaft existieren, wo sich das Wasserpfeiferauchen, besonders unter Jugendlichen, fragwürdiger Beliebtheit erfreut. Der junge Verkäufer eifert der neusten Mode nach und trägt offene Zehensandalen. Ein wenig mehr nackte Haut als früher wird mittlerweile gern gezeigt. In Karadsch sieht man, genau wie im Norden Teherans, alle erdenklichen Modeerscheinungen samt operierten Püppchennasen, übertriebenem Make-up, Langhaarfrisuren und der gesamten Palette sonstiger Attribute, mit denen die Jugend ihr Anderssein dokumentiert. Der entscheidende Unterschied zwischen den beiden Städten liegt vor allem in der Luft. Hier lässt es sich relativ gut durchatmen.

Ich kaufe zwei Tabaksorten, die mich daheim an meine iranische Rauchphase erinnern werden. Vermutlich wird er Jahre halten, denn viel zu deutlich spüre ich bereits jetzt die unangenehmen Nebenwirkungen der zehn oder zwölf Pfeifen, die ich bisher geraucht habe. Ich kann nicht mehr so frei durchatmen, wie ich gern möchte, in Deutschland werde ich ein strenges Trainingsprogramm einlegen, um die gewohnte Fitness zurückzuerlangen.

In einer Eisdiele setzen wir uns an einen Fensterplatz und beobachten die vorbeieilenden Passanten.

»Du hast es gut! Du fliegst bald nach Deutschland«, sagt Mithra, als wir bei einem Milchshake zusammensitzen. Sie würde gern einmal nach Europa reisen, um wenigstens einen kurzen Einblick in das Leben im Westen zu bekommen. Mit Nasrin verhält es sich anders. Durch das Heimweh ihres Mannes nach

Deutschland und die ständige Beschäftigung mit dem Thema Deutschland ist sie immer neugieriger auf ein Leben in meiner Heimat geworden. Ich weiß, dass sie ernsthaft über ein Leben in Deutschland nachdenkt.

»Glaubst du, ich könnte in Deutschland leben?«, fragt sie mich nicht zum ersten Mal. Inzwischen habe ich zumindest einen kleinen Eindruck von den Lebensbedingungen im Iran des Jahres 2006 einfangen können, um ihre möglichen Beweggründe für einen Weggang aus der Heimat besser verstehen zu können. Seit Jahrzehnten beschäftige ich mich mit dem Thema Migration, und ich habe viele Menschen kennen gelernt, die aus den unterschiedlichsten Gründen ihre Heimat verlassen mussten oder wollten. Zu gut kenne ich die wechselvollen Phasen von Fremdheit und Zerrissenheit, der unbändigen Freude, des Heimwehs, des Schönredens der alten Heimat, der Zurückgezogenheit im Exil, des übertriebenen Auslebens von Freiheiten, der Verdrängung von Realität und der Akzeptanz der Gegebenheiten. Es gibt kein Rezept für eine gelungene Auswanderung, schon gar nicht für Menschen aus ärmeren Ländern, die es in der Welt der Wohlhabenden versuchen wollen. Persönliche Stärke, die allen Widrigkeiten trotzen kann, ist sicher eine Grundvoraussetzung für eine gelungene Auswanderung. Unabhängig von gesetzlichen Regelungen, die es inzwischen fast unmöglich machen, als Asylbewerber nach Deutschland zu kommen, gibt es zahlreiche Hürden für ein Leben in der Fremde. Über die Schwierigkeiten einer möglichen Einreise nach Europa ist Nasrin bestens informiert. Darüber will sie auch nichts von mir hören. Sie möchte wissen, ob sie es persönlich dort auf Dauer wohl schaffen, ob sie das Leben dort meistern und glücklich sein könnte. Ich stelle mir vor, was sie alles aufgeben müsste für eine neue Existenz in der Fremde. Ihr derzeitiges Leben spielt sich überwiegend zu Hause und im Kreis der Großfamilie ab. Ihre Geschwister, Eltern, Schwager, Nichten, Neffen und Kinder leben in ihrer unmittelbaren Nähe. Es vergeht kaum ein Tag, an dem sie nicht zusammensitzen, Tee trinken, sich austauschen oder gemeinsam zu Abend essen, etwas spielen oder fernsehen. Genau wie viele andere Frauen kann sie keine Arbeit annehmen, weil die Kinder mal vormittags und mal nachmittags Unterricht haben. Sie müssen gebracht und abgeholt werden, weil es für sie zu gefährlich ist, allein über die Straße zu gehen. Freizeitbeschäftigungen sind in ihrem Viertel rar gesät, es gibt nicht einmal einen Park. Für Frauen gibt es neuerdings einen Kellerraum, der als Fitnessstudio dient, und einen damit verbundenen wöchentlichen Ausflug ins Frauenschwimmbad. Männer können immerhin in den Billardsalon, seit das Spiel mit den Kugeln wieder erlaubt ist. Den Salon hat Nasrin mir gezeigt, obwohl der Zutritt für Frauen verboten ist. Sie hatte dem Betreiber erzählt, ich sei eine Billardmeisterin aus Hamburg, und so durften wir uns den unscheinbaren Souterrainraum mit den modernen Tischen anschauen, an denen ausschließlich junge Männer spielten. Kulturelle Angebote gibt es überhaupt nicht. Die größte öffentliche Einrichtung im Viertel ist die Moschee. Das Leben findet zumeist in den eigenen vier Wänden statt. Dort ist man sich nah, und auch im größeren Verwandtenkreis ist ein harmonisches Miteinander zu spüren. Nasrin ist so gut wie nie allein.

»Migration ist ein schwieriger Prozess«, beginne ich mit einer nichtssagenden Floskel.

»Das weiß ich. Schließlich habe ich sie schon einmal erlebt.«

»Wie meinst du das?«

»Glaubst du, ich war an dieses Leben und an die Menschen in meiner Nachbarschaft gewöhnt, als wir aus Teheran hierher kamen? In diese Vorstadt, die keine Stadt und kein Dorf ist? In der die Leute sich nur langsam an das Neue gewöhnen und sich nicht von ihren Vorurteilen und Traditionen trennen können? Ich kannte so etwas nicht. Wir wurden angestarrt wegen unserer Andersartigkeit. Farid hat damals ein kleines Geschäft aufgemacht, aber seine Art und sein Verhalten waren den Kunden zu fremdartig. Er hatte keine religiösen Bildchen an die Wand gehängt, keinen Chomeini und keinen Chamene'i. Unser Viertel ist irgendwie auch ein fremdes Land für mich. Genauso fremd wie das staatliche iranische Fernsehen, das wir nie schauen, weil es nicht unsere Welt abbildet. Ich bin in Teheran aufgewachsen, in einer liberalen und toleranten Familie, ich bin eine Großstädterin mit einem gewissen Interesse für den Rest der Welt. Hier finde ich mich in einem unfreiwilligen Exil wieder. Aber momentan können wir uns kein anderes Leben leisten. Eine erneute Migration wäre kein Problem für mich. Schlimmer als das hier kann es nicht werden.«

»Ich wusste nicht, dass es so schwierig für dich ist.«

»Nun sag schon! Könnte ich in Deutschland leben?«

»Natürlich könntest du das! Zweifellos! Aber es wäre ein vollkommen anderes Leben. Alles würde sich für dich ändern. Es würde nicht ständig jemand bei dir klingeln und auf einen Tee vorbeikommen. Du müsstest eine unangenehme und schlecht bezahlte Arbeit annehmen. Farid würdest du nicht mehr so häufig sehen. Ihr würdet vermutlich nicht die gesamte Freizeit miteinander verbringen. Er hat viele Freunde, er spricht die Sprache, vielleicht findet er auch wieder Gefallen an seinem einst so geliebten Nachtleben mit Konzertbesuchen. Er würde hart arbeiten müssen, vielleicht auch nachts. Du wärst oft auf dich allein gestellt. Alleinsein kann sehr schwer sein, besonders wenn man diesen Zustand nicht kennt. Es kann einen Menschen krank machen. Viele Ausländer vereinsamen in Deutschland. Sie können auch in einer Partnerschaft vereinsamen, weil die Familie und die Nachbarschaft fehlen. In Deutschland verabredet man sich meistens langfristig für ein Treffen. Viele Leute haben Terminschwierigkeiten. Selten besucht man jemanden spontan. Man ruft vorher an. Irgendwie ist alles anders als hier.«

»Vor ein paar Tagen war ein Bericht über die Fußballweltmeisterschaft im Fernsehen. Sie haben Afrikaner gezeigt, die in Deutschland leben und das Team von Togo begrüßt haben. Weißt du, was ich zu Farid gesagt habe? Wenn sie es schaffen, dort zu leben, warum sollen wir es nicht schaffen? Schwarze haben es bestimmt noch viel schwerer als andere Ausländer. Die

Afrikaner sahen glücklich aus. Sie haben ihr Team begrüßt, getanzt und gelacht.«

»Es ist nicht einfach, und ich weiß, dass du bestimmt schon tausendmal mit Farid darüber gesprochen hast. Ich kann dir nur sagen, dass es vermutlich keinen Weg zurück in den Iran gibt, wenn ihr es erst einmal nach Deutschland geschafft habt. Farid hat das alles hinter sich. Sein zermürbendes Hin und Her muss irgendwann einmal ein Ende haben.«

Fernsehen

Am Abend kümmere ich mich um mein Postfach, beantworte Mails und benachrichtige die Universität darüber, was ich den Studentinnen und Studenten in der deutschen Fakultät vorlesen möchte. Die Auswahl fiel mir nicht leicht, aber schließlich habe ich mich auf drei Abschnitte festgelegt, die meine Zuhörer auf eine Reise nach Isfahan mitnehmen sollen.

Sahel wird mich zur Lesung begleiten. Sie hat sich einen Tag freigenommen und wird mich bei Farid im Büro abholen, damit wir gemeinsam zur Universität fahren. Am Telefon klang sie traurig. Sie habe mir sehr viel zu erzählen, sagte sie.

Später am Abend läuft im Fernsehen ein Bremer »Tatort«, aber ich habe heute keine Lust auf Sabine Postel und Joachim Król, die vielen blonden Frauen in dem Film, die hübschen Häuser am Deich und das üppige Grün auf den Wiesen. Noch bin ich nicht bereit für meine Heimat. In einer Fernsehwerbung habe ich gesehen, dass die Spargelernte in vollem Gange ist. Das hatte ich glatt vergessen. Mir ist alles zu viel, und so gehe ich zu Mithra hinüber, wo meistens türkische oder italienische Filme laufen, von denen ich wenigstens nichts verstehe.

Wie erwartet sitzt die Familie vor dem Fernseher. Es läuft eine türkische Serie, die so kitschig ist, dass ich auch ohne Türkischkenntnisse sofort verstehe, worum es geht.

»Das schöne Mädchen soll den Mann im blauen Anzug

heiraten, aber sie liebt den Mann in dem schwarzen Hemd«, sagt Mithra, »es ist ganz traurig.«

»Ich verstehe.«

Wenig später stürzt das unglückliche Mädchen mit den rehbraunen Augen in einer gewagten und endlosen Zeitlupeneinstellung vom Dach eines Hochhauses in den Tod. Mithra ist noch ganz benommen von dem dramatischen Geschehen, als ihr Mann auf einen französischen Kanal umschaltet. Meinen interessierten Fragen nach den vielen Programmen folgt eine Einführung in die Welt des Satellitenfernsehen. »Hotbird« heißt der Satellit, der den Empfang der vielen ausländischen Sender ermöglicht.

»Was sagt das deutsche Fernsehen über den Brief von Ahmadineschad an Bush?«, will Mithras Mann wissen.

»Nicht viel. Einen Kommentar habe ich noch nicht gehört, nur die Nachricht, dass in den achtzehn Seiten kein Wort über den Nuklearstreit steht und dass er weder Drohungen noch Zugeständnisse enthält. Offenbar ist der Westen verwirrt über die Ausdrucksweise eures Präsidenten. Die Amerikaner sollen gesagt haben, dass der Brief nichts Wichtiges enthält, jedenfalls nichts, was derzeit international zur Verhandlung ansteht.«

»Hier macht man sich über die Rechtschreibfehler lustig. Auch die englische Übersetzung soll voller Fehler sein. Unsere Nachbarin hat erzählt, dass ihr Englischdozent an der Universität den Brief wegen seiner Grammatikfehler als negatives Lehrbeispiel im Unterricht durchnehmen will.«

»Schalte mal auf EBC«, sagt Mithra, »das ist ein persischsprachiger Sender aus den USA.«

Auf EBC laufen Musikvideos, die mit eingeblendeter Werbung unterlegt sind.

»Aber die Telefonnummern unter der Werbung sind ja aus Teheran.«

»Ja, natürlich. Hier wird das Programm ja auch angeschaut.«

»PBC ist auch aus den USA.«

Dort läuft eine Reportage über Sophia Loren in persischer

Sprache. Die schönste Frau des vergangenen Jahrhunderts wird hier in einer Dokumentation gewürdigt. Gern würde ich den Film weiterverfolgen, aber Mithras Mann möchte mich zunächst mit dem gesamten Programmangebot vertraut machen.

»PMC kommt aus Europa, vielleicht sogar aus Deutschland. Sie senden viele iranische Musikvideos. ITN ist auch aus Amerika. Hier, das ist interessant für dich: MITV, das bedeutet Mohajer International Television. Es ist ein iranischer Sender, der im Iran produziert wird, aber nur für die Iraner im Ausland gemacht ist. *Mohajer means imigrant,* Mohajer bedeutet Emigrant. Ohne Satellit kann man ihn nicht empfangen. In den Sendern geht es wesentlich lockerer als im richtigen iranischen Fernsehen zu. Es laufen sogar Sportprogramme mit Frauen. Das gibt es im staatlichen iranischen Fernsehen natürlich nicht, wie du sicher weißt.«

Ich hatte am Morgen eines dieser Programme gesehen. Bei flotter Musik praktizierte eine Gruppe von Frauen Steppaerobic, wobei sie mit der Kleiderordnung gleichermaßen geschickt wie absurd umgingen. Als wären sie nicht in einem Fernsehstudio, sondern in einer Kühlhalle, trainierten sie in langen weiten Hosen, weiten Trainingsjacken und Baseballkappen, bei denen man kein Haar sehen konnte. Im staatlichen Fernsehen lief zur selben Zeit ebenfalls ein Frühsportprogramm, bei dem fünf Männer ihre Gymnastikübungen in den Bergen oberhalb Teherans mit einem atemberaubenden Blick auf die Stadt praktizierten.

»Die Iraner im Ausland sollen denken, dass hier alles freier und moderner geworden ist«, kommentiert Mithra das MITV-Programm.

»Iran Music ist auch ein Kanal aus dem Iran für das Ausland. Schau mal, die Kopftücher sind winzig und rutschen weit nach hinten. Hier wird die moderne iranische Jugend gezeigt. Im staatlichen Fernsehen sind sie alle streng verschleiert. Wir schauen so gut wie nie iranisches Fernsehen. Es ist langweilig und viel zu religiös.«

Ich habe mir den Wecker auf sechs Uhr morgens gestellt. Um diese Uhrzeit gibt es eine minimale Chance, über die noch smogfreie Stadt hinweg den Damawand, den seit ewigen Zeiten erloschenen Vulkan, zu sehen. Der mächtige Kegel ragt über fünftausendsechshundert Meter nordöstlich von Teheran in den Himmel.

Es fällt mir schwer, meine Augen zu öffnen, und noch schwerer ist es, unter der Decke hervorzukriechen, aber schließlich raffe ich mich auf, ziehe mir einen Mantel und ein Kopftuch über und gehe durch das Treppenhaus hinauf auf das Dach. Zu dieser Morgenstunde funktioniert meine Motorik noch nicht perfekt, und mit meinem lädierten Arm kann ich das Vorhängeschloss kaum öffnen. Als ich das Flachdach endlich erreicht habe, stolpere ich beinah über eine der zahlreichen Satellitenschüsseln, die hier dicht an dicht platziert sind. Die Parabolantennen für den Fernsehempfang sind unter Strafe verboten. In diesem Haus gab es bisher erst eine Razzia, bei der die Anlagen mitgenommen wurden. Böse Zungen behaupten, sie wären wenig später bei einschlägigen Händlern zum Verkauf angeboten worden. Grundsätzlich macht es nicht den Eindruck, als würden die Behörden ein ernsthaftes Interesse an der Verfolgung des illegalen Treibens haben. Bei einer speziellen Sightseeingtour, die Farhad mit mir unternommen hat, habe ich exponiert angebrachte Satellitenschüsseln fotografiert, die auf Balkonen direkt zur Straße hin ausgerichtet waren. Die Leute machen sich nicht einmal mehr die Mühe, sie hinter Tüchern zu verstecken. Danach hatte Farhad mir eine weitere »Besonderheit« vorgeführt.

»Du bleibst im Auto sitzen«, hat er gesagt, »ich gehe in die Apotheke und zeige dir, wie einfach es ist.«

Ich hatte ihm nicht geglaubt, dass der Zugang zu Alkohol derart unkompliziert ist. Ohne Tasche, mit ein paar Geldscheinen in der Hose, betrat er die Pharmazie. Nach weniger als einer Minute kam er mit zwei Sechshundert-Milliliter-Flaschen Ethanol in einer Plastiktüte wieder heraus.

»Siehst du, so läuft es hier. Das Ganze kostet zwei Euro. Mit zwei Teilen Wasser wird er auf 32 Prozent heruntergeholt, dann mischt man das Ganze mit alkoholfreiem Bier und Limonen. So trinken sich hier die Leute die Welt schön. Dazu gibt es dann einen ausländischen Spielfilm oder eines der vielen Erotikprogramme aus Europa.«

»Haben sie dich nicht gefragt, was du damit willst?«

»Nein, sie haben nichts gefragt.«

»Keine Personalien, nichts dergleichen?«

»Nein, ich habe es dir doch gesagt. Es ist ihnen egal, ob die Leute trinken. Wenn sie es wollten, könnten sie es von heute auf morgen kontrollieren. Nichts leichter als das. Und denk an die enormen Mengen Whiskey und Wodka, die im Land kursieren! Wie soll das alles ungesehen reinkommen? Das kann mir keiner erzählen.«

»Ich weiß. Das habe ich auch schon von anderen gehört. Es heißt, daran wird gut verdient, auch in den höchsten Kreisen. Und dieser Fusel aus der Apotheke? Macht der nicht blind?«

»Nein, der gerade nicht. Er ist sehr rein, viel besser als selbstgebrannter Alkohol. Nur leider schmeckt das Zeug nicht besonders gut. Wodka für Arme. Die Reichen vergnügen sich mit schwedischem *Absolut*.«

Wenn man die Augen offen hält, dann wird man allerorten mit derartigen Widersprüchen in diesem Land konfrontiert. Ich habe zahllose Vorkommnisse gesehen und erlebt, die es eigentlich nicht geben sollte. Dazu gehören auch verträumte Blicke junger Liebespaare, dezentes Händchenhalten und sogar Küsse in den Moscheen, denn für manche gibt es in diesem Land keinen anderen Ort, um sich halbwegs sicher treffen zu können. Aber was ich bei dieser Reise leider nicht zu sehen bekomme, ist der Damawand. Der Himmel trägt einen rötlichen Schimmer, und die Sonne versteckt sich hinter einem Wolkenschleier. Der Vulkan ist zu weit weg. Und es ist auch wieder nichts aus einer Bergwanderung zum Damawand geworden. Ich gehe zurück in die Wohnung und verkrieche mich noch einmal unter meiner Decke.

Lesung

Der Alfa Romeo macht es bestimmt nicht mehr lange. Die Tür klemmt, der Boden ist an einigen Stellen durchgerostet, die Räder blank, und die Schaltung kracht. Ich erspare mir Kommentare, denn Farid hat ohnehin keine Wahl. Wenn der Wagen vor Altersschwäche auseinanderfällt, dann wird er in Zukunft noch länger als anderthalb Stunden für den Weg zur Arbeit brauchen. An manchen Tagen dürfen Fahrzeuge, deren Autonummern ungerade sind, nicht in die Innenstadt fahren. Heute ist so ein Tag, und wir werden einen weiten Bogen schlagen müssen, um das Büro von der nördlichen und nicht von der kürzeren südlichen Seite zu erreichen.

Bereits auf der Höhe des Flughafens wird die Luft merklich schlechter, aber ich unterdrücke ein ständiges Räuspern, denn Farid behauptet immer, er merke kaum etwas von der Luftverschmutzung. So schlimm könne das alles doch nicht sein, sagt er, und versucht sich den Smog sauberzureden. Ich spüre nach einem Tag in Teheran den Schmutz in meinen Atemwegen und eine innere Unruhe, die vom enormen Geräuschpegel herrührt und sich nur langsam legt.

Mir bleibt noch eine halbe Stunde im Büro, bevor Sahel mich zur Lesung abholt.

Als sie klingelt, gehe ich hinunter. Sahel trägt das schwarze Maghne'e der Studentinnen und einen dunklen Mantel. Sie sieht darin sehr verändert aus, noch blasser und ein wenig streng. Wir umarmen uns und küssen uns auf die Wangen.

»Sahel, wie geht es dir?«

»Ach, ich weiß nicht. Lass uns später darüber sprechen. Nun fahren wir zu deiner Lesung. Ich bin schon ganz gespannt.«

»Ich auch.«

Das Unigelände ist weitläufig, und am Tor nenne ich meinen Namen. Der Pförtner telefoniert, beschreibt uns den Weg und öffnet das Tor. Der Fahrer fährt sogar im Schritttempo, wenn niemand die Fahrbahn quert und keine Barrieren eingebaut sind. Der Campus macht den Eindruck eines weitläufigen amerikanischen Universitätsgeländes mit viel gepflegtem Grün. Vor den Gebäuden der Fremdspracheninstitute steigen wir aus und fragen uns durch. Manche Studenten lächeln und schauen mich an, als wüssten sie, wer ich sei. Vielleicht liegt es aber auch an meiner Kleidung. Inmitten des Einheitslooks, der an staatlichen Universitäten vorgeschrieben ist, falle ich sicher auf. Da mich zuvor niemand auf eine besonders strenge Kleidung hingewiesen hat, trage ich meine neueste Errungenschaft aus Karadsch: Ein schmal geschnittenes Kleid mit indischem Muster über der Hose und ein mit Pailletten verziertes Tuch. Mithra und Nasrin haben mir gut zugeredet, aber als ich sie überreden wollte, sich selbst ein Kleid der allerneusten Mode zu kaufen, behaupteten sie erneut, sie seien zu alt für modische Extravaganzen. So etwas trügen doch nur Teenager. Jedenfalls haben sie mich damit zur Uni geschickt, und ich fühle mich auch ausgesprochen wohl in der Kleidung.

Bis zum Beginn der Lesung haben wir noch eine halbe Stunde Zeit, und wir werden im Büro von einigen Dozenten empfangen. Die Begrüßung ist sehr freundlich, und jemand bringt ein Tablett mit Tee und Gebäck. Als sei ich eine neue Kollegin, werde ich zwanglos auf die Themen hingewiesen, die ich bei meiner Lesung lieber vermeiden sollte. Insbesondere auf Kritik bezüglich der engen Verknüpfung des Staates und der Religion werde sensibel reagiert. Das Wort »Säkularisierung« sei ein gefürchtetes Reizwort.

»Die Inhalte der Seminare werden selbstverständlich nach draußen getragen«, sagt eine der Lehrenden mit der Selbstverständlichkeit einer Dozentin zu DDR-Zeiten. Selbstverständlich sitzt die iranische »Stasi« in den Seminaren, selbstverständlich gibt es nur einen schmalen Grat für Kritik am System, selbstverständlich halten sich alle an die Regeln, und selbstverständlich liest man zwischen den Zeilen, und selbstverständlich reichen Andeutungen aus, um sich zu verständigen. Hier gibt es überwiegend iranische Lehrkräfte, die in Deutschland studiert und viele Jahre dort gelebt haben. Ein sympathischer Mann in meinem Alter erzählt mir in fast akzentfreiem Deutsch, dass er als promovierter Literaturwissenschaftler in Deutschland keine Anstellung bekommen habe. Sein Geld habe er als Krankenpfleger verdient. Nach der Promotion habe er seinen Studentenstatus und damit auch seine Aufenthaltserlaubnis verloren, nach über einem Jahrzehnt in Deutschland. »So sind die Gesetze«, sagt er mit zuckenden Schultern. »Da überlegt man nicht lange, ob man das Angebot einer anspruchsvollen Lehrtätigkeit an einer iranischen Universität annimmt.«

Im Seminarraum sitzen etwa fünfzig junge Frauen und Männer und grüßen uns beim Hereinkommen. Sahel findet einen freien Stuhl in der ersten Reihe, gleich neben dem Stehpult. Ich gebe ihr meinen Fotoapparat, damit sie Erinnerungsfotos von dieser für mich so besonderen Lesung machen kann.

Es werden einige einführende Worte gesprochen, ich werde nochmals begrüßt und vorgestellt, bevor ich mit meinem Vortrag beginne. Nachdem ich meine Freude über die Einladung ausgedrückt habe, beginne ich mit einem kurzen Rückblick auf meine Reisen, mein Interesse am Iran und die Entstehung meines ersten Iran-Buches.

»Versteht ihr mich eigentlich ... äh ... ich meine Sie, verstehen Sie mich überhaupt alle? Rede ich vielleicht zu schnell oder zu kompliziert?«, frage ich und schaue mir die Frauen in der ersten Reihe genauer an, von denen zwei sogar einen Tschador tragen, obwohl er an dieser Universität nicht vorgeschrieben ist. Dieser Anblick ist in Kombination mit einem deutschsprachigen Vortrag doch etwas ungewohnt für mich.

Ein Lachen raunt durch den Raum.

»Klar, wir verstehen alles«, sagt ein junger Mann ohne jeglichen Akzent.

»Kein Problem«, beteuert eine junge Frau in ebenso reinem Deutsch.

»Ach, wie kommt denn das? Aber nein ... meine eigenen Fragen können wir lieber später klären. Ich fange dann mal an. Ich habe drei Abschnitte aus meinem Buch ausgewählt, die ich Ihnen vorstellen möchte. Zwischen den Abschnitten werde ich etwas über meine Reisen und meine Eindrücke erzählen, und ich hoffe, dass wir danach gemeinsam diskutieren können.«

Ich beginne mit einer Szene aus dem Kapitel »Verliebt in Isfahan« und lese vor, wie Kurosch und ich durch den Basar bummeln und wie der Deckendrucker Hassan über alte Zeiten schwärmt und uns augenzwinkernd bemitleidet, weil wir als verhindertes Liebespärchen sicher kein ungestörtes Plätzchen finden. Das dürfte junge Leute interessieren, hatte ich überlegt, und außerdem ist es ein lebendiger Abschnitt mit zahlreichen Dialogen, die einfacher zu verstehen sind als ausführliche Beschreibungen. Ein anderer Abschnitt beschreibt, welche Gefühle die besondere Stadt am Sayande Rud in mir ausgelöst hat und wie es ist, als alleinreisende Frau im Hotel am Frühstückstisch zu sitzen. Meine Zuhörer lachen, als ich die Szene mit dem jungen Kellner vorlese, der aus einem kleinen Dorf stammte und zuvor noch nie mit einer Ausländerin gesprochen hatte. Sie finden es lustig, wenn ich einige Halbsätze auf Persisch vorlese, und so improvisiere ich und beende manche Dialoge auf Persisch. Zum Schluss lese ich einen kurzen Abschnitt, den ich selbst nach vielen Malen des Vorlesens immer noch ergreifend finde. Es ist die Beschreibung der Imam-Moschee, als ich in der Dämmerung allein am Wasserbecken sitze und die Harmonie des Gotteshauses auf mich wirken lasse.

Die Studierenden hören aufmerksam zu. Manchmal schaue ich Sahel an, dann einige andere Frauen in der ersten Reihe. Mir wird beim Vorlesen noch einmal deutlich bewusst, dass ich niemals damit gerechnet habe, mein Buch im Iran vorstellen zu können. Der Anblick der verhüllten Studentinnen löst eine besondere Freude in mir aus. Ich muss schmunzeln und hoffe, mein Text gefällt den Teilnehmern des Seminars. Mit den

Sätzen: *Mögen Ihre Hände niemals schmerzen. Gott schütze Sie,* beende ich die Lesung.

Ich bedanke mich für das Zuhören, und schon stürmen die ersten Fragen auf mich ein. Eine der Frauen sagt, sie habe bereits zweimal ein Referat über mein Buch gehalten und möchte gern wissen, wie meine deutschen Leser auf die Geschichten reagiert haben.

Nachdem ich mehrere Studentinnen und Studenten sprechen gehört habe, bin ich noch neugieriger geworden.

»Jetzt muss ich aber auch einmal etwas fragen! Woher sprechen Sie so gut Deutsch, manche von Ihnen sogar akzentfrei?«

»Ich bin in Deutschland aufgewachsen. Meine Eltern sind dann zurück in den Iran gekommen«, sagt ein junges Mädchen.

»War das nicht schwer? Ich meine, es ist ein ganz anderes Land.«

»Mir gefällt es hier besser. Die Menschen sind irgendwie ... wie soll ich sagen ... na ja, entschuldigen Sie, irgendwie netter als in Deutschland.«

»Kein Grund, sich zu entschuldigen. Ich weiß, was Sie meinen. Hier kommt man viel schneller ins Gespräch, und die meisten Leute hier sind aufmerksamer und höflicher als die Mehrheit meiner Landsleute.«

»Wo waren Sie dieses Mal?«, fragt eine junge Frau.

»Wie gefällt Ihnen Yazd?«, fragt ein Student.

»Diese Frage beantworte ich besonders gern. Auch wenn die Isfahaner das sicher nicht gerne hören, also Entschuldigung an alle Isfahaner hier im Raum, aber Yazd ist meine Lieblingsstadt.«

»Warum, was gefällt Ihnen dort so gut?«, bittet der junge Mann um genauere Informationen.

»Das meiste davon können Sie in meinem Buch nachlesen. Ein Grund liegt natürlich in der ungewöhnlichen Architektur und der alten Geschichte, aber sehr wichtig ist für mich auch die Stimmung in Yazd. Die Stadt ist sehr weit weg von Teheran, und das ist auch sehr gut so.«

Der junge Mann nickt heftig, und ich führe meine Meinung noch ein wenig aus.

»Die Politik und die Regeln, die von der Regierung in Teheran bestimmt werden, spielen dort keine so zentrale Rolle. Dort habe ich das Gefühl, die Menschen versuchen ein wenig unabhängiger davon zu leben, übrigens auch in Schiras. Sie agieren so, als gäbe es keine Probleme mit dem westlichen Ausland. Sie setzen auf Tourismus und haben große Bedenken, die Politik könnte ihnen das Geschäft verderben. Als Fremde fühlt man sich dort sehr gut aufgenommen. Man fühlt sich freier. Das habe ich in Isfahan ganz anders erlebt.«

»Was denken Sie über unsere Religion?«, fragt eine junge Frau.

»Religion ist ein Thema, das mich auf dieser Reise besonders beschäftigt hat. Ich war im Heiligtum von Maschad und habe dort bei einer religiösen Familie gewohnt. Aber ich möchte ehrlich sein: Für Europäer ist es schwer zu verstehen, dass der Staat und die Religion so eng miteinander verknüpft sind. Bei uns sind diese Bereiche weitgehend voneinander getrennt. Religion sehe ich als etwas sehr Privates an. Strenge Regeln und Zwänge halte ich für unvereinbar mit dem persönlichen Zugang zum Glauben. Ich kann mir wirklich nicht vorstellen, dass so etwas funktionieren soll.«

»Ich habe es zuerst auch nicht verstanden«, sagt die junge Frau, »ich bin in Deutschland aufgewachsen, aber jetzt habe ich meinen Weg gefunden. Der Glaube gibt mir Kraft.«

Einer der Dozenten sieht sich nun doch veranlasst, das Wort zu ergreifen, und sagt, dass es auch in Europa Länder gebe, in denen Religion und Staat, gerade in jüngster Zeit, eine engere Verbindung eingehen als früher.

»Sie meinen vielleicht Polen«, sage ich, »oder andere ehemalige sozialistische Länder. Ich glaube, wir Menschen streben gern nach dem, was wir nicht dürfen. Im Sozialismus war Religion nicht gern gesehen, nun haben die Menschen einen gewissen Nachholbedarf. Es wäre interessant zu sehen, was passiert, wenn in Ihrem Land der Einfluss des Staates auf die Religion geringer werden würde.«

»Hat unser Land sich verändert, seitdem Sie das letzte Mal hier waren?«, will eine Studentin wissen.

»O ja, es hat sich enorm verändert. Und damit meine ich nicht nur die vielen Äußerlichkeiten wie buntere Kleidung, schrilles Make-up, operierte Nasen, langhaarige Männer, das enorme Bevölkerungswachstum und die schicken Einkaufszentren. Entschuldigen Sie, wenn ich das jetzt so sage, aber die Menschen haben sich in ihrem Verhalten verändert. Manche sind unfreundlich geworden und interessieren sich nur für das Geld.«

Ich sehe heftiges Kopfnicken, und auch Sahel nickt mir zu.

»Im Taxi habe ich einige Male Streit erlebt, wegen fünfzig oder hundert Tuman. Das habe ich früher nie gesehen. Einmal gab es sogar eine Rauferei. Und auch das aggressive Gedrängel in der Metro hat mich sehr überrascht. Das Leben scheint härter geworden zu sein, und die Menschen haben weniger Hoffnung auf eine bessere Zukunft. Als ich 1992 das erste Mal hier war, habe ich die größte Hoffnung gespürt. Sie war regelrecht greifbar. Die Menschen blickten optimistischer in die Zukunft. 1997 war die Stimmung schon etwas nüchterner, und nun scheint die Hoffnung fast verloren gegangen zu sein.«

»Werden Sie ein neues Buch schreiben? Und wenn ja, wie wird es sein?«

»Ja, ich möchte wieder etwas schreiben. Das neue Buch wird sicher ganz anders sein als das erste. Das Land ist ein anderes geworden, die Menschen haben sich verändert, und auch ich bin eine andere geworden. Das Buch wird bestimmt weniger romantisch und weniger lieblich werden. Ich stelle mir vor, dass es sich zu einem großen Teil mit der iranischen Jugend befasst, denn ihr stellt den größten Bevölkerungsanteil, ihr seid die Zukunft des Landes, ihr seid hoch gebildet. In euren Händen liegt das Schicksal eures Landes. Ich bin mit einer jungen Frau aus eurer Generation gereist und habe dadurch besondere Einblicke gewinnen können. Ich hoffe, mein neues Buch wird deutsche und iranische

Leser finden und den vielen Bildern, die über dieses Land existieren, ein neues und vielleicht etwas anderes Bild hinzufügen. Jedenfalls werde ich mich bemühen, meine persönlichen Erfahrungen so zu formulieren, dass sie auch für andere interessant sein können. Und ich hoffe, es macht neugierig auf dieses Land und seine Menschen.«

»Wie ist Ihr Tipp für die WM?«

»Iran kommt eine Runde weiter.«

Manche der Studenten klatschen, andere reagieren mit Zwischenbemerkungen: *Niemals! Nicht mit dieser Mannschaftsaufstellung! Nicht mit diesem Trainer! Da ist Schiebung im Spiel!* Ich habe schon häufiger von Verschwörungstheorien in Bezug auf die Nationalmannschaft gehört. Angeblich hat die Regierung kein Interesse an einem guten Abschneiden des Teams, weil dann die Leute auf den Straßen feiern und tanzen würden. Also werden vermeintlich bessere Spieler, so die Einschätzung, nicht ins Team genommen. Dafür können echte Fußballfans sogar einen wahren Beweiskatalog anführen. Ich bin absolut nicht in der Lage, diese zugegebenermaßen weit verbreiteten, Verschwörungstheorien zu beurteilen.

»Und Deutschland? Wie weit kommt Deutschland?«

»Wir scheitern im Viertelfinale.«

»Oh nein!«, ruft ein junges Mädchen, »Deutschland wird Weltmeister.«

Als die Stunde sich dem Ende zuneigt, ist die Stimmung ziemlich ausgelassen. Das Schlusswort spricht eine der Lehrkräfte, und dann bedanken sich die Studierenden bei mir. Ich bekomme einen wunderschönen großen Blumenstrauß gereicht und lasse mich sogleich damit vor der Gruppe fotografieren. Drei Studentinnen haben sogar mein Buch dabei, damit ich es signiere. Plötzlich herrscht ein ziemliches Gedränge am Pult, denn viele wollen sich mit mir fotografieren lassen. Fast alle haben ein Fotohandy, und so positionieren wir uns reihum vor der Tafel, und auch Sahel macht einige Erinnerungsfotos. Der junge Mann aus Yazd möchte gern ein Autogramm von mir haben, und ich muss lachen.

»Was ist aus Kurosch geworden?«, fragt ein junges Mädchen.

»Er hat es nach Deutschland geschafft. Das könnt ihr eines Tages vielleicht alles im neuen Buch nachlesen.«

»Was ist aus der Liebe geworden?«, fragt sie etwas leiser, ganz so, wie ich es bei manchen meiner Lesungen in Deutschland erlebt habe, wenn die Damen sich aus dem Publikum heraus nicht trauten, diese Frage zu stellen, und es erst hinterher taten. Manche Deutsche fragten mich bei solchen Gelegenheiten auch, ob ich mir vorstellen könne, im Iran zu leben. Das waren oft Frauen, die mit Iranern verheiratet sind. Ich habe dann immer gesagt, dass ich ein freiheitsliebender Mensch sei und deshalb in keinem Land leben könne, in dem die persönlichen Freiheiten derart stark begrenzt seien wie im Iran.

»Die Liebe ist schon lange vorbei«, antworte ich ihr schließlich, »aber wir sind sehr gute Freunde geblieben.«

Es dauert noch eine Weile, bis alle Studenten sich verabschiedet haben und ich mich noch einmal bei den Lehrenden für die Einladung und den schönen Blumenstrauß bedankt habe. Nach einem gemeinsamen Essen in der Mensa verabschieden wir uns und fahren zum Park-e Sa'i.

Bis Farid Feierabend macht und wir gemeinsam nach Hause fahren, vertreiben Sahel und ich uns die Zeit im Grünen. Der Park-e Sa'i ist ein kleiner Stadtpark, der auf verschiedenen Ebenen angelegt ist. Er ist eine Oase inmitten des Chaos. Hier gibt es baumbestandene Wege mit hübschen Parkbänken, Blumenbeete, Springbrunnen, Eisverkäufer und Müßiggänger. Das Durchatmen fällt leichter, und meine brennenden Augen finden ein wenig Erholung. Was es hier nicht gibt, oder nicht mehr gibt, sind Hunde. Ein neues Dekret verbietet es den Teheranern, ihre Hunde auf den großen Boulevards oder in deren Nähe auszuführen. Hunde gelten als unrein. Zuvor war es nicht etwa so, dass man häufig Hunde sah, aber nun werden die als dekadent angesehenen Hundehalter in der Großstadt gestraft. Ich habe auf dieser Reise aus Spaß eine Hunde-Strichliste geführt. Es waren vierzehn Tiere, die ich gesehen habe, davon zehn räudige Wachhunde in ländlichen Gebieten. Einen weiteren Hund hat Siawasch für mich mit seinem Handy fotografiert. Als ich Mahtab erzählte, dass ich der gleichen Anzahl an Hunden, wie ich ihr innerhalb eines Monats im gesamten Iran begegnet bin, in meiner Nachbarschaft auf dem Weg zum Zeitungskiosk begegne, glaubte sie an einen meiner Scherze. Der Park schluckt die Geräusche der Stadt, und schon nach der ersten, tiefer gelegenen Terrasse tauchen wir in die Ruhe ein. Teure Appartementhäuser grenzen an das Grün. Ich wäre gerne eine gute Fotografin, um das Bild eines einsamen jungen Mannes auf einer der Bänke einzufangen. Mit hängendem Kopf verkörpert er das Sinnbild der Traurigkeit. Welcher Kummer mag ihn quälen? Oder ist es nur die Müdigkeit, die ihn zusammensinken lässt? Sahel hat keinen Blick für ihn. Sie scheint mit ihrem eigenen Kummer beschäftigt zu sein.

»Möchtest du erzählen, was dich bedrückt? Ist es wegen Samad?«

Sie hat bereits Andeutungen gemacht und mir geschrieben, dass ihr erstes Rendezvous unglücklich verlaufen ist.

»Ich will ihn nie wiedersehen! Er ist genauso wie alle anderen iranischen Männer! Er will nur das eine!«

»Aber du sagtest doch, du vertraust ihm, und er sei anders.«

»Alles nur Geschwätz. Kurz nachdem du nach Maschad gefahren bist, war ich bei einer Frauenärztin. Sie hat bestätigt, dass ich noch Jungfrau bin. Samad wollte doch unbedingt wissen, wie es darum steht. Er hat gesagt, wenn ich noch Jungfrau sei, dann werde er mich nicht anfassen. Erst nach der Hochzeit. Stell dir vor, was passiert ist! Er war enttäuscht, dass ich noch unberührt bin! Und weißt du warum? Weil er nur Sex mit mir wollte. Einfach nur Sex. Keine Beziehung, keine Liebe. Er konnte sich denken, dass eine Jungfrau nicht zu allem bereit ist. Er ist einer von denen, die ihre Geliebten im Internet kennen lernen. Es war furchtbar! Eine große Enttäuschung mehr in meinem Leben. Als ich bei ihm war, wollte er alles mit mir machen. Monatelang haben wir uns geschrieben und telefoniert.

Er wollte mich zum Sex überreden, ohne meine Jungfräulichkeit zu verletzen. Gleich sofort! Es war keine Rede mehr davon, sich in Ruhe kennen zu lernen und näher zu kommen und eine Beziehung zu führen. Ach, was soll ich nur machen? Ich werde nie den Richtigen finden.«

»Doch, das wirst du! Der Mann deines Lebens läuft bereits irgendwo auf der Welt herum. Vielleicht ist er momentan genauso unglücklich wie du, aber eines Tages werdet ihr euch treffen und verlieben. Vielleicht wird es kein Mann aus dem Internet sein, sondern jemand, dem du zufällig begegnest.«

»Das kann ich vergessen! Ich bin so unglücklich! Was soll aus meinem Leben werden? Ich bin schon dreißig Jahre alt! Ich möchte endlich von zu Hause fort, ein eigenes Leben führen! Mit meinem Mann.«

Sie beginnt zu weinen, und ich weiß nicht, was ich sagen soll. Ich streiche über ihren schmalen Rücken, und sie tupft sich unentwegt Tränen aus den Augenwinkeln. Krampfhaft hält sie das feuchte Taschentuch in ihrer Hand.

»Manchmal möchte ich nicht mehr leben.«

»Aber was sagt du denn da, Sahel? Alles wird wieder gut.«

»Niemals. Ich habe dir noch nicht alles erzählt«, schluchzt sie, und ich weiß sehr genau, dass ich die falsche Gesprächspartnerin für lebensmüde Seelen bin.

»Vor ein paar Monaten, da war ich mit meiner Kraft am Ende. Ich wollte nicht mehr. Weißt du, was ich meine? Ich wollte und ich konnte nicht mehr.«

Sahel erzählt mir, dass ihr Vater im letzten Winter gestorben sei. Zuvor sei er krank gewesen, und Sahel fühlte eine Mitschuld an seinem Herzleiden. Ihre Männergeschichten im Internet hätten ihn zu sehr aufgeregt, sagt sie. Ihre Brüder seien der gleichen Meinung. Sie habe ihm großen Kummer bereitet, weil sie unbedingt einen Ausländer heiraten wollte. Das habe ihn zermürbt und ihm schließlich die Lebenskraft genommen.

»Nein, Sahel, so darfst du nicht denken! Du hast keine Schuld daran. Es lag nicht in deiner Hand, ob er krank oder gesund war. Ich verstehe deinen Kummer, aber glaub mir, du hast auch ein Recht darauf, glücklich zu werden. Und wenn du dein Glück nur bei einem deutschen Mann siehst, dann sollte deine Familie dich darin unterstützen. Was du machst, ist doch nichts Unrechtes.«

Sie schüttelt den Kopf und ringt mit den Worten. Ihre Familie erlaube ihr nicht einmal mehr zu träumen, sagt sie. Sie habe ihr nicht nur eine Beziehung mit einem Ausländer verboten, sondern sogar das Träumen davon. Ihre Familie wolle Sahels Schicksal nun in die eigenen Hände nehmen. Sie würden ihr keinen eigenen Weg erlauben. Sie müsse alle Hoffnungen begraben. Auch wenn sie nach geltendem Gesetz sogar allein entscheiden könne, wen sie heiratet, weil sie weder einen Vater noch einen Großvater habe, so werde sie lieber auf ihr eigenes Glück verzichten als auf ihrem Recht beharren.

»Kurz vor Neujahr konnte ich nicht mehr ... ich wollte ... ich habe Tabletten genommen.«

Sie schaut mich an, und ich versuche, ihrem Blick standzuhalten. Schweigend sehen wir uns in die Augen, und erst als sie hartnäckig schweigt, sage ich etwas.

»Was ist dann passiert?«

»Ich habe geschlafen, geschlafen und geschlafen. Irgendwann hat meine Mutter gemerkt, dass etwas nicht stimmt, und hat einen Arzt geholt.«

Ich nehme ihre Hände und drücke sie. Wie, um Himmels Willen, kann Sahel geholfen werden? Wir gehen ein paar Schritte zu einer Rollschuhbahn, kaufen uns ein Eis und sprechen schließlich über ihre Arbeit im Büro.

Ohne dass ich sie danach gefragt habe, sagt Sahel etwas, für das ich ihr sehr dankbar bin und womit sie mir ihr Vertrauen schenkt.

»Wenn du etwas über mein Schicksal schreiben möchtest, dann kannst du es gerne tun. Du wirst die richtigen Worte finden.«

Beim Abschied vor dem Bürohochhaus steht Farid neben uns.

Ich umarme Sahel und schaue über ihre Schulter hinweg zu ihm. Er kraust fragend seine Stirn, und ich kämpfe mit den Tränen.

»Ich wünsche dir alles Glück dieser Welt, liebe Sahel.«

»Und ich danke dir für unsere Freundschaft.«

»Auf ein Wiedersehen.«

Sahel nickt und winkt ein Taxi herbei.

Norddeutsche Tiefebene

»Ich fahre heute einen anderen Weg nach Hause, weil ich dir etwas zeigen möchte. Bin gespannt, was du dazu sagst.«

Lange vor der eigentlichen Ausfahrt verlassen wir die Autobahn und fahren in Richtung Süden. Nach einer Weile tauchen die ersten Straßenhändler mit ihren Obst- und Gemüseständen auf. Momentan sind Wassermelonen in Hülle und Fülle im Angebot. Es müssen Tonnen sein, die am Straßenrand in großen Haufen, nach Sorten und Größen gestapelt sind. Die Händler bleiben in der Nacht bei ihren Waren und schlafen in einfachen Verschlägen. Im Vorbeifahren achte ich auf die Preisschilder, aber auf allen steht das Gleiche: Tausend Tuman, ungefähr ein Euro.

»Kosten die Melonen überall gleich viel?«, frage ich Farid.

»Nein, achte einmal auf das nächste Schild. Da steht noch etwas anderes drauf als die Zahl tausend.«

»Ach ja, sechs Kilo, und da vorn steht sieben Kilo. Sieben Kilo für einen Euro?«

»Manchmal bekommt man sogar acht Kilo für einen Euro. Die beste Qualität kostet tausend für fünf Kilo. Da vorn, nach der nächsten Brücke, fängt die Gegend an, die ich dir zeigen möchte. Du musst nach links schauen.«

Schon auf der Brücke, die in einem leichten Bogen über eine Bahnlinie führt und einen weiten Ausblick gestattet, ist mir klar, was er meint: Neben uns breitet sich eine extrem flache Landschaft aus Feldern und Wiesen mit einigen Baumreihen aus. Bis zum Horizont existiert nicht die kleinste Erhebung. Es ist ein unwirklicher Anblick, denn im Rückspiegel zeigen sich die schneebedeckten Fünftausender.

»Das ist mein Norddeutschland!«, sagt Farid und wartet auf meine Reaktion.

»Unglaublich. Es gibt wirklich keinen Unterschied.«

»Besonders im Frühjahr fahre ich manchmal hier vorbei, wenn alles schön grün ist. Natürlich nur auf dem Rückweg aus Teheran, sonst hat man ja die Berge im Blick, und die passen nicht nach Norddeutschland.«

»Es ist irre, man könnte sich glatt vorstellen, dass da hinten am Horizont ein Deich verläuft. Steigst du manchmal aus und gehst spazieren?«

»Nein, niemals. Ich fahre nur vorbei und schaue aus dem Fenster. Dann stelle ich mir vor, ich sei irgendwo zwischen Hamburg und Bremen unterwegs, vielleicht auf dem Weg zwischen Fischerhude und Worpswede. Meistens höre ich dann eine von den Kassetten, die ich damals so gern mochte. Prince oder Manu Chao.«

»Hast du Manu Chao dabei?«

»Schau mal im Handschuhfach nach!«

»Da ist sie, habe ich ewig nicht gehört.«

Wir versuchen mitzusingen, obwohl unser Spanisch ziemlich eingerostet ist.

»...mh...mh...mh ... me dicen el clandestino, por no llevar papel ... par una ciudad del norte me fui a trabajar ... mano negra, clandestino... mh...mh...mh...«

Man nennt mich illegal, denn ich habe keine Papiere, in eine Stadt des Nordens zog ich zum Arbeiten, Schwarzarbeiter, Illegaler.

Nachdem wir abbiegen müssen, hat der Iran uns sofort zurück. Wir kaufen eine große Melone und fahren heim.

Später am Abend kommen Farhad, Mithra, ihre Kinder, Geschwister, weitere Verwandte und Nachbarn vorbei. Am Tisch ist nicht genügend Platz für alle, und so breiten wir zum Essen ein *Sofre* auf dem Boden aus. Zwischendurch sortiere ich meine Sachen, weil wir noch vor dem Morgengrauen aufbrechen müssen. Im Lauf meiner Reise habe ich immer wieder Geschenke bekommen, und auch heute Abend sind weitere Aufmerksamkeiten dazugekommen, die mir große Freude machen. Die erlaubten vierzig Kilo Gepäck für Iran-Air-Flüge habe ich bestimmt erreicht. Von Giti ist während meiner Abwesenheit ein Paket für mich eingetroffen, in dem sich unter anderem Saatgut für *Sabsi chordan,* die köstliche Kräutermischung, befindet. Farid hat die persischen Beschriftungen auf den einzelnen Tüten übersetzt, und ich bin schon gespannt, ob sie auch in Balkonkästen gedeihen. Ich habe meine Sachen im Schlafzimmer ausgebreitet und frage mich, wie ich alles in die Koffer bekommen soll. Farid freut sich über mein Puma-Shirt und Nasrin über meine Laufhose, die ich hierlassen werde. Auch meine Handtücher und diverse andere Kleidungsstücke werde ich nicht wieder zurücknehmen. So habe ich ein wenig Platz gewonnen und bin mir sicher, dass die Dinge auch in vielen Jahren noch in Gebrauch sind. Bei Farhad hatte ich neulich ein unverhofftes Wiedersehen mit einem Badehandtuch, das ich vor neun Jahren hiergelassen habe.

Als ich endlich alles verstaut habe, ist es fast Mitternacht. Die Gäste verabschieden sich, und ich frage mich, wie viele Jahre vergehen werden, bis wir uns das nächste Mal wiedersehen. Ich unterhalte mich noch eine Weile mit Nasrin, bevor sie und Farid schlafen gehen. Sie wird uns in der Früh nicht begleiten, und ich versuche mir vorzustellen, wo wir uns das nächste Mal begegnen werden. Beim Gedanken daran will sich kein klares Bild einstellen. Ob ich eines Tages wiederkommen werde? Ob Farid und Nasrin sich doch dazu entscheiden, eine Zukunft in Deutschland zu wagen?

Es wird eine kurze Nacht, und die Vorstellung, morgen Mittag bereits in Hamburg zu sein, wirkt befremdlich. Von allen Seiten habe ich gehört, wie gerne sie mit mir fliegen würden, und das nicht nur, um die Fußballweltmeisterschaft zu erleben.

Als der Wecker klingelt, setzt Nasrin einen Tee für uns auf. Nach wenigen Minuten sind wir bereit zum Aufbruch, und bei einem Blick aus dem Fenster sehe ich Farhad bereits auf dem Parkplatz rauchen.

Nasrin und ich nehmen uns in den Arm und drücken uns ganz fest. Dann sitze ich auch schon auf der Rückbank des alten Alfa Romeo, Farhad steckt sich eine weitere Zigarette an, Farid schiebt eine neue Kassette in den Recorder, und ich versuche den Tee in meinem Becher nicht zu verschütten. Es ist ungewöhnlich kühl, die Luft verströmt um diese Uhrzeit nicht einmal einen Hauch von Frühsommer. Auf den Bergen liegt Neuschnee, und Nebelschwaden ziehen über die Hänge. Wie mag es hier nur im Winter sein? Ich nehme mir fest vor, im Herbst ein Paket mit Wintersachen für die Kinder zu schicken. Der Wind wird sicher eiskalt von den Bergen herunter und über die Ebene pfeifen. Es ist merkwürdig, am Beginn des Sommers an den Herbst zu denken. Aber was wird dann sein? Wie wird sich eine der vielen Krisen um dieses Land entwickeln? Wird es Sanktionen geben? Oder Schlimmeres? Wann wird Farid das nächste Mal seinen vollen Lohn ausgezahlt bekommen?

Auf der Autobahn ist kaum Verkehr, und schon bald haben wir die Stelle erreicht, an der wir auf der Fahrt vom Flughafen einen platten Reifen hatten. Heute sind wir so früh dran, dass auch eine Panne meinen Rückflug nicht gefährden könnte. Aus den Lautsprechern schallt spanische Folklore. Die Kassette hatte Farid damals in Andalusien gekauft. Ich habe sie ewig nicht mehr gehört. Sie war als Erinnerung an Sevilla gedacht. In einem kleinen Geschäft in der Nähe der Giralda steckte sie in einem Ständer. Farid hat sie ausgewählt, ohne genau zu wissen, um welche Art von Musik es sich handelt. Und nun lausche ich im Morgendunst und beim Anblick der erwachenden Metropole dem schnellen Rhythmus und der heiseren Stimme des Sängers.

»Libre, libre
quiero ser
quiero ser
quiero ser libre,
frei-, frei- frei sein
ich möchte frei sein.«

Ich stelle mir vor, der Sänger singe die Zeilen nicht aus seinem Liebeskummer, sondern in Gedanken an meine iranischen Freunde. Ich fasse Farid an die Schulter, und er dreht sich mit einem Lächeln zu mir.

Die ersten Maschinen heben ab, in steilem Anstieg erreichen sie ihre Flughöhe und verschwinden hinter den Wolken.

Nachwort

Seit meiner Iranreise ist ein halbes Jahr vergangen. Es ist Winter, die Zeit der Granatäpfel, und ich kann an keinem Obststand in meiner Nachbarschaft vorbeigehen, ohne den Früchten einen Blick zu gönnen. Vermutlich werde ich ewig unter »persischem« Einfluss stehen und bei der angebotenen europäischen Ware kritisch die Nase rümpfen. Die besten Paradiesäpfel kommen eindeutig aus dem Iran! Meine iranischen Freundinnen und Freunde und meine iranischen Reisen haben mich in vielfältiger Weise beeinflusst. Dafür bin ich sehr dankbar, denn nicht nur mein Blick für das Fremde hat sich erweitert, sondern mindestens genauso stark die Wahrnehmung meiner eigenen Lebenswelt und Heimat.

Durch das Internet sind unsere Welten ein wenig näher zusammengerückt. Es vergeht kaum ein Tag, an dem ich nicht eine Mail von Farid, Mahtab, Siawasch, Scharsad, Sahel oder Setare in meinem Postfach finde.

Setare schrieb mir kürzlich aus Maschad, dass sie bei ihren regelmäßigen Besuchen im Imam-Resa-Heiligtum an mich denkt und für mich betet. Sie überraschte mich mit der Neuigkeit, sie sei inzwischen zu einer aktiven Sportlerin geworden. Jeden Morgen absolviert sie ihr Trainingsprogramm im Park-e Mellat und freut sich über ihre neue sportliche Figur.

Sahel hat sich im Sommer erneut (natürlich via Internet) in einen Deutschen verliebt. Der Mann aus Köln hat ihr Herz im Sturm erobert. Zeitweilig schwebte sie auf rosaroten Wolken, war voller Zuversicht und schickte mir ein Foto des jungen Mannes in der Uniform eines Zöllners. Aber vor wenigen Wochen hat ihre Familie alle Hoffnungen auf ein Leben mit dem Deutschen zunichte gemacht. Ihre engsten Angehörigen haben ihr nun sogar das Träumen verboten, schrieb sie mir. Ich habe Sahel das

Kapitel »Liebessehnsucht« und den Abschnitt über unser Gespräch im Park-e Sa'i vor der Abgabe des Manuskripts lesen lassen. Daraufhin bat sie mich um konkretere Beschreibungen ihres Liebesleidens und Lebensschmerzes, als ich sie ursprünglich (aus Rücksichtnahme) formuliert hatte. Ich wünsche meiner traurigen Freundin Sahel nicht nur die Begegnung mit dem ganz großen Glück, sondern vor allem auch, dass sie es ganz fest halten kann.

Siawasch und Mahtab sind auf dem Sprung in eine neue Welt. Hoffentlich werden sie der Grund dafür sein, dass auch ich eines Tages nach Australien reisen werde. Meine Freundschaft zu Mahtab hat sich in den letzten Monaten vertieft. Ihr Englisch ist so gut geworden, dass wir nur noch ein bis zwei Nachfragen benötigen, um uns auch schriftlich eindeutig verständigen zu können. Während der Fußballweltmeisterschaft habe ich sie mit Fotos iranischer Fans amüsiert, die genau wie fast alle anderen Fans, »halbnackt« oder albern kostümiert, über die deutschen Fanmeilen zogen. Mahtab ermutigte mich beim Schreiben zu (noch) mehr Offenheit. Sie war auf Anhieb begeistert von dem Titel »Kisses in the Mosque« und ist mehr denn je froh darüber, dass ich ein *Scheytun-e kutschik*, eine kleine Teufelin, bin. Sie hält mich auf dem Laufenden über die neuesten Sonderbarkeiten in ihrer Heimat, macht mich auf lohnende Weblogs aufmerksam und liefert mir kurzweilige Informationen. Auf diese Weise habe ich erfahren, dass »unser« Popsong des Mädchenschwarms Benyamin inzwischen verboten ist. Seine Beteuerungen, es handle sich um ein religiöses Lied, fruchten inzwischen nicht mehr. Mahtab hat mich in ihrer abgeklärten und witzigen Art auch darüber informiert, dass der iranische Präsident ein noch größeres iranisches Bevölkerungswachstum anstrebt. Seiner Meinung nach sei genug Platz für 120 Millionen Moslems im Land, und jede Frau solle doch bitte einen Beitrag dazu leisten. Inzwischen kursieren im Iran jede Menge geistreiche Witze über dieses Thema.

Ich bin mir sicher, dass Mahtab und ich ein weiteres Mal zusammen reisen werden, wo auch immer das sein wird. Wir sind meinen Nachbarinnen Christiane und Waltraut dankbar dafür, dass sie uns zusammengeführt haben.

Farid ist nach wie vor mit seinem täglichen Überlebenskampf und seiner pessimistischen Grundhaltung beschäftigt. Sein Alfa Romeo hat sich endgültig verabschiedet, und seine Firma zahlt den Lohn weiterhin um zwei bis drei Monate verspätet aus. Sein Augenmerk gilt allabendlich den deutschen Nachrichten, möglichen Verschärfungen im iranisch-amerikanischen Verhältnis und der Diskussion um Sanktionen.

Inzwischen habe ich eine Möglichkeit gefunden, ihm manchmal Wurstpakete zukommen zu lassen. Doch ich fürchte, dass jeder holsteinische Katenschinken ihn noch herzzerreißender von seiner zweiten Heimat träumen lässt. Seine Sorgenfalten werden tiefer, und ich kann ihm nur Glück, Kraft, zündende Ideen und deren unverzügliche Umsetzung wünschen.

Sollte sich der große Traum erfüllen, dann würde ich Nasrin sehr gerne bei ihren ersten Schritten in einem gewünschten Exil in Deutschland begleiten. Ich bin ihr sehr dankbar dafür, dass sie mich, die ehemalige Partnerin ihres Ehemannes, so selbstverständlich, vorbehaltlos und warmherzig willkommen geheißen hat.

Farhad und seiner Familie wünsche ich weiterhin Hartnäckigkeit, Raffinesse und Fantasie beim Umschiffen der zahlreichen Untiefen ihrer heimatlichen Gesellschaft. Möge Farhads Humor nie untergehen!

Giti danke ich für ihre wunderbare Gastfreundschaft. Sie hat meinen Vorbehalten gegenüber tiefer Gläubigkeit eine wohltuende Portion Gelassenheit hinzugefügt und meinen Blick für wahre Religiosität gegenüber verordneter Frömmigkeit geschärft.

Fast alle iranischen Kräutersamen, die sie mir geschickt hat, haben sich in meinen Balkonkästen entwickelt und sogar einen spürbaren Hauch von persischem Aroma entfaltet: genug, um mich beim Genuss der Kräuter an Gitis (Rosen-) Garten, ihren gedeckten Tisch, ihre Toleranz, ihre Klugheit, ihre wunderbar raue Stimme und ihre Offenheit zu erinnern.

Bei jedem verlorenen HSV-Spiel denke ich an Jasmin und stelle mir vor, wie sie sagt: »Nicht gut für Mehdi!« In den letzten Monaten gab es leider viele dieser Momente.

Delaram und Scharsad leben inzwischen in Deutschland. Sie haben ihre Aufnahmeprüfungen bestanden und sind mit einer neuen Welt konfrontiert, die in vieler Hinsicht ganz anders ist als das Deutschland aus den Lehrbüchern und aus ihrer Fantasie. Scharsad kämpft mit ersten emotionalen Rückschlägen und zweifelt manchmal an der »Freundlichkeit« ihrer Gastgeber. Ich wünsche ihnen, trotz aller »Kulturschocks«, ein sanftes Einleben in mein Heimatland und ein erfolgreiches Studium. Ich denke sehr gern an unsere gemeinsamen Tage in der »Mothers Pension«.

Kurosch hat meine Ausführungen über ihn vor der Veröffentlichung gelesen und keine Änderungen gewünscht. Wir beide staunen darüber, wie viele Jahre seit unserem gemeinsamen Abenteuer vergangen sind und wie viel sich seitdem verändert hat. Demnächst wird er einen deutschen Pass in seinen Händen halten, doch der Weg dahin war nicht immer einfach. Besonders das letzte Stück, die letzten Jahre haben ihm seine gesamte Kraft abverlangt. Sein erster Kontakt mit Deutschland und einem neuen Leben in einer freieren Gesellschaft entsprach weitgehend seinen Vorstellungen. Zunächst lebte er in Hamburg und verbrachte dann einige Jahre in Oldenburg. Dort fand er viele Freunde und wurde rasch zu einem Oldenburger, der kaum fünf Schritte durch die Fußgängerzone gehen konnte, ohne auf einen Bekannten zu stoßen. Seine Kontaktfreudigkeit bescherte ihm ein abwechslungsreiches Leben. Immer wieder lernte er Menschen kennen, die zu Freunden wurden, ihn unterstützten und in weniger guten Zeiten aufmunterten. In Norddeutschland ist er zu einem echten Fan von Oldenburger Kohl- und Pinkelfahrten geworden. So wie mir das iranische *Ghorme Sabsi* schmeckt, so genießt er das typische Grünkohlgericht des Nordens.

Nachdem er seine Freiheit einige Jahre ausgekostet hatte,

zahllose Reisen unternommen hat und eine feste Partnerschaft eingegangen ist, verabschiedete er sich von seinem In-den-Tag-hinein-Leben und begann die anspruchsvolle Berufsausbildung zum Mechatroniker. Doch damit war auch ein Ortswechsel verbunden. Bei ThyssenKrupp in Duisburg lernte er ein vollkommen anderes Deutschland mit vollkommen anderen Deutschen kennen. In den letzten beiden Jahren erfuhr er dort massive Ablehnung durch seine ausschließlich deutschen Mitschüler und einige Ausbilder. Kurosch musste rassistische Anfeindungen, Ignoranz, Intoleranz und primitivste Vorurteile ertragen, die einen weniger starken Menschen vollkommen gebrochen hätten. Sein Lachen, seine Ausgelassenheit, selbst seine Stimme am Telefon waren nicht mehr so fröhlich wie früher, sondern enorm gedämpft und manchmal sogar mutlos. Seine Wohnung befindet sich in einem von Türken dominierten Stadtteil, der nichts von der kulturellen Vielfalt seiner Hamburger und Oldenburger Lebenswelt aufweist. Er fühlt sich verloren, ausgeschlossen, ja oft sogar massiv unterdrückt.

Meine Hochachtung gilt seiner Energie und seinem starken Willen. Noch hat er nicht alle Hürden überwunden, aber nach diesen schmerzlichen Erfahrungen, mitten in einem plötzlich so fremdartigen Deutschland, ist er gewappnet für andere Widrigkeiten. Kurz vor dem Ende seiner Ausbildung sprudeln bereits wieder neue Zukunftspläne aus ihm heraus. In einem davon sieht er sich als Fremdenführer in seiner alten Heimat Iran, um deutschen Reisenden das Land näherzubringen.

Ich hoffe, wir werden immer gute Freunde bleiben.

Mein Dank gilt auch dem Hamburger Schriftsteller Mahmood Falaki. Ohne seine klugen Kommentare und seine Hilfe wäre ich manchmal (besonders an der persischen Schreibweise) verzweifelt. Er hat mir Mut gemacht, mich ermuntert, mir wertvolle Anregungen gegeben und mich korrigiert. In ihm habe ich in meiner intensivsten Schreibphase einen ausgesprochen verständnisvollen Gesprächspartner gefunden. Durch Mahmood Falaki habe ich meine Hoffnung, eines Tages vielleicht doch ein halbwegs passables Farsi sprechen zu können, noch nicht aufgegeben. Er ist der beste Lehrer, den ich je hatte. Hoffentlich werden wir auch in Zukunft gemeinsame Schreib- und Leseprojekte durchführen. Unter www.mahmood-falaki.com finden sich Informationen über seine literarischen Werke und andere Projekte.

Hartmut Niemann hat zum richtigen Zeitpunkt meine Bedenken vor einer erneuten Iranreise zerstreut. Der Iranexperte und Autor des Reiseführers »Iran« beim Reise Know-How Verlag war mir im Vorfeld meiner Reise als kompetenter Berater behilflich. Dafür danke ich ihm und wünsche ihm noch viele interessierte Irantouristen, die sich mit ihm auf den Weg machen. Unter www.orientexpressonline.de finden sich Informationen über seine Angebote.

Peter Graf hat mich nun schon zum fünften Mal als wunderbarer Lektor beim Schreiben eines Buches begleitet. Bei »Küsse in der Moschee« kam ich seinetwegen in den Genuss einiger Sommertage am Lago Maggiore. Beim Lesen des ersten Kapitels werde ich immer den schönen Blick über den See vor Augen und seine Kommentare zum Text im Ohr haben. Ich danke ihm für seine große Hilfe, seine klugen Anregungen und sein zügiges Arbeitstempo. Ich freue mich schon auf weitere Projekte mit ihm.

Der Literarischen Agentur Nadja Kossak und ihrem Mitarbeiter Lars Schultze danke ich für die Vermittlung an Blanvalet und ihren festen Glauben an meine Texte.

Markus Alterauge danke ich für seine Geduld und seine verständnisvollen Erklärungen im Umgang mit jeglicher Form von Hard- und Software. Durch ihn war ich auf meiner Reise technisch gut ausgestattet und in der Lage, die vorhandenen Medien optimal zu nutzen. Und auch am heimischen Schreibtisch genügt oft ein Anruf bei ihm, um das vorhandene Chaos zu entwirren.

Meinem lieben Freund Thomas Mauersberger danke ich für sein Verständnis und seine Rücksichtnahme. Es gab Wochen, in denen ich meinem Text unendlich mehr Aufmerksamkeit gewidmet habe als ihm.

Ganz besonders möchte ich auch meinen Leserinnen und Lesern danken. Es waren nicht zuletzt ihre Briefe, ihre Mails, ihre Postkarten und ihr Zuspruch, die mich erneut in den Iran reisen ließen. Einige von ihnen habe ich persönlich kennen lernen dürfen, manche haben mir ihre persönliche Geschichte anvertraut, andere haben sich durch mich ermutigt gefühlt, den Iran zu bereisen. Manche Exiliraner haben sich nach der Lektüre von »Mögen deine Hände niemals schmerzen« auf den Weg in ihre verloren geglaubte Heimat gemacht. Darüber freue ich mich ganz besonders. Allen danke ich für ihr Vertrauen.

Fast alle Hauptpersonen aus »Küsse in der Moschee« würden sich über Leserpost freuen. Eingehende Mails (in der jeweils geeigneten Sprache) werde ich gern an meine iranischen Freundinnen und Freunde weiterleiten.

Zum Schluss möchte ich ein klein wenig Bedauern äußern: Gern hätte ich noch andere Geschichten erzählt, aber das hätte den Umfang des Buches gesprengt. So habe ich weder über Kaschan noch über ein Wochenende am Kaspischen Meer berichtet und auch nicht über meine Erfahrungen in einem iranischen Fitnessclub. Aber vielleicht kann ich diese Geschichten bei passender Gelegenheit einmal persönlich erzählen.

Hamburg, im Dezember 2006

Bruni Prasske